상상력의
전시장
엑스포

상상력의 전시장
엑스포

초 판 1쇄 발행 2012년 4월 27일
개정판 2쇄 발행 2022년 5월 10일

지은이 오룡
발행인 고용석
발행처 다우출판
편집 최지아

디자인 아르떼203

등록번호 제03-01192호
등록일자 1999년 7월 15일

주소 서울시 마포구 토정로 222 한국출판콘텐츠센터 422호
전화 02-701-3443 **팩스** 02-701-3442
이메일 onbooker@gmail.com

ISBN 978-89-88964-55-2 03900

* 이 책은 '2030부산월드엑스포 범시민유치위원회'의 협조와 지원으로 발행했습니다.

상상력의 전시장 엑스포

인간의 꿈을
현실로 만든
인류문명사 170년

오룡 지음

Publishing
다우

"시카고에서 열린 '진보의 세기' 박람회에 가봤어요?……대단한 박람회였지
요. 가장 인상 깊은 곳은 과학관이었어요. 미국의 미래가 어떤 모습일지를 한
눈에 보여주더군요. 지금보다 훨씬 멋진 세계를 말이지요!"

— 〈유리 동물원〉, 1944년, 테네시 윌리엄스

　"미래를 보았다." 이 한마디는 엑스포가 우리에게 가져다준 효용을 단적으
로 표출한다. 사람들은 엑스포에 집산된 온갖 물상 속에서 인류 문명이 나아
갈 길을 내다봤다. 20세기 미국의 대표적 연극 중 하나인 〈유리 동물원〉의 이
대사는 대중에게 비친 엑스포의 이미지를 잘 투사했다.

　엑스포는 인류가 축적해온 지식과 기술, 자본과 인력이 총동원된 문명 전
시장이다. 인간은 박람회에서 정보를 나누고, 미래를 가늠하고, 공통과제를
논의해왔다. 박람회의 역사는 근현대사를 꿰뚫는 인류의 궤적을 총체적으로
담고 있다. 거기엔 평화와 진보를 염원한 지도자들의 미래지향적 안목이 들
어 있는가 하면 국가 위용을 과시하려는 패권적 욕망이 숨어 있다. 때로는 유
력한 통치수단이 되었고, 기업과 개인의 돈벌이 사업 기회로 여겨지기도 했
다. 엑스포는 이렇게 중층적 의도와 성취욕 속에 성장하면서 인간사 모든 분
야에 지우려야 지울 수 없는 흔적을 남겼다. 엑스포의 역사를 통해 우리는 이
거대한 문명 양식을 만들어낸 인간 활동상과 그것이 몰고 온 세상의 변화를
속속들이 들여다볼 수 있다.

　엑스포가 현대문명 형성에 미친 절대적인 영향에 비해 그에 대한 연구는
의외로 박약하다. 최근 들어 전시·컨벤션·이벤트 행사가 하나의 산업으로

발전하면서 박람회 개최와 진행 노하우에 대한 관심이 높아졌다. 그러나 산업과 풍물의 시대사를 아우르는 인문·사회학적 관점의 연구는 여전히 미흡하다. 특히 엑스포의 역사 분야는 각 학문의 사각지대에 놓여 있는 듯하다. 그동안 엑스포의 사적 전개에 눈을 돌린 연구자는 대체로 예술사·미술사·건축사·공예사 전문가들이 주류였다. 자연히 그 시선이 전시장과 전시물에 대한 예술 각 분야에 초점이 맞춰졌다. 과학사·경제사·문명사적 관점은 통사적이기보다 특정 박람회에 국한되곤 했다.

유럽에서 발흥한 초기 박람회부터 미국을 거쳐 아시아로 그 무대가 넘어온 전개 과정의 전모를 전문적으로 다룬 저술은 그 양 자체가 매우 제한적이다. 엑스포 연구의 '정통성'을 갖고 있다고 할 수 있는 영국 빅토리아 앤드 앨버트 박물관의 전·현직 학예연구사들이 쓴 몇 권의 책이 교과서적 텍스트로 여겨진다. 미국의 몇몇 역사학자들은 엑스포를 미국 산업과 문화, 미국인의 생활과 의식 형성에 중대한 역할을 한 기제로 탐구하는 노력을 기울여왔다. 그러나 이들도 엑스포 역사를 관통하는 관점보다 미국에서 열린 방대한 개별 엑스포의 영향을 주요 논의 대상으로 삼고 있다. 국내의 경우 한국의 엑스포 참가 역사를 일별한 저술 외 세계박람회 역사를 본격적으로 다룬 책은 찾아보기 어렵다.

다시 말해 엑스포에는 무궁무진한 미답의 연구과제가 묻혀 있다고 할 수 있다. 경제사나 역사 전문가가 아닌 필자가 이 책을 쓸 엄두를 낼 수 있었던 까닭이 바로 여기에 있다. 비록 저널리스트 관점의 개괄에 그치더라도 엑스포 역사 탐구의 첫발을 떼어 보고자 한 것이다. 이 책은 복잡다기한 엑스포 개최 역사를 주요 박람회별 연대순으로 기술했다. 돌이켜보면 부족한 점이 많다. 엑스포와 현대문명 형성의 관계를 씨줄과 날줄 엮듯이 좀 더 깊고 넓게 천착하지 못한 아쉬움을 느낀다. 이 책에 담긴 수많은 사실과 사건들이 하나의 뇌관으로 작용해 훗날 좀 더 충실한 연구 성과로 이어지기를 기대해본다.

엑스포는 방대한 양의 시설과 정보, 전시물이 집결된 대형 이벤트이다. 인간생활의 온갖 주제가 백과사전처럼 망라된 잡학의 보고다. 때문에 각 박람회가 담고 있는 콘텐츠에 함몰되면 전체의 그림을 놓치기 쉽다. 이 책은 주요 박람회의 내용과 특징, 흥밋거리를 두루 소개하되 엑스포의 사적 흐름을 놓치지 않도록 했다. 나무를 보면서도 숲을 보는 시각을 놓치지 않도록 애썼다. 이제 필자와 함께 170년을 거슬러 엑스포 여행을 떠나는 독자들도 이 점을 염두에 두었으면 한다.

2012년 여수엑스포를 앞두고 초판이 발간된 이후 9년 만에 개정판을 내게 되었다. 그새 네 차례 엑스포가 더 열렸다. 개정판은 일부 오류를 바로잡고, 2010년 상하이엑스포부터 한국이 유치 추진 중인 2030년 부산엑스포까지 내용을 증보하였다. 특히 준비 단계인 2030년 월드엑스포를 상세히 다뤄 엑스포가 개최도시에 미치는 파급력을 폭넓게 살펴보았다. 부산이 새로운 도약의 꿈을 실어 추진 중인 2030년 월드엑스포 개최에 성공해 한국의 신성장동력이 되고 엑스포 역사에 큰 발자국을 새기기를 기원한다.

2021년 10월

오룡

2부 과학 · 상업 · 문화 교류의 현장 1904~1939

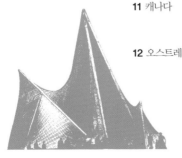

인터넷보다 100년 앞서 지구촌을 연결하다

수세식 화장실, 재봉틀, 고무타이어, 전화, 엘리베이터, 이동 보도, 엑스레이, 아이스크림, 전자계산기, 텔레비전, 에펠탑, 페리스 휠, 자유의 여신상, 피카소의 〈게르니카〉, 아이맥스 영화…….

   서로 관련이 없어 보이는 이들 물품의 공통점은 엑스포를 통해 세상에 등장했다는 사실이다. 물론 성격은 각기 다르다. 전화나 텔레비전 같은 공산품은 엑스포에 첫 발명품이 등장한 이래 역대 박람회를 거치면서 진화를 거듭했다. 기존 개발품이 엑스포를 통해 널리 보급되거나 대중화된 것들도 많다. 엑스포를 모태로 한 물품 리스트는 헤아릴 수 없을 정도로 길다. 오늘날 우리가 향유하고 있는 문명의 산물 대부분이 엑스포에서 첫선을 보인 뒤 대중에 보급됐다고 해도 과언이 아니다.

   엑스포 전시물은 타자기, 청소기, 가스레인지 등 생활용품부터 탈곡기, 전보타전기, 에스컬레이터, 활동사진, 플라스틱, 아스팔트, 인큐베이터, 컴퓨터, 로봇, 달 착륙 로켓에 이르기까지 인류가 만들어낸 온갖 발명품을 망라한다. 초기 엑스포에서는 권총, 대포 같은 무기류가 주요 전시품 목록에 오르기도 했다. 케첩, 솜사탕, 피넛버터 등 가공식품, 스트립쇼 같은 대중문화, 각종 기념물도 예외가 아니었다. 자유의 여신상은 뉴욕 앞바다에 세워지기 전 1876년 필라델피아박람회에서 첫 모습을 드러냈다. 1889년 파리박람회 때 세워진 에펠탑은 서구문화를 상징하는 불멸의 아이콘이 됐다. 너무 유명해지다 보니 오히려 엑스포라는 탄생 배경이 희미한 기억이 되었지만, 당시 박람회장 출입구 겸 기념물로 만들어진 이 철탑은 170년 엑스포 역사가 남긴 최고의 상징물임에 틀림없다.

에펠탑만큼 세계적 명성은 없더라도 엑스포가 열렸던 도시마다 기념 건축물과 도시 기반시설이 유산으로 남아 있다. 1893년 시카고박람회 때 처음 세워진 대형 바퀴 모양의 회전관람차 '페리스 휠'은 놀이공원을 상징하는 대표적 시설물로 자리 잡았다. 실은 놀이공원 자체가 엑스포의 부산물이다. 엑스포는 〈게르니카〉 같은 걸작 예술품을 세상에 처음 내놓은 전시장이었는가 하면 새로운 문물을 대중에게 전파하고 각종 국제기구가 결성되는 교육과 교류의 터전이 되었다.

엑스포로 통칭되는 세계박람회는 18세기 산업혁명 이후 인류가 창출해낸 최대·최고의 국제행사다. 인간의 모든 활동을 한자리에 모은 문명의 결집체이자 첨단기술의 발표 무대이자 정보와 문화 소통의 장이다. 엑스포는 첨단 통신·교통수단과 인터넷이 나오기 한 세기 전부터 지구촌을 연결하는 산업과 문화의 네트워크로 기능해왔다. 현대 문명을 구성하는 거의 모든 발명품들이 지난 한 세기 반 동안 엑스포를 통해 세상의 빛을 봤다.

수많은 관람객이 찾은 엑스포는 전 세계 사람들에게 '평생 한 번' 볼까 말까 한 매혹적인 볼거리를 제공했다. 관람객들은 인간의 상상력이 빚은 온갖 생산물에 환호하며 축제의 즐거움을 만끽했다. 조셉 팩스턴, 구스타브 에펠, 르 코르뷔지에, 조지 페리스, 야마사키 미노루 같은 걸출한 건축가들이 박람회장 공간 조성에 창의력을 쏟아부었다. 이렇게 조성된 박람회장은 산업과 과학 기술 진보를 촉발한 영감의 원천이 되었다. 토머스 에디슨, 알렉산더 벨, 마리 퀴리, 앨버트 아인슈타인 같은 발명가와 과학자, 헨리 포드 같은 기업가들이 엑스포에서 성취 동기와 아이디어를 얻고 성과물을 내보였다.

자유무역과 세계화의 시발점

박람회는 사실 인류의 문명만큼이나 오래된 것이다. 박람회의 역사는 곧 시장의 역사다. 고대로부터 사람들은 물품과 정보를 교환하고 기술을 전수하기 위해 한자리에 모여들었다. 그렇게 이뤄진 커뮤니티는 가족과 마을보다 더 컸으며 심지어 도시와 국가를 뛰어넘었다. 이렇게 볼 때 박람회의 뿌리는 시장경제의 역사와 맥을 같이한다. 일부 학자들은 박람회의 기원을 기원전 5세기경 고대 페르시아 제국의 전시 행사에서 찾기도 한다.

엑스포는 오늘날 국제질서의 근간인 자유무역(free trade)과 세계화(globalization)의 시발점이다. 실제로 영국이 1851년 첫 세계박람회를 개최하는 데 넘어야 했던 가장 큰 장벽이 '국제화'였다. 산업혁명 덕분에 세계 최첨단 기술 문명을 보유하고 있던 영국은 프랑스에서 성행하던 산업 박람회의 필요성을 절감하면서도 자신들이 가진 기술이 유출될 것이 두려워 국제 박람회 개최를 꺼렸다. 그 우려를 떨치고 교류의 장을 열어젖힘으로써 마침내 개방과 진보의 새로운 역사가 시작됐다. 교통이 사통팔달로 발달한 프랑스에선 18세기 이후 농산물, 공예품 등 각종 물품을 전시·판매하는 무역 및 상품 전시회가 자주 열렸다. 이들 소규모 박람회는 서서히 국경을 넘나드는 교류의 마당이 되었다. 19세기 들어 국제적 상품 교역과 기술 교류를 위한 박람회가 필요하다는 의견이 대두됐다. 본격적인 국제 박람회 태동의 조건이 무르익었던 것이다.

그러나 세상을 놀라게 한 첫 국제 박람회 개최의 영광은 영국에게 돌아갔다. 19세기 중반 국제 정세에 밝던 한 영국 지식인이 그 물꼬를 텄다. 그는 국제 교역이 인류 번영의 필연적 조건이며, 최고 산업 기술을 이룩한 영국이 국제 박람회를 통해 앞장서야 한다는 주장을 제기했다. 이 진취적 제안을 실현시킨 것은 빅토리아 여왕의 부군인 앨버트 공이었다. 프랑스가 차지할 뻔했던 세계박람회 창시의 공은 그렇게 영국 차지가 됐다. 런던박람회는 '평화와 진보'라는 구호 아래 전 세계가 하나의 커뮤니티가 될 수 있음을 실체로 보여 주었다. 인류 역사에 새로운 문명의 양식이 태동한 순간이었다.

　이후 세기말까지 잇따라 열린 세계박람회는 프랑스 파리가 주무대가 되었다. 파리는 세계박람회를 다섯 번 개최하면서 국제도시로서 명성을 굳혔다. 도시계획의 틀을 일신했을 뿐 아니라 역사상 가장 유명한 엑스포의 유산인 에펠탑을 갖게 됐다. 이 무렵 박람회는 밖으로 국력을 과시하고, 안으로 국민 통합을 꾀하려는 양면적 동력에 의해 움직였다. 프랑스는 거대한 기계 산업물 전시장이던 세계박람회를 첨단 산업과 예술, 오락을 총망라한 인류 문명의 백과사전으로 격상시켰다. 사회주의 국제 노동자조직의 틀을 만드는 등 국제사회 교류의 구실도 했다.

　엑스포의 흐름은 세계 경제의 무게중심과 함께 움직였다. 20세기 들어 신흥경제권으로 일어선 미국이 세계박람회를 주도했다. 국가주의에 기반을 두었던 유럽과 달리 미국 박람회는 상업주의와 이윤 동기가 깊숙이 작용했다. 그 만큼 대중성과 오락성이 두드러졌다. 미국 박람회의 절정은 텔레비전과 로봇 등 인류의 미래상을 전면에 내세운 1939년 뉴욕박람회였다. 이후 2차 세계대전으로 깊은 침체기에 들어간 엑스포는 1958년 브뤼셀박람회를 기점으로 새로운 전기를 모색해 나갔다. 고도로 발달한 과학기술이 인류에게 총부리를 겨눴다는 반성에서 세계박람회의 초심인 평화 정신을 되새기려 애썼다.

　서방 선진국이 독차지해온 개최지가 다양해지면서 엑스포는 문화 교류의 마당으로, 개최국의 인지도와 브랜드 가치를 높이는 이벤트로 성격이 확장됐다. 1970년 오사카박람회는 세계 경제의 기운이 마침내 동아시아로 넘어왔음을 알리는 신호탄이었다. 일본이 개최한 네 차례의 세계박람회, 1993년 대전박람회, 2010년 상하이박람회, 2012년 여수박람회로 이어지는 한·중·일 3국의 부흥이 그것이다. 문화적 다양성의 자양분을 듬뿍 흡수한 현대 엑스포는 환경 문제 같은 인류 공통과제를 논의하는 새로운 역할을 자임하고 있다.

매스미디어의 비약적 발전과 함께 엑스포는 자신이 세상에 내놓은 텔레비전·컴퓨터 등 전자매체와 대형 놀이공원, 오토쇼 같은 전문 전시이벤트와 경쟁하는 상황을 맞았다. 엑스포가 새로운 환경에 적응하지 못한 거대한 공룡처럼 도태될지 모른다는 우려가 제기되었다. 그러나 많은 전문가들은 엑스포의 미래를 긍정적으로 보고 있다. 엑스포가 인류 공통의 현안에 대해 해답을 찾고 미래 비전을 제시하는 새로운 영역을 확보해 나가고 있기 때문이다.

새로운 역할 모색에 나선 현대 엑스포

엑스포 역사의 시대 구분은 관점에 따라 다양하다. 널리 활용되는 인터넷 백과사전 〈위키피디아〉는 1851~1938년 산업화의 시기, 1939~1991년 문화교류의 시기, 1992년 이후 국가 브랜드화의 시기로 나누고 있다. 일부 역사가들은 1851~1910년 기술 문명의 시대, 1926~1939년 문화적 진보의 시대, 1958년 이후 인간성 회복의 시대로 구분하기도 한다. 이 책에서는 편의상 세계사의 보편적 분절 시점을 시대 구분의 기준으로 삼았다. 즉 영국과 프랑스 중심의 19세기를 제1기로, 20세기 들어 미국이 주도한 2차 세계대전 이전까지를 제2기로, 2차 세계대전 이후 현대를 제3기로 구분하였다. 이 책의 장 구분도 이 시대 구분을 따랐다.

이 책에서 다룬 엑스포는 1851년 런던박람회부터 2025년 오사카·간사이박람회까지 국제박람회기구(BIE)가 공인한 70개 세계박람회를 대상으로 했다. 1928년 BIE 설립 이전 박람회는 물론 추인된 것이다. 국제 박람회는 런던박람회 이전에도 열렸고, BIE 공인 박람회가 아닌 박람회도 상당한 규모와 영향력을 가진 행사가 더러 있었다. 일부 박람회의 경우 BIE의 공인 기준에 대해 이론이 있을 수 있다. 하지만 이 책에서는 일단 그런 쟁점을 논외로 했다.

엑스포는 성격상 종합 박람회와 전문 박람회로 나뉜다. 세계박람회 초기에는 1급(Class 1), 2급(Class 2)으로 나눴으나, 이 구분을 박람회의 규모나 성격을 규정하는 절대적 기준으로 보기는 어렵다. 관람자 4500만 명을 동원한 당대 최대의 1939~1940년 뉴욕박람회가 2급으로 지정됐던 것이 그 한 예다. 공인 및 종합 박람회, 전문 및 특수 박람회 등 명칭도 혼용되었다.

세계박람회 개최 주기와 등급은 1990년대 들어서야 비로소 명확해졌다. 개최 주기의 경우 1996년 BIE 규약 개정에 의해 2000년 하노버박람회부터 적용되기 시작했다. 혼란을 거듭하던 박람회 등급은 등록 엑스포(Registered Expo)와 인정 엑스포(Recognized Expo)로 정립되었다. 등록 엑스포는 인류 활동과 미래 비전을 포괄하는 보편적이고 광범위한 주제로 5년마다 6주~6개월간 열리고, 인정 엑스포는 그보다 작은 규모로 특정 분야를 주제로 등록 엑스포 개최년도 사이에 3주~3개월간 열리도록 규정되었다. BIE가 정부간 기구인 만큼 국가의 공식 외교채널을 통해 개최권을 유치하고 참가국을 초청한다.

엑스포를 바라보는 연구자들의 관점은 대체로 다음 몇 가지 정도로 요약된다. 첫째, 엑스포 주최 세력, 즉 공급자 중심의 분석틀이다. 세계박람회는 집권자가 국민의 결속과 지지를 끌어내 민족주의적·제국주의적 헤게모니를 강화하는 계기로 이용되었던 것이 사실이다. 초기 박람회가 특히 그랬다. 박람회 개최를 대중 교육과 동원에 활용해온 현대 엑스포도 다분히 그런 성격을 띠고 있다. 엑스포는 통치세력이 제시하는 미래 세계의 비전을 대중으로부터 승인받는 유력한 수단이었다.

둘째, 엑스포 관람자, 즉 수요자 중심의 분석 방식이다. 주최자의 의도가 어떻든 엑스포 관람 대중은 지배논리보다 자신들이 보고 느끼고 즐기는 내용에 가장 큰 영향을 받았다는 것이 그 기본 전제다. 엑스포가 대중의 삶에 미친 영향이 주요 관심사라 할 수 있다.

셋째, 인류학적 접근 방식이다. 백인들에 의해 주도된 19세기 엑스포는 흑인을 전시물로 삼는 등 유색인종 착취를 당연시했다. 미국 엑스포에서는 원주민이 비슷한 대접을 받았다. 그래서 일부 인류학자들은 엑스포를 인종 불평등 구조 속에 자라난 번영을 축복하고 선물을 나누는 의식(ritual)으로 보고 있다.

넷째, 엑스포가 과학 기술 각 분야에 남긴 파급효과 분석이다. 엑스포가 열어젖힌 산업 기술, 응용과학, 건축, 도시계획에 미친 영향은 실로 지대하다. 과학사가들이 주로 이 방면에 주목한다.

다섯째, 경제사적 고찰이다. 시초부터 개방과 자유무역에 기반한 엑스포가 세계 경제 흐름에 미친 지대한 영향에 초점을 맞춘 연구다.

마지막으로 전시물 자체와 엑스포 관련 기념품에 대한 관심이다. 엑스포 기념품은 우표와 공식 안내책자에서부터 사진, 포스터, 미니어처 모형, 각종 티켓에 이르기까지 다양하다. 초기 박람회 전시물과 공예품은 영국 빅토리아 앤드 앨버트 박물관이, 기념품은 단연 미국 스미소니언 박물관이 많이 소장하고 있다. 스미소니언은 엑스포 연구를 지원하고 관련 서적도 여러 권 발간했다. 이 책은 이런 다양한 관점을 두루 참고해 균형 잡힌 엑스포 역사 개괄이 될 수 있도록 했다.

'EXPO' 명칭의 유래

세계박람회를 일컫는 '엑스포(EXPO 또는 Expo)'는 'exposition'의 앞부분을 떼어낸 말이다. 영어에서 'exposition'은 대규모 박람회나 전시회를 뜻한다. 철자가 똑같은 프랑스어에서도 같은 의미다. 그러나 엑스포란 용어가 19세기 중반 세계박람회 초기부터 사용된 것은 아니다. 사실 영어권에서는 'exposition'보다 'fair'나 'exhibition'이란 용어가 더 친숙했다. 세계박람회의 효시로 공인된 1851년 런던박람회 공식 명칭만 해도 'The Great Exhibition of the Works of Industry of All Nations(만국 산업생산물 대박람회)'였다.

이후 세기말까지 파리가 박람회의 근거지가 되다시피 하면서 'Exposition Universelle(세계박람회)'라는 프랑스어가 통용되었다. 즉 'exposition'은 영어보다 프랑스어로 더 많이 쓰인 말이었다. 당시 서구 사회에서는 프랑스어가 국제어였으므로 그 영향력이 컸다. 그런 연유로 1928년 11월 유럽 나라들의 주도 아래 세계박람회를 관장할 국제기구가 창설될 때 공식 명칭이 프랑스어로 정해졌다. 파리에 본부를 둔 국제박람회기구(Bureau International des Expositions, 약칭 BIE)가 그것이다.

반면에 1876년 필라델피아박람회를 필두로 세계박람회의 주무대가 된 미국에서는 'exposition'이라는 명칭 대신 'world's fair' 또는 그냥 'the fair'란 말이 널리 쓰였다. 대중에게 통용되었을 뿐 아니라 박람회의 공식 명칭을 그렇게 썼다. 예컨대 미국 엑스포의 절정이라 할 수 있는 1939년 뉴욕박람회의 공식 명칭은 'New York World's Fair'였다. 'fair'는 '장터'나 '축제'라는 의미가 있으므로 대중적 오락성이 크게 강조된 미국 박람회의 성격이 느껴지는 대목이기도 하다.

'exposition'에서 나온 'EXPO'라는 줄임말은 1960년대 BIE 운영자들이 만들어낸 신조어다. EXPO 명칭이 실제로 처음 등장한 것은 1967년 몬트리올박람회 때였다. 2차 세계대전 이후 세계박람회가 다시 한번 평화와 진보의 메신저가 되기를 원했던 BIE가 만들어낸 새로운 브랜드 네임이었던 것이다. 그 작명은 매우 성공적이어서 세계박람회의 통칭으로 뿌리내렸다. 뿐만 아니라 온갖 행사의 대명사가 되어 어떤 분야든 큰 전시 이벤트를 '~엑스포'라 부르곤 한다.

엑스포가 박람회 공식 명칭으로 쓰인 것은 1970년 오사카박람회(EXPO '70)가 처음이었다. 이후 세계인에게 널리 알려지면서 박람회를 지칭하는 용어로 굳어졌다. 2012년 여수박람회 공식 명칭도 'EXPO 2012 Yeosu Korea (2012여수세계박람회)'다. 한편 일본은 엑스포를 자국어로 '만국박람회(萬國博覽會)'라 표기하는데, 이 용어가 한동안 우리나라에서 통용되다 일본식 조어라는 지적에 따라 요즘엔 기피되고 있다.

엑스포가 '경제·문화올림픽'이라고?

어떤 분야의 인적·물적 자원을 망라하는 큰 행사를 흔히 '~ 올림픽'이라 부른다. 예컨대 각국 정부와 민간 환경단체 대표가 대거 참석하는 세계자연보전총회(WCC)를 '환경올림픽'이라 별칭하곤 한다. 올림픽이 '세계 수준의 대표적 국제행사'라는 의미의 보통명사가 돼버린 셈이다.

이런 식으로 언론에서 엑스포를 '경제·문화 올림픽'이라 부르는 것을 자주 볼 수 있다. 심지어 세계박람회 조직위원회가 펴낸 자료에서도 '친환경 경제·문화올림픽'이란 표현이 버젓이 사용되고 있다. 물론 대중이 알기 쉽도록 비유한 말이지만, 이것은 엑스포 입장에서 보면 '억장이 무너질' 일이다. 개최 연원으로 보나 인류 문명사에 미친 영향으로 보나, 엑스포와 올림픽은 비견조차 어려울 만큼 격차가 컸다. 적어도 2차 세계대전 이전까지는 그랬다. 그 위상으로 볼 때 올림픽을 '스포츠 엑스포'로 부르는 것이 자연스러울 정도였다.

엑스포와 올림픽은 근대 올림픽 태동 초기인 19세기 말~20세기 초 한 도시에서 동시에 개최되면서 부닥쳤던 '악연'이 있다. 정확히 말하면 새로 생긴 근대 올림픽이 엑스포에 '더부살이'를 하면서 존폐가 위태로울 정도로 구박받았다. 1900년 파리박람회와 1904년 세인트루이스박람회와 함께 열린 제2회, 제3회 올림픽은 수천만 명의 관람객을 모은 성대한 엑스포에 비하면 한쪽에서 진행된 볼품없는 체육행사에 불과했다. 이후 올림픽은 조직력을 키우며 급속한 상승 곡선을 그린 반면 엑스포는 매스미디어 등 대체재의 도전에 둘러싸여 한동안 제자리걸음을 걸었다.

1부

기계 문명과 산업화의
전시장

"오늘은 우리 생애에서 가장 위대하고 영광스런 날이다. 기쁘고 자랑스럽게도 오늘의 영광은 사랑하는 앨버트의 이름과 함께 영원히 남을 것이다. 오늘은 내 가슴이 감사로 가득 찬 날이다……. 수정궁의 철재 정문을 통해 보이는 십자형 중앙 홀의 광경, 흔들리는 야자수 잎과 꽃나무, 동상, 갤러리를 가득 채운 수많은 사람, 팡파르 소리, 이 모든 것이 우리에게 결코 잊지못할 감동을 주었다."

01 영국

위풍당당 대영제국

1851년 런던 박람회

1851년 5월 1일 영국 런던 하이드 파크(Hyde Park). 아침 일찍부터 런던 시민은 물론 세계 각국에서 온 사람들이 모여들었다. 공원으로 향하는 길은 65만 명에 달하는 인파로 들끓었다. 런던 시내에 이처럼 많은 사람이 한꺼번에 쏟아져 나온 건 유사 이래 처음이었다. 거리마다 안내책자와 기념품을 파는 가판대가 줄을 이었다. 군중은 하이드 파크 남쪽에 위용을 드러낸 수정궁(Crystal Palace) 앞뜰에 모였다.

정오가 되자 우렁찬 예포가 땅을 울렸다. 트럼펫 취주와 함께 빅토리아 여왕(Queen Victoria, 1819~1901)의 행렬이 공원 입구로 들어섰다. 마차를 탄 빅토리아 여왕과 부군 앨버트 공(Prince Albert)을 비롯한 왕실 일가가 군중의 환호를 받으며 거대한 온실 모양의 수정궁에 입장했다. 건물 꼭대기에선 정면의 영국 국기를 중심으로 세계 각국의 국기들이 휘날렸다. 수정궁 안의 중앙 홀과 2층 발코니에 있던 2만 5000명의 내빈은 여왕 내

오른쪽.
빅토리아 여왕과
부군 앨버트 공.

외를 기립 박수로 맞았다.

박람회 역사를 열어젖힌 키워드, '진보와 평화'

근대 엑스포의 효시가 된 런던박람회는 이렇게 화려한 모습으로 문을 열었다. 공식 명칭은 '만국 산업생산물 대박람회(The Great Exhibition of the Works of Industry of All Nations)'.

19세기 중반은 대영제국의 위세가 절정에 달한 시기다. 식민지가 지구 육지의 4분의 1에 달해 유니온 잭(Union Jack)에 해가 비추지 않는 날이 없었다던 때다. 18세기 후반에 본격화한 산업혁명 덕분에 영국은 엄청난 국부를 축적했다. 공업 기술과 기계 문명에 관한 한 다른 어떤 나라도 넘볼 수 없을 정도로 압도적 우위를 차지했다. 빈부 및 계층 격차의 그늘은 깊었을지언정 나라의 국운은 정점에 이른 시기였다.

이날 개막식은 대영제국의 영광이 세계박람회라는 화려한 꽃으로 만개했음을 온 천하에 선포한 역사적 사건이었다. 비단 영국 역사뿐만 아니라 인류 문명사에서 국제적 교역과 소통의 새로운 장을 연 기념비적인 순간이었다.

빅토리아 여왕이 수정궁 중앙 홀에 마련된 단상에 자리를 잡자 성공회 수장 캔터베리 대주교 존 섬너(John B. Sumner)가 축도를 했다. 이어 런던 연합합창단이 세계 최대의 파이프오르간 반주에 맞춰 헨델의 〈할렐루야〉를 불렀다. 개막식단은 유리로 만든 대형 분수와 거대한 느릅나무를 배경으로 조성되었다. 왕좌와 모든 장식은 왕실 의전에 따라 꾸며졌고 위에는 거대한 차양을 드리웠다. 엄숙한 합창에 이어 박람회 개최의 일등공신이자 왕립 박람

1851년 런던 하이드 파크에 위치한 수정궁에서 빅토리아 여왕이 개막을 선언하고 있다. 루이 헤이그(1806~1885)의 컬러석판화 작품으로 빅토리아 앤드 앨버트 박물관에 소장되어 있다.

회 조직위원회의 명예회장인 앨버트 공이 단상에 올라 개막 선언을 했다. 그는 "이번 박람회가 인간 활동의 모든 영역을 진보시키고 이 세상 모든 나라의 평화와 유대를 강화하게 될 것"임을 천명했다. 진보와 평화, 이 두 단어는 이후 170년 엑스포 역사를 관통하는 핵심 개념이 되었다.

"오늘의 영광은 사랑하는 앨버트의 이름과 함께 영원할 것"

우렁찬 박수와 함께 연설이 끝나자 빅토리아 여왕 일행이 전시장을 순회했다. 조직위원회 간부와 수정궁 설계자 조셉 팩스턴(Joseph Paxton), 외교사절단과 내빈, 존 러셀(John Russell) 수상을 비롯한 영국 정부 각료들이 앞장서고 여왕 내외는 행렬 끝에 섰다. 방대한 전시장의 서쪽은 영국 전시실, 동쪽은 외국 전시실로 꾸며졌다. 동서로 길게 이어진 중앙 홀에는 기마상을 비롯한 각종 조각품과 예술품이 들어섰다. 순시 의례를 마치고 단상으로 돌아온 빅토리아 여왕은 왕실 의장대의 팡파르가 울려 퍼지는 가운데 근위병의 의장 의식을 받음으로써 개막식의 대미를 장식했다.

빅토리아 여왕은 이날 개막식에 참석한 감상을 자신의 일기에 이렇게 남겼다.

"오늘은 우리 생애에서 가장 위대하고 영광스런 날이다. 기쁘고 자랑스럽게도 오늘의 영광은 사랑하는 앨버트의 이름과 함께 영원히 남을 것이다. 오늘은 내 가슴이 감사로 가득 찬 날이다……. (수정궁의) 철재 정문을 통해 보이는 십자형 중앙 홀의 광경, 흔들리는 야자수 잎과 꽃나무, 동상, 갤러리를 가득 채운 수많은 사람, 팡파르 소리, 이 모든 것이 우리에게 결코 잊지 못할 감동을 주었다. 나는 너무나 감격했다……. 우리가 왕좌(나는 거기 제대로 앉아보지도 못했다)와 내빈석이 있는 중앙 단상에 오르자 바로 눈앞에 환상적으로 조각된 크리스털 분수가 기다리고 있었다. 그 모습은 매우 압도적이고 장엄했으며, 눈이 부시도록 멋졌다. 내가 지금껏 보거나 들은 그 어떤 것보다 훨씬 경건한 영감을 불러일으켰다. 그 자리에 있던 모든 이의 얼굴은 즐거움과 행복으로 빛났고, 웅장한 규모의 건물과 나무, 동상과 분수, 거대한 파이프오르간(200개 음반으로 600개 음색을 낼 수 있다고 한다), 그리고 이 세상 모든 나라를 하나로 통합할 '평화의 축제'를 만들어낸 사랑하는 내 남편, 이 모든 게 진실로 감동이다. 오늘은 영원히 지속되어야 할 날이다. 신이여, 나의 앨버트에게, 그리고 오늘 이처럼 고귀한 존재로 드러난 나의 경애하는 조국에 가호를 내려주시길!"

여왕의 벅찬 감동은 여기서 그치지 않았다. 개막식 이틀 뒤인 5월 3일 자신의 외삼촌이자 일찍이 앨버트 공과의 만남을 주선해준 벨기에 왕 레오폴드 1세에게 보낸 편지에는 이렇게 썼다.

"우리 영국 역사에서 가장 위대한 날인 1851년 5월 1일을 지켜보셨다면 좋았을 텐데 아쉽습니다. 나의 사랑하는 앨버트가 이뤄낸 승리, 유사 이래 가장 아름답고 장엄하고 감동적이었던 그날의 장관을 말이지요. 그것은 몹시도 경이롭고 멋진 장면이었어요……. 그날은 내 인생에서 가장 행복하고 자랑스러운 날이었습니다."

런던박람회에 관한 묘사는 당대의 글과 그림, 석판화 등으로 많이 남아 있다. 하지만 영광의 군주인 빅토리아 여왕 자신의 일기와 서한만큼 기록문학적 가치가 높고 생생하게 표현한 문헌은 흔치 않다. 특히 박람회에 대한 진솔한 감격뿐 아니라 부군 앨버트 공을 향한 각별하고도 절절한 애정 표현이 눈길을 끈다. 사촌 남매간으로 1840년에 결혼한 여왕 내외는 금슬이 좋기로 유럽 귀

수많은 창문 사이로
햇살이 비쳐들도록
설계된 수정궁의 거대한
규모를 가늠해볼
수 있다. 분수는
박람회 기간 동안
만남의 장소로 즐겨
이용되었다.
J. 맥네븐의 작품.

족사회에 소문이 자자했다.

런던박람회 개막식은 산업혁명의 맹주 대영제국의 위용과 리더십을 만방에 떨치는 국제 행사인 동시에 영국민의 통합과 자부심, 애국심 고취라는 점에서 대내용 효용 가치로도 더할 나위 없는 이벤트였다. 주최국인 영국의 지도층은 자국이 단연 세계 최고의 산업·군사·경제를 자랑하는 슈퍼 파워임을 세계인에게 과시할 수 있었고, 영국 국민들은 수정궁과 그 안에 전시된 거대한 기계 발명품들을 통해 자국의 압도적 힘과 능력을 두 눈으로 확인하는 기회였던 것이다.

대영제국의 '위풍당당' 수정궁

어제는 텅 빈 잔디밭,
멋쟁이 신사들이 승마로를 따라 웃으며
말 타고 여기저기 달리던 곳
그러나 지금 여기 세워진 것을 보라!

마치 마법의 지팡이로 이뤄낸 양,
투명한 유리로 만든 빛나는 아치는
태양을 만나기 위해
풀밭에서 솟구친 분수와도 같도다!

며칠 전 고요한 풀밭이던,

소떼가 그늘에서 한가로이 풀을 뜯던 이곳에

눈부신 회랑이

반듯반듯 줄지어 섰네!

동화 속 왕자를 위한 궁전인가,

인류가 시작된 이래 한 번도 본 적 없는

진귀한 건축물이

여기 세워져 빛나고 있네!

……

빅토리아 시대 영국의 '국민 시인' 윌리엄 새커리가 1851년 5월 1일 런던 대박람회 개막에 바친 송시(頌詩, 원제 〈Ode to May-Day〉)의 서두다. 그가 묘사한 '마법이 빚어낸 경이', '동화 속 왕자를 위한 궁전'은 바로 수정궁이었다. 하이드 파크에 모습을 드러낸 수정궁을 '경이'로 받아들인 것은 새커리만이 아니었다.

유럽 시민 사회와 언론의 비상한 관심 속에 문을 연 런던박람회는 수정궁이라는 획기적 건축물의 이미지로 세계인들에게 각인되었다. 수정궁은 그 자체가 런던박람회의 가장 위대한 전시물로 방문자에게는 깊은 인상을 심어주고 예술가에게는 창작의 영감을 불어넣었다. 수정궁은 수많은 예술 작품과 기념품의 소재가 되면서 당대 기계 문명의 아이콘으로 부상했다. 훗날 수정궁은 런던박람회의 상징뿐 아니라 이후 엑스포 전시회장의 전형이 되었다.

수정궁은 온실 형태의 독특한 양식과 거대한 규모, 건축사 초유의 건설 과정 등으로 설계 단계부터 숱한 화제를 뿌렸다. 수정궁이라는 명칭은 당시 시사만평잡지 〈펀치(Punch)〉가 전통적 건축 재료인 돌이나 벽돌이 아니라 유리와 철골로 뒤덮인 파격적 외양을 풍자해서 붙인 것으로 알려져 있다.

철근과 유리, 목재로 지어진 수정궁은 가로 563미터, 세로 124미터의 거대한 직사각형 구조물로, 중앙에는 42미터 높이의 돔 지붕을 얹었다. 수정궁이 지어진 하이드 파크는 전통적으로 영국 왕실의 사냥터였다. 그곳에 자라던 30미터 높이의 거대한 느릅나무 세 그루를 중앙 돔 하부에 그대로 두어 '실내목'으로 만들었다.

이 놀라운 건축물의 설계자는 원예사이자 온실 및 조경 건축가였던 조셉 팩스턴이다. 팩스턴은 데번셔(Devonshire) 지방에서 대형 온실을 지은 경험을 바탕으로 런던박람회장 건축이라는 거대한 실험에 뛰어들었다.

조직위원회는 애초 박람회장 건물 설계안을 국제 공모에 붙였다. 그 결과 254개 설계안이 응모됐지만 모두 조직위원회가 제시한 기준과 기대 수준에 미치지 못했다. 1850년 6월 조직위원회는 전체 회의를 열어 당선작을 뽑지 않기로 의결했다. 응모작들은 대부분 내부에 신랑(身廊, nave)을 2~3개 두고 외부에 벽돌 벽과 철판 돔을 올리는 전통적 교회 건축 형태를 제안했다. 이에 대해 의회와 언론에서는 막대한 건축비가 들고 공사 기간이 오래 걸린다는 이유로 대체로 부정적 의견을 나타냈다. 특히 의회의 보수파는 이를 빌미로 박람회 자체를 반대하고 나섰다. 1년밖에 남지 않은 개막 일정과 재원 조달의 어려움 등이 반대 이유였다. 주류 언론 〈타임스(The Times)〉조차 "영국의 건축 및 산업 기술이 다른 나라에 도용당하고 말 것"이라며 박람회 개최 비판론을 제기했다.

박람회장 설계안에서 비롯된 이 논란은 박람회 개최를 위협할 정도였다. 조직위원회로서는 절체절명의 위기였다. 이런 상황에서 그야말로 혜성같이 나타난 인물이 팩스턴이다. 지방의 이름 없는 조경 건축가였던 그는 자신의 독특한 설계안을 제시했다. 그는 "적은 예산으로 짧은 기간 내에 지을 수 있고 나중에 철거도 가능한 건축 형태는 온실뿐"이라며 조직위원회를 설득했다. 그의 설계안은 당시 난제로 여겨지던 하이드 파크 부지의 대형 나무들을 전시회장 내부로 끌어들인다는 획기적인 아이디어를 담고 있었다. 철도 시공자들과 함께 대형 온실을 몇 달 만에 지은 적 있는 그의 경력도 사업 성공에 대한 기대감을 높여줬다. 조직위원회로서는 공사 기간이 짧다는 게 무엇보다 매력적이었다. 팩스턴의 파격적인 제안은 순식간에 지지세를 확보했다. 그는 하루아침에 위기에 처한 박람회를 되살려낸 영웅이 되었다.

조직위원회는 전체 위원이 참여한 다수결 투표를 통해 팩스턴의 설계안을 승인했다. 그의 제안이 나온 지 불과 2주 만이었다. 곧이어 팩스턴이 추천한 팍스 & 헨더슨(Fox & Henderson)이 시공자로 선정되었다. 1850년 7월 30일 수정궁 건설공사가 서둘러 첫 삽을 떴다. 8월 한 달간 건물 기초 작업이 이루어졌고 9월에는 철재 기둥이 올라가기 시작했다.

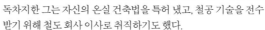

빈곤·무학 설움 딛고 작위 받은 풍운아 조셉 팩스턴

수정궁 설계자로 하루아침에 '국민 영웅'이 된 조셉 팩스턴은 1803년 8월 잉글랜드 남동부 밀튼 브라이언에서 가난한 소작인의 아들로 태어났다. 정규 교육이라고는 문법 학교에 몇 달 다닌 것이 전부였다. 어린 나이에 공원 견습생으로 취직한 그는 독학으로 원예와 정원 설계를 배웠고 23세에 데번셔 공작의 수석 정원사로 자리를 잡았다. 여기서 그는 영국식 정원에 관한 모든 기량을 닦고 실험하여 자신의 성과물로 만들었다. 그 과정은 자신이 만든 잡지와 가이드북에 기록했다. 팩스턴은 거대한 온실을 짓고 아시아와 아메리카 대륙에서 가져온 새 품종을 실험 재배했고, 100미터 높이의 거대한 분수를 만들기도 했다. 데번셔 공작의 신임을

독차지한 그는 자신의 온실 건축법을 특허 냈고, 철공 기술을 전수받기 위해 철도 회사 이사로 취직하기도 했다.

이렇게 실력을 갈고닦던 팩스턴에게 일약 스타가 될 기회가 온 것은 그의 나이 47세인 1850년 6월이었다. 조직위원회가 전람회장 설계안 공모에서 당선작을 뽑지 못했다는 소식을 들은 그는 '대형 온실' 설계안을 들고 런던으로 달려갔고 결국 설계자로 채택되었다. 런던박람회가 예상을 훌쩍 뛰어넘는 대성공을 거두자 그는 돈과 명예를 한꺼번에 거머쥐게 되었다. 설계비로 5000파운드의 거액을 손에 쥔 데 이어 빅토리아 여왕으로부터 직접 비세습 귀족인 기사(knight) 작위까지 받았다. 게다가 코번트리 지역구에서 하원 의원에 당선돼 정계로도 진출했다. 자수성가해 말년에 부와 명성을 누린 팩스턴은 수정궁을 이전한 시드넘 힐에서 감독으로 일하다 1865년 6월 세상을 떴다.

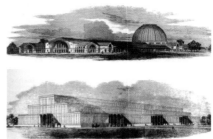

1850년 6월
런던박람회
조직위원회에
제출된 박람회장
설계안들이다.

파격과 실용의 조화미 살린 초고속 건설

수정궁은 '초고속' 건축으로 유명하다. 1850년 12월 완공까지 불과 17주 남짓 걸렸다. 이처럼 짧은 기간 내 공사를 마칠 수 있었던 비결은 철골과 유리를 다른 장소에서 따로 제작한 다음 현장으로 옮겨서 짓는 조립식 공법에 있었다. 팩스턴은 유리와 철재를 규격화해 버밍엄에서 부분 구조물을 제작한 뒤 런던으로 운송하는 방식을 썼다. 건축사상 유례없는 대량 생산 및 조립식 건축이라는 실험에 착수한 것이다. 런던에서 철도로 220킬로미터 떨어진 버밍엄은 유리와 제철 공업이 발달해 그런 작업을 하기에 최적의 입지로 꼽혔다. 건축 과정에서 쇠를 다루는 데 '달인'인 철도 기술진을 포함해 당대 최고의 엔지니어가 총동원되었음은 물론이다.

  팩스턴의 설계안이 기능에만 초점을 맞추어 단순했던 점도 공기 단축에 한몫을 했다. 팩스턴의 설계는 빅토리아 시대의 장식적 양식을 완전히 배제하고 오로지 건축물의 구조와 기능에만 충실했다. 건물 전체가 가로 25센티미터 세로 124센티미터의 철골 테두리 유리 격자 틀로 지어졌다. 사용된 유리만 총 8만 4000제곱미터(2만 5410평)에 달했다. 이는 당시 영국 전체 연간 유리 생산량의 3분의 1을 차지하는 엄청난 양이었다. 유리를 조달한 버밍엄의 챈스 브라운 유리공장에서는 영국 유리공만으로는 인력이 부족해 프랑스에서 일

꾼을 데려다 쓸 정도였다. 기둥과 빔은 7~22미터짜리 네 가지 형태만 사용했다. 페인트칠도 외부는 하늘색 하나만 쓰고, 내부는 구획에 따라 흰색·붉은색·파란색·노란색을 사용했다.

전체 구조와 외양이 단순했던 것과 달리 수정궁의 내부 장식은 이색적이고 다채롭게 꾸며졌다. 둥근 유리 지붕으로 덮인 중앙 홀에는 30미터 높이의 느릅나무를 배경으로 8미터짜리 대형 유리 분수를 설치하였다. 팩스턴은 조경 건축가로서의 경험을 십분 발휘해 크고 작은 분수와 인공 폭포를 만드는 데 공을 쏟았다. 특히 정문으로 입장하는 관람객들의 시선을 가장 먼저 잡아끈 중앙 홀 분수는 유리로 세공된 걸작이었다. 빅토리아 여왕도 열광한 이 분수는 물과 유리가 어우러져 뿜어내는 휘황찬란한 빛의 향연으로 박람회장의 명물이 되었다. 수정 분수(Crystal Fountain)라 불린 이 대형 장식물은 박람회장 내부 어디에서도 볼 수 있었다. 분수 주위에는 피크닉 벤치 등을 설치함으로써 방문객의 휴게시설 구실도 했다.

이 외에도 전시장 곳곳에 분수와 인공 폭포가 조성되었다. 수정궁 내부는 실로 분수의 전시장이라 해도 과언이 아닐 정도였다. 물을 뿜어내는 분수의 노즐 수만 1만 2000개에 달했으니 물을 쓰는 인테리어 장식의 방대함을 짐작할 수 있다. 가장 멀리 물을 뿜어내는 분수는 방사거리가 76미터나 되었다. 분수와 인공 폭포가 최대 용량으로 가동될 때 사용되는 물의 양은 12만 갤런, 이들 시설에 물을 대는 대형 탱크 10여 개, 배수 파이프만 수십 킬로미터에 달했다. 분수와 폭포 등은 관람객들의 눈을 즐겁게 하는 볼거리였을 뿐 아니라 온실 형태여서 여름날 쉽게 기온이 올라가는 수정궁 실내를 시원하게 만드는 냉방 효과를 발휘했다.

수정궁은 높이 20미터, 길이 563미터의 주 건물에 14미터 높이의 조금 낮은 보조 건물을 밖으로 잇대어 지은 구조다. 전면 길이 563미터는 박람회 개최 연도를 나타내는 1851피트에 해당한다. 중앙에는 주 건물을 가로질러 최대 높이 42미터의 원통형 아치 지붕을 씌웠다. 30미터짜리 느릅나무 세 그루를 감싸 안은 그 돔이다. 이 나무에 종달새 같은 새들이 날아들어 런던박람회는 새똥 처리라는 색다른 골칫거리를 낳기도 했다.

수정궁 내부 양쪽에는 3층으로 구성되는 갤러리를 목재로 지어 넓은 전시 공간을 확보했다. 중앙 홀 양쪽 끝에는 식당과 휴게실 등 편의시설이 마련되

인류 최초의 수세식 공중 화장실, 사용료는 1페니

영어 관용어구에 'to spend a penny'란 표현이 있다. 말 그대로 하면 '1페니(혹은 작은 돈)를 쓴다'는 의미지만 사실은 엉뚱하게도 '화장실에 간다'는 뜻이다. 어둡고 더러운 것을 둘러말하는 일종의 완곡어법이다. 가령 "I'm just going to spend a penny."는 "화장실 다녀올게"란 말이 된다.

이 관용어는 바로 1851년 런던 수정궁 박람회에서 비롯된 말이다. 수많은 관람객이 찾은 수정궁의 한편에 인류 최초의 공중 화장실이 세워졌는데, 그 사용료가 1페니였던 것이다. 화장실 가는 데 돈을 받는 것도 희한한 일이었지만 화장실의 시설 또한 이용자들을 놀라게 했다. 일을 보고 나면 줄을 잡아당겨 물로 금속 변기를 씻어 내리는 수세식이었던 것이다. 배관공 출신인 조지 제닝스(George Jennings)가 개발한 세계 최초의 수세식 변기였다. 그는 자신의 새 발명품을 'Water Closet'이라 명명했다. 화장실 문에 표시되어 있던 'WC'가 따지고 보면 런던박람회에서 유래한 것이다.

Public Urinal for Six Persons, with Enclosure and Screen.

최신 수세식 변기가 장착된 런던 박람회장의 화장실은 'Retiring Rooms'란 '고상한' 이름으로 불렸다. '휴게실'이란 뜻으로 풀이할 수 있겠다. 사용료를 받은 만큼 서비스는 좋았다. 1페니를 낸 이용자에게는 변기 앉는 자리에 깔 깨끗한 시트와 수건, 빗이 제공되었는가 하면 입구에서 사용법을 안내해주고 구두도 닦아줬다.

화장실 유료 입장객은 수정궁 박람회가 열린 1851년 5월 1일부터 10월 11일까지 164일 동안 연인원 82만 7280명을 기록했다. 하루 평균 5044명이 이용한 셈이다. 전체 관람객이 603만 9205명이었으니 약 7명에 1명꼴로 화장실을 이용했다는 계산이 나온다. 1페니는 요즘 환율로 치면 한국 돈 20원 안팎이지만 19세기 중반 화폐 가치로는 적어도 그 50배인 1000원 정도의 가치를 지녔을 것으로 추정된다. 조직위원회는 결국 화장실 사용료로만 8270파운드의 수익을 올렸다. 이는 박람회 전체 수익 15만 파운드의 5.5퍼센트에 해당하는 액수다.

런던박람회가 끝난
후 1854년 런던 남부
시드넘 힐에 다시
세워진 수정궁.

었다. 이렇듯 팩스턴은 벽과 창문과 천장을 구분하는 건축의 재래 규칙을 깡
그리 무시하고 햇빛이 무제한 들어오는 파격적 건축물을 창조했다. 물론 전
시관 내부는 목재 장식으로 꾸며 아늑한 공간을 조성했다. 이런 식으로 파격
과 실용의 조화를 이루어냈다.

　박람회 개막일에 맞추느라 완공 시한에 쫓겨 건설되다 보니 하자도 더러
발생했다. 그중 가장 큰 문제는 일부 유리 지붕에서 비가 새는 것이었다. 팩스
턴이 설계한 운송 장비로 유리판을 날라다가 일주일 동안 1만 8000개를 붙이
는 계획이 강행되면서 정밀 시공이 어려웠던 탓이다. 하루 18시간씩 공사를
강행하자 시공 인부들이 파업을 일으키기도 했다. 일꾼들은 일당을 4실링에
서 5실링으로 올려달라고 요구했으나 받아들여지지 않은 채 무마되었다. 수
정궁 건축에는 하루 평균 5000명이 동원되었다.

　세상에 모습을 드러낸 수정궁은 단순한 전시 시설물을 뛰어넘어 건축사에
길이 남을 기념비의 하나로 기록된다. 유리와 철근을 주요 건축재로 사용한
것이 획기적이었음은 물론, 경쾌한 외형과 내부 디자인 역시 근대 건축의 새
로운 이정표가 되었다. 런던박람회가 신제품과 각국 풍물 전시에 그치지 않
고 관람객들에게 정보와 미적 쾌감을 주는 총체적 경험으로 격상된 것은 오

로지 수정궁이라는 건축물을 통해서였다. 런던박람회가 '수정궁 박람회'라는 별명으로 불리게 된 것도 그런 이유에서다.

화재로 소실된 '진보와 평화'의 전당, 수정궁

대박람회 이후 영국 사회에서는 수정궁 처리를 놓고 논란이 벌어졌다. 애초 계획한 대로 해체할 것이냐 아니면 존속 또는 이전하느냐를 놓고 의회와 언론에서 의견이 분분했다. 왕립박람회 조직위원회는 이 문제를 위한 새로운 위원회를 조직해 수정궁 설계 공로로 작위를 받은 팩스턴을 위원장으로 선임했다. 그런 가운데 박람회 개최로 고양된 국민 통합 의식과 국위 선양 효과를 유지·발전하기 위해 다른 곳으로 옮겨 활용해야 한다는 견해가 점차 우세해졌다.

수정궁은 결국 런던 남부 교외 부유층 지역인 시드넘 힐(Sydenham Hill)로 옮겨졌다. 164일간 세계의 이목을 집중시킨 화려한 전람회장으로서 본분을 다한 뒤 하이드 파크를 떠난 것이다. 수정궁 해체·이전 공사는 넉 달 남짓 걸린 건설 때와는 달리 3년이나 소요됐다. 이전 비용은 런던박람회 전체 수익금보다 약간 적은 13만 파운드가 들었다. 최초 건설 비용에 비하면 7분의 1 수준이었다.

1854년 새 둥지에 자리를 잡은 수정궁은 이전보다 좀 더 확장되어 상설 전시장은 물론 콘서트홀과 위락시설을 갖추었다. 런던에서 수정궁을 잇는 2개 철도 노선이 만들어져 시민들이 찾기 편리하게 됐다. 빅토리아 여왕도 몇 차례 이곳을 찾아 수정궁의 명성이 지속되기를 희망했다. 1911년에는 조지 5세와 메리 여왕의 대관식 겸 제국의 축제 행사가 열리기도 했다.

그러나 수정궁은 세월과 함께 점차 쇠락의 길을 걷는다. 1차 세계대전 당시에는 해군 훈련기지로도 사용됐다. 이곳을 거쳐간 훈련병만 12만 5000명에 이르는 것으로 기록되어 있다. 1차 세계대전 후에는 전쟁 박물관으로 활용됐다.

그러던 중 1936년 11월 30일 화재가 발생해 불과 몇 시간 만에 전소되고 말았다. 밤하늘로 치솟은 불길은 몇 마일 떨어진 곳에서도 볼 수 있었다고 한다. 소방차 89대와 400여 명의 소방관이 출동했으나 불길을 잡기에는 역부족이었다. 세계박람회의 첫 깃발을 들었던 주인공이 엑스포의 주도권이 신대륙 미국으로 넘어간 시대에 이르러 역사의 뒤편으로 사라진 것이다.

그 당시 미국에서 창간호(1936년 11월)를 낸 화보잡지 〈라이프(Life)〉는 12월호에서 '런던 최악의 화재'라는 제목 아래 수정궁 화재를 세 페이지에 걸친 화보로 다뤘다. 참화 현장에는 대형 물탱크 탑 두 개만 덩그러니 남아 있었는데 2차 세계대전 중 독일 폭격기의 항로 정보가 될 가능성이 있다는 이유로 1941년에 그것마저 철거되었다.

수정궁이 있던 자리는 현재 공원으로 조성되어, 수정궁 이름을 딴 '크리스털 팰리스 국립 스포츠 센터'가 들어서 있다. 현대인들에게 '크리스털 팰리스'는 사우스 노드를 근거지로 한 영국의 프로 축구팀이나 미국 디즈니 월드 리조트의 레스토랑 이름으로 더 친숙하다.

콜트 권총과 굿이어 타이어

수정궁은 2~3층의 발코니를 포함한 전시 면적만 축구장 11개 넓이인 9만 2200제곱미터(2만 7890평)에 달해 방문자들을 압도했다. 전시 공간은 중앙 홀과 남북의 양쪽 기둥 사이에 설치된 1~3층의 1500개 갤러리로 구분되었다. 동서로 길게 이어진 중앙 홀 양쪽에는 기마상 등 갖가지 조각품이 놓였고, 발코니와 전시 부스에는 세계 각국에서 출품한 첨단 발명품과 세계 각지의 특산물, 민속품, 공예품, 예술 작품 등이 가득 전시되었다. 전시물은 총 1만 3000여 종, 개별 품목 수로는 무려 100만여 점에 달했다.

워낙 전시물의 양이 방대해서 분류 체계를 세우는 것은 매우 까다롭고도 중요한 일이었다. 이는 스웨덴의 식물학자 린네(Carl von Linné)가 동식물 분류 기준을 정한 것과 흡사한 과정이었다. 하루가 다르게 발전하는 여러 산업의 분야를 체계적으로 분류하는 일은 난제가 아닐 수 없었다. 조직위원회는 방대한 전시품을 우선 출품한 나라별로 섹션화하고 이를 다시 주제별로 분류했다. 영국 전시장의 경우에는 원자재, 기계류, 공산품 등 3개 섹션 아래 29개 주제로 나누었다. 외국 전시장은 전시물의 성격이 워낙 다양해 별도의 분류 체계를 써야 했다.

또 하나의 섹션은 조각과 회화 등 예술품이었다. 하지만 런던박람회에 등장한 예술품들은 작품성보다는 분위기 조성용 장식이나 관람객의 눈길을 끄는 단순한 볼거리에 그쳤다는 평가를 받았다.

런던박람회에서 가장 많은 관람객이 몰린 곳은 역시 영국관이었다. 주최국 영국은 식민지 15개국과 함께 드넓은 수정궁 전시 공간의 절반을 차지했다. 출품자만 6900명에 이르렀다. 그 중 압권은 뭐니 뭐니 해도 기계류였다. 특히 길이 70미터, 높이 35미터에 이르는 기중기와 기관차 및 선박용 증기 엔진, 대형 난방 기구, 압착기, 수압식 인쇄기, 공작 기계, 철재 파이프류 등 중공업 제품이 대중과 언론의 눈길을 끌었다. 하나같이 영국의 공업 기술과 생산력을 웅변하는 당대 최고의 제품들이었다. 박람회 공식 안내책자는 중기계류를 상세히 소개하는 데 가장 많은 분량을 할애했다. 책자는 "이들 중기계야말로 대영제국의 성공과 번영을 가장 직접적으로 보여주는 산업의 원천"이라고 치켜세웠다.

개막식 이후 박람회에 매료되어 여러 차례 수정궁을 찾은 빅토리아 여왕도 기계류 전시품을 높이 찬양했다. 여왕은 방문할 때마다 일기에 감상을 적곤 했다.

> "기계류 전시장에 들러 두 시간 동안 둘러보았다. 전시물 하나하나가 너무나 흥미롭고 교육적이다……. 손으로 하면 몇 달씩 걸리는 작업이 이 멋진 기계로는 순식간에 이뤄진다니!"

기계류들은 모두 전시된 자리에서 바로 작동되어 관람객들이 그 효용성을 눈으로 확인할 수 있었다. 특히 가장 넓은 전시 공간을 차지한 기중기는 삼각형 형태의 30미터짜리 철골을 지지대로 삼아 도르래와 체인으로 대형 파이프 등을 척척 들어 올렸다. 작동하는 모든 기계의 동력원인 대형 증기 보일러 2대도 전시품의 일부였다. 그 옆에 전시된 증기기관차는 움직일 수 없는 대신에 거대한 쇳덩이 엔진 내부를 들여다볼 수 있도록 기차의 지붕 부분을 떼어내 전시했다.

중후장대(重厚長大)한 기계류와 함께 실생활에 쓰이는 작은 기계 발명품들도 많이 선보였다. 그 가운데 돋보인 것은 재봉틀, 정밀시계, 전보 타전기, 망원경과 각종 천체 관측 기구였다. 이들 발명품은 머잖아 신대륙 미국에서 더욱 개선된 모델 개발을 놓고 치열한 경쟁이 벌어질 것임을 예고했다. 미국의 발명가들은 이미 만만찮은 신개발 제품을 내놓았다. 총기 제조업자 새뮤얼 콜트(Samuel Colt, 1814~1862)는 연발 권총을 비롯한 총기류를, 찰스 굿이어

(Charles Goodyear, 1800~1860)는 최초의 고무 타이어를, 사이러스 매코믹(Cyrus Hall McCormick, 1809~1884)은 '식량혁명'에 일조한 바인더 달린 획기적인 기계 수확기를 출품했다. 이들 거장의 이름은 오늘날까지도 전통 깊은 브랜드이자 전문업체로 남아 있다.

런던박람회의 기계류 전시장. 기계류들을 바로 작동시켜 관람객들이 그 효용성을 눈으로 확인할 수 있도록 하였다.

　이 밖에 프로이센의 강철 대포와 오스트리아산(産) 가구, 보헤미안들의 유리 세공품, 프랑스의 고급 직물, 스위스 시계, 인도 면제품, 중국 도자기 등 당대 최고 수준의 공산품이 빠짐없이 진열되어 관람객들의 탄성을 자아냈다.

지구촌 풍물 전시와 명품 브랜드의 탄생

박람회 전시물들은 인간의 손이 빚어낸 실용품이라는 점에서는 현실이었지만 실제 사용 가능 여부를 떠나 한자리에 모였다는 점에서는 비현실이기도 했다. 실용 공간에서 전시 공간으로 넘어온 전시물들은 상상력의 원천이 되었다. 관람객들은 현실적이기도 하고 비현실적이기도 한 전시물을 통해 실제와 환상을 동시에 경험하는 박람회의 주술적 유혹에 빠져들었다.

　조직위원회는 전시품 1만 3000여 종 가운데 5130개 품목을 박람회 수상작으로 선정해 3개 등급의 메달을 수여했다. 그중 1등급 메달은 영국이 46퍼센트를, 프랑스가 33퍼센트를 차지하여 두 나라가 독식했다. 메달 앞면에는 빅토리아 여왕 내외의 초상을, 뒷면에는 영국 왕실의 문장(紋章)을 새겼다.

　1등급 메달 수상작 가운데 덩치는 작지만 유독 눈길을 끈 품목이 있었다. 바로 오늘날까지 '명품'으로 여겨지는 파텍필립(Patek Philippe) 손목시계였다. 폴란드의 기술자 파텍과 프랑스 출신의 기술자인 필립이 공동 출품한 이 손

당시의 파텍필립 시계.
런던박람회에서 1등급
메달을 수상한 파텍
필립 시계는 박람회가
끝난 뒤 빅토리아
여왕과 앨버트 공에게
헌정되었다.

목시계는 당시 세계 최초로 개발된 독립 분침과 자동 태엽을 장착한 첨단 정밀제품이었다. 박람회에 출품된 파텍필립 손목시계는 행사가 끝난 후 빅토리아 여왕과 앨버트 공에게 헌정되어 명품 계보의 시조가 되었다. 매혹의 소리를 뿜낸 색소폰도 인기 전시품 중 하나였다. 벨기에 출신 악기제작자이자 연주가 아돌프 삭스(Adolphe Sax, 1814~1894)가 출품한 이 새로운 목관 악기는 베이스 클라리넷을 개조한 것으로, 런던박람회를 통해 본격 보급되면서 이후 재즈 등 대중음악의 필수품으로 자리 잡았다. 색소폰 외에도 트롬바 등의 악기를 상업적 목적을 따지지 않고 개량하고 발명한 삭스는 그 공로를 인정받아 벨기에 200프랑 화폐의 초상화 주인공이 되었다.

런던박람회는 기계 문명뿐 아니라 전 세계 풍물의 전시장이기도 했다. 민속품으로 인기를 끈 대표적인 곳은 인도 전시관이었다. 화려한 좌대를 등에 얹은 코끼리상과 민속 음악 및 무용, 이국적 디자인의 의류, 공예품 등과 함께 풍부한 볼거리를 제공했다. 캐나다 전시관은 거대한 무스(moose) 머리 박제와 각종 모피류, 농기계와 마차, 카누 등이 전시되어 신대륙 개척의 분위기를 물씬 풍겼다. 벨기에, 독일, 터키 등 유럽 각국도 가구와 카펫 등 온갖 크고 작은 특산물을 출품했다.

과학 기술의 유토피아를 꿈꾸며

1851년 런던박람회를 통해 영국의 앞선 공업·통신·교통·도시 환경과 관련 제도를 두 눈으로 목격한 세계인들은 자국으로 돌아가 과학 기술 개발의 중요성을 부르짖었다. 18세기 후반 이래 유럽을 휩쓴 정치 혁명의 열기가 산업화의 기운으로 전환되는 데 런던박람회가 결정적 역할을 했다.

산업혁명이 일궈낸 영국의 기계 문명은 삶의 질 향상을 약속하는 유토피아적 이미지로 투사되었다. 영국이 자랑스럽게 선보인 각종 산업 생산물은 과학 기술이 인류를 보다 나은 미래로 이끌 것이라는 확신을 심어주었다. 과학 기술이 유토피아를 만들어낼 것이라는, 오늘날까지 지속되는 과학 문명 이념의 씨앗이 뿌려진 것이다.

런던박람회는 주최 측의 기대 수준을 크게 웃도는 대성공을 거두었다. 영국의 위상을 국제사회에 한껏 드높였고, 향후 국제적 차원의 박람회 개최 동기를 촉발했다. 600여만 명이라는 관람객 숫자는 인류 역사상 전쟁이 아닌 평화 시기에 한꺼번에 모인 사람들의 숫자로서는 가장 많은 인원이었다는 계산까지 나왔다. 영국 전역과 유럽 각국, 미국 등 세계 각지에서 하루 평균 3만 6800명이 줄을 지어 박람회장을 찾았다. 조직위원회는 애초 1파운드씩 받던 입장료를 개막 한 달 후부터는 월요일부터 목요일까지에 한해 4분의 1로 할인하는 '실링 데이(Shilling Day)'를 만들어 중·하위 계층 관람객들을 대거 끌어들였다.

박람회 수익금은 하이드 파크 남쪽 지역인 사우스 켄싱턴(South Kensington)에 부지를 사들여 일련의 박물관을 짓는 데 사용되었다. 그 가운데 빅토리아 여왕이 부군을 기려 지은 빅토리아 앤드 앨버트 박물관(Victoria and Albert Museum)은 비잔틴, 페르시아, 중세 유물 등 방대한 도자기·금속공예·가구·조각 컬렉션을 자랑하는 세계 최대 공예 박물관으로 꼽힌다. 런던박람회 당시 전시품과 관련 자료 일부가 이 박물관에 소장되어 있다.

세계박람회, 인류 문명사에 한 획을 긋다

인류 문명사에 한 획을 그은 첫 세계박람회가 런던에서 열린 것은 우연의 산물이 아니다. 박람회 노하우 면에서 한발 앞서 있던 프랑스를 의식적으로 제친 영국이 내린 과감한 결단의 승리였다. 18세기 이후 소규모 무역·상품 전시회는 유럽의 중심인 프랑스 파리에서 주로 열렸다. 영국도 이를 본뜬 전시회를 시도했지만 워낙 소규모여서 대중은 물론 산업가들의 관심조차 끌 수 없었다. 당시 박람회는 자국의 생산물 전시에 국한되었는데, 국제 전시회를 열 경우 자칫 자국의 산업 기술이 외국으로 유출될 것을 우려했기 때문이었다.

그러던 중 1830년대부터 프랑스에서 산업 기술 보호에 집착하는 소심증에서 벗어나 대규모 국제 박람회를 열어야 한다는 목소리가 높아지기 시작했다. 특히 훗날 프랑스 황제로 등극한 나폴레옹 3세가 박람회 개최 의지를 표명하기 시작했다. 프랑스를 자주 오가던 영국 공공 기록물 보관소 관리관 헨리 콜(Henry Cole, 1808~1882)이 프랑스의 이런 움직임에 각별한 관심을 기울였다. 일찍이 자유무역 신봉자였던 그는 상품 교역 제한을 철폐해야만 인류 평화와 번영의 시대를 열 수 있다고 굳게 믿었으며, 온 나라가 참여하는 대규모 박람회야말로 그 물꼬를 틀 계기가 되리라 확신했다.

박람회 개최 논의가 프랑스에서 본격화되었다는 사실을 알게 된 콜은 더이상 지체할 수 없었다. 그는 빅토리아 여왕의 부군이자 학술원(Royal Society) 의장인 앨버트 공을 찾아가 영국이 박람회를 선점함으로써 세계 무역 및 경제의 주도권을 쥘 수 있음을 역설했다. 그때가 1849년이었다. 당시 영국의 조야에서도 프랑스의 성공 사례를 들어 산업 발전에 도움이 되는 전시회를 영국에서도 열어야 한다는 논의가 이뤄졌는데, 이를 '국제화'해야 한다고 콜이 강력히 주장한 것이다.

독일의 색슨 공국(Saxon duchy) 출신인 앨버트 공은 노예제도 철폐와 교육 개혁에 앞장서는 등 진보적 마인드를 가진 인물이었다. 콜의 주장에 공감한 앨버트 공은 당시로서는 뛰어넘기 힘든 벽이던 '국제' 박람회 추진의 견인차 역할을 했다. 그러나 당시 영국의 경제·사회적 상황이 대규모 국제 행사를 치르기에 무리라는 반론이 만만치 않았다. '굶주린 40년대(Hungry Forty)'라고 불릴 정도의 경기 침체에서 아직 헤어나지 못한 때였고, 차티스트(Chartist)들의 시위로 정치·사회적 불안감도 높았다. 견제 장치 없는 자본주의의 모순이 사회에 점점 더 깊은 그늘을 드리우고 있었다. 정계 일각에서는 "박람회 같은 대규모 행사는 사회주의 선동가, 부랑인, 범죄자, 외국인 난민 등을 끌어들여 큰 사회 혼란을 야기할 것"이라는 우려가 제기되었다.

앨버트 공과 콜은 그 같은 우려가 지나친 과장이며 세계박람회가 오히려 경제 위기를 극복하고 사회 통합을 이루어내는 계기가 될 것이라 강변하면서 사회적 공감대 확보에 나섰다. 실제로 다섯 달여의 박람회 기간 중 소요 사태는 단 한 차례도 일어나지 않았다. 앨버트 공은 박람회 기금 조성에도 결정적 기여를 했다. 의회에서 안정적 기금 확보를 조직위원회 구성의 전제조건으로 내세웠기 때문이다. 정부에서는 무역부가 가장 먼저 찬동 의사를 밝혔다. 앨버트 공은 산업화를 통해 막대한 부를 축적한 부르주아 계층을 독려해 많은 기부금을 받아냈다. 부르주아 자본가들은 이 박람회를 자신들의 사업이 국부와 공공의 이익에 기여하고 있음을 과시할 절호의 기회로 보았다. 박람회라는 거대한 축제를 통해 산업화 이후 점차 심화되고 있는 빈부 격차 및 이에 따른 사회 불안이 누그러지기를 기대했던 것이다.

엑스포의 미래를 제시한 런던박람회

앨버트 공 주도 아래 마침내 조직위원회가 구성되어 1850년 1월 빅토리아 여왕 주재로 첫 회의가 열렸다. 왕실과 지도층 내에서 사전에 논의된 박람회 개최지와 일정이 이 자리에서 공식화되었다. 조직위원회에는 당대 최고의 과학자, 기술자, 공무원, 실업인 등 유력인사 24명이 위원으로 참여했다. 조직위원회 명예회장을 맡은 앨버트 공은 330개의 지방 조직위원회를 구성하면서 박람회 본부의 사령탑 역할을 수행했다. 전국에서 계층을 막론하고 가능한 한 많은 국민의 참여를 유도하기 위해 지역별로 다양한 집회가 열렸고 홍보 활동이 벌어졌다. 또 외교 채널을 총동원해 많은 나라의 참여를 유도했다. 특히 이미 국제 박람회 개최 의향을 밝혔던 프랑스의 참여 약속을 받아낸 일은 영국 외교사에서 외교 활동의 개가로 손꼽힌다.

1850년 3월 앨버트 공이 후원 모금 연회에서 한 연설은 박람회를 추진한 영국 지도층의 미래 지향적 역사의식의 단면을 잘 보여준다.

"우리가 살고 있는 당대의 특징에 대해 관심을 기울여본 사람이라면 누구나 이 시대가 가장 경이로운 전환기임을 믿어 의심치 않을 것입니다. 모든 역사가 지향해온 인류 통합의 실현으로 빠르게 전환되고 있는 시기임을 말입니다……. 이번 박람회는 우리에게 중대한 시험입니다. 온 인류가 이제 위대한 전환의 과제 앞에 서 있다는 사실을 진보의 생생한 이미지로 제시하는 일이 그것입니다. 이는 모든 나라가 어떤 방향으로 노력해나갈지를 제시하는 새로운 출발점이기도 합니다."

앨버트 공의 열띤 연설은 계속된다.

"지구상의 각 나라와 지역을 구분하는 경계는 현대 문명의 성취 앞에서 급속히 사라져가고 있습니다. 우리는 이제 놀라울 정도로 손쉽게 여러 지역을 오갈 수 있습니다. 인간의 사고는 번갯불과도 같이 초고속으로 소통될 수 있습니다……. 전지전능한 신의 축복인 방대한 전시물들이 우리 모두에게 개인뿐 아니라 나라 사이에도 평화와 사랑, 호혜 정신을 통해 서로를 도우려는 자세가 갖춰졌을 때 비로소 인류의 성취가 가능하다는 확신을 심어주기를 바랍니다."

최초의 근대 엑스포로 기록된 런던박람회는 영국이 산업·무역·경제의 '초일류' 국가임을 세계인들에게 확인시킨 채 막을 내렸다. 또한 앨버트 공의 메시지 그대로 세계가 산업자본주의 사회로 급속히 전환하는 결정적 계기가 되었다. 산업인에게는 정보 교류와 교역의 장이 되고, 대중에게는 산업의 중요성을 일깨우는 교육과 오락의 마당인 새로운 문명의 양식이 창출된 것이다. 상품 및 서비스 측면에서 보면 국가 간의 교역이 확대되고 세계 경제가 그물망처럼 연계되는 자유무역의 시대가 선포되었음을 의미한다. 런던박람회가 경제사에 뚜렷한 발자취를 남긴 것도 바로 그런 맥락에서다. 국제무역의 역사가 런던박람회 이전과 이후 시대로 나뉠 정도로 심대한 영향을 미쳤다. 런던박람회는 진보와 평화라는 양대 비전 아래 인류가 이루어낸 현재의 성취와 미래의 이상을 담아내는 엑스포 정신의 전범이 되었다.

1851년 런던박람회 개요

공식 명칭	만국 산업생산물 대박람회(The Great Exhibition of the Works of Industry of All Nations)
장소	런던, 하이드 파크
기간	1851년 5월 1일~10월 11일
참가국	32개국(영국 식민지 15개국 포함)
관람객	603만 9205명

---

02 프랑스

나폴레옹 3세의 전쟁과 평화

1855년 파리 박람회

19세기에 열린 초기 엑스포는 국제사회에서 자국의 위상을 높이려는 국제주의(internationalism) 색채가 짙었다. 반면에 내부적으로는 박람회를 계기로 국민 통합을 다지려는 민족주의(nationalism)의 의도가 바탕에 깔려 있었다. 프랑스 황제 나폴레옹 3세가 1855년에 파리박람회를 열기로 결심한 것도 바로 그런 양면적 동기에서 비롯되었다.

정복자 나폴레옹의 조카인 나폴레옹 3세는 1852년 11월 황제로 정식 즉위하기 이전부터 박람회를 개최하려는 의지가 있었다. 1848년 2월 혁명을 계기로 통치 세력 전면에 등장한 그는 1851년 런던박람회를 지켜보면서 국제 박람회의 주도권을 영국에 빼앗긴 것을 매우 아쉬워했다. 그래서인지 나폴레옹 3세가 1851년 말경 실권을 장악하자마자 가장 우선적으로 추진한 사업이 엑스포 개최였다. 공식 명칭은 '1855년 파리 농업·산업·미술 생산품 세계박람회(Exposition Universelle des produits de l'

정복자 나폴레옹의
조카인 나폴레옹 3세.

Agriculture, de l'Industrie et des Beaux-Arts de Paris 1855)'로 정했다.

박람회는 파리 재개발의 견인차

파리박람회는 영국과의 경쟁 의지를 천명하며 새로 탄생한 나폴레옹 3세의 제2제정(帝政)에 정통성과 권위를 부여하려는 의도에서 추진되었다. 산업 국가로서의 면모를 과시하는 동시에 프랑스의 문화·예술적 우수성을 대내외에 확인시키겠다는 생각이었다. 이에 따라 박람회 조직위원회도 산업과 예술 분야로 나뉘어 꾸려졌다. 나폴레옹 3세의 사촌동생인 나폴레옹 왕자가 조직위원회장을 맡아 박람회 개최와 관련된 실무를 직접 지휘했다.

절대 권력의 뚜렷한 목적의식 아래 주도된 만큼 파리박람회는 매사 런던박람회를 의식하지 않을 수 없었다. 세계박람회를 개최할 때 가장 중요한 일인 박람회장 건설부터 그랬다. 나폴레옹 3세는 파리 중심가의 가장 세련된 거리인 샹제리제에 박람회장을 짓기로 했다. 박람회장 명칭은 '산업의 전당(Palais d'Industrie)'이라 붙였다.

건물의 기본 형태는 런던의 수정궁과 비슷했지만 벽을 유리가 아닌 돌로 지어 외양만 보면 여느 석조 건물과 비슷했다. 그러나 지붕은 수정궁처럼 유리와 철재를 사용해 둥근 돔 형태로 지었다. 런던의 수정궁이 박람회 이후 해체·이전을 미리 상정했던 것과는 달리 파리의 산업의 전당은 내구성을 염두에 두고 지었다. 전면 길이는 수정궁보다 더 컸고 전시 면적도 수정궁의 1.7배가량인 16헥타르(4만 8400평)나 되었다.

산업의 전당은 당대의 문화 아이콘이

산업의 전당은 길이 260미터, 너비 105미터에 달하는 거대한 규모였지만 전시물을 모두 수용할 수 없어 두 개의 임시 건물을 추가로 지어야 했다. 통풍 시설이 좋지 못했던 이 건물은 낮 동안에 매우 더웠다고 한다.

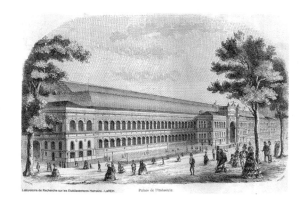

Laboratoire de Recherche sur les Etablissements Humains - LaREH   Palais de l'Industrie.

왼쪽.
박람회장 내부의
모습.

오른쪽.
센 강변에 건설된
기계류 전시장.

되기에는 부족하다는 평가를 받았다. 그러나 외양과 콘셉트가 워낙 획기적이던 수정궁과 비교해 상대적으로 독창성이 떨어질 뿐 건축물 자체로는 나무랄 데 없이 안정된 구조라는 옹호론도 있었다. 실제로 이 건물은 이후 런던과 미국에서 열린 박람회장 전시관의 모델이 되었다.

주 전시관인 산업의 전당 외에도 인근에 보조 전시장 두 곳이 더 마련되었다. 예술 작품 전시를 위해 몽테뉴 거리에 세워진 미술의 전당(Palais des Beaux-Arts)과 센 강변에 마련된 기계류 전시장(Galeries des Machines)이 그것이다.

박람회장 건축은 파리 재개발 사업의 촉매가 되었다. 파리보다 나은 도시 환경을 갖춘 런던에서 젊은 시절을 보낸 나폴레옹 3세는 왕으로 즉위하자마자 파리 도시 재개발 사업에 착수했다. 오스만 남작(Baron Haussmann)에게 파리 도시 구조 개혁의 총책을 맡겨 여전히 중세 도시 형태이던 파리의 도로와 상하수도, 건축물, 녹지 등을 획기적으로 변모시켰다.

박람회에선 평화, 한편에선 전쟁

1855년 5월 15일 파리 세계박람회가 성대한 개막식과 함께 문을 열었다. 개막 연설에서 나폴레옹 3세는 "모든 민족을 우호와 친선의 정신 아래 한자리에 모은, 이 평화의 전당을 열게 되어 더없이 행복하다"고 강조했다. 그러나 개막 연설은 단지 '평화적 수사'일 뿐이었다. 현실 상황과는 정반대였다. 나폴레옹 3세가 개막 연설을 하던 바로 그 시각에 프랑스군은 러시아군과 치열한 전투를 벌이고 있었다. 영국 등과 연합군을 형성해 러시아를 상대로 싸운 이른바 크림전쟁(Crimean War)이 한창이었다. 연합군의 승리로 끝난 이 전쟁은 박람회와 더불어 프랑스의 국제적 위상과 국민적 자부심을 한껏 드높였다.

이 무렵 프랑스와 영국은 전례 없는 우호 관계를 이어가고 있었다. 크림전쟁에서 연합군 동맹을 맺었을 뿐 아니라 서로 주거니 받거니 하며 개최한 세계박람회를 계기로 나폴레옹의 팽창주의 전쟁으로 인한 영국의 적대감도 눈에 띄게 누그러졌다. 특히 빅토리아 여왕이 수십만 파리 시민의 열렬한 환호를 받으며 박람회장을 직접 방문하자 양국의 우호 분위기는 절정을 이루었다. 영국 군주가 프랑스 수도를 방문한 것은 124년 만의 일이었다.

파리박람회는 세계 34개국에서 2만여 명이 전시물을 출품했다. 연인원 관람객은 516만 2330명으로 4년 전 런던박람회보다 약간 적었지만 세계박람회라는 이름이 부끄럽지 않을 정도로 대성황을 이룬 것은 분명했다. 전체 관람객 가운데 약 420만여 명이 산업의 전당과 기계류 전시관을, 90만 명은 미술의 전당을 관람했다.

그러나 이러한 성과에 비해 수익 면에서는 상당한 적자를 기록했다. 박람회 개최 비용은 약 500만 달러(당시 미국달러 가치 기준)였던 반면, 입장권 등 수입은 지출의 10분의 1 수준에 불과했던 것으로 알려져 있다. 이런 사정 탓에 조직위원회장이던 나폴레옹 왕자는 사후 평가회에서 "모든 분야를 망라하는 대규모 종합 박람회보다는 특정 산업 분야에만 중점을 두는 박람회 개최를 고려할 필요가 있다"고 제안하기도 했다.

프랑스의 자존심을 걸고 출품된 보르도 와인

1855년 파리박람회가 후세에 남긴 대표적 유산의 하나는 포도주 분류 체계다. 기계 문명과 공업이 중심 화두였던 초기 박람회에서 포도주 얘기를 꺼내면 다소 엉뚱하고 의아하게 느낄 수도 있겠지만 세계박람회를 연 프랑스 저간의 사정을 살펴보면 그리 이상한 일이 아님을 알 수 있다.

프랑스는 당시 산업화에 관한 한 영국에 한참 뒤져 있었다. 앞서 열린 런던박람회를 여러모로 의식할 수밖에 없었던 프랑스는 런던박람회와는 다른 특징으로 농업과 예술 분야를 내세웠다. 박람회 공식 명칭에 산업과 함께 농업과 미술을 나란히 넣은 것은 프랑스가 영국에 비해 농업이 발달했다는 사실로 미뤄볼 때 당연한 선택이었다.

이 아이디어는 새 통치자인 나폴레옹 3세가 직접 고안해냈다. 그는 박람회를 추진하면서 영국에 대해 경쟁 우위를 자랑할 수 있는 뭔가가 필요하다 싶었다. 그러기 위해서는 프랑스가 세계 최고임을 자부하고 부각시킬 수 있는 품목이 필요했다. 이때 내세운 것이 보르도(Bordeaux) 포도주였다. 포도주 생산이 프랑스의 대표 산업으로 선정된 셈이다.

보르도 와인은 일찍이 13세기부터 유럽 각지로 팔려나가던 인기 교역품이었다. 특히 영국인들이 보르도 와인을 좋아해 많이 사들였다. 나폴레옹 3세는 보르도 와인의 명성과 거래 가격에 따라 품질 등급 체계를 만들고 와인 제품을 대거 출품시킬 것을 박람회 조직위원회에 직접 요구했다.

오늘날 와인의 품질을 나타내는 지표로 통용되는 '보르도 와인 공식 등급(Classification officielle des vins de Bordeaux de 1855)'은 이렇게 탄생했다. 프랑스 와인은 1855년의 파리박람회를 통해 엄격한 등급 체계 및 그에 걸맞은 다양한 제품이 소개됨으로써 '와인의 귀족'으로 세계적 명성을 얻었다.

파리박람회가 낳은 또 다른 히트작은 미국의 기계 발명가 아이작 싱어(Issac Merrit Singer, 1811~1875)가 출품한 재봉틀이었다. 재봉틀 자체는 당시의 새로운 발명품이 아니었지만 싱어가 기능을 획기적으로 개선했다. 재봉틀 침이 움직일 때 노루발이 옷감을 눌러주고 발판을 굴러 하트형 캠(cam)에 의해 바

늘이 상하 운동을 할 수 있도록 만들어 오늘날 수동 재봉틀의 기본 구조를 완성했다. 이는 일상생활에 혁명적 변화를 가져온 '소규모 기술(small-scale technology)'로 세계인들의 찬사를 한 몸에 받았다. 싱어는 자신의 이름을 딴 회사를 세워 대량 생산 시스템을 갖추고 전 세계에 재봉틀을 공급했다.

1850년대 말 개선된 형태의 싱어 재봉틀.

'예술'을 본격 전시한 첫 박람회

런던박람회와 구별되는 파리박람회의 주요 특징 중 하나는 다양하고 질 높은 예술 작품 전시였다. 별도 전시장으로 마련된 미술의 전당에는 조각과 회

도전받는 전통의 '보르도 와인 등급 체계'

보르도 와인 공식 등급 분류 체계는 세계 최고의 와인 산지인 보르도 지역에서 생산되는 와인 88개 브랜드(적포도주 61개, 백포도주 27개)를 1~5등급으로 분류한 것이다. 보르도 상공회의소는 나폴레옹 3세의 지시에 따라 판매 가격과 포도원의 명성을 근거로 메도크와 소테른 지방 와인의 '그랑 크뤼 등급'을 작성했다. 이 등급은 오늘날까지 와인 라벨에 프랑스 정부 품질 인증 체계와 함께 표기되어 세계 와인시장에 막대한 영향력을 행사하고 있다.

보르도 와인은 13세기 이후 영국인들의 활발한 수입과 17세기 중반 네덜란드인들의 양조기술 개량 등에 힘입어 '와인의 귀족'으로 성장했다. 영국 왕실과 귀족 사회에서 소비된 와인의 4분의 3이 보르도 와인이었다. 와인이 선박으로 대량 운송되면서 배의 선적 용량을 나타내는 단위가 와인 통(tonneaux)으로 표시되었다(훗날 '톤(ton)'으로 표기가 바뀐다). '포도주의 메카'인 보르도는 프랑스에서 네 번째로 큰 항구 도시로 이 지역에는 현재 2만 2000여개 포도 농장이 있다. 포도 재배 면적상 독일 전역의 포도밭을 합친 것보다 넓고, 뉴질랜드 포도밭의 열 배에 이른다. 과거 성(城)이 있어 샤토(Chateau)라 불리는 1만여 개 와인 양조원(winery)에서 연간 7억 병의 와인이 생산되고 있다.

보르도 와인의 서열을 표시한 1855년 등급 체계는 지정 이후 엄격하게 유지되었다. 지금껏 딱 두 번 개정되었을 뿐이다. 1856년 샤토 캉트메를(Chăteau Cantemerle)이 5등급에 추가되었고, 1973년 샤토 무통 로칠드(Chăteau Mouton-Rothschild)가 2등급에서 1등급으로 승격되었다. 샤토 무통 로칠드의 승격은 생산자인 필립 드 로칠드의 수십 년간에 걸친 로비의 결과로 알려져 있다. 전통의 포도주 등급 구분은 와인 애호가들 사이에서 끊임없는 논란의 대상이 되어왔다. 등급 기준의 정보적 가치와 역사적 중요성이 존중되어야 한다는 옹호론이 있는 반면 변화된 현실을 반영하지 못한 구시대의 유물이란 비판을 제기하는 와인 평론가들도 적지 않다.

당시 파리 화단의 양대 산맥 중 한 사람이었던 외젠 들라크루아의 〈아틀리에의 구석〉.

화 작품 5000여 점이 전시되었는데, 그중 절반 이상이 프랑스 작가의 작품이었다. 특히 당시 파리 화단의 양대 산맥이던 장 오귀스트 도미니크 앵그르(Jean Auguste Dominique Ingres, 1780~1867)와 외젠 들라크루아(Eugène Delacroix, 1798~1863)의 작품이 대거 전시되어 관람객들의 탄성을 자아냈다. 앵그르의 제자 알렉상드르 드캉(Alexandre Gabriel Decamps, 1803~1860)의 그림도 인기를 끌었다. 영국도 프랑스 작가들에 맞서 토머스 웹스터(Thomas Webster, 1800~1886) 등의 작품을 내보냈지만 프랑스 작품에 비해 수준이 낮다는 평가를 받았다.

미술 작품과는 별도로 사진 작품도 출품되어 비상한 관심을 끌었다. 사진은 당시 은판화(lithography)를 거쳐 감광 인화법으로 발전한 새로운 영상 예술

박람회에서 외면당한 쿠르베의 사실주의 화풍

파리박람회는 별도의 전시관을 둘 정도로 미술 작품 전시에 공을 들였다. 그러나 정작 서양 미술사의 흐름을 바꾼 거장의 작품은 박람회 전시에서 배제되었다. 사실주의 화풍의 선도자 귀스타브 쿠르베(Gustave Courbet, 1819~1877)의 작품이 그것이다.

쿠르베가 박람회 출품을 위해 그린 대작 〈화가의 아틀리에〉와 〈오르낭의 매장〉 두 작품은 조직위원회 심사 과정에서 거부당했다. 미술 아카데미(Academie des Beaux-Arts)를 중심으로 고전파 일색이던 기성 미술계가 새로운 사조를 받아들이지 못했던 것이다.

이에 분노한 쿠르베는 미술의 전당 인근 몽테뉴 거리에 가건물을 세우고 자신의 작품 40점을 전시했다. 전시회 주제는 '사실주의 선언'이었다. 19세기 후반 서양 미술이 사실주의, 인상주의로 넘어가는 중요한 계기가 된 미술 운동이었다. 그러나 쿠르베의 가설 전시회는 크게 주목받지 못했다. 대중의 이목이 온통 화려한 박람회에 쏠려 있었던 탓이다. 아무도 입장료를 내고 전시회에 들어오려 하지 않았다. 전시회는 결국 실패로 끝나고 말았다.

하지만 쿠르베의 시도는 미술사적 중요성 외에 또 다른 의미가 있었다. 엑스포 사상 비정규 가설 전시회란 전례를 만든 것이다. 파리에서 열린 두 번째 엑스포인 1867년 박람회에서 인상파 화가 에두아르 마네(Edouard Manet)는 쿠르베의 선례를 좇아 정규 박람회장 밖에 사설 전시장을 만들어 운영했다.

분야였다. 런던박람회의 시각적 기록이 거의 대부분 채색화나 스케치, 석판화인 데 비해 파리박람회의 모습은 흑백 사진으로 남아 있다. 19세기 중반 이뤄진 사진 기술의 빠른 발전을 증언하는 대목이다. 사진 작품들은 '산업에 응용된 그림과 미술'이라는 섹션으로 분류되어 많은 관람객들의 눈길을 사로잡았다. 비송 형제(Bisson Brothers) 등 프랑스의 65개 스튜디오 소속 작가들이 작품을 전시했다.

파리박람회를 계기로 예술품 전시는 박람회의 전통이 되었다. 공업품에 비하면 관람객들의 인기가 높은 것은 아니었지만 문화적 품위를 높여주는 고정 메뉴로 자리 잡았다. 파리박람회는 포도주 등 농산품과 예술 작품을 세계박람회 전시 품목에 본격적으로 포함시킴으로써 박람회의 새 지평을 열었다. 특히 런던박람회와 파리박람회가 4년의 시차를 두고 잇따라 성공함에 따라 이후 세계 역사에서 세계박람회라는 새로운 문명 양식이 지속적으로 이어지며 뿌리를 내리게 되었다.

1855년 파리박람회 개요

공식 명칭	1855년 파리 농업·산업 및 미술 생산품 세계박람회(Exposition Universelle des produits de l'Agriculture, de l'Industrie et des Beaux-Arts de Paris 1855)
장소	파리, 상제리제
기간	1855년 5월 15일~11월 15일
참가국	34개국
관람객	516만 2330명

런던의 부활과
제철 기술의 혁명

1862년 런던 박람회

집권자의 강력한 의지로 실현된 파리박람회에 이어 세계박람회의 바통은 다시 런던으로 넘어갔다. 런던에서 두 번째 박람회를 개최하겠다는 구상은 1858년부터 시작되었다. 논의를 이끈 주체는 왕립 기술·제조업·무역협회 (Royal Society of Arts, Manufactures and Trade)였다.

영국 지도층은 '1851년에 대한 반격'으로 불린 1855년 파리박람회가 성공을 거두자 세계박람회가 향후에도 계속될 것으로 판단했다. 그 무렵 더블린과 맨체스터 등지에서 소규모 산업 전시회가 성공적으로 열려 박람회의 유용성을 거듭 입증해주었다. 영국 산업계에서는 1851년 첫 박람회 이후 이뤄진 각 분야의 비약적 기술 진보를 다시 한번 세상에 내보일 필요성이 대두되었다.

'영광의 부활' 노린 런던의 두 번째 박람회

왕립 기술·제조업·무역협회가 앞장선 가운데 영국 정부는 '1851년 영광의 부활'을 꿈꾸는 박람회 개최를 공식 선언했다. 개막 예정일은 1861년 5월로

잡았다. 그러나 나라 안팎의 상황은 10년 전과 사뭇 달랐다. 크림전쟁과 남아프리카공화국 내전, 1859년에 발발한 이탈리아 독립 전쟁 등 잇따른 분쟁으로 유럽 전역은 위기감이 고조된 상태였다. 세계박람회의 기본정신이 국가 간의 평화로운 산업 기술의 경합인 만큼 전쟁과는 양립하기 어려울 수밖에 없었다.

게다가 1861년에는 미국에서 남북전쟁이 일어나 엎친 데 덮친 격이었다. 미국은 1851년 첫 번째 박람회 때부터 괄목할 만한 첨단 신개발품을 많이 출품해 기여도가 높았다. 그러나 이번에는 몇몇 개별 출품자 외에는 사실상 참가가 불가능했다. 또 내전으로 인해 미국의 목화 생산이 격감하자 영국의 섬유 산업이 직격탄을 맞았다. 내부적으로는 첫 런던박람회 성공의 주역인 앨버트 공이 지병인 위장염으로 와병 중이어서 활동이 불가능한 상태였다. 결국 이런저런 사정으로 박람회 개최는 1년 뒤로 미뤄졌다.

빅토리아 여왕은 1861년 2월 왕립 기술·제조업·무역협회를 박람회 조직위원회로 전환해 공식 출범시켰다. 앨버트 공 휘하에서 수정궁 박람회 실무에 참여했던 그랜빌 백작이 조직위원회장을 맡았고, 상·하원 의원, 런던 철도공사 회장, 과학 진흥원장 등 정계·재계·과학기술계·학계의 유력 인사들이 조직위원회원으로 참여했다. 초대 박람회 발안자인 헨리 콜도 힘을 보탰다.

개최지는 1851년 박람회 수익금으로 매입한 런던의 사우스 켄싱턴 부지를 선정했다. 왕립 원예협회가 관리해온 곳인데, 여기에 수정궁보다 더 큰 산업의 전당(Industry Palace)을 짓기로 했다. 1861년 3월 들어 조직위원회는 개최 기간과 장소를 공표하고 각 나라에 초대장을 보냈다. 마침내 3월 9일 박람회장 착공식이 열렸다.

그러나 순조롭게 진행될 것 같았던 박람회 준비는 그해 12월 중대 고비를 맞게 된다. 앨버트 공이 42세의 나이에 갑작스럽게 서거한 것이다. 앨버트 공

1862년 런던박람회에 먹구름을 몰고 온 앨버트 공의 죽음

런던 하이드 파크 남서쪽 입구인 퀸스 게이트(Queen's Gate)에 들어서면 황금 도장으로 빛나는 동상이 서 있다. 화려한 빅토리아 양식의 지붕과 기둥으로 둘러싸인 앨버트 기념비(Albert Memorial)이다. 1851년 런던 대박람회를 주도한 앨버트 공이 그 주인공이다. 그를 사무치게 그리워하던 빅토리아 여왕이 1872년에 세운 것이다. 망토를 걸치고 앉아 왼손에 책을 든 모습인데, 그 책이 바로 런던박람회의 공식 안내책자이다.

빅토리아 시대의 대표적 문인이자 계관 시인인 알프레드 테니슨(Alfred Tennyson)은 〈합창 송시(The Choral Ode)〉에서 세계를 아우르는 박람회의 창시자로서 앨버트 공의 공헌을 기렸다. 이처럼 추앙받던 앨버트 공의 죽음이 이듬해 열릴 예정이던 런던박람회에 결정적인 타격을 준 것은 당연한 일이었다. 그는 장티푸스에 걸려 1861년 12월 14일 42세의 젊은 나이로 타계했다. 장티푸스 진단을 받은 지 불과 일주일 만이었다.

앨버트 공이 숨지자 빅토리아 여왕은 식음을 거르며 깊은 실의에 빠졌다. 같은 해 3월 모친의 사망으로 이미 상심해 있던 터였다. 여왕은 "이제 나를 빅토리아라고 불러줄 사람은 아무도 없어"라며 탄식했다. 머리맡에 앨버트 사진을 걸어두고 밤마다 그의 셔츠를 안고 잠들었을 정도였다. 빅토리아 여왕은 이후 몇 년간 국가 행사와 회의에 일체 참석하지 않았다. 유럽 귀족 사회에선 빅토리아가 실성했다는 소문마저 돌았다. 겨우 정신을 차리고 행사에 참여한 뒤에 한 모든 연설에는 앨버트 공의 죽음을 애도하고 공헌을 기리는 내용이 포함됐다. 빅토리아는 앨버트 사망 이후 자신이 숨질 때까지 검은 상복을 입었으며 앨버트의 방과 옷, 일상 용품을 생전과 똑같이 유지했다.

빅토리아 여왕과 동갑내기 외사촌 앨버트 공의 러브 스토리는 빅토리아가 왕위에 오르기 2년 전인 16세 때에 시작되었다. 두 사람의 외삼촌이자 벨기에 왕인 레오폴드 1세가 중재하여 독일 색슨 공국 출신인 앨버트 가족이 윈저 성에서 1주일간 머물게 되었다. 당시 유럽 왕실은 혼맥으로 복잡하게 얽혀 있었다. 빅토리아는 훤칠한 키에 매력적인 외모, 온화한 성품을 지닌 앨버트를 보자마자 연모하게 됐다. 영국 왕이자 빅토리아의 삼촌인 윌리엄 4세는 이들의 결혼에 반대했다. 그러나 빅토리아는 즉위한 지 3년 만인 1840년 2월에 마침내 꿈에 그리던 앨버트와 결혼식을 올렸다. 청혼도 적극적인 성격인 빅토리아가 먼저 했다. 앨버트는 이후 21년간 여왕의 부군이란 '부담스러운' 역할을 지혜롭게 수행했다.

미망인이 된 빅토리아 여왕은 세기의 화제를 낳았다. 그 유명한 존 브라운(John Brown)과의 염문이다. 앨버트 공의 말을 다루는 시종이었던 브라운은 빅토리아 여왕보다 7년 연하였다. 빅토리아와 브라운이 비밀리에 결혼했다는 소문까지 나돌았다. 이들의 밀애는 1997년 영국에서 제작된 〈여왕 폐하, 미세스 브라운(Her Majesty, Mrs. Brown)〉이란 영화로 그려지기도 했다. 두 사람의 애정 관계는 브라운이 1883년 56세를 일기로 숨질 때까지 계속되었다. 빅토리아 여왕은 서거한 뒤 유언에 따라 왼손에는 앨버트 공의 가운을, 오른손에는 브라운의 머리카락과 사진을 품고 안장되었다.

은 조직위원회에는 직접 참여하지 못했지만 존재 그 자체로 이미 큰 역할을 하는 세계박람회의 정신적 지주였다. 그런 앨버트 공이 죽자 1862년 런던박람회는 큰 버팀목을 잃은 것과 마찬가지였다.

박람회 개최에 열성적이던 빅토리아 여왕은 실의에 빠져 모든 국사를 뒷전으로 미뤘다. 조직위원회로서는 결정적인 타격이 아닐 수 없었다. 여왕은 심지어 1862년 5월 1일에 열린 개막식에조차 참석하지 않았다. 여왕이 불참하는 마당이었으니 영국 왕실에서는 아무도 개막식에 나갈 수 없었다. 단상에 마련된 여왕의 빈 왕좌가 이 박람회의 실패를 예고하는 그림자로 여겨졌다.

'거대한 국 그릇'이라는 별명 얻은 박람회장

1862년 런던 박람회장으로 건설된 산업의 전당은 수정궁과 달리 처음부터 박람회 이후에도 쓸 수 있는 영구 건축물로 계획되었다. 설계자는 수정궁 건축과 1855년 파리박람회 영국 전시관 설치에 참여했던 과학기술부 소속 건축가 프랜시스 포크(Francis Fowke, 1823~1865)였다. 시공은 공모 결과 켈크 앤드 루카스(Kelk and Lucas) 사가 맡았다. 조직위원회는 박람회장 완공일을 1862년 2월 12일로 정했다. 건축 기간이 9개월에 불과했던 셈이다.

박람회장은 바닥 면적이 6.5헥타르(1만 9662평)에 이르는 방대한 건물이었

1862년
런던 박람회장의 전경.

다. 전면 길이 350미터인 주 구조물에 직각으로 두 개의 날개 동(棟)이 덧붙었다. 이들 날개 동은 각각 기계류와 농기계류 전시관으로 쓰인 뒤 박람회 이후 철거되었다. 350미터의 건물 전면은 빅토리아 양식에 따라 높은 아치 창문, 기둥과 깃발 등으로 화려하게 꾸몄다. 수정궁보다는 작았지만 파리 루브르박물관의 주 건물과 맞먹는

규모였다. 출입구로 들어서면 폭 26미터, 높이 35미터의 널찍한 중앙 홀이 있었다. 중앙 홀 지붕은 수정궁의 전례를 따라 테를 두른 유리를 씌웠다.

중앙 홀 양끝에는 거대한 돔 지붕과 함께 팔각형 모양의 방이 자리 잡았다. 양쪽 돔은 직경 49미터로 바티칸의 성 베드로 성당, 런던의 세인트폴 대성당보다도 컸다. 반면 높이는 이들 성당보다 훨씬 낮아 가분수처럼 보인다는 비판을 받았다. 돔 지붕뿐 아니라 건물 자체에 대한 평가가 그리 우호적이지 않았다. 출입구와 기둥 등에 지나치게 많은 장식을 한 것도 흠으로 지적됐다.

영국 언론은 덩치만 크고 균형미를 살리지 못한 박람회장 건물을 '거대한 국 그릇(colossal soup bowls)' 같다거나 '볼품없는 헛간(wretched shed)'이라고 비꼬았다. 심지어 '국가적 망신(national disgrace)'이란 비난도 나왔다. 건축물은 고유의 콘셉트와 기능, 용도에 따라 설계·시공되어야 한다는 게 당시의 미학적 기준이었다. 그런데 이 건물은 철도역 같기도 하고 군대 막사나 형무소로 써도 될 것 같은, 별 특색이 없는 구조물이라는 것이다. 그러나 비난 일색이었던 것만은 아니다. 내부 전시 공간과 갤러리, 견고한 마룻바닥은 훌륭하다는 평가를 받았다.

박람회장은 공사가 완전히 마무리되지 못한 채 개막일을 맞았다. 전시물이 미처 제자리에 정돈되지 않은 상태로 일단 문을 연 것이다. 조직위원회는 국내외 출품자들에게 공간을 할당해주고 자율적으로 전시 공간을 꾸미도록 했다. 그러나 이런 방식은 제대로 작동하지 않아 불만과 혼란을 야기했다. 나라별로 구분한 전시물 분류 체계도 일관성이 없어 관람객들을 불편하게 했다. 중앙 홀 서쪽 전시관은 터키, 그리스, 브라질, 러시아, 스웨덴, 덴마크, 스위스, 네덜란드, 벨기에에 할당됐는데, 각 나라별 전시물 분류 방식이 제각각이었다. 예술 작품과 공산품, 보석류, 조각 등이 뒤섞여 혼란스러웠다.

제철 기술의 비약, 아닐린의 등장

가장 돋보인 전시물은 이번에도 역시 영국의 중기계류였다. 그 가운데 에너지 효율을 극대화한 열차 및 선박용 증기 엔진이 특히 눈길을 끌었다. 가장 큰 기중기는 무게가 35톤이나 됐다. 수정궁 박람회 때 최고 중기계가 9톤이었던 데 비하면 엄청나게 큰 덩치였다.

기계류 전시관의 모습.

기술적 진보는 철강 산업에서 돋보였다. 당대 최고의 발명가로 제철 기술에 혁명을 일으킨 헨리 베서머(Henry Bessemer, 1813~1898)의 전로법(轉爐法)이 신형 고로와 함께 전시되었다. 베서머는 크림 전쟁에서 자극받아 대포 재질을 개량하기 위한 제철 기법을 연구했고 그 결과 이전에는 소량만 생산되던 선철(銑鐵)을 용강(溶鋼)으로 대량 생산하는 데 성공했다. 이로써 보일러와 대포, 철재 빔 등 철강 제품의 질적 혁신이 이뤄져 철강 산업이 새 시대를 맞게 되었다.

화학 공업에서는 아닐린(aniline)이 처음으로 소개되어 무궁무진한 활용성을 과시했다. 아닐린은 염료·의약품 원료로 이들 분야에 획기적 진보를 가져온 것으로 평가되었다. 전기·통신 분야에서도 비약적 개발이 이뤄졌다. 특히 1851년 원시적 단계로 소개된 사진술은 그 후 10여 년간 훌쩍 발전한 모습이 소개되어 관람객들을 깜짝 놀라게 했다. 사진은 이 박람회를 계기로 대중적 시각 매체로 굳건히 자리 잡았다. 실제로 박람회장 안팎의 모습이 수백 장의 사진에 담겨 후세에 전해졌다.

왼쪽.
제철 기술에 혁명을 일으킨 영국의 발명가 헨리 베서머.

오른쪽.
철물에 거센 돌풍이 몰아치는 우연한 사고로 강철이 만들어지는 광경을 목격한 베서머는 그 후 노 밑에 있는 바람 구멍으로 공기를 불어넣어 선철을 강철로 바꾸는 기술을 개발했고, 이로써 철강 산업의 대량 생산 시대가 열렸다.

1855년 파리박람회가 세운 전례에 따라 예술 작품이 정식 전시물로 당당히 자리를 잡았다. 미술품 전시 갤러리는 주 건물 안에 설치되었다. 갤러리는 자연 채광과 인공 조명을 적절히 조절해 작품 전시 공간으로서 손색이 없었다. 회화와 조각 작품들은 각 나라별로 예술적 전통을 일별할 수 있도록 이전 작가부터 당대 작가들 것까지 함께 전시되었다. 영국의 경우 윌리엄 호가스(William Hogarth, 1697~1764)부터 조슈아 레이놀즈(Joshua Reynolds, 1723~1792), 토머스 게인스버러(Thomas Gainsborough, 1727~1788)를 거쳐 라파엘 전파(Pre-Raphaelites)의 작품까지 망라했다.

왼쪽.
예술작품이 전시된
중앙 홀의 웅장한 모습.

오른쪽.
토머스 게인스버러의
초기작으로 앤드루스
부부의 초상화를 풍경
속에 담은 독특한
구성이 돋보이는
작품이다.

대량 생산과 대량 소비, 노동자 동맹의 싹이 움트다

조직위원회는 앞서 열린 두 번의 박람회보다 더 크고 성대하게 치러야 한다는 경쟁적 목표의식 아래 두 번째 런던박람회를 추진했다. 그 결과 참가국과 전시물, 박람회장 등의 규모는 계획대로 거대했지만 그에 합당한 전시 체계는 갖추지 못했다. 우수하고 혁신적 전시품들이 방대한 전시물 속에 묻혀 제대로 부각되지 못했던 것이다.

1862년 11월 1일 박람회장 문이 닫히자 영국 조야의 비평가들은 1851년 대박람회에 비하면 그 의미와 성과가 한참 뒤떨어지는 행사였다고 입을 모았다. 조직위원회가 효율적으로 일하지 못해 박람회장 건축 과정은 물론 전시 공간과 전시 체계도 숱한 문제를 드러냈다는 평가였다. 한정된 부지에 빽빽하게 건물을 지어 사람들이 몰리는 출입구는 늘 혼잡했다. 또한 출품자 절반 이상이 수상할 정도로 메달과 표창이 남발되는 등 시상 제도에도 문제가 있었다.

하지만 비판의 대부분은 당시 영국 내부 시각과 평가에 국한되었다. 세계박람회 역사의 관점에서 보면 두 번째 런던박람회의 성과와 후대에 미친 영향도 결코 무시할 수 없다. 무엇보다 610만 명의 관람객을 끌어들여 산업 기술 진보를 대중화하는 데 크게 기여했다. 새로운 과학 기술로 만든 신개발품을 직접 목격한 대중과 전문가들의 환호는 이후 각종 생활용품의 대량 생산과 대량 소비의 바탕이 되었다. 초기 세 번의 박람회는 성패를 떠나 기술 과학의 발전과 대량 생산, 자유무역 등 시대정신을 오롯이 담은 문명사의 새로운 양식으로 뿌리내렸다.

런던박람회는 이후 세계사의 한 갈래를 만드는 모의가 싹튼 장소이기도 했다. 마르크시즘과 사회주의, 노동조합의 모태로 대변되는 1864년의 제1차 국제노동자협회(International Working Men's Association)의 단초가 이곳에서 마련되었다. 프랑스 대표단으로 박람회에 참가한 노동자들이 영국 노동자들과 함께 조직의 틀을 만들고 논의했던 것이다. 국제사회에 이렇다 할 소통의 기회가 없었던 당시 세계박람회가 정보와 의견을 나누는 마당으로서 중요한 역할을 했음을 보여주는 사례다.

1862년 런던박람회는 영국이 개최한 마지막 세계박람회가 되었다. 19세기는 물론 20세기를 넘어 오늘날에 이르기까지 영국은 엑스포 주최국 명단에서 완전히 사라졌다. 1928년 국제박람회기구(Bureau International des Expositions, 이하 BIE) 창설된 뒤 엑스포로 추인 또는 인증한 세계박람회를 기준으로 볼 때 그렇다는 것이다. 소규모 박람회는 에든버러(1886년)나 글래스고(1888년) 등지에서 더러 열렸다. 그러나 인류 문명의 위대한 장르를 창시하고 지워지지 않을 족적을 남긴 영국이 이후 150년 동안 세계박람회를 단 한 차례도 주최하지 않았다는 것은 뜻밖이다.

영국은 빅토리아 여왕이 건재한 19세기 말까지도 산업혁명의 맹주로서 세계를 호령했다. 그러나 국가 역량이 총동원되는 대규모 박람회에 대해서 더이상 흥미를 갖지 않았다. 워낙 압도적 면모의 큰 박람회를 주최했다는 자부심이 오히려 강박적 부담으로 작용했는지도 모른다. 이후 세계박람회의 주도권은 프랑스·오스트리아·벨기에 등 유럽을 거쳐 신대륙 미국으로 넘어갔다. 세계 자본주의의 산업화 추세와 맥을 같이하는 자연스런 흐름이라 하겠다.

1862년 런던박람회 개요

공식 명칭	1862년 런던 산업·예술 국제 박람회 (The London International Exhibition on Industry and Art of 1862)
장소	런던, 사우스 켄싱턴
기간	1862년 5월 1일~11월 1일
참가국	36개국
관람객	610만 명

---

04 프랑스

노동의 역사를 전시하다

1867년 파리박람회

1862년 런던박람회의 어정쩡한 성과를 지켜본 나폴레옹 3세는 바다 건너에서 회심의 미소를 지었다. 이젠 정말로 영국을 능가하는 세계박람회의 주역이 될 수 있다는 자신감이 솟구쳤다. 나폴레옹 3세는 세계박람회를 통해 프랑스의 수도 파리가 유럽은 물론 세계 문명의 중심임을 선포하고 싶었다. 그리고 그렇게 할 수 있다고 확신했다. 그는 이런 소망과 신념, 그리고 박람회에 담고자 하는 메시지를 널리 전파하기 위해 당대 최고의 예술가와 사상가를 총동원했다.

〈레미제라블〉의 작가 빅토르 위고(Victor Hugo, 1802~1885)도 그 가운데 하나였다. 그는 프랑스의 두 번째 세계박람회에 맞춰 펴낸 〈파리 안내〉란 산문집 서문에 이렇게 썼다

"오 프랑스여! 그대는 그저 조국으로만 남기에는 너무나 위대하다. 여신이 되려면 모성과는 떨어져야 하거늘…… 그대 더는 프랑스가 아니네, 그대 는 인류 그 자체라네! 그대 더는 하나의 나라가 아니라 온 천지에 존재하는

신성이네! 아테네가 그리스가 되고, 로마가 기독교가 되듯이, 그대 프랑스
여, 세계가 되어라!"

바로 이런 열망이 1867년 파리박람회에 집약되었다. '노동의 역사'를 주제
로 내세운 이 박람회는 런던박람회에 대한 나폴레옹 3세의 답신이었다. 그는
행사 시상식 연설에서 파리박람회의 의미를 이렇게 천명했다.

"이번 박람회는 마땅히 '전 인류적' 박람회라 불러야 할 것입니다. 지구상
의 모든 보물이 한자리에 모였으니까요. 우리는 전 세계 나라에서 예부터
만들어온 생산물은 물론 현대 예술의 가장 세련된 작품까지 다 보았습니
다. 이 박람회는 자연스레 모든 세기, 모든 인간의 생산 활동을 대변했습니
다. 중요한 것은 몇몇 사람을 위한 기적과도 같은 사치품이 아니라 절대 다
수의 필요에 봉사하는 노동의 산물입니다. 그래서 이 박람회가 '전인류적'
이라는 것입니다. 지금까지 노동 계급의 이익이 이처럼 적극적으로 보호
된 적은 없습니다……."

파리박람회의 주제가 다분히 철학적인 '노동의 역사'로 정해진 내력을 엿
볼 수 있는 대목이다. 세계박람회에 전체를 통섭하는 주제가 정해진 것은 처
음이었다. 더구나 인류 문명사를 관통하는 주제 설정은 프랑스의 철학적 주
체성이 뒷받침되었기에 가능했다. 주제 의식은 박람회장 중앙 정원에 파노라
마 형태로 구현되었다. 석기 시대부터 19세기에 이르는 노동의 형태와 그 생
산물의 역사를 펼쳐 보인 이 기획은 세계박람회 사상 최초의 주제 전시물이
었다.

1867년 파리박람회는 프랑스 의회에서 박람회 개최 필요성을 제기한 뒤
1864년 6월 황제의 칙령으로 공식화되었다. 1865년 봄 곧바로 박람회 조직위

원회가 구성되었고 세계 각국으로 초청장을 보냈다. 가장 먼저 참가를 통보한 나라는 역시 영국이었다. 조직위원회가 처음부터 끝까지 철저히 황제의 손발이 되어 움직였던 1855년 박람회와는 달리 이 박람회는 추진 방식과 성과 배분 등에서 차이가 많았다. 재정과 행정 등에서 박람회 조직위원회에 상당한 자율성이 부여되었다. 정부로부터 기본 보조금 1200만 프랑을 제공받았지만 조직위원회 차원에서 자본가와 재계 인사들을 대상으로 수익성 투자를 유치해 1000만 프랑을 더 확보하도록 했다. 참가국마다 운영위원 1명을 파리에 보내 상주시키면서 박람회 관련 실무를 진행하도록 한 것도 새로운 방식이었다. 프랑스 정부는 산업계 인사와 경제 전문가 등 60명의 위원으로 조직위원회를 꾸려 박람회 준비에 박차를 가했다. 조직위원회원장은 엔지니어 출신의 사회학자이자 상원 의원인 피에르 기욤 프레데리크 르플레(Pierre Guillaume Frédéric Le Play, 1806~1882)가 맡았고, 산하에는 11개 분과위원회를 두었다.

'엑스포의 명당' 샹드마르스

샹드마르스는 1862년 박람회장으로 사용된 이래 1937년까지 파리에서 열린 여섯 차례의 세계박람회 개최지가 되는 진기록을 세웠다. 170년 엑스포 역사상 유례없는 영광이다. 게다가 1889년 박람회 때는 프랑스 문화의 아이콘 에펠탑이 세워져 세계인의 이목을 집중시켰다.

파리 서쪽 녹지대인 샹드마르스는 에펠탑이 센 강의 다리를 사이에 두고 샤요 궁을 마주보는 광장이자 공원이다. 지금은 메트로로 연결된 파리 한복판의 세계적 관광 명소지만 19세기 후반까지만 해도 한적한 벌판이었다. 샹드마르스는 군사의 신 '마르스의 전장'이란 뜻이다. 18세기 중반 루이 15세가 사관학교를 세운 뒤 연병장으로 사용되면서 붙은 이름이다. 사관학교는 지금도 공원 남동쪽 끝에 그대로 있다.

프랑스혁명 때는 바스티유 감옥 습격 1주년 기념행사(1790년 7월 14일)가 대규모로 열렸으며, 이듬해 루이 16세 폐위를 요구하는 대중 청원 운동이 벌어지던 중 국민 위병대의 발포로 50명의 사망자를 낸 학살의 현장이었다. 이후 마장(馬場)과 행사장으로 쓰이던 이곳은 1798년 전국 산업 전시회장으로 사용되면서 엑스포의 명당자리로 예약되었다.

콜로세움을 닮은 백과사전식 박람회장

지금까지의 세계박람회를 능가하는 대회를 치르려면 그에 걸맞은 박람회장 건설이 필요했다. 1855년 샹제리제 '산업의 전당'보다 더 크고 멋진 전시장을 짓는 일이 우선 과제였다. 박람회장 부지는 의회와 논의를 거쳐 파리 서부 센(Seine) 강변의 샹드마르스(Champ de Mars)로 정했다. 그러던 중 박람회 전시 분야 등을 두고 조직위원회 위원들과 크고 작은 마찰을 빚던 나폴레옹 왕자가 조직위원회 명예 의장직에서 물러났다. 그 여파로 개막을 겨우 1년 앞둔 1866년 4월 3일에야 박람회장 공사의 첫 삽을 뜰 수 있었다. 매일 1200~1500명의 인부를 투입하며 서둘렀지만 결국 개막일 당일에도 모든 공사를 끝내지 못했다.

박람회장은 로마 콜로세움을 연상시키는 타원형으로 설계되었다. 길이 490미터, 너비 390미터, 면적 15만 제곱미터의 거대한 임시 건물로, 로마에 있는 콜로세움이나 성 베드로 성당, 알람브라 궁전보다도 큰 규모였다. 특히 전시 공간을 국가나 분야별로 나누지 않고 한 지붕 아래에 두었다. 전시장을 인간 활동의 모든 분야를 총망라하는 거대한 백과사전처럼 만든다는 재

로마 콜로세움을 닮은 타원형의 박람회장 모습. 한 지붕 아래 모든 분야별·국가별 전시관을 포괄한다는 개념에 따라 거대한 백과사전 같은 구성으로 건설되었다.

미있는 아이디어에 따른 것이었다. 전체 건축물을 이루는 타원형의 한쪽 반원은 지구의 북반구를, 다른 한쪽은 남반구를 상징했다. 그 안에 타원형의 동심 축을 중심으로 12개 원형 통로와 여러 갈래의 방사선 통로를 만들었다. 그리고 통로를 구획 삼아 각 참가국별로 파이 모양의 전시 공간을 제공하는 한편 예술품, 가구 및 가정용품, 산업 생산물과 원자재 생산용 기계류 등 10개 분야를 미리 정해 원형 통로를 따라 전시하도록 했다. 즉 관람객들이 원형 통로를 따라 돌면 분야별 관람이 가능하고 방사선 통로를 오가면 국가별 전시

물을 볼 수 있는 구조였다. 그야말로 '백과사전'에 딱 어울리는 구성이었다.

그러나 모든 참가국이 전 분야의 전시물을 출품한 것은 아니어서 적잖은 혼란이 있었다. 게다가 전시관이 동심원 형태로 조성된 탓에 전시 공간에 곡선이 많아 출품자들의 불만을 샀다. 구상은 좋았지만 현실에선 그리 환영받은 아이디어가 아니였다. 게다가 전체 전시 공간의 절반가량을 프랑스산 전시물로 채운 것도 흠이었다. 박람회장 건설에는 훗날 불멸의 엑스포 기념비를 세운 구스타브 에펠(Gustave Eiffel, 1832~1923)도 참여했다.

'노동의 역사'를 전시하다

센 강 쪽으로 나 있는 박람회장의 주 출입구를 들어서면 넓은 대기 공간이 나타났다. 이곳을 지나면 각 전시관과 중앙 정원으로 들어갈 수 있었다. 5100제곱미터 넓이의 중앙 정원은 야자수와 분수, 조각 작품 등으로 꾸며졌다. 정원은 천장이 없는 개방 공간으로 어느 방향에서나 접근이 용이해 방대한 전시장 관람에 지친 방문자들의 휴식 공간이 되어주었다. 입구 혼잡과 휴게시설 부족 문제로 시달렸던 역대 박람회장의 단점을 개선한 것이다.

1867년 파리박람회가 내세운 큰 주제는 앞서 언급했듯이 '노동의 역사'였다. 그리고 인간이 영위하는 활동의 전 분야를 망라한 10개 카테고리는 예술

과학 기술 응용 기구 및 공정 전시관의 모습.

작품, 인문학 원자료 및 응용 생산물, 가구 및 가정용품, 의류와 사람이 착용하는 장신구(보석, 무기 등), 산업 생산물과 원자재 생산용 기계류, 과학 기술 응용 기구 및 공정, 신발류, 농업 생산물, 원예 생산물, 국가의 물리적·도덕적 상황 개선을 위한 품목 등이었다.

박람회 주최 측은 이 가운데 주제가 다소 막연해 보이는 마지막 카테고리에 특별히 큰 의미를 부여했다. 인간의 삶을 보다 낫게 해주는 생산품 또는 활동을 총칭하는 분야다. 기계나 기술로 물품을 직접 제조하지 않더라도 예컨대 구두나 모자를 수선한다거나 생산된 물건을 유통시키는 서비스 업무도 마땅히 평가받아야 할 인간의 노동 활동이자 생산 활동이라는 것이다. 이를 입증이라도 하듯 박람회 조직위원회는 이 카테고리에 속한 프랑스의 '새로운 노동자 주택 설계안'을 대상으로 선정했다.

전시 카테고리 10개 중 예술 작품은 첫 번째로 분류되었지만 실제 전시에서는 홀대받았다. 박람회가 산업 국가로서 프랑스의 위세를 드높이는 데 초점이 맞춰진 탓에 예술품은 분위기 조성을 위한 부수 장식물로 여겨지는 경향이 짙었다. 조직위원회 구성이 산업·경제 전문가 중심으로 짜인 것도 예술품이 박람회에서 소외되는 데 한몫했다. 와인과 미술품을 내세웠던 1855년 박람회 때보다 산업 역량에 대한 프랑스의 자신감이 그만큼 높아졌다는 방증이기도 했다. 1867년 박람회에서는 사실주의의 선구자 쿠르베와 모네, 르누아르, 드가, 세잔 등 인상파 화가들이 모두 배제되었고, 벨기에·네덜란드·스위스 등 일부 참가국은 자국이 출품하려고 가져온 예술품을 아예 박람회장 외부의 국가 전시관에서 전시했다.

'박람회 외교'가 시작되다

1867년 4월 1일 막을 올린 파리박람회는 11월 3일까지 장장 217일간 이어졌다. 오늘날까지 개최된 세계박람회 가운데 개최 기간이 가장 길었던 박람회다. 총 관람객 수는 1300만 명으로 이전 박람회의 두 배 수준이었다. 압도적인 것은 규모만이 아니었다. 내용 면에서도 세계박람회 수준을 한 차원 끌어올렸다는 평가를 받았다.

일반 관람객은 물론 세계 각국 정상과 요인의 발길이 줄을 이었다. 유럽의 군주들은 거의 모두 샹드마르스를 찾았다. 심지어 나폴레옹 1세 당시 적국이었던 오스트리아의 프란츠 요제프 황제(Franz Joseph I, 1830~1916)를 비롯해 프로이센의 왕 빌헬름 1세(Wilhelm I, 1797~1888), 러시아의 차르 알렉산드르 2세(Aleksandr II, 1818~1881) 등이 파리를 방문했다. 유럽 군주 가운데 행사에 참여하지 않은 사람은 통일 이탈리아의 초대 왕인 비토리오 에마누엘레 2세(Victorio Emanuele II, 1820~1878)뿐이었다.

사상 처음 해외 방문에 나선 터키 황제와 이집트 총독, 일본 천황의 동생도 박람회 방명록에 이름을 올렸다. 박람회가 열린 7개월 내내 귀빈들의 발길이 끊이지 않은 것을 두고 프랑스 언론은 '국가들의 발레'라고 표현하기도 했다. 바야흐로 파리가 '세계의 수도'인 듯 보였다. 당연히 박람회를 찾은 각국 요인들은 프랑스 집권층과 만나 '박람회 외교'를 벌였다. 당시 복잡하고 미묘한 관계로 꼬여 있던 유럽 국가들에 세계박람회는 난해한 외교 문제를 해결하는 장소가 되곤 했다.

1867년 파리박람회는 7월 1일 열린 시상식에서 절정을 맞았다. 2개 전시관을 터서 꾸민 시상식장엔 나폴레옹 황제와 외국의 귀빈들, 1만 8000명의 관람객이 참석했다. 평화 축제를 겸한 이날 행사를 위해 특별히 작곡된 음악이 박람회장에 울려 퍼졌다. 1200명으로 구성된 대형 오케스트라와 합창단원이 연주하는 이탈리아 작곡가 로시니(Gioacchino Rossini, 1792~1868)의 〈황제와 그의 백성〉이었다. 화려하게 장식된 시상식 단상에는 10개 카테고리별로 대상 수상자 66명을 위한 트로피가 놓였

독일의 제강 기업가 알프레드 크루프가 출품한 대포를 관람객들이 구경하고 있다. 당시 세계 최대인 14인치(35.6센티미터) 구경이었다. 이 대포는 3년 뒤인 1870년에 발발한 프로이센-프랑스 전쟁에서 프로이센이 승리하는 데 일등 공신 역할을 해 역사의 아이러니를 보여주었다.

다. 전체 수상자 수만 해도 1만 9776명에 달했다.

역설적인 사실은 평화 이미지와 어울리지 않는 대형 대포가 관람객들의 눈길을 가장 많이 끈 전시물 중 하나였다는 점이다. 독일의 제강 기업가 알프레드 크루프(Alfred Krupp, 1812~1887)가 출품한 이 대포는 당시 세계 최대인 14인치(35.6센티미터) 구경으로 거대한 대포알과 함께 그 위용을 뽐냈다. 그런데 이 대포가 3년 뒤인 1870년에 터진 프로이센-프랑스 전쟁에서 프로이센의 주요 병기가 되어 프랑스를 이기는 데 큰 효력을 발휘했으니 역사의 아이러니라 아니할 수 없다.

아이작 싱어의 재봉틀도 빼놓을 수 없다. 1855년 파리에서 첫 번째로 열린 박람회에 개량 재봉틀을 출품해 수상한 그는 이 행사에 다시 참가했다. 그 사이 세계 최대의 재봉틀 생산업체로 성장한 그의 회사는 아예 별도 전시실을 차려놓고 마케팅에 열을 올렸다. 재봉틀이 단순한 바느질 도구가 아니라 생활을 근본적으로 변화시키는 기계라는, 당시로서는 획기적인 판매 기법을 동원했다. 오늘날까지 명맥을 잇고 있는 싱어 재봉틀 회사는 엑스포와 함께 성장한 대표적 기업으로 꼽힌다.

또 하나의 이색적인 볼거리는 박람회장의 중앙 정원에 전시한 각 나라의 화폐와 도량형 도구였다. 이 전시는 국가 간 명실상부한 소통의 공간으로 기능하면서 이후 국제 도량형 통일의 계기가 되었다. 세계박람회가 거듭되면서 주최자에게 박람회의 효용성에 관한 뚜렷한 의식이 생겨났음을 알 수 있다. 이 같은 소통과 의식 덕분에 1875년 파리에서 미터법 도량형 단위를 세계적으로 통일시키기 위한 국제 조약이 체결됐다. 이와 함께 파리에 본부를 둔 국제도량형국(Bureau International des Poids et Mesures, BIPM)이 설립되었다.

파리박람회에는 이후 세계박람회에 큰 영향을 미친 여러 혁신적 방안들이 도입되었다. 철학적 논의 결과가 반영된 주제 설정과 체계적인 카테고리 분류법, 엔터테인먼트 요소와 별도의 국가 전시관 도입 등이 그것이다.

전시 공간을 넘어 즐거운 축제장으로

1867년 파리박람회는 성황리에 막을 내렸다. 성공적인 관람객 유치는 결코 우연이 아니었다. 조직위원회가 가보고 싶은 '매력적인' 박람회를 만들기 위해 온갖 아이디어를 짜낸 노력의 결실이었다. 무엇보다 센 강변의 샹드마르스 지역을 멋진 야외 공원으로 조성했다. 타원형 박람회장 주변은 4개 구역으로 나눠 전시 품목이 많은 프랑스와 영국, 독일, 벨기에에 각각 1곳씩 할당했다. 그 주변을 정원과 나무, 잔디밭과 산책로, 연못과 시냇물, 분수로 아름답게 꾸몄다.

백과사전처럼 수많은 전시물로 가득 찬 박람회장과는 달리 바깥 공원은 여유 있게 보고 즐길 수 있는 공간으로 조성되었다. 방대한 물품 전시에 급급했던 기존 방식에서 탈피해 처음으로 엑스포에 본격적인 오락·유흥 기능을 부여한 것이다. 관람객들은 딱딱한 전시물 내용보다 위락시설에 더 매력을 느꼈다.

이국적인 풍물이 넘쳐난 국가별 전시관, 특정 주제관, 공연장, 대형 전시물을 위한 야외 전시장, 각종 식당과 바 등이 5만 제곱미터 규모의 공원 속에 펼쳐졌다. 그중 세계박람회에 처음 참가한 일본 전시관이 동양적 독특함을 담은 전통 가옥과 정원으로 유럽인들의 눈길을 사로잡았다. 이슬람 사원, 고딕 대성당, 스위스 샬레, 튀니지 궁전, 고대 이집트의 필레(Philae) 신전 복제 건물 등에 관람객들의 발길이 잦았다.

수에즈 운하의 축소판 모형도 등장했다. 당시 수에즈 운하는 개통을 앞두고 복잡한 이해관계로 얽혀 있는 나라들이 치열한 주도권 싸움을 벌이고 있어 초미의 관심사였다.

공원에는 전 세계 다양한 조류가 방사된 대형 새장과 기온대별 식물을 모아놓은 식물원이 들어섰다.

박람회장의 카페에서 담소를 즐기는 사람들의 모습.

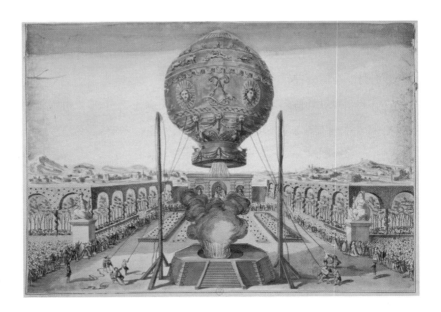

프랑스의 발명가
몽골피에 형제가 처음
만든 열기구.

동굴 형태로 지어진 수족관에는 온갖 어류와 해조류가 전시됐다. 유리 동굴
처럼 생긴 수족관은 민물과 바닷물로 나뉘어졌는데, 원하는 관람객이 물속에
들어가 관찰할 수 있게 했다.

박람회 주최 측은 관람객들의 이동 편의를 위해 증기기관을 장착한 버스와
자동차를 운행했다. 이들 교통수단은 기차나 센 강의 보트를 타고 오는 관람
객들을 샹드마르스 공원 여기저기로 실어 날랐다. 무엇보다도 관람자들을 열
광케 한 것은 하늘을 나는 기구(氣球)였다. 이 열기구는 18세기 후반 몽골피에
(Montgolfier) 형제가 처음 개발한 이래 프랑스의 기술력이 가장 앞서 있었다.
조직위원회는 열기구를 300미터 상공까지 띄워 올렸고, 탑승 기회를 얻은 운
좋은 관람객들은 샹드마르스의 아름다운 전경을 감상할 수 있었다.

획기적인 전기 조명도 신선한 볼거리였다. 밤 11시까지 이어진 야간 개장
으로 밤하늘을 빛낸 50미터 높이의 조명탑은 관람객의 시선을 붙잡았다. 센
강에는 유람선을 띄워 관람객들이 파리의 다양한 풍경을 즐길 수 있었다. 강

변에는 오스트리아 와인바, 영국식 펍(pub), 튀니지 커피숍 등 각 국가별로 특색 있는 가게가 들어서 관람객들의 구미를 당겼다. 공연장 안에서는 매일 밤 다양한 콘서트가 열렸다.

1867년 파리박람회를 계기로 엑스포는 산업 기술을 전시·홍보하는 행사의 차원을 넘어 세계의 모든 사람이 함께 참여해 즐기는 축제로 거듭났다.

1867년 파리박람회 개요

공식 명칭	1867년 파리 세계박람회(Exposition Universelle de Paris 1867)
주제	노동의 역사
장소	파리, 샹드마르스
기간	1867년 4월 1일~11월 3일
참가국	41개국
관람객	1300만 명

도시의 얼굴을 바꾼 로툰데 박람회

1873년 빈 박람회

"오늘 우리는 가장 소중하게 여겨온 사업의 완성을 만족스럽게 지켜보고 있습니다. 이 사업은 애국심과 우리 민족의 기술에 대한 신념, 그리고 우호적인 이웃 나라들의 지원으로 이뤄졌습니다. 황제로서 그 성공적 완수에 축복과 감사를 보내며 세계박람회 개막을 선언합니다."

박람회 상징에 둘러싸인
황제 프란츠 요제프
1세의 모습을 담은
포스터.

1873년 5월 1일 정오 오스트리아 황제 프란츠 요제프 1세가 세계박람회 개막을 선언했다. 개막 연설이 끝나자 오케스트라와 합창단이 오스트리아가 자랑하는 '음악의 아버지' 게오르크 프리드리히 헨델의 축가를 연주했다. 이어 참석자들이 박람회장을 둘러보는 행렬에 나섰다. 개막식에는 황실 가족과 귀족, 정부 요인이 참석해 독일어권에서 처음 열리는 박람회를 자축했다. 박람회장은 수도 빈 근교의 아름다운 공원 프라터(Prater)에 지어진 원형 건축물이었다.

독일어권에서 개최된 첫 세계박람회

1848년 18세의 어린 나이로 즉위한 젊은 황제 프란츠 요제프 1세는 1850년대 이후 런던과 파리에서 열린 세계박람회에 큰 관심을 기울였다. 1867년 파리 박람회는 직접 참관하기도 했다. 영국과 프랑스가 대규모 박람회를 개최해 국위를 드높이고 있는데 오스트리아가 그 대열에서 빠질 수는 없다고 생각했다. 실제로 당시 오스트리아는 절대 군주제를 유지해온 유럽의 열강이었다. 당시 유럽 정치·경제·문화의 중심지는 파리나 런던이 아닌 빈이었다. 빈은 인구 75만 명의 대도시였다.

군주의 의지에도 불구하고 안팎의 사정은 여의치 않았다. 1860년대 오스트리아는 이른바 '팽창의 시대(Gründerzeit)'를 맞아 복잡한 정치·외교 행로를 밟고 있었다. 크림전쟁에 이은 이탈리아 민족주의 독립 전쟁의 여파로 위기를 맞은 뒤 1861년에 이원제 의회를 인정하는 헌법을 반포해 부르주아 권력 강화를 시도했지만 1866년 프로이센과의 전쟁에서 패하면서 헝가리 토지 귀족과 제휴를 맺었고 이듬해 오스트리아-헝가리 제국을 성립시켰다.

이 와중에도 산업화의 진전으로 오스트리아 제국의 경제는 급격히 성장했다. 국부가 축적되면서 빈 외곽의 성채와 궁전, 공공건물, 공원 등을 도심과 연결하는 순환 도로(Ringstraße) 건설 프로젝트가 시작되었다. 빈 시내에 새 오페라 하우스가 지어졌고, 과거 황실의 사냥터였던 프라터 지역은 큰 규모의 놀이공원으로 조성되었다.

요제프 1세는 이런 대규모 건설 사업의 성과를 온 세상에 내보이고 싶었다. 한편으론 게르만 민족 통합에 실패한 이후 국가 이미지를 쇄신해야 할 필요가 있었다. 그 목적을 달성하는 데는 세계박람회 개최가 제격이었다. 정치인들뿐 아니라 산업 자본가들도 박람회 개최에 적극 찬성했고 협조했다. 프란츠 요제프 황제는 자신의 즉위 25주년을 맞는 1873년을 세계박람회 개최 연도로 정하고 1870년 5월 칙령을 내려 공식화했다. 국제도시 빈의 면모를 일신하는 대대적인 건설 프로젝트는 그 자체로 박람회 기간 내내 최대의 전시물이 되었다. 개막식 연설에서 '소중하게 여겨온 사업의 완성'은 바로 이를 일컫는 것이었다. 세계박람회 개최는 곧 오스트리아의 위세와 동의어였다.

박람회 조직위원회는 요제프 황제의 동생 카를 루트비히(Karl Ludwig) 대공이 명예회장을, 조카 라이너(Rainer) 왕자가 회장직을 맡았다. 영국과 프랑스의 전례에서 보듯 군주와 왕실이 국가 경영 차원에서 박람회를 주도한 것은 초기 세계박람회의 공통점이었다.

조직위원회는 박람회 주제를 '문화와 교육'으로 삼고, 1870년 여름 일찌감치 세계 각국에 초청장을 보내 35개국의 참가를 약속 받았다. 유럽 각 나라와 미국은 물론 멀리 동아시아의 중국과 일본을 유치하는 데도 성공했다.

빈박람회는 중국이 최초로 참가한 세계박람회였다. 1867년 파리박람회 때 첫 선을 보인 일본은 그 후 세계박람회를 서구 열강의 앞선 산업 기술을 받아들이는 절호의 기회로 삼았다. 그즈음 막부가 무너지고 메이지 정권이 들어선 터라 국제사회로부터 정통성을 인정받겠다는 속셈도 작용했다.

215명의 각계 인사로 구성된 빈박람회 조직위원회는 28개 분과별 위원회를 산하에 두고 1278명의 위원이 참여한 방대한 규모였다. 그러나 효율성은 규모에 미치지 못했다. 준비 과정이 매끄럽지 못해 개막일을 연기했는가 하면 소요 비용도 잘못 산정했다. 애초 계산한 600만 굴덴보다 3배 이상 많은 1900만 굴덴의 비용이 들어가는 바람에 두 차례나 추가 예산을 요청해야 했다. 빈박람회는 결국 1500만 굴덴에 가까운 적자를 기록했다.

초호화 장식 뽐낸 황제관, 다양한 풍미 살린 국가관

박람회 추진이 공식화되기 훨씬 전부터 요제프 황제의 머릿속에는 프라터 공원이 박람회장으로 자리 잡고 있었다. 황실의 사냥터였던 프라터는 18세기 후반 대중 위락 공원으로 지정되었다.
공원은 숲과 초원, 시내와 호수가 '자연
의 축복'처럼 어우러진 아름다운 경관
으로 유명했다. 이곳이 박람회장으로
거론되자 일각에선 비판론이 제기됐다.
빈 시내에서 너무 멀고 도나우 강 범람
위험이 있다는 지적이었다.

공사 중인 로툰데
전시관의 모습.

　그러나 황제는 자신의 구상을 밀어붙
였다. 1871년 이곳을 도시 재개발 종합 계획의 일부에 포함시켰다. 그런 뒤 도
나우 강에 대규모 준설 공사를 벌여 해묵은 과제였던 범람과 식수난을 동시
에 해결했다. 강의 수질을 개선하고 병원을 건립하여 당시 창궐하던 콜레라
같은 고질적인 전염성 보건 문제를 개선했다. 순환 도로와 철도도 깔았다. 세
계박람회 개최가 도시 기반 시설 확충과 삶의 질 향상에 기여한 사례라 할 수
있다.

　건설 사업에 대한 반론도 있었다. 비판론자들은 박람회와 함께 재개발 계
획 자체를 반대했다. 건설 공사 대부분이 시민 대중을 위한 주택이 아니라 고
급 호텔과 궁전 등 상류층을 위한 건물이었고, 공사를 위해 외국인 노동자가
유입되면서 주택 부족, 생필품 값 앙등, 공중위생 악화, 증권시장 투기 같은
문제를 야기했다는 게 비판의 근거였다.

　프라터에 건설된 박람회장은 메인 건물인 산업의 전당과 그 주변의 기계
전시관, 농업 전시관 2개동, 예술품 전시관으로 구성되었다. '로툰데(Rotunde)'
라 불린 주 전시관은 높이 84미터, 직경 108미터의 거대한 원형 돔 형태 건물
이었다. 로툰데는 본래 '원형 건축물'이란 뜻의 일반 명사지만 주 전시관의 애
칭이 되었다. 로툰데는 갤러리를 통해 다른 전시관과 연결됐다.

　프라터 공원 전체는 파리의 샹드마르스보다 5배나 더 넓었다. 그러나 전시

관은 모두 길이 907미터, 너비 206미터 담으로 둘러싼 박람회장 구획 안에 들어섰다. 남쪽의 주 출입구에는 개선문과 같은 형태의 거대한 정문이 세워졌다. 일정한 부지 안에 주 전시장과 부속 전시장, 소규모 국가관 등으로 박람회장을 구성한 것은 한 지붕 아래 주요 전시장을 포괄한 파리 샹드마르스에서 진일보한 방식이었다.

주 전시관 뒤쪽의 드넓은 공간에는 각 국가별 전시관과 아라비안 카페, 중

로툰데 지은 천재 조선 기술자 러셀

유려함을 뽐낸 박람회장 건축가 중에는 영국인 존 스콧 러셀(John Scott Russel)이 있었다. 스코틀랜드 출신인 그는 어려서부터 소문난 수학과 기계의 신동이었다. 26세 나이에 에딘버러 대학의 실험물리학 교수가 된 것만 봐도 재능을 알 만하다. 그러나 그는 대학에서 연구하는 것보다 이론을 실제에 적용시키는 일에 더 관심이 많았다. 증기 엔진과 증기선이 주요 관심 분야였다.

러셀은 결국 글래스고 케어드 조선소 책임자로 자리를 옮겼다. 여기서 그는 당시 세계 최대의 증기선을 포함해 조선사에 길이 남을 획기적인 배를 여러 척 만들었다. 그러다 1851년 런던박람회 직후 수정궁 이전에 참여하면서 세계박람회와 인연을 맺었다. 빈박람회 조직위원회는 평범한 건축가의 솜씨로는 기념비적 건축물을 만들 수 없다고 보고 수소문 끝에 러셀을 건축가 그룹에 포함시켰다.

65세의 노장이던 그는 기대에 부응하듯 혼신의 힘을 다해 세계 최대의 돔 건축물을 만들어냈다. 전문 건축가가 아닌 탓에 실수도 있었다. 수정궁과 같이 철재 프레임에 유리를 씌운 돔 지붕에서 물이 새는 문제가 발생한 것이다. 이로 인해 공기가 늦춰지긴 했지만 수정궁 뺨치는 아름다운 건축물을 세운 공로를 퇴색시킬 정도는 아니었다.

왼쪽.
동양의 이국적 풍물로
인기를 끈 일본관의
내부.

국 찻집, 아메리카 원주민의 천막 오
두막집, 이집트 베니-하산의 석제 묘
복제품, 여러 나라의 음식점들, 양조
장을 겸한 바 등 흥미로운 볼거리가
가득했다. 특히 수석·연못·다리로 꾸
며진 일본식 정원을 비롯해 일본의 전
통 가옥과 신사를 완벽하게 재현한 일본관은 이국적 풍물로 인기를 끌었다.
중국관 또한 전통 가옥과 도자기, 차 등 동양 특유의 멋을 선보여 서구인들을
매혹시켰다. 1867년 파리박람회의 전례를 따라 위락시설 건립에 공을 들였다.

박람회장 내에는 요제프 황제를 위한 황제관이 지어졌다. 작은 로툰데 형
태의 이 건물은 온갖 화려한 장식으로 꾸며져 박람회장 건축의 '보석'이라 불
렸다. 요제프 황제는 독일이나 러시아, 페르시아 등지에서 국빈이 방문할 때
마다 이 건물로 초대해 화려한 의전을 뽐냈다.

박람회장 북쪽 끝에는 각 나라 노동자 주택을 비교한 복제 전시물과 세계
무역관이 들어섰다. 세계 무역관은 오스트리아의 상공업 종사자와 외국 무역
인 간의 상담을 위한 곳으로 실제로 무역 협상과 계약이 이뤄졌다. 특히 일본
은 자국의 민속품 등을 직접 가져와 판매 실적을 톡톡히 올렸다.

빈박람회는 '문화와 교육'을 주제로 삼은 만큼 예술 전시관을 따로 두고 다
양한 회화·조각 작품을 전시했다. 또 유치원부터 대학까지 각종 학교 모형과
교수법에 관한 특별 전시물을 선보였다.

박람회장의 전시 구조는 참여국들의 지리적 위치에 따라 동서로 배치하는
방식이어서 일본과 중국은 가장 동쪽에, 영국과 프랑스는 가장 서쪽에 자리
를 잡았다. 오스트리아와 유럽 국가들은 중기계 등 산업 생산물 중심으로 출
품한 반면 중동·아프리카·아시아 등지의 국가들은 자국의 건축 문화재나 토
속품 위주로 전시했다. 일본이 산업의 전당에 전시한 교토의 사찰 모형이나

이집트의 미라 실물, 전통 주택 모형 등이 그것이다.

온갖 뉴스거리를 만들어낸 박람회

박람회가 폐막되자 로툰데와 기계류 전시관을 제외한 대부분의 시설물은 철거되었다. 지나친 장식으로 낭비 논란을 빚은 황제관도 철거의 해머를 피하진 못했다. 살아남은 로툰데는 이후 음악회 등 각종 행사장으로 활용되었다. 1888년에는 오스트리아가 최초로 만든 자동차 4대가 이곳에서 전시되기도 했다. 하지만 수정궁이 불탄 이듬해인 1937년에 로툰데마저 화재로 유실되고 말았다. 세계대전의 불길이 박람회장 두 곳을 연이어 집어삼킨 것이다.

박람회에는 폐막일인 1873년 10월 31일 하루 동안 가장 많은 14만 명의 인파가 몰렸다. 전체 관람객 수는 725만 명으로 나쁜 성적은 아니었지만 애초 조직위원회가 공언한 2000만 명에는 크게 못 미쳤다. 재정 면에서는 낙제점을 받았다. 적자가 소요 비용의 4분의 3에 이를 정도였다. 게다가 '증권시장 대폭락'이라는 부작용을 몰고 왔고 사회 계층 갈등을 심화했다는 점 등은 두고두고 비난의 대상이 되었다. 오스트리아 정가에서 제기된 이 같은 비판은

박람회 그늘에서 발생한 '증권시장 대폭락'

1873년 세계박람회와 재개발 건설로 인해 그렇지 않아도 호황이던 빈은 도시 전체가 흥청망청할 정도로 경제 붐을 구가했다. 유럽 곳곳에서 한몫 챙기려는 투자자와 사업가들이 빈으로 모여들었다. 1860년대 '팽창의 시대' 경기가 정점에 달했던 때였다. 빈 증권시장은 정상적인 투자가 아닌 투기장이 돼 있었다.

그러나 거품은 커지면 터지게 마련. 거품 붕괴는 공교롭게도 박람회 개막 9일 뒤에 왔다. 5월 10일 빈 증권시장은 '블랙 프라이데이'라 불린 대폭락을 맞았다. 하루아침에 '깡통'을 찬 투자자가 줄을 이었다. 문을 닫은 기업 또한 부지기수였다. 6월 들어 비슷한 사태가 한 차례 더 일어났다. 투기꾼들의 주가 조작이 횡행하면서 일어난 필연적인 파국이었다. 금융제도가 미비한 데다 당국의 대처 능력이 부족해 속수무책이었다. 이로 인해 유럽의 건실한 투자자들은 빈을 떠나 오랫동안 돌아오지 않았다.

당대 국내 사정으론 충분히 근거가 있는 지적이었다. 그러나 후대의 역사적 관점에서 바라보면 근대적 도시 인프라 구축, 기념비적 건축물 축조, 국가 이미지 개선, 국제 교류 확대 같은 긍정적 측면이 더욱 부각된다. 빈박람회는 세계의 다양한 문화와 민족을 하나로 묶는 새로운 형태의 페스티벌이라는 틀을 확립했다. 나아가 세계박람회가 평화외교, 문화교류, 무역관계 발전의 무대가 될 수 있음을 확인시켰다.

1873년 빈박람회 개요

공식 명칭	1873년 빈 세계박람회(Weltausstellung 1873 Wien)
주제	문화와 교육
장소	빈, 프라터
기간	1873년 5월 11일~10월 31일
참가국	35개국
관람객	725만 5000명

06 미국

유럽의 반대편에서 '강력한 미국'을 전시하다

1876년 필라델피아 박람회

19세기 중·후반 세계 질서의 중심은 유럽이었다. 영국과 프랑스를 중심으로 한 제국주의와 팽창주의가 극에 달했던 때다. 그런 가운데 바다 건너 신대륙에선 신흥 강국 미국이 기지개를 켜고 있었다. 아직 국제사회의 인정을 받지는 못했지만 미국은 강인한 개척 정신을 바탕으로 과학 기술과 산업화에서 눈부신 진전을 이뤄냈다. 국제 행사에도 적극적으로 얼굴을 드러냈다.

미국은 세계박람회의 효시인 1851년 런던박람회 때부터 빠짐없이 참가했다. 그저 참가만 한 게 아니라 세계박람회의 과학 기술·경제적 파급 효과를 일찌감치 알아채고 자국 산업 발전에 적극적으로 활용했다. 유럽 각국이 세계박람회의 틀을 다져나가는 사이 미국은 그 위력을 배워나갔다. 런던박람회에 출품한 콜트의 권총, 굿이어의 고무타이어, 매코믹의 농기구 등 미국산 신개발품은 유럽의 산업계 전반을 놀라게 했다. 파리박람회 때부터 등장한 싱어의 재봉틀 역시 신생국 미국의 기술력이 결코 만만찮은 수준임을 유감없이 보여주었다. 실제로 이들 모두 세계박람회를 무대로 삼아 국제적 기업으로 성장했다.

뉴욕에서 열린 '짝퉁' 엑스포

미국의 사업가와 산업계 인사들은 1851년 영국 런던에서 박람회가 열린다는 소식을 듣고 대거 대서양을 건넜다. 이들은 수정궁 박람회장의 장관에 감복하고 그 위용을 흠모한 나머지 자신들도 이런 박람회를 열어보겠다는 야심을 품었다. '어머니 나라(mother country)' 영국에서 창시된 세계박람회를 흉내 내려는 시도는 유럽 문명에 대한 미국 사회의 동경과 문화적 콤플렉스를 감안할 때 지극히 자연스런 일이었다. 당시 미국 지식인 사회는 런던·파리 등 유럽에서 학위를 받고 등단하거나 전시회를 통해 인정받지 않으면 행세하기 힘든 풍토였다.

매사추세츠 출신의 경매업자 에드워드 리들(Edward Riddle)은 그 꿈을 실행에 옮긴 사업가 중 하나였다. 수정궁에서 열린 런던박람회의 감격을 품고 미국으로 돌아온 리들은 공연 흥행업자 바넘(P. T. Barnum)과 손잡고 박람회 개최를 추진했다. 런던박람회에 얼마나 감동했던지 박람회 명칭까지 '뉴욕 수정궁 박람회(New York Crystal Palace Exhibition)'로 정했다. 이들은 뉴욕 시 당국을 끈질기게 설득해 맨해튼 40번가에서 42번가까지 이어지는 공원 부지(현재 뉴욕 공공 도서관이 있는 브라이언트 파크)를 5년간 임대 받았다. 수정궁처럼 유리와 철재로 만든 임시 건축물로 박람회장을 짓고 입장료를 50센트 이하로 받겠다는 조건이었다.

두 사람은 연방 정부의 후원을 이끌어내기 위해 문을 두드렸다. 그러나 연방 정부는 미국이 과연 영국 수준의 대규모 국제 박람회를 주최할 만한 역량이 있는지에 대해 확신하지 못했다. 연방 정부가 주저하는 사이 리들과 바넘이 주축이 된 민간 사업가들은 뉴욕 시와 함께 박람회 개최를 강행했다.

1851년에 열린 런던 박람회의 수정궁을 그대로 본떠 만든 뉴욕 수정궁의 모습. 1852년 10월 23일자 〈사이언티픽 아메리칸〉지에 실린 그림이다. 1858년 10월 화재로 소실되었다.

주최 측은 박람회장 설계를 국제 공모에 붙였다. 흥미로운 사실은 런던 수정궁을 설계한 조셉 팩스턴도 이 공모에 참여했다는 점이다. 그러나 그의 설계안은 부지 조건과 잘 맞지 않는다는 이유로 탈락했다. 대신 수정궁을 거의 그대로 모방한 덴마크 출신 건축가 게오르그 카르스텐센(George Carstensen)과 독일 출신 칼 길데마이스터(Karl Gildemeister)의 설계안이 채택됐다. 다른 점이라면 지붕을 유리가 아닌 나무 재질로 선택했다는 정도였는데 유리의 경우 햇빛이 너무 많이 들어온다는 이유에서였다. 그러나 불행히도 목재 지붕은 비가 새는 문제를 낳았다. 수정궁처럼 돔에는 스테인드글라스 유리를 달고 연방 정부와 당시의 31개 주 문장을 새겨 넣었다.

박람회는 몇 차례 연기되는 우여곡절 끝에 1853년 7월 문을 열었다. 망설이던 연방 정부도 마지못해 태도를 바꿨다. 당시 대통령인 프랭클린 피어스(Franklin Pierce, 1804~1869)가 개막식에 참석해 연설했다. 그러나 겉모양만 흉내 냈을 뿐 뉴욕박람회는 조악하기 짝이 없었다. 외국 출품자가 거의 참석하지 않았고, 그나마 출품된 작품의 전시 체계가 흥미 위주로만 짜여져 몹시 허술했다. 관람객의 발길이 뜸해 박람회장은 늘 썰렁했다. 1854년 11월까지 두 시즌으로 나눠 열린 뉴욕 수정궁 박람회는 총체적 실패로 막을 내렸고, 주최 측은 모두 34만 달러의 손실을 입었다.

유럽식 박람회를 신대륙으로 이식하려 했던 첫 시도는 결국 어설픈 '짝퉁' 박람회 행사로 막을 내리고 말았다. BIE의 공인 엑스포 명단에 들어가지 못한 것은 물론이다. 1858년 '뉴욕 수정궁' 건물이 화재로 소실되자 뉴욕의 한 언론인은 칼럼에 이렇게 썼다.

"뉴욕의 일화가 된 거품이 꺼졌다. 정확히 말하면 거품은 몇 년 전에 이미 꺼졌다. 이번 화재는 그 거품을 만들어낸 기구를 완전히 없앴을 뿐이다."

미국은 제대로 된 세계박람회를 개최하기까지 그로부터 23년을 더 기다려야 했다.

'제2의 독립 선언' 외친 필라델피아박람회

뉴욕박람회 실패 이후 잦아든 미국의 세계박람회 개최 열망은 1871년 3월 다시 불붙었다. 연방 의회가 1876년 독립 선언 100주년 기념 행사를 주관할 특별 위원회 구성 법안을 통과시키면서였다. 의회와 정부 지도층은 독립 100주년을 빛낼 이벤트로 필라델피아 시의회가 제안한 세계박람회 개최안을 수용하기로 했다. 4년에 걸친 남북전쟁으로 피폐해진 민심을 추스르고 국민 통합을 꾀하는 데 이만한 행사가 없다는 의견이 여러 경로로 제기되었다.

애초 박람회 아이디어를 낸 사람은 인디애나 주 워배시(Wabash) 대학 교수였던 존 캠벨(John L. Campbell)로 알려져 있다. 그는 필라델피아 시장에게 편지를 보내 독립 100주년 기념행사로 세계박람회를 개최하자고 제안했다. 이에 대해 처음에는 부정적 의견도 많았다. 재원 조달과 외국 참가국 확보가 어렵다는 게 비판론의 주된 내용이었다. 그러나 결국 대세는 긍정론으로 기울었다.

세계박람회 주최의 패러다임은 유럽이나 미국이나 마찬가지였다. 자국의 위상을 드높이려는 국제주의와 국민 통합을 꾀하려는 민족주의가 바탕에 깔려 있었다. 미국도 이제 유럽 선진국들과 어깨를 나란히 할 만큼 강국이 되었다는 자부심과 국가 정체성을 안팎에 분명히 내보일 필요가 있었다. 더구나 독립 국가로서 한 세기를 맞는 경축의 자리였으니 모든 조건이 세계박람회의 계기로 완벽하게 들어맞았다.

1872년 3월 박람회 추진 주체인 독립 100주년 기념위원회가 구성되었다. 각 주마다 한 명씩 선정한 위원들로 구성된 위원회는 코네티컷 출신인 조셉 홀리

(Joseph R. Hawley, 1826~1905)가 회장을 맡았다. 프랭클린 재단(Franklin Institute)
과 스미소니언 재단(Smithsonian Foundation)이 적극적인 지원에 나섰다.

박람회 개최지를 필라델피아로 정하는 데는 아무런 이견이 없었다. 필라
델피아는 독립 선언이 이뤄진 역사의 현장이자 1790년부터 1800년까지 미국
의 수도였던 가장 유서 깊은 도시였기 때문이다.

독립 100주년 기념위원회는 액면가 10달러인 주식을 팔아 기본 경비 178만
달러를 마련했다. 의회가 150만 달러, 필라델피아가 속한 펜실베이니아 주가
100만 달러를 융자 형태로 지원했다. 의회는 또 외국에서 들여오는 출품작에
대해 관세를 없애기로 의결했다. 유럽 국가들과 산업계의 적극적인 참여를
유도하기 위한 조처였다.

율리시스 그랜트(Ulysses C. Grant, 1822~1885) 미국 대통령은 1873년 7월 4일
독립기념일을 맞아 세계박람회 개최 일시와 장소를 국내외에 선포했다. 위원
회는 이와 동시에 대통령 명의의 초청장을 세계 각국에 보냈다. 다행히 대다
수 유럽 국가들이 참가 의사를 밝혀 전전긍긍하던 미국 정부는 안도의 한숨
을 내쉬었다.

현대 박람회장의 원형을 만들다

박람회장은 필라델피아 북서부 페어마운트(Fairmount) 공원으로 정해졌
다. 전체 공원 면적의 약 16퍼센트인 175헥타르(52만 9373평)를 박람회장 부
지로 선정하고 길이 5킬로미터의 울타리를 쳤다. 드넓은 박람회장의 환경
설계는 공원 및 동물원 건축 전문가인 허먼 요제프 슈위츠만(Hermann Josef
Schwarzmann, 1846~1891)이 맡았다. 그는 부지 전체를 나무와 인공 호수와 화단
등 영국식 정원으로 꾸몄고, 관람객 이동 편의를 위해 9킬로미터의 증기기관
협궤 열차를 설치했다. 주 출입구는 펜실베이니아 철도역 쪽으로 냈다.

필라델피아 박람회장 구성의 가장 큰 특징은 지배적인 주 전시관을 두지 않고 주제와 국가별로 다수의 전시관을 두었다는 점이다. 대형 종합 전시관 또는 주 전시관과 보조 전시관으로 이뤄졌던 기존의 유럽 박람회장 방식을 혁신시킨 것이다. 이처럼 일정 구획 안에 다수의 주제·국가별 전시장을 배치하는 방식은 이후 박람회장의 기본 틀로 정형화됐다.

박람회장에는 200여 개의 크고 작은 전시장과 부스, 참가국의 전시관, 편의 시설 등이 지어졌다. 압도적인 주 전시관은 없었지만 박람회장 남동쪽에 세워진 산업 생산물 전시관과 기계류 전시관이 그중 가장 큰 건물이었다. 두 전시관 사이에는 개막식 등 각종 행사가 열린 퍼레이드 그라운드가 마련되었다. 북동쪽에는 농업 전시관을 중심으로 다양한 식품 전시관이 세워졌다. 북서쪽에는 미국의 각 주 전시관과 11개 참가국 전시관, 민간 기업관 등 45개 전시관이 원을 그리듯 줄지어 들어섰다.

독립 100주년 기념 박람회장 설계한 행운아 허먼 요제프 슈워츠만

세계박람회장의 새로운 모델을 제시한 필라델피아 박람회장 설계자는 허먼 요제프 슈워츠만이었다. 그는 독일 출신 이민자로 27세의 젊은 나이에 미국 독립 100주년을 기리는 기념비적 건축물을 설계하는 행운아가 됐다.

독일 뮌헨에서 화가의 아들로 태어난 슈워츠만은 14세에 왕립 군사 학교에 입학해 기초 공학 교육을 받았다. 이후 대학에 진학해 잠시 건축 교육을 받은 뒤 22세에 미국으로 이주해 첫 직장으로 들어간 곳이 바로 미국 최대의 근린 위락 공원인 페어마운트 공원이었다. 이곳에서 정원사 겸 조경 건축가로 일하다 세계박람회 개최가 결정되면서 엄청난 행운을 얻었다. 박람회 사전 조사를 위해 1873년 빈박람회에 파견된 것이다. 이를 계기로 그는 미국 최초의 공원 및 동물원 전문 설계자로 인정받게 된다.

그는 이듬해 페어마운트 박람회장 레이아웃 구성안을 제출해 승인받음으로써 역사적인 박람회장 건축에 발을 들여놓게 됐다. 슈워츠만은 박람회장 전체 구성과 함께 기념관 및 농업 전시관을 설계했다. 일생일대의 작품을 남긴 그는 박람회 이후에도 건축가로 일했으나 이렇다 할 작품을 남기지 못한 채 45세에 요절했다.

개막식의 하이라이트, 증기 엔진 시동식

산업 전시관은 런던의 수정궁보다 큰 길이 577m, 너비 170m, 바닥 면적 8만 1600제곱미터의 거대한 구조물이었다. 바닥 면적으로만 치면 그때까지 건축된 박람회장 건물 중 가장 큰 규모였다. 수정궁과 마찬가지로 사전 제작된 유리와 철재로 지어진 이곳에는 광업, 야금, 제조업, 교육, 과학 분야 출품작이 전시되었다. 전시관 중앙은 미국 제품이 차지했고, 미국과의 지리적 거리에 따라 35개 참가국의 전시물이 차례로 그 주변에 배치되었다.

산업 전시관 서쪽에 나란히 들어선 기계류 전시관도 비슷한 구조와 크기였지만 벽돌과 목재를 사용한 내구성 건축물이란 점이 달랐고 철도역과 바로

위세보다 실용으로, 박람회장의 변천

박람회는 해를 거듭할수록 틀이 잡히면서 보편화·정형화된 모습으로 변모해왔다. 전시장도 전시자 관점에서 관람자 위주로, 위세를 자랑하기보다는 실용적으로, 대규모 단일 건축물에서 다수의 독립 전시 공간을 확보하는 방향으로 진화했다.

1851년과 1862년 두 차례에 걸친 런던박람회는 모두 대규모 박람회장 한곳에서 치러졌다. 1855년 파리박람회 때 주 전시장 외 기계류와 미술 작품을 위한 보조 전시장이 처음으로 동원되었다. 그러나 기존 건물을 일부 활용한 정도였을 뿐 사실상 모든 행사는 주 전시장에서 이뤄졌다. 1867년 파리박람회는 거대한 샹드마르스 주 전시장 지붕 아래 다양한 전시관을 구성해 박람회장을 획기적으로 꾸몄다. 일부 국가 전시관과 위락시설이 등장한 것도 이때가 처음이었다. 1873년 빈박람회는 처음으로 박람회장을 울타리로 경계 짓고 그 안에 주 전시장과 보조 전시장과 국가 전시관 등을 배치했다.

1876년 필라델피아박람회는 박람회장 안에 5개 주제별 전시장을 갖춤으로써 비로소 현대 박람회장의 전형을 완성하게 됐다.

대형 단일 건축물 1851년 런던 하이드 파크 수정궁
↓
주 전시장 + 보조 전시장 1855년 파리 상제리제 산업의 전당과 별도의 미술 및 기계류 전시장
↓
대형 단일 건축물 1862년 사우스 켄싱턴 박람회장
↓
대형 건축물 지붕 아래 다수 전시관 1867년 파리 샹드마르스 공원 박람회장
↓
박람회장 부지 내 주 전시장 + 보조 전시장 1873년 빈 프라터 공원 박람회장
↓
박람회장 부지 내 주제별 전시장 + 국가관 1876년 필라델피아 페어마운트 공원 박람회장

연결하여 대형 기계류를 들여오기 쉽게 했다.

원예전시관 내부의 모습.

박람회장에 세워진 5개 대형 전시관 가운데 오늘날까지 남은 유일한 건축물은 기념관이다. 대리석과 유리와 철근으로 지어진 '모던 르네상스' 스타일의 이 아름다운 기념관에서는 예술 작품이 전시되었다. 박람회가 끝난 뒤 펜실베이니아 미술관이 이곳으로 이전했고, 현재는 필라델피아 미술관으로 불린다. 12세기 이슬람 양식을 차용한 원예 전시관도 예술성 높은 건축물로 찬사를 받았다.

필라델피아박람회 개막식은 1876년 5월 10일 중앙 광장에서 열렸다. 미국 대통령 그랜트를 비롯한 연방 정부의 주요 인사와 의회 의원, 브라질 황제 페드로와 외교사절단, 일반 시민 20만여 명이 미국 독립 100주년을 기념하는 역사적인 자리에 참석했다. 독일의 위대한 음악가 리하르트 바그너(Richard Wagner, 1813~1883)가 개막식을 위해 작곡한 행진곡이 연주되었고, 기념 연설 및 시 낭송, 기도, 독립 선언문 낭독 등 다채로운 행사가 이어졌다.

개막식의 하이라이트는 증기 엔진 시동식이었다. 그랜트 대통령이 개막식에 참석한 최고위급 귀빈인 브라질 황제와 나란히 서서 당시 세계 최대의 600톤급 증기기관을 가동하는 스위치를 눌렀다. 구동 벨트와 증기관, 펌프와 기계 부분이 굉음과 함께 증기를 내뿜으며 돌아가자 참석자들은 일제히 모자를 하늘에 날리며 환호했다. 시대는 바야흐로 증기 엔진의 전성기였다.

당시 큰 인기를 끌었던 증기 엔진의 모습.

전화기, 타자기, 케첩의 출현

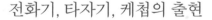

그동안 유럽에서 열린 세계박람회와 마찬가지로 필라델피아박람회에서도 주최국인 미국의 전시품이 질과 양에서 모두 압도적이었다. 미국산 전시물은 산업 전시관의 약 3분의

1, 기계류 전시관의 80퍼센트를 차지했다.

그 가운데 일약 스타로 떠오른 인물은 알렉산더 그레이엄 벨(Alexander Graham Bell, 1847~1922)이었다. 그는 먼 거리에 떨어진 사람과 말을 주고받을 수 있는 전화를 내놓아 세상을 놀라게 했다. 벨이 박람회장에 직접 나와 시연한 전화기는 송수화기에 전자석의 극 가까이 설치한 얇은 철판을 진동시켜

알렉산더 그레이엄 벨이 박람회장에 직접 나와 전화기를 시연하고 있다.

유도전류로 음성을 재생하는 방식이었다. 소리가 전기로 바뀌어 장거리를 이동하는 경이로운 모습은 관람객들의 탄성을 자아냈다. 나무판 위에 설치한 벨의 전화기는 발명품 대상을 받았다. 벨은 박람회 출품과 동시에 송수화기 기술 특허를 냈고 이듬해 벨 회사를 설립하여 전화기의 대명사가 됐다.

수많은 혁신적 생활용품이 박람회장에 그 모습을 드러냈다. 필로 레밍턴(Philo Remington, 1816~1889)이 개발한 최초의 실용적 타자기와 하인즈(Heinz) 케첩, 전구(電球)의 전신인 전기 다이나모(dynamo) 등이 특히 눈길을 끌었다. 미국은 농기계와 당시 산업화의 척도인 증기 엔진 등 중기계류에서 신개발품

자유의 여신상 오른쪽 팔 '인기 만점'

필라델피아박람회 야외 전시물 가운데 심상치 않은 구조물이 하나 있었다. 횃불을 든 거대한 사람의 팔이었다. 아직 완성되지 않은 자유의 여신상(Statue of Liberty) 팔 부분으로, 미국 독립 100주년을 축하하는 프랑스의 선물이었다. 제작이 늦어지는 바람에 횃불을 든 오른쪽 팔 부분만 전달된 상태였다. 대중에게 우선 공개된 여신상 팔은 발판 위에 세워진 상태로 전시되었다. 계단을 통해 발판에 올라가 구경하는 데 입장료 50센트를 따로 받았다. 입장료 수입은 훗날 자유의 여신상 설치 비용으로 충당했다. 이후 완성된 자유의 여신상은 높이 46미터, 무게 250톤에 달했고, 1886년까지 214개 조각으로 운반되어 뉴욕 맨해튼 남쪽 리버티 섬에 세워졌다. 여신상의 머리와 나머지 부분은 1878년

파리박람회에서 전시되었다. 프랑스 조각가 바르톨디가 자신의 어머니를 모델로 삼아 여신상을 제작한 것으로 알려져 있다.

을 많이 내놓아 유럽 참관자들을 놀라게 했다. 신생국 미국의 산업 기술이 유럽과 맞먹는 수준임을 국제사회에서 인정받는 순간이었다. 개막식을 장식한 조지 헨리 콜리스(George Henry Corliss, 1817~1888)의 600톤급 증기 엔진이 그 상징이었다. 이 거대한 증기 엔진은 박람회 기간 내내 기계류 전시관의 한복판을 차지한 채 관람객들을 내려다봤다. 미국은 산업 전시관과 기계류 전시관을 통해 자국의 진보한 기술력을 맘껏 선보였다. 실제로 놀라운 발전을 인정받은 신개발품은 거의 모두 미국산이었다.

기념관에서 열린 전시회는 미국 최초의 본격적인 국제 미술·조각·사진전으로 평가받았다. 이 밖에 여성이 만든 작품만 전시한 여성 전시관이 따로 운영되었다. 이곳에는 여성 발명가 에마 앨리슨(Emma Allison)이 발명한 6마력짜리 증기 엔진으로 가동되는 직조기가 자수·정밀제품 등과 함께 전시되어 관람객의 호기심을 자극했다.

돈으로 환산할 수 없는 '사상 최대의 파티'

전시물은 7개 주요 카테고리와 340개 소주제로 분류되었다. 7개 카테고리는 광업·야금, 기술·공예, 교육·과학, 예술, 기계, 농업, 건축·조경이었다. 이 분류법은 훗날 존 듀이(John Dewey)의 십진법에 따라 10개 카테고리로 확대되어 전 세계 도서관에서 통용되는 '주제 분류법'의 기초가 되었다.

필라델피아박람회는 6개월 동안 1000만 명 이상의 관람객을 기록했다. 유럽처럼 주변국에서 많은 방문자가 올 수 없었고 당시 미국 인구가 6500만 명이었음을 감안할 때 기대 이상의 성과라 아니할 수 없다. 전시품의 질과 양, 관람객 수로는 매우 성공적이었지만 재정적으로는 만족스럽지 못했다. 수입의 절반인 약 400만 달러의 손실을 기록했다.

그러나 산업 강국으로 거듭난 미국의 국가 이미지 개선은 돈으로 따질 수 없는 성취였다. 유럽 나라들이 미국을 새로운 눈으로 바라보게 된 데는 필라델피아박람회가 결정적인 역할을 했다. 미국 정부와 여론 주도층은 첫 세계박람회가 가져다준 선물을 잘 인식하고 있었다. 미국 언론은 필라델피아박람회를 '사상 최대의 파티(the greatest party ever)'라 불렀다.

1876년 필라델피아박람회 개요

공식 명칭	기술·제조업·광업 생산물 국제 박람회(International Exhibition of Arts, Manufactures and Products of the Soil and Mine)
주제	미국 독립 선언 100주년 기념
장소	펜실베이니아 주 필라델피아, 페어마운트 공원
기간	1876년 5월 10일~11월 10일
참가국	35개국
관람객	1016만 4489명

---

07 프랑스

빛과 물의 향연 펼친
매혹의 트로카데로 궁

1878년 파리 박람회

프랑스는 의욕적인 1867년 박람회 개최 이후 극심한 정치 풍파를 겪었다. 나폴레옹 3세의 제2제정은 세계박람회를 발판 삼아 공업·무역·금융·도시개발 분야에서 비약적인 발전을 이룩했다. 한편 대외적으로는 팽창주의를 지향했다. 팽창 정책은 필연적으로 군사적 침략과 충돌을 수반하기 마련이다. 나폴레옹 3세는 크림전쟁에 참가하고 이탈리아 독립 전쟁 원정에 나섰다. 또 아프리카·동남아시아에서 식민지 개척을 강화하고 멕시코까지 군대를 보내면서 패권 다툼에 주력했다. 이 과정에서 역시 부국강병을 내세운 프러시아와 충돌하면서 마침내 1870년 7월 전쟁이 일어났다. 프랑스는 이 전쟁에서 패퇴했다. 나폴레옹 3세는 쫓겨나고 1871년 의회제 민주주의를 기반으로 한 제3공화정이 출범했다. 프랑스가 개최한 세 번째 세계박람회는 새로 들어선 제3공화정 체제에서 추진되었다. 정치 체제는 바뀌었지만 세계박람회를 대내외적으로 체제 정통성 확립의 전기로 삼은 것은 제2제정 때와 마찬가지였다.

정정 불안 속에 열린 축제

왕당파인 파트리스 드 마크마옹(Patrice de MacMahon, 1808~1893) 대통령을 비롯한 프랑스 정부는 정치적 혼란과 패전으로 상처받은 국가 위신을 회복하는 수단으로 박람회 개최를 추진했다. 그러나 새로운 정체에 따른 정정 불안과 파리 코뮌 붕괴, 왕정 복고 운동, 헌법 제정, 총선거로 이어진 숨 가쁜 정치 상황으로 인해 출발은 순조롭지 못했다. 가장 중요한 박람회장 건설이 개막 한 달 뒤에야 완공될 정도였다.

주 전시관인 '산업의 전당'은 1867년 박람회가 열렸던 샹드마르스 부지에 다시 한번 지어졌다. 센 강과 곧바로 연결된 박람회장은 바닥 면적 21만 9000제곱미터(6만 6247평)로 역대 어느 박람회장보다 규모가 컸다. 1867년 박람회장처럼 다양한 전시관을 한 지붕 아래 아우르는 방식이었다. 다만 타원형이 아닌 직사각형 형태였다. 외곽 벽을 제외한 건축물 대부분은 회반죽과 유리, 시멘트, 목재 등으로 지은 임시 건물로 세워졌다. 주 전시관 입구엔 600미터까지 치솟는 거대한 기구가 띄워져 박람회 분위기를 고조시켰다.

박람회장은 샹드마르스 공원 너머까지 확대되었다. 센 강 건너편에는 트로카데로 궁(Palais du Trocadéro)을 지어 이국적 풍모를 자아냈다. 콘서트홀로 사용된 이 건물은 둥근 메인 홀 좌우에 날개 동이 있고 76미터 높이의 탑을 갖춘, 아랍식과 비잔틴풍이 혼합된 건축 양식이었다. 박람회장 시설은 다소 삐걱거리던 행사 준비와 늦은 완공을 덮어주기에 충분할 정도로 훌륭했다.

1878년 당시
트로카데로 궁의 모습.

색다른 건물들과 함께 박람회 관람객들의 눈을 즐겁게 한 것은 센 강변에 조성된 화려한 분수와 정원이었다. 넉 대의 대형 펌프로 센 강의 물을 끌어올려 분수와 정원, 연못과 지하 수족관에 물을 댔다. 수압을 동력으로 활용하여 트로카데로 궁 안의 엘리베이터를 움직였다.

프랑스가 세 번째로 개최한 1878년의 파리박람회는 이처럼 기발하고 다양한 물의 활용법으로 건축사에 족적을 남겼다. 샹드마르스 정원 연못은 센 강물을 끌어와 채웠다. 방대한 주 전시관 바닥에 파이프라인을 깐 뒤 물을 넣어 냉방 장치로 활용한 것은 독특하고도 실용적인 발상이었다. 산업의 전당은 냉난방 조절이 가능한 최초의 세계박람회장으로 기록되어 있다.

비행기와 발전기, 그리고 에디슨의 등장

박람회장 전시물의 절반은 프랑스산이었고, 나머지는 미국과 영국, 영국 식민지 등이 주류를 이루었다. 기술적 진보가 돋보인 전시물로는 프랑스가 개발한 단엽(單葉) 비행기와 한층 진화한 벨의 전화기 등이 꼽혔다. 벨기에의 전기 기술자 제노브 그람(Zénobe Gramme, 1826~1901)은 다양한 전구를 밝히는 발전기와 모터를 출품해 진일보한 전기 기술을 선보였다.

각종 국제 기준의 산실이 된 세계박람회

1878년 파리박람회에 맞춰 지은 트로카데로 궁은 콘서트홀뿐 아니라 국제 회의장으로 널리 활용됐다. 각 분야의 국제 기준을 마련하는 데 단초가 된 중요한 회의가 박람회 기간 중 이곳에서 열렸다. 프랑스의 문호 빅토르 위고가 주도한 문학 작품 저작권 보호를 위한 회의와 국제 맹인 권익 향상을 위한 회의 등이 그것이다. 국제 우편물을 표준화하기 위한 체신 관계자들의 회의도 열렸다.

이 회의들은 각각 지적 재산권에 관한 국제법 제정과 국제 표준 맹인용 점자 시스템 도입의 실마리가 됐다. 특히 프랑스인 루이 브라유(Louis Braille)는 자신이 개발한 점자를 소개해 국제 표준으로 인정받는 길을 열었다. 맹인인 그는 돌출된 1~6개 점을 손가락으로 만져 읽고 쓸 수 있는 문자 체제를 고안해 기존의 점자를 대체했다. 브라유는 이후 점자를 일컫는 보통명사가 되었다.

이러한 일련의 일들은 엑스포가 국제 협상과 소통의 장으로 중요한 역할을 해왔음을 보여준다. 국제 표준과 관련된 여러 국제기구들이 세계박람회를 9차례나 개최한 프랑스에 본부를 둔 배경이 바로 여기에 있다. 엑스포를 관장하는 BIE도 파리에 본부를 두고 있다.

미국의 '발명왕' 토머스 에디슨(Thomas Alva Edison, 1847~1931)이 대중 앞에 등장한 것도 1878년 파리박람회였다. 에디슨은 전구와 확성기(megaphone), 기초적 형태의 축음기(phonograph)를 출품했다. 축음기는 1876년 필라델피아박람회에서 소개된 벨의 전화기에서 아이디어를 얻은 발명품이었다. 에디슨은 전화기를 개량해 탄소 알갱이에 의한 가변 저항형 송화기를 고안했고, 이를 바탕으로 음성을 재생하는 방법을 연구해 최초의 축음기를 만들어냈다.

그람과 에디슨 두 사람은 모두 정규 기술 교육을 받지 않았는데도 눈부신 발명을 이룩했다는 공통점이 부각되면서 대중의 관심을 끌었다. 이들의 전기 발명품은 파리 중심가의 오페라 거리를 환히 밝힌 가로등으로 설치되어 '생활 속의 기적'이란 찬사 속에 파리지앵들에게 깊은 인상을 남겼다.

위.
파리박람회에서 처음 등장한 토머스 에디슨.

아래.
제노브 그람의 아크등으로 환히 불 밝힌 오페라 거리의 야경.

자유의 여신상과 '인간 동물원'

박람회장에는 산업 생산물 외에도 다양한 조각과 장식 예술품이 넘쳐났다. 박람회장 입구에는 프랑스 작가를 비롯해 22개국을 대표하는 각 나라 작가들의 조각품이 전시되었다. 트로카데로 궁의 분수 정원은 세계 각 지역을 상징하는 말, 황소, 코끼리, 코뿔소 등의 동물상으로 둘러싸였다.

2년 전 필라델피아박람회에서 오른팔을 선보였던 '자유의 여신상'의 머리 부분도 전시되었다. 잘 알려진 대로 현재 뉴욕 항에 있는 자유의 여신상은 프랑스가 미국 독립 100주년을 기념해 우호 증진의 선물로 준 것이다. 원래 이름은 '세계를 비추는 자유(Liberty Enlightening the World)'였다. 1875년에 제작에 들어가 1885년 완공된 뒤 이듬해 미국으로 수송되었다. 제작 기간 동안에는 미국과 프랑스에서 열린 박람회에 미완성인 채로 부분 전시되어 관람객들의 눈길을 끌었다. 자유의 여신상은 겉으로 봐서는 조각물인 듯 보이지만 내부에 계단과 엘리베이터를 갖춘 건축물이다. 관람객들은 여신상 내부를 통해 왕관 부분까지 올라가 샹드마르스 박람회장을 내려다볼 수 있었다. 머리와 오른팔 외에 완성된 나머지 부분도 샹드마르스 정원 곳곳에 전시되었다.

트로카데로 궁 분수 정원에 진열된 자유의 여신상 머리 부분.

박람회장을 가로지르는 730미터의 중앙 도로는 '국가의 거리(Rue de Nations)'로 지정되어 참가국들의 전통 건축물이 들어섰다. 이번에도 참가한 중국은 전통 가옥 형태로 전시관을 짓고 수준 높은 도자기와 공예품을 전시했다. 그 옆에는 일본관이 나란히 세워져 동양의 독특한 문물을 과시했다.

국가의 거리 끝에는 이른바 '검둥이촌(Village Nègre)'이라 불린 '인간 동물원'이 들어섰다. 당시 유럽에 만연한 인종주의와 백인 우월주의를 여실히 보여주는 이 전시는 아프리카 흑인 400여 명이 실제로 사는 마을을 그대로 재현하였다. 인종 전시는 제국주의와 백인 우월주의 속에서 성장한 초기 세계박람회가 지닌 특징 중 하나로, 20세기 초에 미국에서 열린 박람회까지 그 전통이 이어졌다.

왼쪽.
당시 중국 전시관의 모습.

1878년 파리박람회는 연인원 1600만여 명이 찾아 역대 세계박람회의 관람객 최고치를 경신했다. 박람회가 열린 6개월여 동안 파리를 방문한 외국인은 57만 1800명으로 예년 같은 기간보다 2.2배 많았다. 당시 파리 인구가 220만 명이었음을 감안하면 인구의 25퍼센트에 해당하는 외국인이 방문한 셈이다.

파리박람회는 제3공화정 집권 세력이 애초 의도한 국가 위상 재정립과 국민 통합 효과 면에서는 성공적이었다. 그러나 재정적으로는 3000만 프랑의 막대한 적자를 냈다. 조직위원회는 트로카데로 궁을 파리 시에 매각하여 적자의 일부를 충당했다.

1878년 파리박람회 개요

공식 명칭	1878년 파리 세계박람회(Exposition Universelle de Paris 1878)
장소	파리, 샹드마르스
기간	1878년 5월 1일~11월 10일
참가국	36개국
관람객	1600만 명

변방 마을에서 국제도시로 거듭난 멜버른

1880년 멜버른 박람회

1876년 필라델피아박람회, 1878년 파리박람회가 잇따라 성공을 거두자 세계 박람회 열기는 지구촌 곳곳으로 번졌다. 유럽 각국과 영연방 나라들이 적극적 관심을 갖고 대규모 국제 박람회를 벤치마킹하는 데 열을 올렸다. 박람회의 대내외적 파급 효과가 엄청나다는 사실을 두 눈으로 확인했기 때문이다. 당시 유럽 제국의 각광을 받던 신대륙 오스트레일리아도 그 대열에서 빠지지 않았다.

지구 남반구에서 열린 첫 세계박람회

19세기 중반 오스트레일리아는 동남부 곳곳에서 금광이 발견되면서 엄청난 부를 쌓았다. 영국의 죄수 호송으로 시작된 식민지가 '골드러시'를 이루면서 새로운 기회의 땅으로 거듭난 것이다. 동남부 뉴사우스웨일스(New South Wales)와 빅토리아(Victoria)의 식민지 지배층과 신흥 자본가들은 각 지역에서 유럽의 국제 박람회를 모방한 행사를 계획했다.

1879년에
시드니박람회가 열린
가든 팰리스.

오스트레일리아 연방이 성립(1901년)되기 이전이었으므로 양대 식민지는 박람회 개최를 놓고 서로 경합을 벌였다. 한발 앞선 것은 뉴사우스웨일스였다. 뉴사우스웨일스는 1879년 10월 수도 시드니(Sydney)에서 박람회를 열었다. 박람회장은 시드니 가든 팰리스였다. 그러나 박람회는 준비 부실로 시작부터 실패를 예고하고 있었다. 해외 참가국 유치에 완전히 실패하여 오스트레일리아 내 6개 식민지만의 동네잔치에 그치고 말았다. 전시품도 금괴 등 광물과 모직물, 농산물 등이 고작이었다.

이를 지켜본 빅토리아는 상공·제조업에 중점을 둔 좀 더 본격적인 박람회를 열고자 했다. 뉴사우스웨일스의 실패를 반면교사로 삼아 명실공히 남반구 최초의 세계박람회 개최를 목표로 삼았다. 1880년 10월 1일부터 이듬해 4월 30일까지 열린 멜버른 세계박람회(Melbourne International Exhibition)가 그것이다. 남반구인 탓에 개최 일시가 유럽과는 정반대였다.

박람회장은 멜버른 시내 공원인 빅토리아 칼튼 공원(Victorian Carlton Gardens)에 1만 2000제곱미터 규모로 지어졌다. 박람회 조직위원회는 르네상스 양식의 박람회장 건설에 심혈을 기울였다. 조지 보웬(George Bowen) 빅토리아 총독은 착공식에서 직접 초석을 깔았다. 이 건물은 박람회 이후 철거된 임시 별관을 제외한 본관이 지금도 그대로 남아 있다. 현재 빅토리아 박물관으로 쓰이고 있는 이 건물은 칼튼 공원과 함께 2004년 유네스코 세계문화유산으로도 지정됐다.

오른쪽.
1880년에 남반구
최초의 국제 박람회가
열렸던 박람회장인
왕립전시관.

멜버른박람회는 '변방'에서 열린 행사 치고는 성황을 이뤘다. 영국과 영연방 나라들, 프랑스 등 유럽 주요국과 미국, 일본

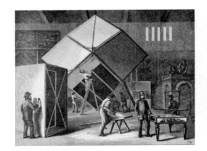

등이 참여했다. 파리박람회에 비하면 10분의 1에 불과했지만 오스트레일리아의 지정학적 위치와 당시 멜버른 인구가 28만 명에 불과했던 점을 감안하면 괄목할 만한 성과였다.

시드니와 멜버른에서 열린 박람회는 시골 마을이나 다름없던 두 도시의 면모를 일신하는 결정적인 계기가 되었다.

1880년 멜버른박람회 개요

공식 명칭	만국 기술·제조·농업·산업 생산품 국제 박람회 (International Exhibition of arts, Manufactures and Agricultural and Industrial Products of all Nations, Melbourne)
장소	멜버른, 빅토리아 칼튼 공원
기간	1880년 10월 1일~1881년 4월 30일
참가국	33개국
관람객	133만 명

콜럼버스 탑과 개선문

1888년 바르셀로나 박람회

스페인에 유제니오 세라노(Eugenio Serrano)라는 사업가가 있었다. 국제 정세에 밝았던 그는 1876년 필라델피아박람회에 스페인 대표단 일원으로 참석했다가 눈이 번쩍 뜨였다. 침체된 경제를 부흥시키는 데 세계박람회만큼 유력한 수단이 없다는 생각이 들었다. 그는 고국으로 돌아와 세계박람회 개최를 강력히 주창했다. 바르셀로나박람회(Exposición Universal de Barcelona)는 이렇게 시작되었다. 계획 단계부터 집권층 주도로 진행된 기존 박람회와는 사뭇 달랐다.

스페인 카탈루냐(Cataluña) 지방의 주도인 바르셀로나는 지중해항을 통한 미국과의 교역이 주요 산업이었지만 19세기 후반 들어 대미 무역이 축소되면서 경기 침체에 시달렸다. 새로운 도약의 발판이 절실한 상황이었다. 바르셀로나 시 당국은 세라노가 내놓은 박람회 개최 제안이 솔깃했지만 한편으론 시의 재정능력을 걱정하지 않을 수 없었다. 세라노는 사업가들을 조직해 모든 소요 경비를 대고 입장 수입의 1퍼센트만 가져가겠다는 파격적인 카드를 내밀었다. 심지어 프랑스가 이듬해인 1889년에 박람회를 열기 위해 짓고 있던 에펠탑보다 여섯 배나 높은 철탑을 세우겠다는 '과감한' 계획까지 제시했다.

그의 제안은 결국 채택되었다. 그러나 바르셀로나 시 당국은 개인 사업자들에게 박람회 추진을 맡기는 대신에 중앙 정부를 설득하여 재정 지원을 받아냈다. 마드리드 왕정 입장에서도 박람회 지원은 괜찮은 대안이었다. 스페인 통합을 거부하던 카탈루냐 지방의 저항을 달래는 화합의 방법이 될 수 있었던 것이다. 이 과정에서 애초 박람회 제안자로 나서 추진위원회까지 구성했던 세라노가 축출되고 박람회는 공공 행사로 추진되었다. 세라노가 닦아놓은 기반 위에서 스페인 정부는 1887년 6월 세계박람회 개최를 공식 선언했다.

콜럼버스의 나라, 세계박람회에 첫발 내딛다

1888년 4월 8일 바르셀로나박람회가 문을 열었다. 박람회장은 시우다델라(Ciudadela) 공원의 38만 제곱미터 부지에 마련되었다. 중심 전시관은 연면적 7만 제곱미터의 산업관이었다. 이 건물을 비롯해 박람회장의 모든 전시관은 초기 모더니즘 양식으로 지어져 건축사적으로 중요성을 인정받았다. 손님맞이를 위해 연면적 5000제곱미터 규모의 3층짜리 그랜드국제호텔(Grand Hotel International)도 박람회장 한쪽에 세워졌다. 투숙객 2000명을 수용할 수 있는 이 호텔은 공사 개시 후 불과 69일 만에 완공되었는데 지금까지도 초고속 건설의 사례로 남아 있다.

건설 중인 콜럼버스 탑. 이 탑은 미국과 카탈루냐 교역 100주년과 국제 박람회 개최를 기념하여 세워졌다.

· 1888년 박람회는 바르셀로나를 상징하는 불멸의 기념물을 남겼다. 바르셀로나 항구의 콜럼버스 탑(Mirado de Colon)이 그것이다. 미국과 카탈루냐 교역 100주년과 세계박람회를 기념해 세워진 이 탑은 높이 60미터 기단 위에 콜럼버스가

바르셀로나 항구를 바라보고 서 있는 현재 콜럼버스 탑의 현재 모습.

요셉 빌라세카가 지은 개선문은 바르셀로나 박람회 상징물이자 출입문으로 세워졌다. 개선문을 통과하면 시우다델라 공원으로 이어진다.

오른쪽.
개선문과 그랜드국제호텔을 함께 담은 전경.

지구본을 밟고 지중해를 향해 우뚝 선 모습이다. 기단은 사자 여덟 마리와 스페인 8개 주의 문장으로 장식했다. 엘리베이터로 탑 위 전망대까지 올라가 바르셀로나 시가지와 지중해를 조망

할 수 있게 지어졌다. 콜럼버스 탑은 박람회 기간 중인 1888년 6월 1일 제막되었다.

박람회장의 상징물이자 출입문으로 입구에 세워진 '개선문(Arc de Triomf)' 도 바르셀로나를 상징하는 기념물이다. 벽돌로 쌓은 30미터 높이의 이 조형물은 다른 나라의 개선문이 대체로 군사적 의미를 담고 있는 것에 비해 과학기술과 경제 번영의 열망을 담았다는 데 특징이 있다.

바르셀로나박람회는 유럽 주요국을 비롯해 30여 개 나라가 참가했지만 흥행 성적은 그리 좋지 않다. 12월 9일 폐막 때까지 8개월 동안 관람객 수는

40만 명에 그쳤다. 그러나 박람회는 당시 인구 53만 명의 바르셀로나 도시 계획의 획기적 전기가 되었다. 18세기 스페인을 상징하던 성곽을 허물어 공원을 만들고 주요 기념물을 세우고 가로를 정비했다. 스페인 제2의 도시이자 최대 상공업 거점인 바르셀로나는 사상 첫 국제 행사였던 1888년 박람회를 계기로 1929년 엑스포와 1992년 올림픽의 주역이 될 기반을 닦았다.

1888년 바르셀로나박람회 개요

공식 명칭	바르셀로나 세계박람회(Exposition Universal de Barcelona)
장소	바르셀로나, 시우다델라 공원
기간	1888년 4월 8일~12월 9일
참가국	30개국
관람객	233만 명

에펠탑의 탄생

1 8 8 9 년 파 리 박 람 회

1878년 박람회가 막을 내린 뒤 프랑스 정부와 국민들은 다음 세계박람회가 파리에서 다시 열릴 것임을 믿어 의심치 않았다. 세계박람회의 시동은 영국이 걸었지만 종주국은 역시 프랑스라는 자부심이 낳은 집단 무의식과도 같은 확신이었다.

실제로 파리는 1855년 첫 테이프를 끊은 이래 1867년, 1878년, 1889년까지 11년 간격으로 세계박람회를 열었다. 의도한 바는 아니지만 자연스럽게 '11년 주기성'이 자리 잡았다. 프랑스 사회에서는 11년이 기술 진보를 반영하는 박람회 개최의 가장 적합한 주기라는 주장까지 나왔다. 사실 11년은 우연의 일치였다. 적어도 1878년 박람회까지는 그랬다. 파리박람회의 11년 주기 전통은 새로운 밀레니엄을 맞는 1900년까지 두 차례 더 이어졌지만 다음 박람회는 1937년으로 훌쩍 건너뛰었다.

프랑스 정부와 국민들이 1889년 박람회를 기정사실로 받아들인 또 다른 배경은 이 해가 바로 프랑스혁명 100주년이라는 점이었다. 미국이 독립 100주년을 필라델피아박람회의 동력으로 삼은 것과 마찬가지였다. 시민 혁명의 본보기로 전 세계에 각인된 프랑스혁명의 100주년을 국제 박람회로 기념하고자 하는 프랑스인들의 열망은 파리의 네 번째 세계박람회를 역대 박람회 중 가장 품격 높은 축제로 만들어냈다.

1889년 파리박람회는 에펠탑과 기계류 전시관이란 양대 기념비를 후세에 남겼다. 특히 전시장 출입구 아치이자 상징물로 세워진 에펠탑의 영향력은 워낙 압도적이어서 전시회의 다른 얘깃거리를 뒤덮고도 남는다.

'흉측한 새장' 같은 어리석은 바벨탑?

파리에 대형 철탑을 세운다는 아이디어는 이미 수십 년 전부터 건축가와 공상 작가들 사이에서 나돌던 화제였다. 아름답고 역사적인 건물과 광장, 조형물로 가득한 파리 한복판에 철재 탑을 지으면 그야말로 '독보적인' 랜드마크가 될 것이라는 발상이었다.

철탑 건설 구상은 세계박람회와 떼려야 뗄 수 없는 밀접한 관계에 있다. 1851년 런던 박람회장인 수정궁을 해체하면서 나온 엄청난 양의 철근을 재활용해 철탑을 짓자는 아이디어에서 비롯된 것이기 때문이다. 그 구상은 물론 현실화되지 않았다. 이후 세 차례 박람회를 치르면서 파리박람회 기념 철탑 건설 계획은 서서히 무르익었다.

파리에서 네 번째 박람회 개최가 공식화되고 33명의 전문가로 조직위원회가 구성된 것은 1884년 11월이었다. 조직위원회는 부지 선정부터 재원 조달까지 구체적 준비 작업에 착수했다. 장소는 별다른 이견 없이 센 강변의 샹드마르스로 정해졌다. 앵발리드 광장 쪽이 포함되면서 부지 규모는 96만 제곱미터(290만 평)로 1867년 박람회 때보다 20만 제곱미터나 더 커졌다. 조직위원회는 프랑스의 진보와 성취를 상징하는 역사적 기념물을 세우면 전통 있는 박람회 장소인 샹드마르스가 더욱 빛나리라 생각했다. 마침내 오랜 구상이 현실화되었다. 당시 세계 최고 높이인 300미터 철재 탑 설계안을 공모작으로 제시한 에펠(Alexandre Gustave Eifel)이 낙점된 것이다. 에펠은 곧바로 조직위원회와 계약을 체결했다. 건설비 2750만 프랑의 5분의 1을 조직위원회가 대고 나머지는 에펠 회사가 조달하되 향후 20년간 운영 수입을 에펠 측이 갖는 조건이었다. 이 프로젝트는 곧장 '에펠탑(La Tour Eiffel) 조성 공사'로 명명됐다.

이런 사실이 알려지자 프랑스의 학계·언론·예술계 등에서 반대가 빗발쳤다. 철골 구조물은 무너질 위험이 있으며 수려한 파리 풍광을 해치는 '눈엣가시'가 될 것이라는 비난이었다. 급기야 지식인 300명이 참여한 단체가 결성되어 반대 성명서를 조직위원회에 보냈다.

> "우리 작가, 화가, 조각가, 건축가 들은 프랑스의 품위를 말해주는, 기품 있는 우리의 수도 한복판에 프랑스의 역사성을 위협하는 불필요하고 흉측한 구조물을 세우려는 데 대해 깊은 분개를 표시한다."

당대를 대표하던 문호 알렉상드르 뒤마(Alexandre Dumas, 1802~1870)를 비롯한 많은 예술인이 이 성명서에 서명했다. 언론에서는 이 탑을 '어리석은 바벨탑'이라 부르며 한 건축 기술자의 환상이 파리의 이미지를 더럽혀서는 안 된다고 촉구했다. 한 건축가는 탑의 외양을 놓고 "철골은 그 자체만으로 완성된 건축물이 될 수 없다"며 "결국 미적 감각과는 거리가 먼, 앙상한 철골로 짓다 만 흉측한 새장 같은 구조물이 될 것"이라고 깎아내렸다.

그러나 에펠은 결코 흔들리지 않았다. 아무도 엄두를 내지 못했던 엄청난 프로젝트를 강력한 의지로 밀고 나갔다. 그는 2년간 40명의 설계사를 동원해 설계 초안을 기반으로 세부 설계를

에펠탑 건설 과정을
순차적으로 찍은 사진.

완성했다. 그는 결과에 대한 자신감을 갖고 비판자들에게 "완공되면 당신들도 좋아하게 될 것"이라고 반박했다.

탑 건설에는 에펠의 지휘로 공장에서 정교하게 제작된 연철(鍊鐵·wrought

명예의 탑 세운 '철의 달인' 에펠

오늘날 세계에서 가장 유명한 문화적 아이콘에 자신의 이름을 남긴 건축가 구스타브 에펠은 1832년 12월 15일 프랑스 디종 지역 아이펠(Eifel)에서 태어날 당시 그의 이름은 뵈닉하우젠(Boenickhausen)이었지만 발음하기 어려운 독일 이름 대신에 출생지 마을 이름을 딴 에펠로 개명했다.

에펠은 파리 산업기술대학(Ecole des Arts et Manufactures)에 진학했다. 학창 시절 그는 특출한 재능이 보이지 않는 평범한 학생이었다. 전공은 화학이었고 성적은 중간 정도에 머물렀다. 화학 공부에 흥미를 느끼지 못한 그는 졸업 후 고향인 디종으로 돌아갔다. 그가 자신의 열정과 재능을 발견한 것은 그곳에서 철공 일을 하면서였다. 급료를 받지 않는 도제로 철재 교량 건설 등에 종사하던 그는 철공이야말로 일생을 바쳐 추구할 천직임을 확신했다.

에펠은 이후 10여 년간 쇠 다루는 일에 미쳐 살았고 마침내 '철공의 달인'으로 인정받게 되었다. 1866년에는 금의환향하듯 파리로 진출해 자신의 건설 회사인 르발루아-페레(Levallois-Perret)를 설립했다. 엑스포와의 인연은 이때부터 시작됐다. 그는 1866년 4월 기공된 파리의 두 번째 세계박람회 전시회장 건설에 철공 기술자로 참여했다. 당시 샹드마르스 전시장은 둥근 콜로세움 구조의 철재가 많이 사용되었다. 에펠에게는 파리 주류층에 자신의 역량을 각인시킬 수 있는 절호의 기회였다.

에펠은 대형 철골 구조 전문가로 명성을 날렸고, 그의 회사는 날개를 단 듯 도약했다. 당시 세계 최대 경관을 자랑하던 가라비 교량(Garabit-Viaduct)과 니스(Nice) 관망 돔, 페스트(Pest) 역 등 주요 공사를 도맡아 해냈다. 다양한 형태의 철재 다리를 조립식으로 만들어 발주자가 카탈로그에서 골라 주문하면 즉시 시공해주는 것으로도 이름을 날렸다.

에펠은 건축 설계 기량 자체보다 복잡한 운영 구조가 필요한 대형 건설 프로젝트에 우수한 인력을 조직하고 지휘하는 능력이 탁월했다는 평가를 받았다. 그의 나이 61세에 시작된 에펠탑 건설이 바로 그런 일이었다. 그는 당시 1890년 완공 목표인 파나마 운하의 대형 도크 10개 건설을 수주받은 상태였다. 이 프로젝트에 돈을 쏟아 넣는 바람에 에펠은 회사의 주식을 모두 팔고 경영 일선에서 물러났다.

에펠탑 완공 이후에는 과학 탐구에 몰두하며 말년을 보냈다. 비행기 개발 실험을 위한 대형 팬을 만들었는가 하면 자신이 세운 에펠탑에서 중력 법칙을 실험하기도 했다. 에펠은 정확히 100세까지 장수한 뒤 1923년 12월 27일 영광스런 건축가로서의 삶을 마감했다.

iron) 조각 1만 5000개가 사용되었다. 이들 철 부품을 연결시키는 쇠못만 105만 개가 들었다. 강화 콘크리트 기초 위에 철골 구조물을 쌓아 올리는 공사는 1887년에 시작되었다. 탑 건축은 박람회 개최년인 1889년 3월 31일 마무리되었다. 에펠은 이날 조직위원회 고위 인사들과 함께 탑 정상에 올라가 21발의 예포를 쏜 뒤 "이제 프랑스 국기(國旗)는 984피트(302.6미터)짜리 게양대를 가진 세계 유일의 국기가 됐다"고 만천하에 선언했다.

에펠탑 완공에 대한 파리 시민들의 반응은 다양했다. "놀랍도록 아름답다, 장엄하다"는 찬사와 함께 "파리 시내를 우스꽝스럽게 압도하는 거대한 공장 굴뚝 같다"는 비판도 나왔다. 저명 작가이자 에펠탑 혐오가로 유명한 모파상(Guy de Maupassant, 1850~1893)은 매일 에펠탑에 가서 점심을 먹었는데 그 이유를 묻자 "파리에서 이 흉물스런 구조물이 안 보이는 곳은 이곳뿐이어서"라고 대답했다고 한다.

그러나 에펠의 장담대로 대중은 점차 이 탑을 좋아하기 시작했다. 외국인 관광객들은 너나없이 찬탄을 금치 않았다. 에펠탑에 올라가보려는 인파는 하루도 빠짐없이 인산인해를 이루었다. 에펠은 박람회가 열린 연말까지 입장료 수입만으로도 투자 비용을 뽑고도 남을 정도였다.

에펠탑은 박람회장 입구 역할 외에는 다른 실용적 기능이 없었다. 조직위원회는 애초 이 탑을 에펠과 계약한 1910년까지만 유지한 뒤 헐어버릴 예정이었다. 그러나 시간이 갈수록 에펠탑의 가치는 더욱 높아졌다. 20세기에 들어서는 영구 보존 결정과 함께 철거의 해머를 일찌감치 피할 수 있었다. 에펠탑은 오늘도 파리와 프랑스를 상징하는 문화 아이콘이자 엑스포가 남긴 인류 최고의 유산이 되어 그 자리를 지키고 있다.

"전기 동력과 증기 엔진의 심포니"

에펠탑과 함께 1889년 파리박람회를 장식한 기념비적 건물은 당시 세계 최대 내부 공간을 자랑하던 기계류 전시관(Galerie des Machines)이었다. 페르디낭 뒤테르(Ferdinand Dutert, 1845~1906)가 설계한 이 건물은 샹드마르스 부지 끝에 지어졌다. 예술의 전당, 인문학의 전당과 함께 에펠탑을 마주 본 U자 형태였다. 이들 모두 철근과 유리를 사용한 전형적인 전시장 건축물이었다.

뒤테르는 철골 아치와 트러스(truss) 구조를 사용해 최대 길이 423미터, 폭 111미터, 높이 43미터의 기둥 없는 거대한 실내 공간을 만들어냈다. 이 전시관은 건축사에서는 런던 수정궁과 비견될 만큼 높이 평가된 유려한 건물이었다. 내부 공간이 워낙 넓고 커서 관람객 눈에는 전시된 전기 동력기와 증기 엔진, 직물기, 인쇄기, 기중기 등 대형 기계들이 오히려 작게 보일 정도였다.

기계류 전시관에서 관람객들을 열광케 한 것은 지상 10미터 높이에 전기

에펠탑 설계자는 에펠이 아니었다?

에펠탑은 구상 단계부터 논란을 일으켰다. 프랑스혁명 100주년을 기념하는 박람회가 열릴 것이란 얘기가 나돌기 시작한 1883년 무렵 구스타브 에펠의 건설 회사에서 일하던 두 건축가가 에펠에게 박람회 기념물로 1000피트(305미터)짜리 대형 철탑을 세우자고 제안했다. 모리스 쾨흘린(Maurice Koechlin)과 에밀 누기에(Émile Nougier)가 그들이다.

에펠은 두 직원의 철탑 건설 구상을 실현 가능성이 낮다는 이유로 수용하지 않았다. 그러나 두 사람은 포기하지 않고 설계 초안을 만들어 에펠을 설득했다. 두 건축가는 철재 교량 전문가로 철골 구조에 관한 한 최고의 기량을 갖고 있었다. 에펠은 이들의 제안에 반대했지만 일단 설계안 작성을 허락한 뒤 함께 작업할 건축가 1명을 더 배정해주었다. 에펠탑 설계 초안은 실제로 이렇게 무명의 건축가들에 의해 이뤄졌다.

1884년 조직위원회가 구성되고 박람회 준비가 본격화되자 에펠은 처음에 부정적이었던 것과는 달리 대형 탑 건축 계획을 강력히 밀어붙였다. 이후 탑 건설의 공훈은 의문의 여지없이 에펠에게 돌아갔다. 그가 박람회 조직위원회에 제안하기 전에 설계자들로부터 미리 지적 재산권을 사들였기 때문이다. 물론 두 건축가의 이름은 설계자로 기록되어 있다. 에펠은 시공 계약이 맺어진 뒤 가용 인력을 총동원하여 세부 설계 작업을 마무리했다. 그가 시공 회사 대표로서 탑 조성에 대한 숱한 반대를 누르고 프로젝트를 성사시키는 데 결정적 구실을 했음은 논의의 여지가 없다.

동력으로 트랙 위를 움직이는 플랫폼을 만들어 전시물을 지켜볼 수 있게 한 장치였다. 한 번에 30명까지 탈 수 있었던 이 플랫폼은 전시장을 가로지르며 위에서 내려다볼 수 있게 했다. 박람회 기간 중 약 10만 명이 이 장치를 타고 관람을 즐겼다.

가장 주목받은 신개발품은 토머스 에디슨이 출품한 전구와 축음기였다. 전구 자체는 새로운 발명품이 아니었지만 에디슨은 자신이 발명한 전구를 '빛의 혁명'이라 불릴 정도로 정교하게 발전시켰다. 1878년 박람회 때 오페라 거리를 전구로 밝혔던 그는 이번에는 컬러 전구를 내보였다.

위.
페르디낭 뒤테르가
설계하여 샹드마르스에
세워진 기계류 전시관의
외부.

아래.
기둥 없는 거대한 실내
공간으로 유명했던
기계류 전시관 내부
오른쪽으로 10미터
높이의 이동식 플랫폼이
보인다.

에디슨은 세계 최대의 전구 주위에 각종 색깔을 띤 작은 전구를 배치해 미국과 프랑스 국기, 1889년이란 숫자, 에디슨 자신의 이름을 총천연색으로 비추었다. 전기가 광고 산업에 쓰일 수 있음을 처음으로 확인시켜주었다. 에디슨은 에펠탑에도 프랑스를 상징하는 파랑·하양·빨강 3색 조명 전구를 달아 박람회장의 밤하늘을 밝혔다. 에펠탑 조명은 저녁마다 센 강 건너 샤요 궁과 트로카데로 언덕에 모인 관람객들에게 눈부신 장관을 선사했다.

1889년 파리박람회는 성대한 규모에도 불구하고 획기적인 과학 기술 발명품이나 전시품을 많이 내놓지는 못했다. 대표적인 발명품으로 꼽힌 것이 에디슨의 축음기였다. 1878년 박람회 때 기초적 형태의 축음기를 선보인 바 있는 에디슨은 이번에는 한층 발전된 축음기를 내놓아 관람객들이 이어폰을 끼고 직접 들을 수 있게 했다. 일부 관람객은 자신의 목소리가 녹음되는 영광을 누리기도 했다.

기계류 전시관은 이래저래 전기의 마술적 위력을 체험하는 흥분으로 가득 찼다. 한 논평가는 이를 두고 "전기 동력과 증기 엔진의 심포니가 울려 퍼졌다"고 표현했다.

'수력 열차'로 즐기는 파리의 빛과 불꽃

가장 큰 규모의 기계류 전시관 외에 미술 전시관과 민속 전시관에도 많은 관람객들의 발길이 이어졌다. 프랑스 특유의 전시물인 '노동의 역사' 전시관에서는 그리스와 로마 시대부터 19세기까지 인류가 지나온 일과 기술의 역사가 파노라마로 펼쳐졌다.

아래.
중국 전시관 뒤로 희미하게 에펠탑이 보인다.

박람회장 곳곳에 설치된 각 국가별 전시관은 이국적 볼거리가 넘쳤다. 특히 '카이로 거리'로 명명된 이집트관에서는 당시로는 희귀한 밸리 댄스 공연이 펼쳐져 눈길을 끌었다. 자바 음악과 춤 공연에는 작곡가 클로드 드뷔시(Claude Debussy, 1862~1918)도 참석하여 자신의 음악 세계에 유용한 자양분을 얻었다. 중국과 일본 전시관이 선보인 아시아 문화는 권위적이던 유럽인들에게 문화의 다양성과 동양 문화의 가치를 일깨워주었다.

맨아래.
'인간 동물원'인 검둥이촌을 백인 관람객들이 구경하고 있다.

이 박람회에도 어김없이 '검둥이촌'이라는 이름의 인종 전시장이 세워져 400명의 흑인이 전시물로 등장했다. 센 강 건너편 트로카데로 궁에서는 총인원 2만 명이 참석한 국제회의가 69건이나 개최되었고, 테라스 정원에서는 원예 전시회가 열렸다.

1889년 파리박람회는 트로카데로 지역과 오르세 역, 앵발리드 광장, 센 강 일부가 포함된 광대한 규모의 축제였다. 각 시설물 사이에는 3.6킬로미터

관람객들의 최고 운송
수단이었던 수력 열차.

길이의 '수력 열차'가 운영되었다. 이 열차는 박람회가 열리는 6개월 동안 무려 634만 2446명을 태운 것으로 기록되어 있다. 철판 위에 물을 얕게 흐르게 하고 수력 프로펠러로 바퀴를 움직여 미끄러지도록 하는 방식으로 만들어 수력 열차라고 불렸다. 당시 관람객들은 "첨단기술로 만든 최고의 발명품"이라고 엄지손가락을 추켜세웠지만 박람회장에서만 사용되었을 뿐 실제 운송 수단으로 보편화되지는 못했다.

미술 전시장을 비롯해 박람회장 곳곳을 장식한 분수는 환상적인 물의 향연을 펼쳤다. 매일 밤 9시가 되면 컬러 조명을 배경으로 모든 분수에서 일제히 물줄기를 뿜어내는 화려한 장관을 연출했다. 박람회 내내 에펠탑 전체를 수놓은 전등이 보석처럼 빛을 발한 가운데 불꽃놀이가 펼쳐진 파리는 온 도시가 축제장이었다.

1889년 파리박람회 개요

공식 명칭	1889년 파리 세계박람회(Exposition Universelle de 1889)
주제	프랑스 혁명 100주년 기념
장소	파리, 샹드마르스, 앵발리드 광장, 트로카데로 궁, 샤요 궁, 센 강 둔치 등지
기간	1889년 5월 6일~10월 31일
참가국	54개국
관람객	2800만 명

11 미국

놀이터가 된 박람회장

1893년 시카고 박람회

"나는 오늘 우리가 받아 마땅한 축하에 동참하기 위해 이 자리에 왔습니다. 미국의 에너지와 기업가 정신, 미국의 두뇌와 기술이 이뤄낸 이 빛나는 성과 앞에서 우리는 더 이상 우리의 자축이 과장될 것을 두려워할 필요가 없습니다. 지구상의 연륜 깊은 모든 나라가 지켜보고 있는 우리의 성취는 이제 젊다고 해서 상대방의 인내를 구해야 할 필요가 없음을 보여주고 있습니다. 문명의 발전상을 전시하기 위해 멀리서 찾아온 이들에게 열정을 담아 환영의 뜻을 표합니다."

1893년 5월 1일 시카고박람회 개막식장에 울려 퍼진 스티븐 그로버 클리블랜드(Stephen Grover Cleveland, 1837~1908) 미국 대통령의 연설이다. 바다 건너 신생 국가 미국이 이제는 유럽 제국들과 어깨를 나란히 할 만큼 성장했다는 자부심을 한껏 드러냈다. 연설을 마친 클리블랜드 대통령이 성조기로 장식된 테이블 위에 놓인 개막 버튼을 눌렀다. 그 순간 박람회장 내 전기 동력이 일제히 가동되면서 종이 울려 퍼지는 동시에 분수가 물을 뿜고 폭포가 쏟아져 내렸다. 각 나라 국기가 게양되면서 높이 22미터의 공화국 기념 동상이 제막되었다. 기둥마다 화려한 전등을 단 '전기의 전당(Palace of Electricity)'에도 일제히 불이 들어오고 각종 전시물이 가동되었다.

신흥 산업국 미국의 국력이 결집된 '화이트 시티'

미시간 호반에 조성된 박람회장 건물이 모두 흰 회벽 건물로 지어져 '화이트 시티(White City)'라 불렸다. 호수에서 끌어온 수로와 석호(lagoon) 사이에 들어선 14개 전시장들은 고딕 등 전통 양식에 대리석과 석고를 자재로 사용해 단정하고 우아하면서 통일된 인상을 주었다. 건물 사이에는 고전적인 기마상 등 다양한 조각품들이 배치되었다.

모든 전시장이 주 전시장과 보조 전시장 구분 없이 지어졌다. 그중 가장 큰 규모는 공산품 전시관인 조지 포스트(George B. Post) 홀이었다. 길이 500미터, 너비 240미터의 전시장의 내부는 1889년 파리박람회의 기계류 전시관을 본떠 최대 길이 112미터의 기둥 없는 공간으로 만들어졌다. 전시장 안에는 1000개의 전시 빌라가 들어섰고, 오티스(Otis) 사가 제작한 엘리베이터가 관람객들을 옥상까지 실어 날랐다.

'화이트 시티'로 통했던 박람회장의 전경. 중앙부에 세워진 오벨리스크가 보인다.

콜로네이드(Colonnade)라 불린 박람회장의 중앙부 오벨리스크(obelisk) 기단에는 "크리스토퍼 콜럼버스의 대륙 발견 이후 400년이 지난 지금 세계 여러 나라가 저마다 이룩한 과학과 예술, 제조업, 농업 분야의 성취를 내보이고 선의의 경쟁을 벌이기 위해 이 자리에 모였노라"라는 문구가 새겨졌다. 시카고박람회는 아메리카 신대륙 발견 400주년을 계기로 삼아 '컬럼비아박람회(Columbian Exposition)'로 통칭되었다. 실제 대륙 발견 400주년은 1892년이었으나 박람회 준비가 지연된 탓에 그 이듬해 문을 열었다.

세계 최초의 본격 놀이공원 탄생

화이트 시티는 신흥산업국 미국이 필라델피아박람회 이후 17년 만에 심혈을 기울여 만들어낸 역작이었다. 시카고박람회가 후세에 남긴 영향은 주 박람회장보다 위락시설 지구인 '미드웨이 플레이선스(Midway Plaisance)'가 훨씬 더 컸다.

세계 최초의 본격 놀이공원(amusement park)이라 할 수 있는 이곳은 1.5킬로미터의 중앙 도로를 따라 서커스와 오락극, 음악회, 스트립쇼, 탈것과 놀이기구, 카지노, 토속인촌, 선술집과 식당가 등 온갖 위락시설이 한자리에 모인 놀이 문화의 결정판이었다.

이 대형 오락장의 랜드마크는 페리스 휠(Ferris Wheel)이었다. 거대한 바퀴 모양의 회전 놀이기구로 '빅 휠(Big Wheel)'이라고도 불렸다. 높이 80.4미터의 바퀴에 36개 관람차(곤돌라)를 매달아 관람객들을 태우고 빙글빙글 도는 이 기구는 드넓은 박람회장 어디에서나 올려다보이는 명물이었다. 바퀴 중앙축 양쪽에는 대형 성조기가 휘날렸다.

빅 휠의 탄생은 에펠탑과 마찬가지로 박람회 조직위원회가 세상의 이목을 끌 만한 뭔가 획기적인 기념물을 세우려는 의도에서 비롯되었다. 박람회 준비가 한창이던 1891년 시카고박람회 조직위원회는 에펠탑을 능가할 '대담하고 독창적인' 기념물 공모에 나섰다. 이때 창의력이 돋보이는 아이디어를 제시한 사람이 바로 조지 페리스(George Ferris)였다. 거대한 철재 바퀴를 만들되 바퀴살 끝에 버스 같은 관람용 곤돌라를 붙여서 돌린다는 구상이었다. 페리스는 자전거 바퀴에서 이 아이디어를 얻었다고 한다.

대형 휠 설계안은 처음에는 현실성이 없다는 이유로 거부되었다. 그러나 페리스의 끈질긴 기술 보증과 본인이 직접 나서 투자자까지 유치하는 강력한 추진력으로 결국 조직위원회의 승인을 얻어냈다. 마침내 거대한 철탑을 세우고 바퀴살과 2개의 바퀴 테두리를 만든 다음 탑승용 곤돌라를 붙여나가는 공사가 진행되었다. 가장 어려운 공정은 엄청난 하중을 견뎌야 하는 42.7미터의 주 탑을 세우는 일이었다. 무게 40.5톤인 주 탑은 피츠버그 제련소에서 특별 제작되었다. 에펠탑보다는 작았지만 그에 버금가는 세계적 규모의 단조(鍛造) 제련 작업이었다. 빅 휠의 전체 무게는 71톤에 달했다. 휠을 돌리기 위해 1000마력짜리 대형 증기 엔진이 장착되었다.

페리스 휠은 공사가 다소 늦어지는 바람에 박람회 개막 7주 뒤인 6월 21일에야 완공되었다. 빅 휠이 제 모습을 드러내자 그 압도적 규모에 대해 당시 한 평론가는 이렇게 언급했다. "누구든 빅 휠을 박람회 자체나 대서양보다도 더 잘 알리기는 불가능할 것이다. 그것들 모두가 너무나 거대하니까."

박람회장의 압도적 랜드마크, 회전 관람차

빅 휠의 인기는 그 크기만큼이나 압도적이었다. 바퀴가 돌면서 36개 탑승용 곤돌라에 탄 관람객들은 하늘에서 박람회장을 한눈에 내려다보며 환호했다.

완성되어 가동에 들어간 페리스 휠.

곤돌라 내부에는 40석 의자가 설치되었고 입석 탑승자를 포함해 60명이 탈 수 있었다. 탑승료는 박람회 입장료와 같은 50센트였지만 휠을 타보려는 인파는 항상 긴 꼬리를 이었다. 1회 최대 2160명씩 태우고 20분간 운행된 빅 휠은 박람회 폐막 때까지 총 160만 명의 탑승자 수를 기록했다.

빅 휠은 박람회가 끝난 이듬해인 1894년 4월까지 운행된 뒤 애초 계획에 따라 해체되었다. 이후 다시 조립하여 시카고 북구의 한 공원에 설치했다가 1904년 미국 세인트루이스 박람회장으로 옮겨 세워졌다.

원본 페리스 휠은 이처럼 해체와 재활용이 반복되었지만 그 원형은 세계 곳곳으로 전파되어 박람회장과 놀이공원, 도시 전망에서 빠질 수 없는 상징적 시설물로 자리 잡았다. 이후 세계 각국은 최대 규모의 휠 건설 경쟁에 뛰어들었다. 그 선두 주자는 영국이었다. 영국은 1895년 런던 얼스 코트(Earls Court)에서 열린 인도 박람회장에 94미터 높이의 그레이트 휠(Great Wheel)을 세워 1906년까지 운행했다.

시카고박람회의 미드웨이 플레이선스 놀이공원에는 페리스 휠 말고도 유흥과 오락거리가 넘쳐났다. 이집트 카이로와 오스트리아 빈의 풍경을 재현한 마을에서 다양한 음식과 술을 즐기고, 아프리카와 남태평양의 토속촌에서는 이국적 향취를 한껏 맛볼 수 있었다. 낙타 타기와 야생마 길들이기, 밸리 댄스, 패션 대회, 마운틴 혼(mountain horn) 연주와 요들송 공연, 인조 얼음 스케이트장 등이 관람객들에게 큰 인기를 끌었다. 유럽과 미국이 아프리카, 남아메리카, 아시아 등지에 개척한 식민지에서 가져온 각종 토속품도 이색적인 유흥거리였다.

대중 흡입력이 강한 오락성을 강조한 덕분에 박람회장은 많은 인파로 성황을 이루었다. 특히 '시카고 데이(Chicago Day)'로 선포된 10월 9일에는 75만 1026명이 입장해 미국 역사상 가장 많은 사람이 한자리에 모인 것으로 기록되었다.

세계박람회에 오락 기능이 추가된 것은 사실 시카고박람회가 처음은 아니다. 일찍이 1867년 파리박람회 때부터 부분적으로 도입되었다. 시카고박람회는 미국에서 막 꽃을 피우기 시작한 상업주의에 힘입어 오락 기능을 극대화했다. 시카고박람회 이후 엑스포의 놀이공원 설치는 필수 항목이 되었다. 미드웨이 플레이선스는 엑스포를 넘어 전 세계 놀이공원(entertainment park)의 효시가 되었다. 미국 대중문화가 만들어낸 특유의 오락 상품으로 특화 발전한 놀이공원은 뉴욕 코니 아일랜드(Coney Island)에서 디즈니 월드(Disney World)로 그 진화의 맥이 이어졌다.

백악관은 시카고박람회의 유산?

세기말로 치달으면서 세계박람회에 출품되던 획기적인 신발명품은 상대적으로 줄어들었다. 시카고박람회도 마찬가지였다. 그 가운데 돋보이는 발명품

'빅 휠(Big Wheel)'의 풍운아 조지 페리스

시카고박람회는 에펠탑의 주인공인 에펠의 뒤를 잇는 또 한 명의 '월드 스타'를 낳았다. 바로 빅휠을 설계한 조지 페리스이다. 페리스는 여러모로 에펠과 닮은꼴이다. 철공 분야에서 갈고 닦은 재능으로 엑스포 조직위원회의 기념물 공모에 당선된 후 불굴의 의지력으로 세계 초유의 구조물 제작을 성사시킨 점이 그렇다. 자신이 설계한 엑스포 랜드마크에 이름을 남긴 것도 공통점이다. 물론 상반되는 면도 있다. 에펠탑은 세계 곳곳에 모조품을 거느리며 세계적 문화 아이콘으로 남았지만 페리스 휠은 그 원형만 유산으로 남긴 채 실물은 곧바로 해체됐다. 또한 에펠은 100세까지 장수했지만 페리스는 37세에 요절했다.

페리스는 1859년 일리노이 주 게일스버그에서 태어난뒤 가족과 함께 네바다, 캘리포니아 등지를 옮겨 다니며 살았다. 1881년 뉴욕 주 소재 직업학교인 렌슬레어(Rensselaer) 폴리테크니컬 대학 공학부를 졸업한 후 동부 곳곳의 철도 건설 현장에서 일했다. 그는 특히 다리와 터널 철골 구조에 흥미를 느껴 이 분야의 전문가로 성장했고 자신의 건축회사(G.W.G. Ferris & Co)를 설립했다.

1891년 시카고박람회 기념물 공모 소식을 들은 페리스는 그날 밤 당장 대형 관람 휠 스케치를 그렸다. 다음 날 구조물 제원과 입장료까지 적어 넣은 스케치를 들고 조직위원회의 문을 두드린 그는 관계자들이 검토하는 자리에서 곧장 퇴짜를 맞았다. 그토록 거대한 철골 구조물을 만든다는 게 현실적으로 불가능하다는 이유에서였다. 페리스는 이에 굴하지 않고 동료 엔지니어들을 찾아가 구조물이 공학적으로 건설 가능하며 안전하게 운행될 수 있다는 서면 확인을 받아냈다. 더 나아가 건설비 40만 달러를 대겠다는 투자자도 수소문했다. 두 개의 서류를 들고 다시 조직위원회를 찾아간 그는 회의하던 관계자들을 끈질기게 설득하여 자신의 설계안을 관철시켰다. 세계를 놀라게 한 페리스 휠은 이렇게 우여곡절 끝에 건설되었다. 페리스의 장담대로 빅 휠은 미시간 호반의 악명 높은 강풍에도 끄떡없이 잘 돌아갔다. 설계자의 이름을 딴 페리스 휠(Ferris Wheel)은 보통 명사가 되어 후세에 길이 남았다.

그러나 빅 휠의 대성공과는 달리 설계자 페리스의 인생은 순탄치 않았다. 특허 출원 등을 소홀히 한 탓에 뉴욕 코니 아일랜드 등 유원지 운영자들이 관람용 휠 아이디어를 곧바로 도용했고, 운영 수익을 둘러싼 분쟁으로 박람회 조직위원회 측과 2년여간 소송을 치러야 했다. 소송에서 진 그는 큰 돈을 만져보지 못한 채 다시 공사 현장을 전전하다 1896년 11월 22일 급성 장티푸스 열병으로 숨졌다.

그가 세상을 떠난 후 1년 뒤 〈뉴욕타임스〉에는 세계적으로 유명한 빅 휠의 설계자 페리스의 유골이 장례 비용을 치르지 못해 화장된 상태로 1년째 장례식장에 보관되어 있다는 기사가 실렸다.

은 역시 역대 박람회의 히어로인 토머스 에디슨의 축음기와 영사기였다. 이번에 나온 축음기는 오페라 전편을 녹음할 수 있도록 업그레이드되었다. 에디슨은 짤막한 활동사진을 연출한 초기 형태의 영사기도 함께 선보였는데, 이는 향후 영화로 대표되는 영상 문화의 태동을 예고했다.

전화기를 발명해 유명해진 벨(Bell) 회사는 시카고박람회에서 또 한번 보스턴과 뉴욕을 연결하는 최초의 장거리 전화 시연에 나섰다. 당시 유럽 최대 기업이자 무기 제조사였던 독일의 크루프(Krupp)는 자국 전시관에 세계 최장의 대포를 전시했다.

휘황찬란한 조명과 강력한 참조등이 박람회장의 밤하늘을 수놓고 있다.

온갖 형태의 전등과 전열 기구 등 전기 제품이 전시된 전기의 전당은 바야흐로 증기 엔진의 시대가 가고 전기 발전기의 시대가 도래했음을 눈으로 확인케 했다. 실제로 박람회장 내 동력 장치의 주류가 증기 엔진이 아닌 전기로 대체되었다. 전기로 작동하는 이동 보도(moving sidewalk)가 설치됐고, 역대 최대 최고의 수준으로 설치된

공상 과학 소설 속에서 세상으로 나온 '움직이는 보도'

엑스포를 통해 세상에 그 모습을 드러낸 수많은 진기한 발명품 중에는 공상 과학 소설에나 나올 법한 것들이 적지 않다. '움직이는 보도', 즉 이동 보도가 그 대표적인 사례다. 벨트식 이동 보도를 건물 사이에, 심지어 도시 사이에 놓아 편하게 오고간다는 공상은 H. G. 웰즈(H. G. Wells) 등의 소설에 흔히 등장하는 소재였다. 그것을 현실에 옮긴 것이 시카고박람회장 놀이 공원에 설치된 움직이는 보도였다.

호숫가에서 카지노까지 사람을 실어 나르는 곡선 코스의 이동 보도는 2개 층으로 만들어졌다. 한 층은 앉아서 타는 사람을 위해 의자가 설치되었고 다른 층은 서서 탈 수 있도록 했다. 이동 보도의 속도는 시속 3마일로 걷는 속도와 비슷했지만 신기한 작동 모습으로 관람객들의 인기를 독차지했다.

이 같은 선구적 노력에 힘입어 7년 뒤 1900년 파리박람회에서는 3개 층으로 한층 개선된 이동 보도가 등장했다. 실용성을 갖춘 본격적인 이동 보도는 1954년 미국 뉴저지 주 저지 시티(Jersey City) 역에 설치되었다. 굿이어(Goodyear)사가 84.5미터 길이의 10도 경사로에 설치한 이 움직이는 보도는 '스피드워크(Speedwalk)'란 별명으로 불렸다.

다양한 전등과 전열기구가 전시되어 있는 모습.

조명이 미시간 호반의 밤하늘을 휘황찬란하게 밝혔다.

시카고박람회는 미국 문화와 경제·사회 전반에 심대한 영향을 미쳤다. 박람회 재원의 상당 부분을 재력 있는 사업가들이 충당하면서 기업의 위력이 한층 높아졌다. 미국은 두 차례 세계박람회를 계기로 소비자 경제에 기반한 본격적인 상업주의 시대로 진입하였다.

특히 화이트 시티는 이상적인 도시 환경으로 받아들여져 미국 건축과 도시 계획의 흐름을 바꿔놓았다. 화이트 시티는 수도 워싱턴 DC의 상징적 심장부인 내셔널 몰(National Mall) 조성의 중요한 전범이 되었고 '아름다운 도시 운동(City Beautiful Movement)'의 싹을 틔웠다. 미국 대통령 관저인 백악관(White House)을 비롯한 수도 워싱턴 도시 계획은 시카고박람회의 유산으로 남았다.

시카고박람회는 동시대 미국인들에게 '더 페어(the Fair)'라 불렸다. 미국인들은 세계에서 하나뿐인 '페어'를 치르면서 군주제 뿌리가 깊은 유럽 국가들과는 다른 국력 결집 방식을 동원했다. 대통령 직속 조직위원회 외에 의회 승인을 거쳐 금융회사를 별도로 설립하여 재원을 조달했다. 박람회 유치를 희망했던 뉴욕, 신시내티, 세인트루이스, 필라델피아, 워싱턴 등 여러 도시 중 지역별 실사를 통해 재정 상태와 기반 시설이 우수했던 뉴욕과 시카고로 압축한 과정도 다분히 미국적인 절차였다.

1893년 시카고박람회 개요

공식 명칭	세계 컬럼비아박람회(World's Columbian Exposition)
주제	아메리카 신대륙 발견 400주년 기념
장소	일리노이 주 시카고, 미시간 호반 잭슨 공원
기간	1893년 5월 1일~10월 30일
참가국	46개국
관람객	2752만 9400명 (435만 명 무료 입장)

12 프랑스

산업 시대여 안녕!

1900년 파리 박람회

세기말이었다. 산업화가 무르익으면서 유럽 각국에서는 새로운 과학적 발견과 발명이 널리 실용화되었다. 풍요로운 물질문명은 부르주아 사회의 밑거름이 되었다. 다른 한편에선 유물론과 자유분방한 보헤미안주의, 무정부주의, 염세주의, 향락주의 풍조가 한꺼번에 자라났다. 바야흐로 혼돈과 전환의 시대였다. 그 틈에서 반짝 개화했던 예술 사조가 1900년 파리에서 열린 다섯 번째 박람회 건축의 기조가 된 아르누보(Art Nouveau)였다.

1900년 파리박람회는 유럽인들의 번잡한 정신세계와 누적된 물질문명을 총정리하고 다음 밀레니엄으로 넘어가는 매듭 구실을 했다. 19세기 말까지 박람회는 기계 문명이 이룩한 생산물과 국제 교역에 초점을 맞추었다. 생산자·기술자·무역인 등 공급자가 중심이 되는 신개발품 전람회였다. 그러나 이후 20세기에 열린 엑스포는 생산·교역된 개발품을 향유하는 일반 대중, 즉 소비자 중심으로 바뀌어갔다. 이러한 전환을 예고하면서 새로운 패러다임을 제시한 박람회가 바로 19세기의 마지막 해에 열린 파리박람회였다.

인간이 만든 모든 것 집산한 '세계 고물상'

그동안 박람회가 생산품과 생산 기술을 일방적으로 전시하고 가르쳤다면 앞으로의 박람회는 미래 문명을 즐겁게 보고 느낄 수 있도록 연출하는 방식이 될 것임을 세기말 파리박람회는 예견했다. 파리박람회 조직위원회는 인류 진보의 상징으로 생산 과정을 직접 눈으로 보여주는 방식을 시도했다. 예컨대 과거에는 기계류를 전시하는 데 그쳤다면 세계박람회 사상 처음으로 기계류를 직접 가동하는 모델 공장을 만들었다. 산업 생산 기술을 미학적으로 제시해 즐길 수 있게 한다는 이 의도는 관람객들로부터 큰 호응을 얻었다.

파리박람회는 역대 어느 박람회보다 방대한 규모로 치러졌지만 걸출한 기념물이나 획기적 발명품이 등장하지는 않았다. 19세기를 총정리한다는 주제에 걸맞게 그간의 산업 문명이 빚어낸 온갖 물품을 파노라마 형식으로 한데 모았다. 인간이 만든 모든 것이 집산되었다는 뜻에서 '세계 고물상(World Junk Shop)'이라는 별명이 붙기도 했다.

독일로부터 가로챈 19세기 마지막 박람회

에펠탑의 위용으로 세상을 놀라게 한 1889년 파리박람회가 끝나자마자 유럽 정가에서는 다음 세계박람회 유치에 관한 이야기가 나돌았다. 독일 제국의 황제 빌헬름 2세(Kaiser Wilhelm II, 1859~1941)가 19세기 마지막 해에 베를린에서 세계박람회를 개최하려는 강력한 의도를 갖고 있다는 소문이었다. 새로운 밀레니엄으로 넘어가는 분기점에서 인류의 성취를 평가하는 박람회를 주최한다는 것은 여느 박람회와는 다른 영광으로 여겨졌다.

영국 빅토리아 여왕과 앨버트 공의 외손자인 빌헬름 2세에게는 세계박람회의 효시를 일궈낸 조부모의 업적을 잇는다는 의미에서 더더욱 각별한 의도였다. 이른바 '카이저수염'의 원조인 빌헬름 2세는 외할아버지 앨버트 공의 영향을 많이 받으며 자랐다. 빅토리아 여왕도 그를 총애하여 그가 17세 되던 생일에 아프리카 대륙의 최고봉인 킬리만자로 산을 통째로 선물로 줘 화제가 된 바 있었다.

　그러나 대규모 박람회를 네 차례나 개최하며 엑스포 종주국을 자처해온 프랑스가 독일의 의도를 가만히 지켜보고 있지만은 않았다. 1900년은 세기 말이기도 하지만 프랑스가 박람회 개최 관행으로 굳혀온 11년 주기와도 일치하는, 놓칠 수 없는 해였다. 프랑스는 1892년 7월 일찌감치 독일을 제치고 1900년 세계박람회를 파리에서 개최하겠다고 정부 명의로 공식 선포해버렸다. 대서양 건너 미국에서는 1893년 시카고박람회가 한창 준비 중이었다. 그 당시는 아직 엑스포를 관장하는 BIE가 결성되기 전이어서 이런 상황이 특별히 문제될 일은 아니었다.

　결국 개최 선포를 한 이듬해인 1893년 알프레드 피카르(Alfred Picard)를 위원장으로 한 파리박람회 조직위원회가 구성되었고, 1896년에는 박람회 주제를 '19세기 총결산'으로 확정했다. 한 세기 동안 이뤄진 인류의 생산 활동을 총결산한다는 콘셉트인 만큼 박람회 규모는 커질 수밖에 없었다. 샹드마르스 박람회장은 센 강변을 따라 더 넓게 확장되었다. 조직위원회는 에펠탑 같은 기념비적 건축물을 세우는 대신에 센 강을 가로지르는 다리를 하나 더 세우고 별도의 출입문을 만들었다. 샹젤리제와 앵발리드를 잇는 알렉상드르 3세(Pont Alexandre III) 다리와 장식적 곡선이 돋보인 기념문(La Porte monumentale)이 바로 그것이다. 최초로 중간 기둥 없이 단일 경간 아치교로 건설된 알렉상드르 3세 다리는 1956년 제작된 영화 〈아나스타샤〉 등 수많은 영화에 등장해 세계적으로 유명해졌

센 강에 펼쳐진
박람회장의 전경. 파리
재건 사업 이후 다섯
차례의 국제 박람회를
치르면서 파리는
눈부신 도시 경관을
갖춘 유럽의 보석으로
거듭났다.

다. 높이 35미터의 이 기념문은 출입
구가 36개나 되는 아름다운 구조물
이었다.

샹젤리제 쪽에는 미술·조각·공
예 작품 등을 전시한 그랑 팔레(Grand
Palais: 예술의 대전당)와 프티 팔레(Petit
Palais: 예술의 소전당)가 나란히 들어섰
다. 이들 건물은 항구적 건축물로 지
어졌고 오늘날까지 파리의 중요한 건축 문화재로 남았다. 에펠탑 건너편 샤
요 궁과 트로카데로 궁 역시 여전히 우아한 자태를 뽐냈다. 트로카데로 광장
은 에펠탑 전경이 아름답게 보이는 명당 자리로 알려지면서 세계적인 관광
명소로 떠올랐다. 센 강 건너 앵발리드 쪽에는 참가국이 직접 꾸민 국가관(Rue
de Nations)이 강변에 들어섰다. 산업 전시장과 전기의 전당(Palais de l'Electricité),
농업 전시장 등 핵심 전시장들은 에펠탑 뒤쪽에 줄지어 세워졌다.

바로 이 무렵 파리는 에펠탑을 정점으로 한 빼어난 건축물들의 스카이라인
을 완성했다. 오늘날 몽마르트르 언덕에 올라가서 바라보는 아름다운 전경은
이 당시와 크게 다르지 않다. 당시 파리 시장이자 도시 계획가였던 하우스만
(Georges-Eugène Haussmann, 1809~1891) 남작이 추진한 파리 재건 사업은 다섯
차례나 세계박람회를 유치한 파리를 눈부신 도시 경관을 자랑하는 유럽의 보
석으로 거듭나게 했다. 세계 최초의 지하철(Métro)도 박람회 기간 중인 1900년
7월 19일 개통되었다. 파리가 도시의 면모를 쇄신하면서 세계의 문화 수도로
자리 잡는 데 엑스포는 실로 중대한 역할을 했다.

전기의 마력이 빚어낸 동화 속 세상

1900년 파리박람회는 19세기에 개발된 모든 생산품을 총망라했다. 전시물 출품자 수는 역대 최다인 8만 3000명에 달했다. 관람객 또한 역대 최다인 5000만 명에 이르렀다. 이전 세계박람회에서 관람객들이 압도적 전시장 건물과 기념물에 열광했다면 이 파리박람회에서는 환상을 불러일으킬 정도로 정교한 전시 기법과 장치에 탄복했다.

발전된 파노라마 기법이 동원된 대형 전시물, 색 조명이 영롱히 빛나는 분수와 인공 폭포, 정교한 인간·동물·식물·바위 모형, 아래 위가 뒤바뀐 '거꾸로 선 집(le manoir l'envers)', 원근 기법의 그림과 거울에 전기 조명을 반사시켜 착시 효과를 빚어낸 환영(幻影) 전시관 등 전시회장은 강화된 오락 기능과 함께 현실을 초월해 공상의 세계를 체험할 수 있도록 조성되었다. '파리의 과거'란 이름의 전시관은 그림과 사진, 조형물로 구성된 전시물을 전시해 관람객들이 지난 400년간 파리의 역사 현장에 들어간 듯한 착각에 빠지게 했다.

관람객들이 거꾸로 선 집을 구경하고 있다.

만물상과도 같은 온갖 전시물을 직접 움직이고, 때로는 빛을 쏘아 박람회장 전체를 환상의 무대로 밝혀준 일등 공신은 전기였다. 시카고박람회에 이어 전기는 다시 한번 그 마력을 한껏 발산했다. 전기는 석탄보다 깨끗하고 가스보다 밝은 에너지로 각광받았다. 에펠탑 부근에 설치된 3.5킬로미터의 이동 보도부터 전기의 전당 앞에서 저녁마다 빛의 향연을 펼친 1만 6000개 컬러 전구까지 모두 전기가 빚어낸 '동화의 세계'였다. 전기의 마력을 목격한 관람객들은 그것이 어떤 기술 원리로 작동하느냐보다 그것이 무엇을 구현할 수 있느냐에 더 관심을 가졌다.

에펠탑 앞 광장에는 지름 46미터짜리 거대한

에펠탑 부근에 설치된 이동 보도를 타고 관람객들이 이동하고 있는 모습.

공 모양 전시물이 60미터 높이에 설치되었다. 지름이 각각 36미터, 8미터인 구체(球體)를 감싼 이 전시물은 우주의 별자리와 태양계, 지구 등의 천체를 묘사한 것이었다. 나선형 계단을 통해 그 내부로 들어선 관람객들은 북극에 해당하는 지점까지 올라가볼 수 있었고, 거기서 카미유 생상스(Charles-Camille Saint-Saëns, 1835~1921)가 작곡한 오르간 음악을 들으면서 전기로 작동되는 우주의 운행 모습을 지켜보았다. 프랑스가 낳은 위대한 작곡가 생상스는 칸타타 〈프로메테우스의 결혼〉으로 1867년 박람회 기념 콩쿠르에서 입상하기도 하여 세계박람회에서 자신의 진가를 발휘한 대표적 예술가에 속한다.

박람회장 내 '광학의 전당(Palais de l'Optique)' 중앙에는 지름 1.25미터짜리 세계 최대의 굴절 망원경이 설치되었다. 지름 1.5미터 길이 60미터의 광학 관(管)을 통해 들어온 우주의 빛이 지름 2미터의 대형 거울에 반사되어 관람객들에게 전해졌다.

수많은 전시품 중 획기적 기술 혁신을 이룬 발명품은 파리 태생의 독일인 루돌프 디젤(Rudolf Christian Karl Diesel, 1858~1913)이 출품한 디젤 엔진과 유성영화를 상영할 수 있는 영사기 등이었다. 통조림 수프로 금상을 받은 미국의 캠벨 수프 회사(Campbell Soup Company)는 당시 받은 금메달을 제품 레이블에 그려 넣었는데, 110여 년이 지난 지금까지 사용하고 있다.

1900년 파리박람회는 주로 귀족들이 향유하던 고급 문화와 중산 계층의 대중문화를 집대성했다. 관람객들은 하루에 돌아볼 수 있는 공간 안에서 유명 미술가들의 회화 작품이나 일류 공연단의 발레와 오페라는 물론이고 모형 광산, 파노라믹 시베리아 횡단

지름 1.25미터짜리 세계 최대의 굴절 망원경. 당시 광학의 전당 한복판에 전시되었다.

철도, 모스크바와 베이징 모형 거리, 알프스 산록, 세계 각국 민속관 등을 한 꺼번에 즐길 수 있었다.

가장 스펙터클한 장관으로 700명 인원이 탄 모형 배를 전기 모터로 작동시켜 험난한 바다를 항해하는 상황을 시뮬레이션으로 만든 전시물을 꼽을 수 있다. 배경으로 높이 15미터, 길이 750미터의 롤러 캔버스에 마르세유에서 일본 요코하마까지의 항해 중에 나타나는 바다 풍경이 파노라마로 펼쳐졌다. 선원들의 연기와 섬세한 조명, 비릿한 바다 바람과 냄새까지 재현해 극적인 가상 현실을 만들어냈다.

1867년 파리박람회 때 처음 도입된 각국 민속관은 1900년에 이르러 관람객들이 가상 세계일주 체험을 즐길 수 있을 만큼 대폭 업그레이드됐다. 그것은 마치 순간 이동으로 세계 어느 곳에나 갈 수 있는 마법의 양탄자과도 같았다. 탑승권을 산 관람객은 카이로에서 남미, 콩고에서 알제리, 인도에서 중국과 일본까지 마음 내키는 대로 여행할 수 있었다. 참가국은 자국의 문화적 정체성을 분명히 내보일 수 있는 건축물을 짓는 데 심혈을 기울였다.

관람객을 위한 오락용 탈것도 많았다. 1893년 시카고박람회 때 강력한 전례를 세운 페리스 휠이 만들어졌고, 에펠탑 꼭대기까지 오르는 전망 엘리베이터 여덟 대와 하늘 여행을 실현시켜주는 기구(氣球)가 인기를 끌었다.

하지만 첨단 전시 기법 활용과 민속 전시관에 대해선 일각에서 비판론이 제기되기도 했다. 세기의 전환기를 맞아 박람회의 새로운 모델을 제시한다는 의욕이 앞선 나머지 지나치게 많은 모형이 등장하고 작동 기기와 전기 사용이 지나쳐 에너지 낭비를 빚었다는 지적이었다. 세계 각국 민속 전시관이 역사적 맥락을 무시한 채 너무 흥미 위주로 치우쳤다는 평가도 나왔다.

엑스포 들러리 행사로 치러진 올림픽

이 시기 유럽의 다른 한편에선 후대 인류의 역사를 장식할 세기의 이벤트가 움트고 있었다. 파리 출신 교육자 쿠베르탱(Pierre de Coubertin, 1863~1937) 남작이 제안한 근대 올림픽이었다. 세계박람회를 계기로 국제 교류가 활발해지고 대중주의가 만개하면서 새로운 국제 이벤트가 태동할 토양이 마련되었다.

엑스포는 흔히 올림픽, 월드컵과 함께 3대 국제 행사로 꼽힌다. 엑스포와 올림픽의 위상을 오늘날 시각에서 비교하자면 강력한 조직력을 갖춘 올림픽이 정치·경제·사회·문화적 영향력에서 우위라고 할 수 있다. 산업 연관 효과나 관람자 수는 엑스포가 앞서지만 세계인의 이목을 끄는 집중도나 국가 인지도 향상 등은 올림픽이 월등하다. 그러나 1세기 전 시점에서 보면 두 대회는 거인과 갓난아기 같은 차이를 보였다. 행사를 주관하는 국제 조직이 없었을 뿐이지 50년의 역사를 쌓으며 거대 국제 행사로 실체를 키워온 엑스포와 이제 막 걸음마를 시작한 올림픽은 비교가 무의미할 정도였다. 실제로 올림픽은 엑스포의 위세에 눌려 대회 자체가 무산될 위기에까지 몰렸다.

19세기 말 엑스포와 올림픽의 첫 만남은 쿠베르탱의 구상에서 비롯되었다. 그는 올림픽 운동을 주도하면서 첫 근대 올림픽을 1900년 파리박람회와 함께 열 것을 주창했다. 세계적으로 널리 알려진 엑스포와 함께 개최하면 경기장 건설이나 각국 대표 참가, 관중 동원, 홍보 등에 큰 이점이 있다고 생각했기 때문이다.

고대 올림픽 부활의 움직임은 쿠베르탱의 주도로 1894년 국제올림픽위원회(IOC)가 창설되면서 본격화됐다. IOC는 이듬해 프랑스 소르본에서 첫 근대 올림픽 개최지와 시기를 결정하는 중요한 회의를 열었다. 이 자리에서 쿠베르탱은 1900년 파리박람회에 맞춰 올림픽 대회를 열자고 제안했다. 그러나 막상 회의에 참석한 IOC 위원들 사이에선 1900년까지 5년이나 기다릴 필요 없이 곧바로 개최하자는 의견이 우세했다. 초대 IOC 위원장인 그리스 출신의 디미트리오스 비켈라스(Dimitrios Vikelas)가 그런 목소리를 주도했다.

조기 개최론자들은 열렬한 토론과 로비 활동을 통해 자신들의 의견을 만장일치로 관철시켰다. 대신 쿠베르탱이 제시한 파리 개최안도 수용하여 1896년 올림픽 발상지인 그리스 아테네에서 제1회 대회를 개최하고 1900년 제2회 대회를 파리에서 치르기로 결정했다. 그리스는 올림픽을 여러 나라에서 돌아가며 개최하지 말고 그리스에서 계속 열 것을 주장했지만 쿠베르탱 등의 강력한 견제로 수용되지 않았다. IOC는 올림픽 대신 범그리스 대회(Panhellenic Games)를 올림픽 사이 2년마다 열도록 하는 대안으로 그리스를 달랬다.

우여곡절 끝에 제1회 올림픽은 그리스에서 치러졌다. 이젠 파리박람회에 맞춘 제2회 대회가 열릴 차례였다. 그러나 초기 올림픽 운동가들은 파리박람회 조직위원회의 무관심과 몰이해에 부닥쳐 큰 어려움을 겪었다. 쿠베르탱의 의도와는 달리 박람회 조직위원회는 그리 협조적이지 않았고, 그 와중에 준비기간만 허비한 끝에 급기야 대회 운영 주체를 둘러싼 알력 다툼까지 벌어졌다.

1898년 말에 이르러 프랑스체육연맹(USFSA)은 박람회 조직위원회의 무성의를 질타하며 자신들이 경기장 조성과 대회 운영을 맡겠다고 나섰다. 그러나 이 반란은 계란으로 바윗돌 치기에 불과했다. 박람회 조직위원회는 막후 정치력을 행사해 당시 IOC 2대 위원장이자 USFSA 사무총장이던 쿠베르탱 등 지도부를 모두 사퇴시켰다. IOC는 결국 백기를 들었고, 조직위원회는 1899년 2월 프랑스사격협회 회장이던 다니엘 메릴롱(Daniel Merillon)을 체육대회 조직위원회 대표로 지명해 대회를 준비하도록 했다.

박람회 조직위원회 입김에 따라 움직인 메릴롱은 IOC의 의도를 완전히 무시하고 임의로 여러 종목을 나열한 박람회 부대행사로 새 운영 계획을 세웠다. 올림픽(Olympic Games)이란 용어는 사용하지도 않고 대신 '국제체육스포츠대회(Concours Internationaux d'dxercises physiques et de sport)'란 멋쩍은 이름을 공식 명칭으로 썼다. 당시 언론에서도 '국제 챔피언십', '파리박람회 체육대회' 등으로 대회 명칭이 제각각이었다. 세계박람회 주최 측의 간섭이 작용한 탓이었다.

쿠베르탱 남작은 훗날 회고록에서 "그때 박람회 조직위원회에 굴복하지 말고 어떻게든 싸웠어야 했다"고 한탄하며 "올림픽이 파리박람회를 거치면서 고사하지 않고 살아남은 것은 기적이었다"고 밝혔다.

제2회 파리올림픽은 결국 개막식을 생략한 채 1900년 5월 14일부터 파리 서부 뱅센 경기장(Véladrome de Vincennes)에서 시작되었다. 올림픽이란 명칭을 쓰지 못해 대중들에겐 그저 여러 종목의 국제 체육대회가 연속적으로 열리는 것으로 인식되었다. 열흘 동안 개최된 제1회 그리스 대회와 달리 다섯 달 동안 지지부진하게 이어져 주목도도 떨어졌다.

그럼에도 전체 규모는 제1회 대회에 비해 크게 확대됐다. 참가국이 14개국에서 24개국으로, 참가 선수가 245명(그리스 선수 200명 포함)에서 994명으로 대폭 늘어났다. 종목은 1회 대회 때의 육상·사이클·펜싱·체조·사격·수영·테니스 등 9개 종목 중 역도와 레슬링이 빠지고 양궁·크리켓·축구·골프·폴로·조정·럭비·줄다리기 등 13개 종목이 추가되어 총 20개 종목이 치러졌다.

또 1회 대회에서는 금지됐던 여성 선수들의 참가가 허용되었다. 성적은 개최국 프랑스가 금메달 26개, 은메달 41개, 동메달 34개 등 총 101개 메달을 따 압도적인 1위를 차지했다. 2위는 메달 47개를 딴 미국, 3위는 20개 메달을 딴 영국이 뒤를 이었다.

대부분의 종목 경기는 뱅센 스타디움과 실내 체육관에서 치러졌지만 수영 경기는 센 강에서 열렸다. 수영 종목에는 일반적인 빨리 헤엄치기 외에 보트로 장애물을 쌓아 잠수로 통과하는 장애물 경기도 있었다. 수영뿐 아니라 대부분의 종목이 오늘날의 그것과는 상당히 달랐다. 사격 부문에서는 비둘기를 날려 쏘아 떨어뜨리기가 등장해 스포츠 종목으로서 적정성 논란을 빚었다.

승마 부문에서는 높이뛰기와 멀리뛰기 경기가 열렸다.

　이 밖에 정식 종목은 아니지만 낚시와 기구 띄우기, 대포 쏘기, 연 날리기, 화재 진압하기, 인명 구조, 오토바이 경기 등 오락성 짙은 다채로운 경기들이 열려 관람객들의 눈길을 끌었다.

　그해 10월 28일 제2회 올림픽은 장장 5개월이 넘는 긴 일정의 막을 내렸다. 개막식이 따로 없었던 것만큼 폐막식도 쓸쓸하기 짝이 없었다.

1900년 파리박람회 개요

공식 명칭	1900년 파리 국제 박람회 (Exposition universelle et internationale de Paris, 1900)
주제	19세기 총정리
장소	파리, 샹드마르스 등 센 강변
기간	1900년 4월 14일~11월 12일
참가국	44개국(프랑스 식민지 20개국 포함)
관람객	5086만 801명(파리 4836만 8504명, 뱅센 249만 2297명)

2부

과학·상업·문화 교류의 현장

20세기로 넘어오면서 국제 박람회의 저울추는 유럽에서 미국으로 완전히 기울었다. 1893년 시카고박람회부터 1939년 뉴욕박람회까지 모두 다섯 차례의 박람회를 개최하면서 미국은 박람회의 흐름을 주도했다. 1900년대 전반의 주요 박람회 대부분이 미국에서 열렸다. 이들 박람회는 세계를 대중문화와 대량 소비의 시대로 이끄는 원동력이 되었다.

EXPO
1904-1939

01 미국

세인트루이스에서 만나요

"세인트루이스에서 만나요.

박람회에서 만나요.

거기 말고 다른 데

불빛 찬란한 곳이 있다는 말은 하지도 말아요.

우리 후치 쿠치 춤을 춰요.

내가 당신의 귀여운 연인이 될게요.

세인트루이스에서 날 만나려거든

박람회에서 만나요."

오른쪽.
당시 박람회 히트곡인
〈세인트루이스에서
만나요〉는 40년 뒤인
1944년에 같은 이름의
영화로 제작돼 유명세를
탔다. 사진은 영화
포스터.

1904년 세인트루이스박람회 당시에 인기를 끌던 노래 〈세인트루이스에서 만나요(Meet Me in St. Louis)〉다. 이 노래는 세월을 두고 여러 가수가 부르다 40년 뒤인 1944년에는 같은 이름의 영화로 만들어져 세계적으로 유명해졌다. 세인트루이스

박람회를 배경으로 여주인공 주디 갈랜드(Judy Garland)의 사랑 이야기를 담아낸 로맨틱 뮤지컬 영화다. 브로드웨이 뮤지컬로도 제작되어 미국의 연극·영화사에서 고전이 되었다.

박람회는 대중문화 전파의 첨병

비록 훗날의 일이지만 세인트루이스박람회가 대중문화의 소재로 등장해 선풍적 인기를 끈 것은 다분히 상징적 의미를 띤다. 1876년과 1893년 두 번의 박람회 개최를 통해 무르익은 미국의 상업주의가 대중 속에 깊숙이 침투했음을 뜻하기 때문이다. 이 시기 미국의 국제 박람회는 대량생산-대량소비 체제를 기반으로 미국 상업주의 발달의 발판 노릇을 했다. 엑스포는 이제 특정 전문가 그룹이나 이해 집단이 모여 국제 이슈를 논의하는 포럼 역할을 할 필요가 없어졌다. 그런 기능은 세분화되어 각 분야별 국제 조직으로 흡수되었다. 대신 광범위한 대중을 대상으로 수많은 상품을 소개하고 정보를 제공하는 오락적·교육적 기능을 덧붙였다.

20세기로 넘어오면서 국제 박람회의 저울추는 유럽에서 미국으로 완전히 기울었다. 1893년 시카고박람회부터 1939년 뉴욕박람회까지 모두 다섯 차례의 박람회를 개최하면서 미국은 박람회의 흐름을 주도했다. 1900년대 전반의 주요 박람회 대부분이 미국에서 열렸다. 이들 박람회는 세계를 대중문화와 대량 소비의 시대로 이끄는 원동력이 되었다. 1851년 초대 엑스포 이래 반세기의 전통으로 이어져온 '평화와 진보'라는 가치는 여전히 세계박람회의 구호로 남아 있었다. 그러나 20세기 박람회는 그런 명분 위에 '수익'이라는 좀 더 매력적인 관심사를 얹었다.

세인트루이스박람회 기획자들은 유독 '교육'이라는 목적의식을 내세웠다. '이상적 시민(ideal citizen)'이 되려면 과학 기술 발전에 관해 충분히 교육받아야 한다는 논리였다. 그들은 사회 통합과 평화를 위해서도 그것이 필수라고 생각했다. 하지만 엑스포를 통해 기술 진보에 개방적인 시민을 교육한다는 개념은 다른 말로 바꾸면 대중을 '좋은 소비자(good consumers)'로 만드는 일이 었음이 날이 갈수록 확연해졌다. 기술 혁신에 따른 대량 생산은 대량 소비를 전제로 하며, 소비자는 그 상업주의 메커니즘에서 속수무책의 약자임이 드러났다.

대규모 벌목 공사로 일군 '아이보리 시티'

시카고박람회를 모델로 삼은 세인트루이스 조직위원회 역시 정치 지도자보다는 사업가들로 꾸려졌다. 박람회의 주체도 정부 조직위원회와 민간 회사가 역할을 나눠 맡는 미국 특유의 이원화 방식이 유지되었다. 이 가운데 영향력이 더 컸던 루이지애나 박람회 회사(세인트루이스박람회는 루이지애나박람회라고도 불린다)는 사업가 출신인 데이비드 프랜시스(David R. Francis, 1850~1927)가 회장을 맡았다. 프랜시스는 1896년 미주리 주지사로 재임할 때 아이디어로만 떠돌던 세인트루이스박람회 개최를 연방 정부에 공식 제청했다. 연방 정부는 국제 박람회가 무역 진흥과 기술 홍보 외에도 영토 확대와 식민지 개척 등 제국주의적 확장 정책을 둘러싼 논란을 덮을 수 있는 최적의 이벤트라 판단하고 개최를 승인했다. 재원은 연방 정부와 세인트루이스 시, 민간 사업자들이 각각 나눠서 책임지기로 했다.

박람회 주제는 '루이지애나 매입 100주년 기념'으로 정해졌다. 루이지애나란 원래 '루이 14세의 땅'이라는 뜻으로, 당시 프랑스가 소유권을 주장하던 지역을 미국이 사들였다. 이때 두 나라 간에 이뤄진 토지 거래를 '루이지애나 매입(Louisiana Purchase)'이라 부른다. 이로써 미국의 박람회는 1876년 독립선언 100주년, 1893년 콜럼버스 신대륙 발견 400주년에 이어 또다시 역사적 사건을 주최의 계기로 삼게 되었다. 신생국 미국이 박람회 때마다 역사성을 내세웠다는 점은 다소 역설적이다. 오랜 역사를 지닌 유럽에서는 프랑스혁명 100주년 말고는 딱히 역사를 내세운 경우가 없었다. 아무래도 역사가 일천한 미국이 유럽에 대해 갖고 있던 문화적 콤플렉스가 반영된 대목이 아닌가 싶다. 박람회는 루이지애나 매입 서명일인 1803년 4월 30일로부터 정확히 100년 되는 날에 맞춰 개막일을 잡았으나 외국의 참가 신청이 저조해 1년 연기되었다.

　박람회장은 세인트루이스 서쪽으로 10킬로미터 떨어진 교외의 포리스트 파크(Forest Park)로 결정되었다. 시카고박람회장보다 2배가량 넓은 12.72제곱 킬로미터의 울창한 숲 지대였다. 조직위원회는 이곳에 불을 지른 뒤 나무를 모두 베어내고 땅을 반반하게 고르는 작업을 했다. 다이너마이트를 터뜨려 그루터기와 뿌리를 뽑고 언덕을 깎아내리고 자연호수를 묻어 작은 인공 호수로 만들었다. 요즘 같으면 상상하기 어려운 대규모 자연 파괴가 '개발'이라는 이름으로 이뤄졌다. 하루 평균 1만 5000명의 인력이 박람회장 건설에 투입되었다.

"박람회도 하나의 비즈니스"

세인트루이스박람회를 주도한 데이비드 프랜시스는 박람회를 하나의 비즈니스로 여기고 다분히 '미국적인' 접근 방식을 구현해낸 사업가 출신 정치인이었다. 1850년 켄터키 주에서 태어난 그는 세인트루이스 워싱턴 대학을 나온 뒤 곡물 가공 식품인 시리얼 공장을 차려 크게 성공했다. 이후 철도 회사와 은행 중역, 증권거래소 회장 등을 거쳐 1885년 세인트루이스 시장에 당선되면서 정계에 입문했다. 1888년에는 민주당 후보로 미주리 주지사에 당선됐고, 1896~1897년 연방 내무장관을 지냈다.

프랜시스는 세인트루이스박람회를 제의, 성사시킨 후 직접 주도함으로써 사업가적 역량을 유감없이 발휘했다. 그 후 1916~1917년 러시아혁명 발발 당시 러시아 주재 미국 대사를 지낸 뒤 1927년에 사망했다. 프랜시스의 발자취는 모교인 워싱턴 대학과 주지사 재임 당시 이전에 반대하여 컬럼비아에 존치된 미주리 대학, 세인트루이스 시에 기증한 공원(Francis Park) 등지에 남아 있다. 미주리 대학은 중앙 정원에 그의 이름을 붙여 기념하고 있는데, 이곳에 세워진 프랜시스 흉상의 코를 문지르고 시험을 보면 A학점을 받는다는 미신이 있다고 한다.

박람회 조직위원회는 이곳에 문자 그대로 거대한 인공 도시를 만들었다. 구내 도로 길이만 120킬로미터에 달했다. 1576채에 이른 건물들은 대부분 목재 골조에 석고와 대마 섬유를 섞은 스태프(staff)라는 자재로 지어졌다. 그래서 이번엔 '화이트 시티'가 아닌 '아이보리 시티(Ivory City)'라는 별명이 붙었다. 건물은 모두 박람회 이후에 철거할 임시 구조물로 지어졌다. 건축 양식은 프랑스의 화려한 신고전주의(neo-classicism)가 주류를 이뤘다. 박람회장이 위

'루이지애나 매입'이란?

1803년 미국 정부가 미시시피 강과 로키 산맥 사이의 루이지애나 지역을 프랑스로부터 1500만 달러에 사들인 사건을 말한다. 미국은 스페인에 이어 프랑스가 영유권을 갖고 있던 이 땅을 매입함으로써 영토를 2배로 늘리고 서부 개척의 발판을 마련했다. 당시 매입가는 1제곱킬로미터 당 7달러에 불과해 '미국 역사상 가장 수지맞은 거래'라 불린다.

루이지애나 지역은 현재의 아칸소, 미주리, 아이오와, 오클라호마, 캔자스, 네브래스카 등 6개 주 전체와 미네소타, 노스다코타, 사우스다코타, 뉴멕시코, 몬태나, 와이오밍, 콜로라도, 루이지애나 등 8개 주, 캐나다 앨버타, 사스캐치완 등 2개 주 일부를 포함하는 총 214만 7000제곱킬로미터, 한반도 면적의 9.6배에 이르는 광대한 땅이었다. 매입 당시 인구는 9만 7000명가량이었던 것으로 알려져 있다. 1904년 국제 박람회가 열린 세인트루이스도 물론 이곳에 속해 있다.

루이지애나 지역과 경계를 이루는 미시시피 강은 미국 내륙의 젖줄과도 같은 중요한 자원이었다. 대서양 연안에 이어 개척된 오하이오, 인디애나, 미시간 등 중서부 지역에서 생산된 농산물은 미시시피 강을 통해 운송되었다. 그 수로의 중심지가 뉴올리언스였는데, 1800년 이후 프랑스 영유지인 이곳을 지나려면 통행료를 지불해야 했다. 이에 대한 불만이 쌓이자 미국의 3대 대통령 토머스 제퍼슨(Thomas T. Jefferson)은 의회를 설득해 1000만 달러가 넘지 않는 선에서 뉴올리언스를 사들이도록 하는 매입안을 승인했다. 제퍼슨은 프랑스에 사절단을 보내 나폴레옹 보나파르트와 뉴올리언스 매입 교섭에 나섰다. 나폴레옹은 당시 아이티에서 일어난 반란 진압 문제로 골치를 썩고 있었고 루이지애나를 북미 식민지 건설의 강력한 발판으로 삼으려던 계획이 점차 실현 가능성이 떨어진다고 판단하고 있던 차였다. 게다가 전비 확보가 다급해진 나폴레옹은 이 땅 전체를 1500만 달러에 매각하겠다고 역제안하여 미국 측의 동의를 얻었다. 사실 두 나라는 당시 루이지애나 지역의 정확한 면적조차 파악하지 못했던 것으로 알려졌다.

낙 방대했던 탓에 5개 구역으로 나뉘어 구내 철도와 고가 철도가 건설되었다. 단일 건물로 가장 커다란 규모였던 농업의 전당은 바닥 면적이 32만 4000제곱미터에 달했다. 박람회장이 어찌나 방대했던지 웬만큼 둘러봤다고 느끼려면 일주일은 족히 걸린다는 이야기가 나올 정도였다.

백악관에서 보낸 무선전보로 개막 선언

1904년 4월 30일 루이지애나 기념비 앞 광장에서 개막식이 열렸다. 20만 명의 관람객이 운집해 대성황을 이루었다. 높이 38미터의 기념비에는 루이지애나 지역과 미시시피 계곡의 역사를 담은 부조가 새겨졌다. 개막사 낭독의 영광은 박람회 추진의 주역인 프랜시스에게 돌아갔다. 그는 방대한 전시 규모를 강조하며 이렇게 외쳤다.

> "미국뿐 아니라 세계 각국의 산업, 과학, 예술 진보의 결정체가 다 모였습니다. 만약 끔찍한 재앙이 일어나서 이 박람회장 바깥에 있는 인류의 모든 성과물이 파괴된다 하더라도 여기 모인 각국 전시물들로 문명을 재건하기에 충분할 것입니다."

개막식의 절정은 미국 정부를 대표해 참석한 윌리엄 하워드 태프트(William Howard Taft, 1857~1930) 국방 장관이 시어도어 루스벨트(Theodore Roosevelt, 1858~1919) 대통령으로부터 개막 선언을 받는 장면이었다. 워싱턴 백악관에 있는 루스벨트 대통령이 특별 제작된 스위치를 누르자 개막 선언문이 무선전보로 타전되었다. 그 순간 박람회장에서는 깃발 1만 개가 일제히 게양되었다. 동시에 분수와 폭포가 물을 뿜었고, 기계 전시물이 한꺼번에 작동되었다. 워싱턴을 향해 예포가 울려 퍼지자 흥겨운 밴드 음악이 연주되었다.

개막식을 장식한 무선 전보는 당시로서는 경이로운 통신 기술이었다. 1400킬로미터 떨어진 워싱턴으로부터 무선 신호를 받기 위해 산업의 전당 앞에는 철재 전신탑이 세워졌다. 그렇다면 루스벨트 대통령은 왜 국가적 행사인 세인트루이스박람회에 직접 참석하지 않았을까. 단지 무선 전보를 시연하기 위해서였을까. 그해 11월에 있을 예정이던 대통령 선거에 박람회를 이용하지 않겠다는 루스벨트 자신의 뜻에 따른 것이었다고 미국 정치사는 적고 있다. 루스벨트는 그해 선거에서 무난히 재선되었다.

비행기 · 자동차부터 햄버거 · 아이스크림까지

박람회 전시장은 주 출입구와 중앙의 페스티벌 홀을 잇는 동선 좌우에 배치되었다. 뉴욕 출신 건축가 캐스 길버트(Cass Gilbert, 1859~1934)가 설계한 페스티벌 홀은 박람회장의 랜드마크가 되었다. 3500명을 수용하는 이 홀은 그 유명한 성 베드로 성당보다 더 큰 돔을 머리에 얹은 건물이었다. 홀에는 당시 세계 최대 크기였던 파이프오르간이 설치되었고 매일 저녁 콘서트가 열렸다. 외부 회랑은 미국의 초기 13개 주를 상징하는 조각과 비문 등으로 꾸며졌다. 정면에는 인공 폭포 3개가 조성되어 분당 170리터의 물을 쏟아냈다.

캐스 길버트가 설계한 페스티벌 홀. 3500명을 수용할 수 있는 규모로 당시 박람회장의 랜드마크가 되었다

세인트루이스박람회에 출품된 수많은 전시물 가운데 특히 두드러진 분야는 운송 수단이었다. 박람회장 안을 오가는 데 사용된 고가 철도를 비롯해 기차와 자동차, 비행기 등이 중요한 전시물로 대접받았다. 이들 전시물은 교통의 전당에 집결했다. 교통의 전당은 증기 엔진 발명 100주년을 기념해 기차역 형태로 지어졌다. 건물 안

에는 '20세기의 정신'이라는 명칭이 붙은 회전 플랫폼 위에 대형 증기 엔진이
실제로 가동되었다. 미국 서부 개척의 엔진 역할을 한 기차의 위대함을 강조
한 전시물이었다.

미국이 한창 개발에 열을 올리던 자동차(motorcar) 또한 주요 전시물이었
다. 처음 개발된 전기 동력 자동차를 비롯해 휘발유와 증기 엔진 등 다양한 추
진 방식과 외양을 갖춘 자동차 160대가 등장했다. 어떤 자동차는 뉴욕에서 제
작돼 박람회장까지 1400킬로미터를 달려왔다는 설명이 붙어 관람객들의 흥
미를 자극했다. 아직 그 명칭조차 익숙하지 않던 쌍엽 비행기구(flying machine)
도 선보였다.

세인트루이스박람회는 역대 세계박람회 중 가장 다양한 '인종 전시'를 자랑
했다. 푸에르토리코, 필리핀, 괌, 북미 원주민부터 아프리카, 뉴기니의 피그미
족, 아르헨티나의 파타고니아 거인족까지 각각의 인종들을 '전시'하고 그들의
'원시성'을 구경거리로 삼았다. 인종 전시의 핵심 주제는 학교를 세워주는 등
원시인들에게 문명의 혜택을 베푼 미국인을 포함한 '백인들의 활약상'이었다.
1898년 스페인과의 전쟁 이후 중남미와 태평양 일대 식민지 개척
에 나선 미국의 팽창 정책을 정당화하는 도구로 활용한 것이다.

세인트루이스박람회는 현대 문명을 구성하는 온갖 공산품과
함께 다양한 식료품을 유산으로 남겼다. 그중 가장 유명한 것이
아이스크림이다. 많은 미국인은 세인트루이스박람회 하면 가장
먼저 〈세인트루이스에서 만나요〉 뮤지컬과 아이스크림을 떠올
린다. 실제로 박람회장에서 팔린 와플 콘 모양의 아이스크림은
선풍적 인기를 누렸다. 관람객들은 어른 아이 할 것 없이 너도나
도 아이스크림콘을 사 들고 그 달콤함에 푹 빠져들었다.

아이스크림은 사실 세인트루이스박람회 때 처음 개발된 것이
아니라 그 이전에 이미 만들어졌다는 반론이 있다. 이를 입증하

아래.
박람회장에서
아이스크림을 먹고
있는 아이들.

맨아래.
세인트루이스
박람회를 통해
큰 인기를 얻고
세상에 널리 알려진
아이스크림을 기념해
만든 우표.

는 문헌도 있다. 그러나 아이스크림이 세인트루이스박람회를 통해 큰 인기를 얻고 세상에 알려져 보편적 가공식품으로 자리를 굳힌 것은 부인할 수 없는 사실이다. 이런 사정은 햄버거와 핫도그, 피넛 버터, 아이스 티, 솜사탕도 마찬가지다. 미국의 대표적 식품인 이들 먹을거리들은 대부분 개발 연원이 밝혀져 있다. 하지만 전국에서 몰려든 2000만 명의 관람객들에게 노출되고 널리 보급되면서 세인트루이스박람회 개발품으로 알려지게 되었다.

전쟁마저 오락으로 만든 놀이공원

관람객들의 발길이 집중된 곳은 역시 놀이공원이었다. 조직위원회가 박람회 흥행을 위해 가장 공을 들인 시설 또한 놀이공원이었다. '파이크(The Pike)' 라 명명된 세인트루이스 박람회장의 놀이공원은 입구부터 획기적으로 꾸며졌다. 열차를 타고 들어서면 눈 덮인 알프스 산맥부터 텍사스 사막지대를 거쳐 요정이 사는 동굴까지 통과한다. 배경에 대형 막을 깔아놓은 환상적인 세계 여행 코스였다. 동굴은 실제 바위와 언덕을 뚫어 만들었다. 여행의 하이라이트는 3000명의 관람객이 한꺼번에 맥주와 바바리아(Bavaria) 민속음악을 즐길 수 있는 선술집이었다. 이 밖에 에스키모 마을과 이집트 시장, 아일랜드의 귀신 나오는 성, 낙타를 타고 가는 신비의 아시아 등 온갖 오락거리가 흥을 돋웠다.

파이크 안에 마련된 오락물 중에는 심지어 전쟁을 재현한 구경거리도 있었다. '세계 역사상 가장 스펙터클한 전쟁'이란 수식어가 붙은 이 가상 전쟁터는 6만 제곱미터 벌판에서

600명의 영국군과 아프리카 보어(Boer)족이 싸우는 장면을 실감나게 펼쳤다. 전쟁 쇼는 1899~1902년 영국과 아프리카 트란스발 공화국이 벌인 보어전쟁을 모델로 삼았다. 하루 두 차례 공연하는 쇼는 2시간 동안 진행되었는데, 보어족 지휘자가 말을 타고 도망치다가 11미터 높이의 폭포에서 떨어지는 장면으로 끝이 났다. 박람회 입장료와는 따로 전쟁 쇼 관람료로 밖에서 구경하는 데 25센트~1달러, 전쟁 상황이 연출되는 마을로 들어가는 데 25센트씩 추가로 받아 짭짤한 수입을 올렸다. 전쟁터 건설비로 4만 8000달러가 든 데 비해 관람료 수입으로 63만 달러를 벌어들인 '대박 상품'이었다.

시카고박람회에서 인기 만점이었던 페리스 휠은 이곳에 옮겨 와서도 성황을 이루었다. 특히 해진 뒤에 곤돌라를 타고 야경을 보려는 관람객이 많이 몰렸다. 밤하늘에서 내려다보는 박람회장의 분수와 폭포, 갖가지 조형물과 건물은 형형색색의 불빛 속에 아름답고 몽환적인 경관을 빚어냈다.

또다시 엑스포에 곁방살이 한 올림픽

제2회 파리올림픽에 이어 올림픽은 다시 한번 엑스포에 휘둘려 제 모습을 갖추지 못했다. 그러나 올림픽은 이때까지도 행사를 관장하는 국제기구가 없었던 세계박람회와 달리 처음부터 주최 조직이 분명했다. 쿠베르탱 남작이 2대 위원장을 맡고 있던 국제올림픽위원회(IOC)는 오늘날의 그것과 비교하기는 어렵겠지만 공모 형식을 거쳐 미국 시카고를 제3회 올림픽 개최지로 결정했다. 1893년에 대대적인 국제 박람회를 치른 경험을 높이 산 것이다.

그러자 세인트루이스박람회 주최 측이 훼방을 놓았다. 국제 행사가 세인트루이스와 시카고에서 동시에 열리면 관심이 분산된다는 이유에서였다. 박람회 회사와 조직위원회는 세인트루이스에서 별도의 국제 스포츠 대회를 열겠다고 선언하고, 이를 시카고 올림픽 조직위원회와 IOC에 통보했다. 쿠베르탱 위원장은 결국 박람회 주최 측의 위협에 굴복하여 올림픽 개최권을 세인트루이스로 넘겨주었지만 이에 불만을 품고 세인트루이스올림픽에 참석조차 하지 않았다. 처음부터 4년 주기를 확립한 IOC의 올림픽 개최 연도가 무작위로 각국에서 열리던 세계박람회와 겹친 것이 불운이라면 불운이었다.

이처럼 힘겨루기를 통해 '빼앗아 온' 행사답게 제3회 올림픽은 제2회 파리대회보다 더 맥 빠진 모양새가 되었다. 그나마 개막식은 열렸지만 세인트루이스박람회 회장인 데이비드 프랜시스가 1904년 7월 1일 참가선수들 앞에서 개막 선언을 한 것이 전부였다. 이때부터 11월 23일까지 다섯 달 반에 걸쳐 제2회 때보다 네 종목이 줄어든 16개 종목 91개 경기가 분산 개최됐다. 참가국 12개국, 참가 선수단 651명으로 규모도 줄어들었다.

유럽 선수들은 먼 거리를 핑계로 거의 참가하지 않았다. 미국을 제외한 다른 나라 선수들이 참가한 경기는 91개 중 절반도 안 되는 42개 경기뿐이었다. 이런 상황이다 보니 대회 전체가 국가 대항전이 아닌 개인 혹은 클럽 경합 방식으로 진행되는 것은 불가피했다.

개최 종목은 승마·럭비·조정 등이 빠지고 권투·아령·라크로스·10종 경기 등이 새로 등장했다. 또 농구와 야구가 시범 종목으로 첫선을 보였다. 올림픽 창설 초기부터 핵심 종목이었던 육상은 약 6일에 걸쳐 집중적으로 열렸다. 육상 경기장은 박람회 회사의 회장 이름을 딴 프랜시스 필드(Francis Field)로, 현재 워싱턴 대학 스타디움으로 남아 있다.

제3회 올림픽의 원시적인 모습은 마라톤 종목에서 빚어진 어처구니없는 촌극에서 절정을 이뤘다. 박람회장 외곽 비포장도로에서 열린 마라톤은 마차와 자동차가 일으킨 흙먼지 속에서 달리는 열악한 환경이었다. 처음 결승선에 도달한 프레드릭 로즈 선수는 메달 수여식 직후 일부 구간에서 자동차를 탄 부정행위가 발각되어 실격 처리됐다. 그는 이듬해 보스턴 마라톤에서 정식으로 우승했다. 금메달은 2위로 들어온 토마스 힉스 선수에게 돌아갔다. 그러나 그는 경기 도중 코치가 건네준 스트리크닌(strychnine)이란 흥분제를 브랜디에 섞어 마신 사실이 드러나 입상이 취소됐다. 힉스는 올림픽 역사상 최초의 약물 복용으로 인한 메달 박탈자로 기록됐다. 경기 중 달리는 그의 양쪽에서 마실 것을 건네는 코치들의 모습이 사진으로 남아 전해진다. 쿠바에서 온 우편배달부 출신의 펠릭스 카바잘이란 선수는 경기 도중 주변 목장에서 딴 썩은 사과를 먹고 배탈이 나 땅바닥에 누워 잠들었다가 다시 뛰었는데도 당당히 4위를 차지했다.

개인·단체 대항전 성격을 띠었지만 메달 획득자를 국적별로 분류한 기록을 보면 미국이 금 78개, 은 82개, 동 79개로 메달 239개를 휩쓸었다. 2위 독일은 13개, 3위 쿠바는 9개 등으로 미국 이외의 참가국들이 따낸 메달 수는 총 41개에 불과했다.

20세기 초 유럽에서 열린 '미니' 박람회

세인트루이스박람회는 1904년 12월 1일 216일간의 긴 여정을 마쳤다. 세 차례의 박람회를 성공적으로 치러냄으로써 세계박람회의 주도권은 미국으로 넘어갔다. 하지만 미국이 기세를 올리던 20세기 초 유럽에서 박람회가 완전히 중단된 것은 아니었다. 벨기에와 이탈리아에서는 소규모 박람회가 잇따라 열렸다. 이들 박람회는 훗날 BIE 공인 엑스포로 이름을 올렸지만 규모나 역사적 의미로 볼 때 파리박람회보다 훨씬 작은 '미니' 박람회였다.

특히 벨기에는 국제 박람회에 대한 관심이 높아 국제사회의 공인과 상관없이 꾸준히 박람회를 개최했다. 1885년 앤트워프(Antwep)에서 첫 박람회가 열린 이래 1888년 브뤼셀(Brussels), 1894년 앤트워프, 1897년 브뤼셀, 1905년 리에주(Liége), 1910년 브뤼셀, 1913년 겐트(Ghent) 박람회 등이 맥을 이었다. 이 가운데 1905년 리에주박람회 등 4개는 훗날 공인 박람회로 인정되었다.

1910년 브뤼셀박람회는 그 내용보다 행사가 한창이던 8월 14일 대낮에 화재가 나 중앙 전시장(Grand Palais)이 전소되는 사건으로 유명했다.

이탈리아도 1902년에 토리노(Torino), 1906년에 밀라노(Milano), 1911년에 다시 토리노에서 세 차례에 걸쳐 국제 박람회를 열었다. BIE 공인 엑스포 명단에 포함된 1906년과 1911년 박람회는 산업 전반보다 자수·공예 장식품과 회화·조각·건축·사진 등 예술 분야에서 두드러졌던 것으로 기록되어 있다. 공교롭게도 1906년 밀라노박람회 때는 이탈리아-헝가리 공동 예술 전시장에 불이 나 피해를 입었다.

1911년 토리노박람회는 이탈리아 최대의 강인 포 강변 발렌티노 성 정원에서 개최되었다. 이탈리아 왕정 복원 50주년을 기념하는 박람회였다. 박람회장은 포 강변 양쪽 1.5킬로미터에 걸쳐 조성되었다. 강변 양쪽은 아름다운 2층 다리로 연결되었고, 다리 아래층에는 역대 세계박람회가 낳은 신개발품인 이동 보도가 설치돼 명물로 꼽혔다.

1904년 세인트루이스박람회 개요

공식 명칭	루이지애나 매입 박람회(Louisiana Purchase Exposition)
주제	루이지애나 매입 100주년 기념
장소	루이지애나 주 세인트루이스, 서부 포리스트 파크
기간	1904년 4월 30일~12월 1일
참가국	60개국
관람객	1969만 4855명

---

02 미국

에디슨과 포드의 대활약

1915년 샌프란시스코 박람회
1916~1917년 샌디에이고 박람회

20세기 들어 미국 곳곳에서 박람회가 잇따라 열렸다. 박람회는 경제 활성화 효과가 높은 이벤트이고 그 자체로 수익성 높은 사업이라는 점이 인식되면서 미국 각 도시가 경쟁적으로 국제 박람회 개최에 나섰다. 1901년 버펄로 범아메리카 박람회(Pan-American Exposition), 1905년 포틀랜드 루이스와 클라크의 서부 탐험 100주년 기념 박람회(Lewis and Clark Centennial Exposition), 1909년 시애틀 알래스카 유콘 퍼시픽 박람회(Alaska Yukon Pacific Exposition) 등이 그것이다. 이들 박람회는 참가국 수와 규모가 작아 BIE의 공인 엑스포 명단에 들지는 못했지만 그 지향점과 내용은 시카고박람회나 세인트루이스박람회와 다를 바 없었다.

대지진을 계기로 온 시민이 똘똘 뭉쳐 추진한 박람회

이 가운데 국제 규모로 발돋움한 박람회가 1915년 샌프란시스코박람회였다. 주제는 '파나마 운하 개통 기념'이었다. 역사적 상징성에 머물던 역대 미국

박람회 타이틀에 비하면 직접적이고 시의성 높은 주제였다. 파나마 운하 건설이 미국 서부 태평양 연안에 미치는 영향은 실로 지대했다. 유럽인의 관점에서 볼 때 북미 서해안은 지구상의 마지막 오지였다. 미국은 서부 개척 과정을 통해 영토와 국가 정체성을 완성해나간 나라다. 그 유명한 탐험대 루이스와 클라크가 컬럼비아 강을 따라 처음 태평양 연안에 당도한 이후 대륙 횡단 철도가 건설되었다. 운하를 통해 수로를 확보했다는 것은 미국이 마침내 하나의 경제권으로 묶이게 되었음을 의미한다.

파나마 운하 개통은 샌프란시스코박람회의 공식 포스터에 인상적인 그림으로 표현되었다. 헤라클레스처럼 건장한 육체를 지닌 남자가 한쪽 절벽에 어깨를 대고 팔과 다리로 다른 쪽 절벽을 밀면서 바다에 물길을 내고 있는 모습이다. 그 바다 건너에 박람회 건물이 이상향처럼 빛나고 있다. 이 포스터는 미국의 강인한 힘과 의지, 개척 정신을 상징하는 이미지로 세계인들의 머릿속에 각인되었다.

인류 역사상 최악의 난공사로 꼽힌 파나마 운하 건설은 1904년 착공되어 1914년 8월 15일에 완공되었다. 샌프란시스코박람회 구상은 미국이 파나마 운하 건설을 둘러싼 패권을 장악하고 직접 공사에 나선 때부터 시작되었다. 논의의 중심에 선 단체는 샌프란시스코 산업인협회였다. 그러던 중 1906년 4월 18일 샌프란시스코에서 대규모 지진이 발생하여 3000여 명이 사망하고 많은 건물이 붕괴했다. 천재지변은 샌프란시스코 시민들을 서부 특유의 개척 정신으로 똘똘 뭉치게 하는 단합의 계기가 되었다.

시민과 사업가, 정치 지도자 들이 세계박람회 개최를 목표로 도시 재건의 의지를 다졌다. 이들의 열정은 워싱턴에 전달되었고, 1911년 2월 마침내 의회 표결을 통해 연방 정부의 지원 약속을 얻어냈다. 샌프란시스코뿐 아니라 뉴올리언스와 샌디에이고 등이 파나마 운하 개통을 기념하는 국제 박람회 개최를 희망했다. 하지만 지진의 폐허를 딛고 일어서려는 샌프란시스코의 의지를 누를 수는 없었다. 샌디에이고는 샌프란시스코에 이어 이듬해 후속 박람회를 열기로 약속받고 물러섰다. 애초 이 두 곳의 박람회를 합쳐 파나마-퍼시픽 박람회(Panama – California Exposition)라 부르기로 했으나 훗날 샌프란시스코박람회는 세계박람회로 인정되고 샌디에이고박람회만 파나마-퍼시픽 박람회로 불리게 되었다.

1차 세계대전의 폭풍 속에 열린 축제

박람회 준비에 한창이던 샌프란시스코에 또 하나의 먹구름이 닥쳤다. 유럽에서 전운이 감도는가 싶더니 1914년 7월 마침내 1차 세계대전이 발발한 것이다. 학자 출신 토마스 윌슨(Thomas Woodrow Wilson, 1856~1924) 미국 대통령은 유럽에서 일어난 전쟁에 대해 중립의 입장을 확고히 지켰다. 전쟁은 악화일로로 치달았으나 박람회는 예정대로 열렸다. 유럽 나라 중 프랑스와 네덜란드가 약속대로 전시물을 보냈고, 필리핀 등 미국 식민지와 뉴질랜드, 일본, 중국 등이 대거 참가해 참가국 수만큼은 여느 국제 박람회 못지않은 32개국을 기록했다.

그러나 전화에 휩싸인 유럽 국가들에 신대륙, 그것도 지구상에서 가장 먼 태평양 연안에서 열린 박람회가 관심사일 수는 없었다. 더구나 박람회 기간 중인 1915년 5월과 8월 독일 잠수함이 영국 상선을 잇달아 격침시켜 미국 시민 130명이 사망하는 사건이 일어나자 박람회 분위기는 어수선할 수밖에 없었다. 이 두 사건은 결국 미국과 독일 간의 국교 단절로 이어지면서 미국이 1차 세계대전에 참전하게 만드는 계기가 되었다.

에디슨의 장거리 전화와 포드의 자동차

박람회장은 샌프란시스코 북부 해변에 조성되었다. 중앙 도로를 따라 양쪽에 전시장이 들어선 세인트루이스나 시카고박람회장과 달리 전시장별로 정원과 광장을 꾸미고 각 구획마다 다른 건축가에게 설계를 맡겨 다양한 개성이 빛나도록 했다. 전시장 건물은 대부분 신고전주의 양식의 돔 지붕을 얹어 '돔의 도시(City of Domes)'라는 별칭이 생겼다. 건물 지붕과 벽은 활기차고 다양한 색상으로 칠해져 흰색의 석고 일색이던 이전 박람회와 구별되었다.

박람회장 중앙의 랜드마크는 132미터 높이의 '보석 탑(Tower of Jewels)'이었다. 길이 2~5센티미터짜리 유리조각 10만 개와 거울로 장식한 이 탑은 낮에는 햇빛에, 밤에는 50개의 조명에 영롱하게 빛났다. 탑 앞에는 '에너지 분수(Fountain of Energy)'가 힘찬 물줄기를 내뿜었다. 광장 서쪽에는 박람회장 안에서 가장 큰 건물인 원예의 전당이, 동쪽에는 공연장으로 쓰일 페스티벌 홀이 들어섰다.

샌프란시스코박람회의 백미는 토머스 에디슨의 장거리 전화 시연이었다.

역대 세계박람회와 연륜을 함께 하며 발명가이자 사업가로 활약해온 에디슨은 당시 67세였다. 에디슨은 아내와 함께 단상에 올랐다. 수많은 관람객들이 지켜보는 가운데 그는 뉴저지 주 웨스트오렌지에 있는 자신의 집으로 전화를 걸었다. 그의 집에는 동료와 친지 100여 명이 각자 이어폰을 낀 채 기다리고 있었다. 미국 대륙을 동서로 잇는 장거리 전화가 개통되는 역사적인 순간이었다. 마침내 전화가 이어지자 양쪽 사람들은 환호했다. 그 소리는 전화선을 타고 대륙을 동서로 오갔다. 잠시 후 에디슨의 집에 있던 친구 한 사람이 축음기에 녹음한 좀 전의 통화 내용을 전화로 들려주자 다시 한번 관람객들의 탄성이 터졌다. 소리를 저장한 축음기는 에디슨이 박람회 직전까지 개량을 거듭한 신개발품이었다.

헨리 포드의 자동차 조립 라인. 그가 세계 최초로 고안한 조립 라인 시스템 덕분에 1914년에 이르러 자동차 한 대를 93분 만에 만들 수 있게 되었다.

박람회를 빛낸 또 한 명의 탁월한 발명가는 헨리 포드(Henry Ford, 1864~1947)였다. 포드는 대량 생산 조립 라인을 창안함으로써 자동차뿐 아니라 산업 생산 전 분야에 일대 혁명을 일으킨 장본인으로 명성이 드높았다. 그의 이름은 '포디즘(Fordism)'이란 신조어를 낳았고, 그것은 대량 생산이라는 말과 동의어가 되었다. 그는 샌프란시스코 박람회장에 아예 모델 공장을 지어 그 유명한 'T모델' 자동차를 하루 18대씩 만들어냈다. 디트로이트 생산 라인을 재현한 것이다. 이로써 미국은 세계 최고 수준을 자랑하는 자동차 생산국의 입지를 굳히게 되었다. 자동차 전문가들에 의해 '20세기의 가장 영향력 있는 자동차'로 선정된 바 있는 T모델에 대해 포드는 이렇게 역설했다.

"이 차는 다수 대중을 위해 만들었다. 온 가족이 타기에 충분할 정도로 크고, 개인이 운전하고 관리하기에 충분할 정도로 작게 만들었다. 현대 공학에서 가능한 범위 안에서 가장 간단한 디자인으로 최고의 재료를 사용해 최고의 기술자들이 만들었다. 그러나 가격은 웬만한 봉급을 받는 사람이면 누구든지 살 수 있도록 낮게 책정하여 가족들과 함께 하나님이 주신 위대한 야외 공간에서 축복의 시간을 즐길 수 있게 하였다."

'우리는 신을 믿는다' 화폐 문구 등장

자동차와 함께 미국인의 파이오니어 정신을 대변한 또 하나의 전시물은 비행 기구였다. 비행기는 실제로 하늘을 나는 시연을 보여주었다. 그러나 성능은 아직 조악한 수준이었다. 4월 15일에는 비행사 링컨 비치(Lincoln Beachy, 1887~1915)가 5만 명의 관중이 운집한 가운데 자신의 쌍엽 비행기를 띄웠다가 900미터 상공에서 동체가 부서지며 추락해 숨지는 참변이 일어났다.

이 밖에 사람 키의 2배가 넘는 높이 4.5미터 무게 14톤의 언더우드(Underwood) 타이프라이터와 총천연색 사진도 화제의 인기 전시물이었다.

샌프란시스코박람회는 아름다운 건축미가 돋보이는 미술의 전당과 그 안에 전시된 각종 미술 전시물로 명성이 높았다. 20세기 들어 전 세계에서 제작된 회화·조각 등 미술작품 1만 1400점이 미술의 전당에 망라되었다. 전시관 건물은 샌프란시스코박람회 건물 중 유일하게 원형 그대로 보존되다가 1960년대에 재건축되었다.

시카고박람회 이래 전통이 된 놀이공원 역시 빠지지 않았다. '조이 존(Joy Zone)'이라 명명된 놀이공원에는 박람회 주제에 걸맞게 파나마 운하의 갑문

기업 전시관 관례 굳힌 포드 모델 공장

샌프란시스코 박람회장에 포드 자동차 모델 공장이 들어선 것은 박람회 역사상 각별한 의미가 있다. 국가가 아닌 기업 전시관 설치의 중요한 전례가 된 것이다. 물론 기업 전시관이 세워진 것이 처음은 아니었다. 1876년 필라델피아박람회에서 재봉틀 제조업체인 싱어(Singer Sewing Machine Company)가 세운 별도의 전시용 건물이 최초의 기업 전시관이었다. 이후 1889년과 1900년 파리박람회에서도 일부 기업 전시관이 지어졌으나 관람객들의 관심은 적은 편이었다.

기업 전시관 전통은 미국의 박람회가 주도했다. 사업가 세력과 상업주의가 박람회 개최의 원동력이었던 만큼 자연스러운 일이었다. 1893년 시카고박람회 때는 해운 기업인 화이트 스타(White Star Steamship Line)와 독일의 무기 제조업체인 크루프가 독자적인 전시관을 세웠다. 포드 자동차 공장 겸 전시관은 이후 세계박람회에서 대기업 전시관 시대가 열릴 것을 예고했다.

(閘門) 작동 모습을 재현한 대형 모형이 등장했다. 멕시코·사모아·아프리카·중국 등지의 마을 모형과 각종 놀이기구 및 이동 보도, 시카고박람회 이래로 성의 상품화 논란을 빚어온 '발리 댄스' 등이 관람객들에게 여흥을 제공했다.

다섯 가지 종류로 제작된 기념주화. 'In God We Trust'라고 작게 씌어진 글씨가 보인다.

　미국 정부는 샌프란시스코박람회에 맞춰 금화와 은화로 제작된 다섯 가지 종류의 기념 주화를 발매했다. 이 주화는 박람회 이름을 따서 팬 팩 코인(Pan-Pac coins)이라 불린다. 기념 주화에는 '우리는 신을 믿는다(In God We Trust)'는 문구가 새겨졌다. 오늘날 모든 미국 화폐에 공통적으로 쓰이고 있는 문구의 시초가 이 기념 주화였다는 점은 특기할 만한 사실이다.

　샌프란시스코박람회는 태평양 연안의 온화한 날씨 덕분에 2월부터 12월까지 열 달가량 열린 뒤 막을 내렸고, 약속대로 샌디에이고에 바통을 넘겼다. 해외 참가국 전시품을 포함해 대다수 전시물이 옮겨졌다. 샌디에이고박람회는 발보아 공원(Balboa Park)에 조성된 박람회장에서 이듬해인 1916년 3월 9일부터 1917년 1월 1일까지 열렸다.

1915년 샌프란시스코박람회 개요

공식 명칭	파나마-퍼시픽 국제박람회 (Panama-Pacific International Exposition)
주제	파나마 운하 개통 기념
장소	캘리포니아 주 샌프란시스코, 북부 마리나(Marina) 해변
기간	1915년 2월 20일~12월 4일
참가국	32개국
관람객	1900만 명

전쟁의 폐허 딛고 미래를 향해

1929년 바르셀로나 박람회

1차 세계대전은 유럽인들에게 씻기지 않을 상흔을 남겼다. 유럽 전역에서 군인과 민간인 1600만여 명의 사망자를 낸 이 사상 최악의 참화는 좀처럼 넘어서기 어려운 시련이었다. 인류의 대축제로 성장해온 세계박람회도 충격을 받았음은 물론이다. 몇몇 국가에서 소규모 박람회는 더러 열렸지만 국제 규모의 박람회는 전쟁이 끝난 1918년 이후에도 10년 넘게 맥이 끊겼다. 박람회뿐 아니라 세계박람회를 관장할 국제기구 창설 논의도 수면 아래로 가라앉아 버렸다.

독재 체제 정통성 확보를 위한 이벤트?

오랜 침묵을 깨고 다시 세계박람회가 열린 곳은 1929년 스페인 바르셀로나였다. 그러나 박람회 규모나 참여도는 기대 이하였다. 바르셀로나의 지정학적 위치상 유럽이 전쟁의 참상을 딛고 화합의 계기를 모색하기에는 역부족이었다.

바르셀로나박람회 계획은 사실 전쟁 이전부터 시작되었다. 스페인은 일찍이 1888년에 한 차례 세계박람회를 개최한 적이 있었지만 파리와 미국의 대규모 박람회 사이에 끼어 크게 주목받지 못했고 내용도 빈약했다. 카탈루냐 지도자들은 1913년부터 제대로 된 박람회를 열자는 논의를 시작했다. 스페인 정부는 카탈루냐 지방의 건의를 받아들여 박람회 개최와 몬주익 산 일대의 개발 계획을 승인했지만 1차 세계대전이 터지면서 모든 계획이 중단됐다.

카탈루냐가 박람회 개최를 위해 다시 움직이기 시작한 것은 1920년대에 들어서였다. 그러던 중 1923년에 군부 쿠데타가 발생했고, 프리모 데 리베라 (Miguel Primo de Rivera, 1870~1930) 장군이 스페인의 절대 권력자로 등장했다. 독재 체제를 구축한 리베라는 박람회가 새 정권의 정통성 홍보에 좋은 기회가 될 것이라 보고 중앙 정부 차원에서 적극 추진했다. 박람회 계획은 처음부터 재검토되었다.

카탈루냐 지도자들이 지역 산업과 도시 개발에 중점을 두었다면, 리베라 정권 실권자들은 산업 전시와 외국 참가 유치, 스포츠 등을 3대 지표로 설정했다. 이와 함께 스페인의 옛 식민지인 중남미 국가들이 대거 참여하는 '이베로-아메리카 박람회(Ibero-American Exhibition)'를 같은 시기에 세비야(Sevilla)에서 따로 열기로 했다.

리베라 정권의 적극적인 노력 덕분에 참가국은 프랑스·독일·벨기에·덴마크·이탈리아·헝가리·노르웨이·스위스·루마니아 등 20개국에 달했다. 미국과 일본 등 몇몇 나라는 국가 단위가 아닌 개인 전시자 자격으로 참여했다. 특히 그동안 세계박람회에 관심을 보이지 않았던 독일이 개성적인 자국 국가관을 짓는가 하면 박람회 명소가 된 스페인 민속관 건설에도 힘을 보탰다.

훗날 황영조의 금메달 무대가 된 몬주익

박람회장은 바르셀로나 시의 서쪽 경계선에서 뻗어나가는 몬주익 언덕 118헥타르 부지에 조성되었다. 과거에는 성곽으로 둘러싸인 요새였고 감옥과 처형장으로도 사용되던 곳이었다. 평지가 아닌 비탈진 언덕 지형에 박람회장이 조성된 것은 세계박람회 사상 처음이었다. 높은 지대인 만큼 박람회장에서 아름다운 바르셀로나 시가지 전망을 내려다볼 수 있었고, 거꾸로 도심에서 진입할 때는 언덕 위에 솟은 박람회장이 한눈에 들어왔다.

시내 서쪽 스페인 광장을 지나 주 출입구를 들어서면 3단계 계단식으로 조성된 박람회장이 파노라마처럼 펼쳐졌다. 입구 광장 가운데 조성된 대형 분

수는 바르셀로나 시내와 박람회장을 연결하는 지렛대 받침의 모양새를 이루었다. 가장 아래 지대에는 교통의 전당, 전기 전시장, 섬유 전시장 등 산업 분야 전시관과 스페인 문화를 소개한 전시관이 들어섰다. 이보다 한 단계 높은 지대에는 참가국 국가관과 현대미술의 전당, 스페인 예술 작품을 전시한 국민의 전당, 페스티벌 홀 등이 자

박람회 관람을 위해 몬주익에 몰려든 인파.

리 잡았다. 마지막으로 가장 높은 지대의 스포츠 구역에는 수용 인원 6만 명의 대형 경기장이 지어졌다. 이 경기장에서는 박람회 기간 내내 각종 스포츠 대회가 열렸다.

몬주익 언덕에 자리한 이 스타디움은 60여 년의 세월이 지난 1992년 바르셀로나 올림픽 주 경기장으로 쓰였다. 한국인에겐 손기정 선수 이후 마라톤에서 56년 만에 조국에 금메달을 안겨준 황영조 선수의 역주로 기억되는 곳이다. 당시 그는 불굴의 막판 스퍼트로 2위를 따돌리고 골인 테이프를 끊어 '몬주익의 영웅'으로 불렸다. 물론 스타디움은 박람회 당시 그대로가 아니라 올림픽을 앞두고 대대적으로 개·보수되었다.

경사로로 이뤄진 몬주익 박람회장의 교통은 2개 노선의 산악 철도가 맡았다. 관람객들은 시내에서 전차나 버스를 타고 출입구 역에서 3단계 계단식 박람회장을 연결하는 열차로 갈아탈 수 있었다. 열차가 닿지 않는 곳에는 관람객의 수직 이동을 돕는 에스컬레이터가 설치되어 이용도가 높았다. 가장 높은 지대인 파세오(Paseo)의 센트럴 역에 설치된 전망대에서는 지중해와 바르셀로나 시내, 인근 들녘을 내려다보는 전망을 즐길 수 있었다.

바르셀로나는 세계박람회를 통해 도시 인프라 구축 효과를 톡톡히 누렸다. 박람회를 계기로 도시 교통 기반 시설 전체가 완전히 현대화되었다. 처음으로 비행장이 건설되고 새로운 철도역과 자동차 도로가 확충되었는가 하면 일부 철도 노선을 지하에 설치하여 지하철 시설까지 갖추게 되었다.

벨라스케스와 고야가 빛낸 국민의 전당

바르셀로나박람회 개막식은 관람객 30여 만 명이 모인 가운데 국민의 전당 앞에서 열렸다. 실권자인 리베라 수상은 개막사에서 "우리의 근면과 고결함으로 이뤄낸 빛나는 박람회를 통해 그동안 잘못 알려진 스페인의 후진적 이미지를 바로잡을 수 있게 되었다"고 강조했다. 이어 국왕 알폰소 8세가 감격에 겨운 목소리로 개막을 선언했다.

바르셀로나박람회의 꽃은 중앙의 상징 건물인 국민의 전당과 그 전시장을 가득 채운 5000여 점의 스페인 예술 작품이었다. 스페인 전국의 박물관과 미술관, 교회 소장품과 개인 소장품을 총

바르셀로나 박람회장의 야간 조명. 박람회장 한가운데에 설치된 오렌지색 유리 탑과 리듬에 따라 형태를 바꾸는 분수가 페스티벌 홀에서 내뿜는 흰색·노란색·붉은색·파란색 조명을 받아 엑스포가 열리는 밤 하늘을 축제의 빛으로 물들였다.

동원한 전시물은 중세부터 동시대까지 모든 장르의 예술품을 망라했다. 스페인 최고의 화가로 꼽히는 디에고 벨라스케스(Diego Velázquez, 1599~1660)와 프란시스코 고야(Francisco Goya, 1746~1828)의 작품도 이곳에서 만날 수 있었다.

국민의 전당 뒤쪽에는 2만 명을 수용하는 대형 페스티벌 홀이 관람객을 맞았다. 스페인 최대·최고 돔 지붕을 가진 이 건물은 사각형 코너에 탑을 가진 스페인 궁전과 현대건축을 혼합한 양식이었다. 돔 지붕 부분은 화려하게 장식된 높이 10미터의 코린트식 원주가 받치고 있었다. 내부에는 스페인의 주요 역사 장면을 담은 32장의 투시화(透視畵)를 전시했다.

바르셀로나박람회는 1915년 샌프란시스코박람회와 함께 화려한 야간 조명으로 이름을 날렸다. 밤이 되면 국민의 전당과 페스티벌 홀은 현란한 색 조

뒤늦게 출범한 국제박람회기구

박람회를 규제·감독·관장할 국제기구가 필요하다는 주장은 20세기 들어 본격화되었다. 박람회가 갈수록 대형화하고 국제 사회에 미치는 영향력이 커지면서 이런 목소리는 점점 힘을 더했다. 힘센 나라들이 사전 협의 없이 제멋대로 박람회를 개최하다 보니 충돌의 가능성마저 있었다. 개최 의지를 갖고 있던 독일을 제치고 프랑스가 선수를 쳐 가로챈 1900년 세계박람회가 그런 사례다. 국제박람회기구(BIE) 초대 사무총장을 지낸 모리스 아이작(Maurice Isaac)은 당시 상황을 이렇게 설명했다.

"국제 박람회는 오랫동안 이렇다 할 준칙 없이 개최되었다. 주최하는 나라가 정한 내부 규정이 유일한 기준이었다. 박람회가 '국제적'이었던 것은 세계 각국이 공통의 대의명분을 추구하며 함께 노력을 기울였기 때문이 아니라 단지 여러 나라가 참석했기 때문이었다."

국제기구 결성 논의의 중심은 국제 박람회 종주국임을 자처해온 프랑스였다. 1907년 박람회 운영 경험이 풍부한 프랑스 지도층에서 국제기구에 관한 제안이 나왔다. 그러나 정작 구체적인 행동으로 논의를 주도해나간 것은 독일이었다. 독일은 1912년 관련국 대표가 모이는 베를린 회의를 제안해 성사시켰다. 일련의 회의 결과 국제 박람회의 기본적 성격과 규정에 관한 외교적 합의안이 도출됐지만 1914년 1차 세계대전 발발로 참가국 비준에 이르지는 못했다.

국제기구의 결성 움직임은 1920년대에 재개되어 1928년 파리 회의에서 결실을 맺게 된다. 그해 11월 22일 31개국 대표가 국제 박람회를 관장하는 기구 결성에 관한 조약에 서명했다. 이에 따라 세계박람회 개최와 운영 조직 등에 관한 국제법상 권한을 가진 BIE가 파리에 본부를 두고 출범했다. 파리조약은 1931년에 발효되었다. 31개국으로 출발한 BIE 회원국은 현재 169개국에 이른다.

명을 비춰 웅장한 자태가 더욱 돋보였다. 박람회장
정중앙에 설치된 오렌지색 유리 탑과 리듬에 따라
형태를 바꾸는 분수는 페스티벌 홀 성채에서 내뿜
는 흰색·노란색·붉은색·파란색 조명을 받아 엑스
포의 밤하늘을 축제의 빛으로 물들였다.

　관람객들의 눈길을 끈 또 하나의 볼거리는 스페
인 민속촌이었다. 여러 지방의 다양한 건축물을 한
곳에 모은 민속촌은 토속 의상을 입은 주민들이 직
접 거주하면서 특산 공예품을 만드는 모습을 보여
주었다. 스페인 민속촌은 오늘날까지 원형 그대로
보존되어 있다. 지금도 많은 관광객이 찾는 몇 안
되는 바르셀로나박람회 유산 가운데 하나다.

　독일이 의욕적으로 선보인 독일관은 현대적 양식의 간결하고 우아한 전시
관 건물로 건축사에 길이 남아 있다. 독일은 바이마르 공화국의 민주 이상을
표현한 현대적 양식의 간결하고 우아한 전시관을 지었다. 근대 건축의 개척
자이자 훗날 전위적 성향의 바우하우스(Bauhaus) 디자인 학파에 관여했던 미
스 반 데어 로에(Ludwig Mies van der Rohe, 1886~1969)의 작품이었다. 이 건물은
그동안 고전적 양식이 주류이던 박람회장에 새로운 흐름을 선도하면서 이후
박람회장 건축에 큰 영향을 미쳤다.

위.
박람회의 유일한
모더니즘 건축물로
뜨거운 관심을 불러
일으킨 독일관.
세계적인 건축가 미스
반 데어 로에가 만든
독일관은 임시 건물로
지어져 박람회 이후
해체되었다가 원래
부지에 재건축되어
현재는 바르셀로나
전시관으로 불리고
있다.

아래.
독일관 내부의 모습.
오른쪽으로 20세기
최고의 걸작으로
손꼽히는 바르셀로나
의자가 보인다.

1929년 바르셀로나박람회 개요

공식 명칭	바르셀로나 국제박람회(Exposición Internacional de Barcelona)
주제	산업, 예술, 스포츠
장소	바르셀로나, 몬주익 공원
기간	1929년 5월 20일~1930년 1월 15일
참가국	14개국

04 미국

대공황에 지친 사람들을 위로하다

1933년 시카고 박람회

1933년 5월 27일 해질 무렵 시카고박람회장 중심 건물인 과학의 전당 안쪽 대형 전광판 앞에 엄청난 인파가 몰려들었다. 전광판에 표시된 지도에서는 미국 동부 우주 관측 기지를 나타내는 불빛 4개가 반짝였다. 세계에서 가장 큰 천체망원경이 40광년 떨어진 오렌지색 별 아르크투루스(Arcturus)의 빛을 포착하려는 순간이었다.

개막식 주인공은 40광년을 달려온 별빛

긴장된 시간이 흐른 뒤 마침내 천체망원경이 별빛을 잡아냈다는 "렛츠 고(Let's go)!" 신호가 울렸다. 한 줄기 별빛이 광전 셀에 모아졌고 증폭 과정을 통해 에너지로 전환되었다. 관람객들은 전광판 위에 선명한 원 모양을 그린 별빛을 똑똑히 볼 수 있었다. 에너지로 바뀐 빛은 어둠에 싸인 박람회장을 밝히는 스위치를 켰다. 순간 과학의 전당 옥상에 설치된 대형 탐조등이 켜지면서 흰 빛줄기를 내뿜었다. 서치라이트가 박람회의 주요 건물을 하나씩 차례로 비출 때마다 해당 건물에 전깃불이 들어왔다.

시카고에서 두 번째로 열린 세계박람회는 이렇게 밤하늘의 우주 쇼로 문을 열었다. 세계박람회 최초로 '외계의 손님'이 찾아온 것이다. 40광년 떨어진 목동자리(Boötes) 일등성인 아르크투루스를 개막식의 주인공으로 삼은 것은 40년 전인 1893년 시카고박람회 때 출발한 별빛을 맞는다는 의미였다. 개막식이 시사하듯 이 박람회는 미국이 유럽을 제치고 세계 최고 수준으로 올라선 과학의 진보를 주제로 삼았다.

처음 박람회 개최 구상이 나왔을 때 명분은 시카고 시 창설 100주년을 기념하자는 것이었다. 1833년 43세대 200여 명 거주민이 모피 교역소인 포트 디어본(Fort Deerborn) 마을을 세운 날을 기점으로 시카고 창설을 기념하자는 의도였다. 그러나 이 아이디어는 1927년 박람회 조직위원회가 민간단체로 결성되면서 전면 재검토되었다. 은행가이자 석유 재벌인 루퍼스 도스(Rufus Daws, 1867~1940)를 의장으로 한 조직위원회는 기존에 미국이 개최한 박람회처럼 역사적 사건을 기념하는 방식은 추상적인 데다가 대중의 흡입력이 약해 흥행에 도움이 되지 않는다고 판단했다.

박람회 주도 세력은 2년여에 걸친 논의 끝에 '과학의 진보' 쪽으로 주제를 돌렸다. 시카고 창설 100주년과 그 기간 동안 비약적 발전을 거듭한 과학이라는 주제를 절묘하게 결합한 것이다. 박람회 개최는 1929년 2월 연방 의회 승인을 거쳐 공식화되었다. 이어 '1세기의 진보(A Century of Progress)'가 주제이자 박람회 명칭으로 정해졌다. 이 과정에서 1차 세계대전 때 과학 자문을 위해 설립된 국립연구위원회(NRC)가 중요한 역할을 했다. 미국 최고의 과학자와 엔지니어로 구성된 NRC는 32명의 위원을 둔 과학 자문위원회를 결성해 박람회 조직위원회와 지속적으로 논의했다.

주제 의식 명확한 첫 '테마 박람회'

박람회 조직위원회 의장 도스는 시카고박람회의 콘셉트를 "응용과학과 산업의 발전을 통해 가능해진 인류의 성취를 '극적'으로 연출하는(dramatize) 것"이라고 규정했다. 과학의 진보를 일상에서 실감하고 체험할 수 있게 한다는 개념이었다.

이처럼 시카고박람회는 명확한 주제를 표방한 최초의 세계박람회라 할 수 있다. 그동안 열린 박람회에 주제가 없었던 것은 아니지만 선명한 주제 의식을 명시하고 전시 내용과 방식까지 총체적으로 초점을 맞춘 경우는 없었다. 과거 박람회에서 흔히 사용되던 유사 품목 비교 전시나 시상 제도를 없앤 것도 큰 주제에 집중하려는 획기적인 발상의 전환이었다. 이러한 '테마 박람회(theme exposition)' 개념은 향후 엑스포에 큰 영향을 미쳤다.

시카고박람회는 1928년 BIE 결성 이후 공식 승인을 받은 첫 세계박람회였다. 박람회 조직위원회 대표는 1930년 12월 파리 BIE 본부를 방문해 공인을 요청했다. BIE는 31개국이 서명한 파리조약이 발효된 1931년 1월 그 첫 조처로 각 회원국에 시카고박람회 참가를 권고했다.

값싼 박람회장

1929년 10월 월 스트리트를 진앙으로 한 금융시장 붕괴와 함께 대공황(Great Depression)이 닥쳤다. 시카고박람회에는 심각한 위협이었다. 기업 부도와 대량 실업, 부동산 가치 폭락이 잇따르면서 정부의 재정 지원은 기대하기 어려워졌다. 암울한 사회 분위기도 문제였지만 재원 조달 방안마저 불투명해지자 박람회 개최를 포기해야 할 상황에 몰렸다.

그러나 대공황은 양날의 칼이었다. 경기 침체가 오히려 박람회 추진의 동력이 되는 반전이 일어났다. 박람회장 건설이 일자리를 대량 창출하는 프로젝트라는 점이 부각되면서 추진력이 되살아난 것이다. 값싸고 풍부한 인력, 저렴해진 건설자재 가격 등도 박람회 추진에 유리한 환경이었다. 기업인과 경제 단체가 중심이 된 박람회 주도 세력은 위기를 기회로 삼아 박람회를 성공시키자는 의지를 다졌다.

조직위원회는 결국 연방 정부와 주 정부 재정 지원을 포기하고 자체 재원 조달에 나섰다. 회원권 판매와 채권 발행이 유력한 방안으로 제시되었다. 회원권은 창립 회원 1인당 1000달러, 보통 회원 50달러로 가격을 책정하여 사실상 개인 후원금 형태로 판매됐다. 회비를 낸 후원자들은 아무런 반대급부가 없었음에도 어려운 시기를 무릅쓰고 세계박람회 개최에 기여한다는 자부심으로 적지 않은 돈을 냈다. 결국 대공황의 와중에도 박람회 조직위원회는 회원권 판매로 63만 4000달러, 채권 공매로 1000만 달러, 박람회장 사업 라이선스 계약을 통해 300만 달러를 모았다. 연방 정부는 미국관 건설과 전시에 100만 달러 정도만 썼을 뿐이다.

시카고박람회는 결국 정부의 재정 지원을 전혀 받지 않은 세계박람회라는 유례없는 기록을 남겼다. 주도 세력의 사업 수완과 공화당 정권인 허버트 후버(Herbert Hoover, 1874~1964) 정부의 보수주의 경제관이 두루 반영된 결과였다.

박람회 개막 전 경제 전문지 〈포춘(Fortune)〉은 "경기 침체로 인해 여름철에 산과 바다로 휴가를 떠날 중산층들이 상대적으로 값싼 박람회장에 많이 몰릴 것"이라고 예측했다. 예상은 적중했다. 시카고박람회에는 1933년과 1934년 두 시즌 동안 3800만 명 이상의 많은 관람객이 몰렸다. 시카고박람회는 암울한 대공황에 지친 미국 대중의 숨통을 터주는 구실을 했다.

바우하우스와 아르데코 기법의 현대적 건축물

박람회장은 40년 전 박람회 때보다 시카고 다운타운에 가까운 미시간 호반으로 낙점되었다. 호숫가를 따라 남북으로 띠처럼 길게 이어진 5킬로미터 길이의 부지였다. 동서 폭이 좁아 중앙 광장을 중심으로 부챗살처럼 펼쳐지는 전형적인 박람회장 레이아웃은 불가능했다. 역대 박람회장에 비해 규모가 작은 편이었음에도 관람객들이 길을 찾기가 불편했

오른쪽.
'미래의 집'이란 타이틀 아래 전시된 모델하우스 가운데 한 채를 관람객들이 둘러보고 있다.

다. 대형 건물들이 밀집된 형태로 들어설 수밖에 없었기 때문이다. 자동차를 몰고 온 방문자들의 편의를 위해 주차장이 설치된 것은 박람회 역사상 처음이었다.

건축물은 이전 박람회 때와 완전히 모습을 달리했다. 기존의 웅장하고 화려한 신고전주의 건축이 바우하우스와 아르데코(Art Deco) 건축 기법에 따른 현대적 양식으로 대체되었다. 교통 전시관 건물이 그 대표적 건물로, 38미터 높이의 12개 철근 탑에 연결된 현수(懸垂) 케이블이 돔 지붕을 지탱한 미래주의적 외양이었다.

이 밖에도 과학의 전당과 전력 전시관, 미국관 등 주요 전시관이 모두 실용적이고 현대적인 건축 양식으로 지어졌다. 건물의 색상도 밝고 대담한 23가지 색채를 사용하여 '무지개 시티(Rainbow City)'로 불렸다. 아르데코 기법에 입각한 전시관 설계 양식은

70미터 높이에서 박람회장을 순회한 스카이 라이드. 당시 시카고의 어떤 건물보다 높은 곳에 설치된 스카이 라이드는 모두 12차량이 운행되었고 차량 당 32명이 탑승할 수 있었다. 5개월 동안 아무 사고 없이 300만 명의 승객을 실어 날랐다.

5년 후 뉴욕박람회에서 보다 완성된 모습을 갖추게 된다. 그 밖에도 '미래의 집(Homes of Tomorrow)'이란 타이틀 아래 철근·유리·콘크리트 등 새로운 자재를 사용한 모델하우스 12채가 전시되어 현대 주택 양식의 이정표를 제시했다.

박람회장에는 관람객의 이동 편의와 전망을 위한 케이블카가 건설되었다. 600미터 간격으로 높이 190미터의 거대한 철근탑 2개를 세우고 고도 70미터에 탑승용 곤돌라를 매단 형태였다. 로켓 모양을 본뜬 곤돌라는 위아래 2개 층으로 운행했다. 탑승차에는 최대 32명이 탈 수 있었다. 케이블카에 탄 관람객들은 운행 시간 3분 동안 박람회장과 미시간호, 시카고 시내 전경을 즐겼다. '스카이 라이드(Sky Ride)'라는 이름의 이 케이블카는 박람회장의 명물이자 흉물이었다. 많은 사람들이 애용했지만 구조물이 지나치게 두드러져 미관을 해친다는 지적을 받았다. 특히 건축 전문가들의 비난이 거셌다.

훗날 자동차 브랜드가 된 GM관 안내 로봇 '폰티악 추장'

시카고박람회는 완성품보다 제품 공정을 전시하려고 애썼다. 전시 내용은 크게 순수과학과 응용과학으로 나뉘었다. 수학·생물학·화학·물리학·지질학·의학 등 기본 원리는 과학의 전당에, 실용적이고 구체적인 응용 분야는 교통 전시관, 전력 전시관, 농업관 혹은 기업 전시관에 배치되었다. 역대 박람회에서 발전을 거듭해온 디오라마(diorama, 배경을 그린 길고 큰 막 앞에 여러 가지 물건이나 모형을 배치한 후 조명을 이용해 실물처럼 보이게 하는 장치) 기법은 화면과 입체 모형을 활용한 3차원 전시에서 한 걸음 더 나아가 동영상을 곁들인 역동적인 파노라마 세트로

GM 전시관 내부의 모습. 자동차 조립라인에서 실제 GM 직원들이 일하고 있는 광경을 관람객들이 지켜보고 있다.

싱클레어 석유회사 전시관에서 만든 공룡 전시관. 1억 년 전 지구의 모습과 당시 생존했던 동물을 그대로 재현한 최초의 시도였다.

진화했다. 예컨대 철도 건설 역사를 다룬 전시물에서 초기 건설자들의 회의 장면이나 철로 개통 장면 등이 소리와 영상을 곁들여 흡사 그 자리에 있는 것처럼 생생하게 재연되었다. 이를 위해 텔레비전의 원형인 모니터도 개발되었다.

샌프란시스코박람회에 이어 기업 전시관들이 창의적 아이디어로 관람객들의 흥미를 돋우었다. 제너럴 모터스(GM) 전시관은 '폰티악 추장(Chief Pontiac)'이란 이름의 '로봇 원주민'이 관람객들의 안내를 맡아 인기를 끌었다. 첨단 산업 분위기를 한껏 살린 이 안내 로봇은 몇몇 간단한 질문에 대답까지 했다. 폰티악은 훗날 GM의 계열 브랜드명으로 채택되었다. GM은 경쟁사인 포드가 창시한 자동차 조립 라인을 다시 한번 선보였다. 싱클레어 석유회사(Sinclair Oil Company) 전시관은 석유 채취 과정에서 발견된 공룡 모형을 여럿 전시해 인기를 누렸다.

당시 박람회에 단골 메뉴처럼 등장하던 화려한 빛의 향연도 빠지지 않았다. 한층 발전한 전기 조명 기술 덕분에 집중도 높은 형광등과 네온 가스등이 박람회장을 환히 밝혔다. 박람회장에 설치된 1만 5000여 개 형광등과 서치라이트 등 3000여 개 투광(投光) 조명등은 웨스팅하우스(Westinghouse)와 제너럴 일렉트릭(GE)이 제공했다. 웨스팅하우스는 전력 전시관에 온갖 조명 기구로 장식한 21미터 높이의 조명탑 8개를 설치하여 인공 불빛의 장관을 연출했다.

금주법 해방감 만끽한 환락의 놀이공원 '미드웨이'

미드웨이(Midway)로 이름 붙은 놀이공원은 과거 박람회에 비해 규모가 작고 경계도 명확하지 않았다. 그러나 오락거리만큼은 역대 어느 박람회에도 뒤지지 않았다. 파리 거리를 재연한 중앙로를 따라 서커스와 뱀 쇼, 스트립 쇼, 핍 쇼, 각종 민속 공연, 나이트클럽, 댄스 홀, 누드촌, 카지노 등 온갖 유흥 시설이 들어서서 관람객들을 유혹했다. 오락성이 지나쳐 퇴폐적이라는 지적이 나올 정도였다. 놀이와 퇴폐의 경계를 넘나드는 통에 골치를 썩이기도 했다. 공연자들이 외설물 단속에 나선 경찰과 숨바꼭질을 벌이는가 하면 일부 오락 시설은 당국의 제재로 문을 닫기도 했다.

시카고박람회의 환락 분위기는 미국 역사에서 유명한 금주법의 폐지와 무관하지 않다. 미드웨이 곳곳에 금주법 폐지를 기념하여 공짜 맥주를 제공하는 업소들이 줄을 이었다. 납작한 휴대용 술병(hip flask)을 부츠에 감추고 다니며 몰래 홀짝이던 술(밀주라는 뜻의 'bootleg'란 말이 여기서 유래함)을 마음껏 마실 수 있게 됐으니 비록 경제는 어렵더라도 애주가들에게는 하루하루가 축제의 날이었다. 금주법은 1920년 수정헌법에서 주류 매매를 전면 금지시킨, 이른바 '숭고한 실험(Noble Experiment)'이었지만 술 밀조·밀매와 갱 조직 발호 등 부작용이 너무 많아 1933년 3월 프랭클린 루스벨트(Franklin D. Roosevelt, 1882~1945) 대통령에 의해 폐기되었다. 금주법은 재즈의 발달과 사회적 배경을 공유한다. '스피크이지(speakeasy)'라 불리는 밀주 판매 술집들이 곧 재즈의 무대가 되었고, 시카고는 뉴올리언스와 함께 재즈와 지하 술집의 중심지였다. 시카고에서 세계적인 재즈 뮤지션으로 떠오른 루이 암스트롱(Louis Armstrong)이 바로 이 시대의 상징 인물이다.

시카고박람회장에는 어린이 전용 놀이공원이 처음으로 등장했다. '마법의 섬(Enchanted Island)'이라 불리는 구역에는 미니어처 열차와 조랑말 목장, 인형 극장 등 어린이 놀이 시설이 빼곡히 들어섰다. 오락 시설과 함께 어린이 도서관과 전시물도 설치되어 박람회가 추구하던 교육 기능이 합쳐졌다. 전

아래.
스피크이지 혹은 블라인드 피그라고 불렸던 밀주 판매 술집에서 남자들이 밀주를 즐기고 있는 모습.

맨아래.
한 밀주 판매 술집을 경찰들이 급습한 장면.

문 요원들의 보살핌 덕분에 부모들은 자녀들 걱정 없이 마음껏 박람회를 즐길 수 있었다.

교육 측면에서 시도된 역사 전시물들은 놀이공원과는 또 다른 재미를 주었다. 에이브러햄 링컨과 조지 워싱턴의 생가, 식민지 초기 개척자들의 주거지, 성조기를 처음 만들어낸 베치 로스(Betsy Ross)의 집, 너대니얼 호손의 장편 소설 제목으로도 유명한 일곱 박공(博栱)의 집 모형 등 다양한 볼거리가 제공되었다. '1백만 년 전(A Million Years Ago)'이라는 제목의 디오라마 전시물은 고생대 지구 환경을 실물 크기로 고스란히 재현해 사람들을 탄복케 했다.

참가 외국관도 이색 전시물로 관람객들의 발길을 잡아끌었다. 벨기에는

논란 일으킨 샐리 랜드의 스트립 부채춤

시카고박람회 놀이공원인 미드웨이는 건전한 오락과 환락, 퇴폐의 경계선을 넘나들었다. 대표적인 볼거리가 유명한 배우이자 댄서였던 샐리 랜드(Sally Rand)의 부채춤 쇼였다. 랜드는 나체 전신에 흰 파우더를 바른 뒤 큰 타조깃털 부채를 들고 춤을 췄다. 부채로 주요 부위를 가렸다 슬쩍 보여주는 도발적인 춤이었다. 춤이 절정에 이른 순간 부채를 머리 위로 들어 전신을 노출했다.

랜드의 공연이 선풍적인 인기를 끌자 찬반 여론이 팽팽히 맞섰다. 그리스 조각을 연상케 하는 예술성이 인정된다는 옹호론과 저속한 외설 춤에 지나지 않는다는 비판론이 잇따랐다. 그러나 랜드는 세평에 아랑곳하지 않았다. 부채춤에서 한 걸음 더 나아가 분칠한 나체로 흰 백마를 타고 시카고 시내를 행진하는 새로운 쇼를 시도했다. 이 퍼포먼스로 랜드는 네 차례나 경찰에 연행됐다.

일련의 사건은 무성영화 배우였던 그녀를 일약 전국적인 유명 인사로 만들었다. 랜드는 이후 버블 춤을 선보였고, 1934년 제작된 영화 〈볼레로〉의 여주인공으로 발탁되어 부채춤을 추는 등 대중 연예인으로 출세가도를 달렸다. 샌프란시스코의 뮤직박스 극장을 사들이고 60대까지 각종 공연을 계속하다 1979년 75세를 일기로 사망했다.

그동안 박람회에 오락 기능이 확대되면서 밸리 댄스 등 이른바 '성의 상품화' 논란을 빚은 프로그램들은 더러 있었다. 그러나 시카고박람회는 여기서 한 걸음 더 나아가 성과 오락을 박람회의 히트 상품으로 활용했는데 이는 동시대 미국 사회의 개방적 풍토를 반영한 것이기도 했다.

정교한 유리 세공품을 출품했고, 독일은 구텐베르크 활자로 찍은 성서 진본을 전시했다. 멕시코관에서는 가죽 가공 공정을 시연했고, 중국관은 2만 8000개 나무 조각으로 만든 전통 사원 모형을 전시했다.

이듬해 '시즌 2'로 인기몰이 지속

시카고박람회는 주최 측이 의도한 대로 흥행에서 성공했다. 경제 공황에도 불구하고 관람객 동원과 수익 면에서 모두 만족할 만한 성과를 거두었다. 박람회장을 방문한 루스벨트 대통령은 박람회가 경기 침체기에 대중에게 큰 위안을 주었다고 평가하고 두 번째 시즌으로 박람회를 연장하면 어떻겠냐고 제안했다. 박람회 조직위원회에서도 같은 의견이 모아졌던 터였다. 결국 시카고박람회는 이듬해 6월부터 10월까지 연장 개최에 들어갔다. 대부분 임시 건

여전히 차별대우 받은 미국 흑인

20세기 초반까지 박람회의 단골 메뉴였던 '인종 전시'는 1920년대 이후로 자취를 감추었다. 하지만 인종 차별만큼은 여전했다. 미국 사회 갈등의 도화선인 흑백 차별 문제는 시카고박람회에서도 여실히 드러났다.

도스 조직위원회 의장은 박람회 준비 과정에서 흑인 민권 운동 지도자들을 만나 직원 고용 등에서 흑인 차별이 없을 것이라고 공언했다. 그의 말을 믿고 흑인 사회 지도층은 박람회 협조를 약속했다. 하지만 현실은 달랐다. 박람회 건설에서 흑인은 철저히 배제되었고, 사업권 계약에서도 화장실 운영이나 청소 정도만 흑인에게 돌아갔다. 전시 내용에서도 몇몇 대학 출품작을 제외하고는 흑인의 존재감을 거의 느낄 수 없었다.

놀이공원에서는 흑인을 비하하는 게임도 눈에 띄었다. 아프리칸 딥스라는 게임은 구멍에 공을 던져 맞추면 흑인 모형이 물에 빠지는 놀이였고, 흑인을 식인종이나 야만인으로 묘사한 놀이도 있었다. 8월에는 흑인의 날(Negro Day)을 선정하여 흑인 여성들만 참가하는 미스 브론즈 아메리카(Miss Bronze America)라는 미인 선발 대회가 열리기도 했다.

상황이 이렇게 돌아가자 일부 흑인 단체들은 조직위원회에 강력히 항의하며 박람회 보이콧 운동에 나섰다. 흑인들의 불만이 거세지자 일리노이 주 의회는 박람회에서 인종 차별이 일어나지 않게 하라는 성명을 채택했다.

물이었던 박람회장은 일부 개·보수를 거쳤다.

1934년 두 번째 시즌에서 눈에 띄는 변화는 포드 모터 전시관이 추가된 것이었다. 포드는 자신이 창안한 자동차 생산 라인 전시를 GM이 선점해버리자 전시관 건설 자체를 포기했다가 시카고박람회 대성공을 목격한 뒤 1934년 시즌에 뒤늦게 참여했다. 포드는 500만 달러를 들여 대규모 전시관을 짓고 두 번째 시즌에서 큰 인기몰이를 했다. 전시관에는 공연 시설까지 갖춰 디트로이트 심포니 오케스트라가 연주회를 열었다.

포드 전시관에는 '교통의 드라마(Drama of Transportation)'란 타이틀 아래 고대 이집트의 1인승 2륜 전차(戰車)부터 현대식 자동차까지 탈것 47종이 전시되었다. 모두 포드 개인의 소장품이었다. 센트리 룸(Century Room) 전시실은 포드가 디트로이트에서 자동차를 개발했던 워크숍을 재연하고 당시 첫 주행 시험에 나섰던 자동차를 전시하는 등 '자동차의 거인' 포드의 체취를 물씬 풍겼다. 헨리 포드는 세계박람회와 성취 궤적을 함께한 대표적인 인물이다. 그의 나이 30세에 열린 1893년 시카고박람회에서 영감을 얻은 그는 발명가가 되었고, 역대 박람회와 더불어 사업가로 성장했다.

1933년 시카고박람회 개요

공식 명칭	1933~1934년 진보의 세기 국제 박람회
	(A Century of Progress International Exposition, 1933-34)
주제	지난 1세기의 진보
장소	일리노이 주 시카고, 미시간 호반 공원 및 인공 섬
기간	1933년 5월 27일~11월 12일, 1934년 6월 1일~10월 31일
참가국	21개국
관람객	3887만 2000명 (1933년 2231만 7221명, 1934년 1655만 4779명)

05 벨기에

'욕심쟁이 군주'의 만행을 기념하라?

1935년 브뤼셀 박람회

벨기에는 19세기 말부터 여러 차례 크고 작은 박람회를 개최해왔다. 후대에 길이 남을 만한 '히트작'은 없었지만 박람회의 의미를 높이 산 단골 개최국임에는 틀림없었다. 그런 노하우를 바탕으로 또 한번 박람회 개최를 추진했다. 벨기에는 1935년 브뤼셀박람회를 신청했고, BIE 창립 이래 두 번째 개최 승인을 받아냈다. 벨기에는 브뤼셀 북부 하이젤(Heysel) 공원에 의욕적으로 새 박람회장을 건설했다. BIE가 회원국 초청에 적극 나선 덕분에 참가국은 비공식 5개국을 합쳐 모두 30개국에 달했다. 관람객 수도 2000만 명을 헤아리는 성황을 이뤘다.

욕심쟁이 벨기에 군주의 만행을 기리다

문제는 박람회 주제였다. 브뤼셀박람회는 '콩고자유국(Congo Free State) 창설 50주년 기념'이라는 다분히 시대착오적 주제를 내세웠다. 과거 제국주의 식민지 개척사 중 '가장 혹독하고 비인간적인' 수탈로 알려진 콩고 식민지 정책

'욕심쟁이 군주'로
불린 벨기에 왕
레오폴드 2세.

을 찬양하자는 소리나 다름없었다. 콩고자유국은 '욕심쟁이 군주'로 불렸던 벨기에 왕 레오폴드 2세가 1885년에 창설한 개인 소유 식민지였다. 아프리카 내륙에 벨기에 면적의 76배에 이르는 거대한 사유 영지를 만든 것이다. 더 큰 문제는 벨기에 지배자들의 착취와 악행이었다. 레오폴드 2세는 해외 식민지 개척만이 부국강병의 길이라 믿고 콩고 토착민들을 무자비하게 다루었다. 식민지 주민들을 고무나무 수액 채취 등 강제노동에 동원하고 생산 할당량을 채우지 못하거나 반항하면 신체를 절단하거나 사살하는 등 끔찍한 악행을 일삼았다. 이런 사실이 알려지면서 국제적인 비난이 일었고, 결국 1908년 자국 의회에서 통치 중단을 결의하기에 이르렀다. 그 결과 콩고자유국은 국가가 관장하는 '벨기에령 콩고'가 되었다가 1960년에 독립했다.

이처럼 비인간적인 식민지 개척사가 평화와 진보를 기치로 내세운 박람회의 주제로 등장했다는 것은 그 자체로 아이러니가 아닐 수 없었다. 전시 내용은 벨기에의 수준 높은 예술품이 주류를 이뤘는데 그중에는 콩고에서 가져온

벨기에 건축가 빅토르
부르주아가 설계한
아르데코 양식의 박람회
전당.

상아로 만든 공예품이 상당 부분을 차지했다.

　박람회장의 핵심 전시관은 벨기에 건축가 빅토르 부르주아(Victor Bourgeois, 1897~1962)가 설계한 아르데코 양식의 박람회 전당(Grand Palais)이었다. 건물 내부는 포물선 아치 형태로 청동 동상이 네 구석을 장식했다. 외국 전시관 중에서는 거장 르 코르뷔지에(Le Corbusier, 1887~1965)가 설계한 프랑스관이 이름을 날렸다. 박람회 전당 등 3개 건축물은 1958년 박람회 때 재활용되었다.

1935년 브뤼셀박람회 개요

공식 명칭	브뤼셀 국제 만국 박람회(Exposition Universelle et Internationale de Bruxelles)
주제	콩고자유국 창설 50주년 기념
장소	브뤼셀, 하이젤 공원
기간	1935년 4월 27일~11월 6일
참가국	30개국
관람객	2000만 명

06 프랑스

에펠탑 주변을 물들인
전쟁의 기운

1937년 파리 박람회

왼쪽에 죽은 아이를 팔에 안은 어머니가 울고 있다. 그 모습을 황소가 큰 눈을 뜬 채 내려다본다. 중앙에는 부상의 고통에 얼굴이 일그러진 말이 절규하고, 눈 모양의 등불이 마치 고문실의 전등처럼 말 머리를 비춘다. 그 아래로는 죽은 사람과 해골, 잘린 팔다리가 널려 있다. 죽은 병사의 손바닥에는 예수의 수난을 상징하는 순교의 흔적이 새겨져 있다. 오른쪽엔 화염에 휩싸여 공포에 질린 사람의 모습이 보인다.

스페인 내전의 참화를 형상화한 역작 '게르니카'

스페인 화가 파블로 피카소(Pablo Picasso, 1881~1973)의 대표작 〈게르니카 (Guernica)〉다. 가로 777센티미터 세로 349센티미터의 이 벽화는 1937년 파리 박람회장의 스페인관에 걸려 세계적 명성을 얻었다. 이 그림은 스페인 내전 당시 독재자 프랑코를 지지하던 독일군이 1937년 4월 26일 스페인 바스크 지방의 작은 마을 게르니카 일대를 폭격함으로써 빚어진 참상을 표현했다. 피카소가 스페인 정부로부터 전시관 벽화 제작을 의뢰받은 것은 박람회 개최 몇 년 전이었는데, 어떤 이유에서인지 벽화 제작을 미루다가 게르니카 피폭에서 영감을 얻어 한 달 반 만에 작품을 완성했다고 한다.

스페인 북부의 작은 마을이었던 게르니카 일대를 폭격하여 빚어진 참상을 표현한 피카소의 〈게르니카〉. 뉴욕 현대미술관이 1981년 스페인에 반환했다.

피카소는 전화에 휩싸인 조국의 모습을 그리되 사실적 묘사보다 입체파(cubism) 기법의 파괴적 구조와 검정색·흰색·회색의 비극적 색조를 사용했다. 그림은 투우(鬪牛)와 말 등의 상징성을 빌어 시공을 초월한 인도주의 메시지를 전달했다는 평가를 받았다. 〈게르니카〉는 오늘날까지 세계박람회를 위해 요청 제작된 예술품 중 최고의 회화 작품으로 꼽는다. 이 작품은 파리박람회 이후 유럽과 미국 각지를 옮겨 다니며 전시되다 1981년 다른 몇몇 피카소 작품과 함께 스페인으로 되돌아가 현재 마드리드 소피아여왕박물관에 전시되어 있다.

당시 파시즘 독재 세력인 프랑코와 치열한 내전을 벌이던 스페인 공화 정부는 국제적 지지를 얻기 위해 파리 박람회장에 자체 전시관을 지어 호소력 높은 일련의 예술품을 전시했다. 피카소뿐 아니라 스페인 최고의 예술가들이 그 대의에 동참했다. 전쟁을 배경으로 한 또 다른 작품 〈사신(死神)〉을 출품한 초현실주의 화가 미로(Joan Miró), 영화감독 루이스 브뉴엘(Luis Bunuel), 건축가 호세 루이스 세르트(Jose-Luis Sert), 라 카사(L. La Casa) 등이 그들이었다. 2층짜리 직사각형 건물인 스페인관은 아방가르드적인 건축물로 호평을 받았다.

나치의 독수리, 소련의 낫과 망치와 맞서다

파리박람회에 드리운 전쟁의 그늘은 스페인관에 국한된 것이 아니었다. 나치

에펠탑을 사이에 두고 정면으로 마주본 소련과 독일의 전시관은 극단적 좌우 이념이 대결하는 이미지로 세계인들에게 전달되었다. 왼쪽이 독일관, 오른쪽이 러시아관이다.

독일 전시관과 소련(USSR) 전시관은 에펠탑을 사이에 두고 정면으로 마주 선 위치에 서로 대결하듯 세워졌다. 양국 전시관은 극단적 좌우 이념이 맞서는 이미지로 세계인들에게 전달되었다. 두 나라 전시관의 대결 구도는 평화와 진보의 이념 아래 세계 각국이 공존·협력한다는 세계박람회 취지와 상반된 것이었다. 개최 일정이 계속 늦춰졌음에도 박람회 개막에 맞춰 완공된 참가국 전시관은 이 두 건물뿐이었다.

두 전시관은 건축 콘셉트부터 평화 공존과는 거리가 멀었다. 소련관 옥상에는 거대한 남녀 조각상이 세워졌다. 집단농장 콜호스(kolkhoz) 노동자들을 형상화한 이 조각은 소련 공산혁명의 상징인 망치와 낫을 든 손을 하늘 높이 쳐든 전투적인 모습이었다. 남녀 노동자상은 미학적 비율을 무시하고 건물 전체를 압도해 마치 건물이 조각상의 기단처럼 보일 정도였다.

1940년 독일이 파리를 점령한 이후 아돌프 히틀러가 독일 장교들과 함께 에펠탑을 배경으로 걸어가고 있다.

독일관은 150미터 높이의 직사각형 탑 모양의 건물이었다. 그 위에 나치의 상징인 독수리가 만자 무늬(卍, swastika) 심벌을 발톱으로 움켜쥔 모습의 조각이 세워졌다. 독일관을 설계한 히틀러의 측근 건축가 알베르트 슈페어(Albert Speer, 1905~1981)는 전시관 설계 협의차 파리를 방문했다가 우연히 소련 전시관 설계 스케치를 보고는 그것이 독일 침공을 형상화한 것이라고 해석했다. 그는 공산주의로부터 독일 민족을 방어한다는 방벽 개념에서 이 독수리 탑을 설계했다고 자신의 회고록에서 밝힌 바 있다.

독일관 내부에는 사원 건축과 요새 축성 등 게르만 민족의 시대별 문화와 기술이 주로 전시되었다. 소련관은 1917년 10월 혁명 20주년을 기념하여 사회주의의 우월성을 강조하는 이념적 전시물이 주류를 이뤘다.

두 건물은 주제 전시관과 주요 참가국 전시관이 들어선 에펠탑 일대를 압도했다. 이 박람회를 위해 새로 건축된 샤요 궁 테라스에서 내려다보면 오른쪽의 소련관과 왼쪽의 독일관이 언제라도 맞붙을 기세로 마주서 일촉즉발의 긴장감을 자아냈다. 샤요 궁은 3년 뒤인 1940년 독일이 파

독일관 내부의 모습.

리를 점령하고 난 뒤 아돌프 히틀러가 파리를 굽어본 장소로 유명하다. 에펠탑을 배경으로 찍은 당시 히틀러의 사진은 2차 세계대전을 상징하는 이미지로 세계인들의 기억에 남았다.

결정론적 시각이지만 2차 세계대전의 전운은 파리에서 전조를 드러냈다. 1937년 파리박람회는 이처럼 모순과 비극을 배경으로 무대에 올랐다.

모더니즘에 고전미를 더한 이색적인 샤요 궁

37년 만에 파리에서 열린 박람회는 7년여에 걸친 준비 과정에서 숱한 우여곡절을 겪었다. 1930년대 초반 미국에서 시작되어 전 세계를 휩쓴 대공황의 여파 탓이었다. 1937년 파리박람회는 예술계에 큰 영향을 미친 1925년 장식 미술 전람회의 성과를 산업 전 분야에 확산시키자는 구상에서 출발했다. 장식 미술 전람회는 아르데코 등으로 상징되는 기능성, 실용성과 전위성, 그리고 생활과 예술과 산업이 접목된 시대의 표상을 명징하게 드러낸 전환기적인 행사였다. 프랑스 정부는 1932년 2월 박람회 개최를 확정짓고 같은 해 10월 BIE에 개최 신청을 냈다. 프랑스는 당시 극심한 인플레이션과 실업 사태에 시달리고 있었다. 재정난에 부닥친 프랑스 정부는 1935년 1월 박람회 철회를 선언했다. 그러자 파리 시의회를 중심으로 박람회가 오히려 경제 위기를 극복할 수 있는 사업이라는 강력한 반론이 제기되면서 6개월 만에 다시 개최 쪽으로

선회했다. 파리박람회는 1934년 10월 BIE에 오늘날의 '인정 박람회'와 비슷한 '카테고리 2 박람회'로 등록되었다. 하지만 실제 내용은 모든 산업 분야를 망라했다. 과거 파리박람회와 다른 점이라면 '인류의 성취' 같은 거창한 구호보다 '현대 생활에 구현된 기술'로 주제가 실용화되었다는 것이다.

전통의 샹드마르스 박람회장 주 출입구에는 평화의 기둥과 트로카데로 궁을 일부 헐고 샤요 궁을 세웠다. 1878년 처음 건립된 트로카데로 궁은 건물 중심부를 헐어 중앙 홀을 지하로 옮겼다. 샤요 궁은 모더니즘을 '고전화'한 독특한 건축 양식의 테라스로 단장되었다. 박람회 조직위원회가 현대 건축 양식보다 전통적인 신고전주의를 선호한 탓에 나타난 절충의 결과였다. 이는 새로 건립한 현대미술박물관에도 적용되었다. 센 강 북쪽 기슭에 지어진 박물관에는 14~19세기 프랑스의 회화, 조각, 판화, 태피스트리, 문학작품 초고, 미사 전례서, 상아 공예품 등이 전시되었다. 반 고흐(Van Gogh)의 작품을 모은 별도 전시실도 마련되었다.

샤요 궁 테라스는 평화의 기둥 출입구와 계단으로 이어졌고, 광장 지하에는 2000석의 극장이 들어섰다. 정원과 분수는 60여 명의 미술가와 조각가가 장식을 맡았다. 당대 유럽 최고의 지식인으로 손꼽히던 폴 발레리(Paul Valéry, 1871~1945)가 샤요 궁 초석에 헌시를 썼다. 센 강에서는 분수의 향연이 펼쳐졌다. 최고 높이가 60미터인 다양한 형태의 분수 200개가 강물 위에 설치되어 각종 음악에 맞춰 만화경 같은 황홀한 장면을 연출했다. 이 분수는 유람선이 지나갈 때면 물속으로 가라앉도록 만들어졌다.

샤요 궁과 현대미술박물관을 제외한 다른 전시관에는 과감한 모더니즘 건축 양식이 시도되었다. 알루미늄 전시관이 그 대표적 사례다. 이 전시관은 일부가 철재 프레임으로 된 것 말고는 완전히 유리로만 지어졌다. 곡면 유리와 속이 빈 유리 벽돌과 유리 마루 등이 사용되었고 심지어 실내 가구도 유리로 만들어졌다. 알루미늄이 세상에 첫선을 보인 것은 1855년 파리박람회 때였다. 당시만 해도 희귀 재료로 여겨지던 알루미늄이 이제는 자체 전시관을 확보할 정도로 쓰임새가 보편화된 것이다. 이 밖에 라디오 전시관, 플라스틱 전시관, 리놀륨 전시관이 마련되어 과학 기술의 실용성을 실감케 했다.

유리 돔으로 지은 비행기 전시관에는 1차 세계대전을 거치며 비약적으로 발전한 단엽 프로펠러 비행기가 공중에 매달린 상태로 전시되었다. 전시관 한편에는 관람객들이 좌석에 앉아볼 수 있는 비행기도 있었다. 영화 전시관에는 가로 90미터, 세로 10미터짜리 시네마스코프가 설치되어 와이드 스크린으로 최신 상업 영화를 즐길 수 있었다.

센 강을 사이에 둔 에펠탑과 샤요 궁 일대는 화려한 조명으로 꾸며져 밤마다 '불빛의 도시'로 다시 태어났다. 에펠탑에는 당시 신개발품이던 네온 등이 1만 개가량 설치되었고, 수많은 풍선이 컬러 스포트라이트를 받아 밤하늘을 수놓았다. 에펠탑에서는 불꽃을 쏘아 축제 분위기를 한껏 돋우었다. 유원지와 식당가 등의 오락 구역은 앵발리드 돔 앞에 마련되었다. 모터 보트 경주, 꽃의 축제, 댄스 페스티벌, 경마 대회, 세계 권투 선수권 대회, 포도 수확 페스티벌 등 박람회 기간 중 다채로운 행사가 잇따라 열렸다.

핀란드를 대표하는 국민 건축가 알바 알토Alvar Aalto(1898~1976)가 만든 사보이 꽃병. 디자인 애호가들이 탐내는 아이템으로 이 꽃병은 파리박람회에 출품한 작품이라는 연유로 '파리 오브제'로도 불린다.

1937년 파리박람회 개요

공식 명칭	현대생활 예술·기술 국제 박람회
	(Exposition Internationale des Arts et Techniques dans la Vie Moderne)
주제	현대 생활에 응용된 예술과 기술
장소	파리, 샹드마르스 센 강변 일대
기간	1937년 5월 25일~11월 25일
참가국	46개국
관람객	3104만 955명

07 미국

"지상 최대의 쇼"가 열리다

1939년 뉴욕 박람회

"박람회의 눈은 미래를 바라보고 있습니다. 미지의 세계를 엿보거나 장래에 일어날 일을 예언하기 위함이 아닙니다. 내일을 준비하는 오늘의 시각을 새로운 방식으로 명확히 제시하려는 것입니다. 박람회는 관람객 여러분께 이렇게 말합니다. 오늘의 세계를 움직이는 아이디어와 동력과 물질이 여기 있습니다. 바로 미래의 세계를 만들어갈 도구입니다. 이 흥미로운 도구들을 여러분 앞에 흥미롭게 펼쳐 보이는 데 많은 노력이 들었습니다. 오늘을 확실히 아는 것이 미래에 대한 가장 좋은 준비입니다."

1939년 뉴욕 세계박람회 공식 안내책자에 실린 서문이다. 한마디로 오늘의 성취를 통해 내일의 모습을 본다는 얘기다. 세계박람회의 문명사적 의미를 이처럼 알기 쉽게 규정한 글도 드물 것 같다. 20세기 중반 미국이 도달한 과학 기술 문명이 미래 세계의 좌표가 되기에 부족함이 없다는 자신감의 표출이기도 했다. 미국은 마침내 세계 최대의 도시에서 '지상 최대의 쇼'를 개최함으로써 미래 세계의 선도자를 자처하고 나섰다.

'미래주의'와 '역사적 성취'의 갈림길에서

뉴욕박람회가 당대의 기술 문명을 강조한 것은 상징적 의미가 있다. 이전의 박람회가 대체로 지나간 과거의 성취를 모아 정리했다면 뉴욕박람회는 동시대 문명의 실체에 초점을 맞췄다. 2차 세계대전을 기점으로 박람회의 흐름은 이른바 미래주의로 기울었다. 뉴욕박람회는 전통에서 미래로 넘어가는 전환점이자 기존 방식이 남아 있던 마지막 박람회였다고 할 수 있다.

뉴욕박람회는 '미래'라는 주제를 전면에 내세운 최초의 세계박람회였다. 그런데 아이러니한 점은 '미래 세계의 건설(Building the World of Tomorrow)'을 주제로 삼았음에도 '조지 워싱턴의 취임 150주년 기념'이라는 타이틀을 달아 기존 방식을 답습했다는 사실이다. 초대 대통령 취임이 미국의 실질적 생일이고 당시 미국의 수도가 뉴욕이었다는 역사성을 내보이고 싶은 속내를 떨치지 못했던 것이다.

이 점은 사실 박람회 추진 과정에서 상당한 논란이 됐다. 뉴욕박람회 추진 주체는 1935년 10월 유력 사업가와 퇴직 공직자 등이 만든 뉴욕세계박람회공사(New York World's Fair Corporation)였다. 이 조직 지도부 중 전통주의자들은 박람회 주제로 초대 대통령 취임 기념을 선호했고 기능주의자들은 미래 건설을 밀었다. 대세는 미래 주제로 기울었고 결국 박람회장 콘셉트는 이에 맞춰 진행되었다. 그러나 역사성을 완전히 배제할 수는 없었다. 결국 역사 기념 행사를 일부 포함시키면서 두 가지 성격을 봉합한 형태가 되었다.

사업가 출신인 그로버 왈렌(Grover Whalen, 1886~1962)이 회장을 맡은 뉴욕세계박람회공사는 1933년 시카고박람회의 전례를 따라 회원권 판매와 채권 발행, 기부금을 통해 재원을 조달했다. 4퍼센트 이자를 보장한 채권은 불티나게 팔려 2700만 달러가 확보되었다. 대공황에서 벗어난 미국의 사업가들과 뉴욕 시는 인프라 건설 및 사업권 라이선스에 2600만 달러를 투자했다. 왈렌 회장은 유럽을 수차례 방문하여 주요 나라의 참여를 약속받았고, BIE에 2급

(Class 2) 국제 박람회로 등록했다.

100년 너머 2039년 미래도시를 바라보다

박람회장은 퀸즈(Queens) 지역의 쓰레기 처리장이던 플러싱 메도(Flushing Meadows)로 선정되었다. 뉴욕 시는 492만 제곱미터 부지를 개발해 박람회장으로 쓴 뒤 이곳을 맨해튼의 센트럴 파크 같은 공원으로 만들겠다는 계획을 세웠다. 박람회장은 역대 세계박람회 중 가장 컸던 1904년 세인트루이스박람회에 이어 두 번째로 큰 규모였다.

박람회장 중앙에는 미래주의의 상징물이 세워졌다. 박람회장 어디서나 보이는 213미터 높이의 삼각뿔형 탑과 지름 61미터짜리 공 모양 구조물이었다. 두 거대한 기념물은 형상에 어울리도록 각각 트릴론(Trylon)과 페리스피어(Perisphere)라는 이름을 얻었다. 미국 언론은 에펠탑 이래 가장 인상적인 랜드마크라고 치켜세웠다. 〈뉴욕타임스〉는 이 기념물의 외양에 빗대어 '달걀과 압정'이라는 애칭을 붙여주기도 했다. 트릴론과 페리스피어는 미국 정부가 발행하는 기념우표를 비롯하여 모든 박람회 관련 자료에 상징물로 등장했다. 당시 뉴욕에 연고를 둔 프로 야구팀 다저스, 자이언츠, 양키스 세 팀은 1938년 시즌부터 두 상징물을 소매에 그려넣은 유니폼을 입고 경기를 했다.

트릴론은 뾰족한 오벨리스크로서 실용적 기능이 없었던 반면 페리스피어는 그 안에 환상적인 테마 전시관을 갖추었다. 트릴론을 구경한 관람객들은

페리스피어로 들어가는 곡선 진입로 헬리클라인의 모습. 트릴론을 구경한 관람객들은 세계 최장 길이의 에스컬레이터를 타고 20미터 높이까지 올라간 뒤 275미터의 곡선 길을 따라 페리스페어로 들어갔다.

당시 세계 최장 길이를 자랑하던 에스컬레이터를 타고 20미터 높이까지 올라간 뒤 헬리클라인(Helicline)이라 불린 275미터의 곡선 길을 따라 페리스피어로 들어갔다. 테마 전시관

에 들어서면 원구의 바닥과 벽에 영상과 음악과 빛으로 100년 뒤인 2039년의 도시 모습을 구현한 디오라마 쇼가 6분 동안 펼쳐졌다. 저명한 산업 디자이너 헨리 드레이퍼스(Henry Dreyfuss, 1904~1972)가 제작한 데모크리시티(Democricity)란 이름의 가상 도시 이야기였다.

1939년에 바라본 2039년 도시의 모습은 위에서 내려다보는 전면 조감 모델이었다. 당시 라디오 진행자로 인기가 높던 기자 칼텐본(H. V. Kaltenborn)이 해설자로 나섰다. 데모크리시티의 특징은 환경 훼손을 최소화하기 위해 집과 공장과 관공서 등이 가까운 거리에 모여 있고, 교외 강가에 지어진 발전소에서 도시 전체에 전력을 공급하는 것이었다. 이 가상 도시 이야기의 하이라이트는 미래주의적인 음악과 함께 수많은 노동자가 줄지어 행진하다 원을 그리며 여러 빛으로 융합되는 이미지였다. 관객들은 2개 층의 회전 발코니에

페리스페어의 테마전시관에서 상영된 디오라마 쇼를 감상하는 관람객들. 원구의 바닥 부분과 벽에 영상과 음악과 빛으로 100년 뒤 2039년의 가상 도시가 구현되었다.

서서 원구를 한 바퀴 돌며 관람했다. 데모크리시티는 미래에 대한 단순한 공상을 넘어 과학 기술의 진보와 민주주의의 발전이 미래 세계를 만들어갈 무한한 동력이 될 것임을 설득하는 다분히 정치적인 메시지를 담고 있었다. 트릴론과 페리스피어는 박람회가 끝난 후 철거되었다가 2차 세계대전 중 미군의 군용 장비로 재활용되었다.

뉴욕 박람회장은 트릴론과 페리스피어를 중심으로 방사형으로 각 구역이 배치되었다. 7개 주제별 섹터는 생산 및 배급, 교통, 커뮤니케이션, 식품, 커뮤니티 관심사, 오락 등으로 나뉘었다. 중앙로인 콘스티튜션 애비뉴(Constitution Avenue) 주변에는 22개 참가국 전시관이 들어섰다. 300여 개 전시관은 돔, 타워, 파일론(pylon), 피라미드 등 다양한 형태로 아르데코 기법의 현대적 양식

이 주조를 이뤘다. 외부 장식을 최소화하고 창문을 설치하지 않은 단순한 외양의 전시관들은 관람객들로 하여금 미래 세계에 발을 들여놓은 것 같은 환상을 불러일으켰다.

박람회장에서 규모가 큰 건물은 역시 '자본주의의 얼굴'인 미국의 기업 전시관들이었다. GM, 포드, 크라이슬러 등 이른바 '빅3' 자동차 제조업체를 비롯해 통신 회사 AT&T, 코닥, IBM, 미국 제철(US Steel), RCA, 제너럴 일렉트릭, 웨스팅하우스 등 쟁쟁한 대기업들이 전시관을 꾸미며 미래 세계 건설의 주역임을 과시했다. 미국의 거대 기업들은 실제로 대중에게 자신들의 힘을 빌지 않고는 박람회에서 제시하는 찬란한 미래도 없으리라는 강렬한 확신을 주입했다.

서기 6939년에 개봉 예약된 '타임캡슐'

뉴욕박람회는 '미래 세계의 건설'이라는 주제에 걸맞게 먼 훗날 세대에 보내는 선물을 마련했다. 당대의 물건을 담아 묻은 타임캡슐이었다. 개봉일은 자그마치 5000년 뒤인 6939년으로 설정됐다.

웨스팅하우스 전시관 앞 기념탑 아래 15미터 지하에 묻힌 타임캡슐은 웨스팅하우스가 부식되지 않는 합금으로 제작한 2.3미터짜리 통이었다. 타임캡슐 안에는 1939년 시대상을 대표하는 물건 35가지가 담겼다. 자명종, 미키마우스 손목 시계, 깡통 따개, 큐피(Kewpie) 인형, 여성용 모자, 야구공, 질레트(Gellette) 안전 면도기, 카멜(Camel) 담배, 1달러짜리 동전, 나이프, 포크, 스푼 등 생활용품과 신문, 〈라이프(Life)〉 등 잡지, 아인슈타인의 책 등 간행물이 포함됐다.

옥수수·콩·보리·쌀·면화 등 12개 농작물 씨앗은 유리관에 밀봉되어 묻혔다. 개봉년 숫자에 맞춰 6939명의 시민들이 쓴 메시지도 담겼다. 또 과학·기술·산업·예술·교육 등 각 분야의 현황을 담은 글과 사진을 마이크로필름에 담아 이를 볼 수 있는 마이크로스코프 기기와 함께 넣었다. 마이크로필름에 담긴 정보의 양은 한 번 읽는 데만 일 년 이상 걸리는 방대한 양이다.

관람객들은 타임캡슐과 그 수장품을 전시된 복사본을 통해 볼 수 있었다. 박람회공사는 타임캡슐이 묻힌 자리에 표지석을 세우고 타임캡슐에 관한 기록물을 3000부 찍어 공공 도서관과 박물관에 배포했다.

세계 최초의 텔레비전 중계 개막식…아인슈타인의 연설

"박람회에 온 사람들은 미국의 눈이 미래를 향하고 있음을 알았을 것입니다. 우리의 역마차는 이제 우주의 별로 방향을 잡았습니다. 그 별은 국제사회의 호혜와 인류의 진보, 더 큰 행복, 그리고 무엇보다 평화의 별입니다."

1939년 4월 30일 일요일 저녁 프랭클린 루스벨트 대통령의 뉴욕박람회 개막 연설이 박람회장은 물론 텔레비전과 라디오를 통해 가정에 울려 퍼졌다. 박람회장에 모인 20여만 명의 시민은 세계 최초로 상업 텔레비전 방송이 공중파를 탄 역사의 현장을 지켜보았다. NBC방송은 개막식 중계를 첫 정규 편성 방송으로 내보냈다. RCA가 개발한 기술과 세계 최고층 건물이던 엠파이어스테이트 빌딩의 송신탑을 이용했다. 바야흐로 텔레비전의 시대가 열린 것이다. 뉴욕 시 일대로 송출된 이날 방송은 당시 보급된 200대의 텔레비전 수상기를 통해 1000여 명이 지켜보았다. 세계박람회는 이렇게 첫 상업 텔레비전 방송이라는 새로운 역사를 썼다.

평화의 미래상을 강조한 루스벨트의 개막 연설과는 대조적으로 그 무렵 유럽은 독일군의 프라하 진주 등으로 이미 개전 상태에 돌입해 있었다. 뉴욕박람회는 인류 역사상 최악의 전쟁과 파멸 전야에 열린 축제와도 같았다.

개막 연설이 끝나자 과학자의 대표격으로 앨버트 아인슈타인(Albert Einstein, 1879~1955)이 우주 광선에 관한 연설을 했다. 이어 축하 행사를 여는 화려한 조명 쇼가 펼쳐졌다. 밴드가 울리고 축하 행렬이 이어졌다. 행렬의 선두는 백마가 끄는 마차에 탄 조지 워싱턴 대통령 모형이었다. 각 나라의 민속 의상과 산업 분야별 유니폼을 입은 사람들, 군인과 박람회장 건설 노동자들이 그 뒤를 따랐다. 퍼레이드에 이어 15미터 높이의 조지 워싱턴 동상이 제막되었고, 조지 워싱턴으로 꾸민 대역 배우가 초대 대통령의 취임 연설을 재연했다.

규모가 가장 큰 주제 섹터는 중앙의 상징탑 남쪽에 자리 잡은 교통 구역(Transportation Zone)이었다. 특히 '퓨처라마(Futurama)'라 불린 GM 전시관이 인기 코스였다. 퓨처라마에서는 페리스피어에서 상영하던 것과 유사한 3250제곱미터짜리 대형 영상 쇼가 펼쳐졌다. 관람객들은 회전의자에 앉은 채로 위에서 내려다보도록 되어 있었다. 영상 쇼는 20여 년 후인 1960년대의 미국 풍경을 그린 디오라마였다. 주택 50만 채, 나무 100만 그루, 각종 자동차 5만 대, 고속도로와 산, 강, 농장, 공장, 도시 등이 정교한 미니어처로 연출되었다. 어찌나 세밀하게 묘사해놓았는지 7차로 고속도로에 50·75·100마일 제한속도까지 표시해

GM 미래 전시관 퓨처라마에서 관람객들이 미래 도시의 모습을 내려다보고 있다.

놓았을 정도였다. 자동차 제조사의 작품답게 고속도로 등 도로망이 강조되었고, 원격 조종으로 움직이는 자동차 모형도 설치되었다.

하루 평균 2만 7500명이 관람한 이 전시물은 미래 세계에서 고속도로가 산업과 생활의 중추 역할을 할 것임을 눈으로 확인시켜주었다. 우아한 전경과 고층 건물, 다면적 교통 시스템, 공공시설과 공원, 주거 지역 등이 쾌적하게 배치된 도시 계획 디자인도 높이 평가되었다. 영상 쇼의 절정은 시청각 효과를 통해 관람객들이 마치 도시 안에 있는 듯 느낄 수 있게 한 대목이었다. 쇼를 보고 나온 관람객들은 GM의 최신형 모델 자동차를 둘러보았고, '나는 미래를 보았다'는 문구가 새겨진 잎사귀 모양 배지를 기념품으로 받았다.

포드 전시관은 관람객들이 최신 자동차 모델을 직접 운전해볼 수 있는, '미래의 길'이란 나선형 시험도로를 설치했다. 이와 함께 향후 모터쇼의 전형이 된 회전식 원형 무대 위에 새 모델 자동차를 전시했다. 철판 제작부터 완성차까지 일괄적으로 진행되는 생산 라인도 보여주었다. 모두 창업자 헨리 포드의 아이디어로 제작된 것이었다. 박람회 기간 중인 6월 16일은 포드 사 창설 36주년 기념일이었다. 포드는 이날 생산 기록 270만 대째 차를 전시관에서 소개했다. 뉴욕박람회와 동시에 샌프란시스코에서 열리고 있던 골든게이트 국제 박람회장에서 생산된 뒤 대륙을 횡단해 달려온 신형차였다.

소비 욕망의 극대화… 달리의 '비너스의 꿈'

뉴욕박람회를 대표한 개발품은 텔레비전 수상기와 로봇, 에어컨디셔너, 전자계산기, 나일론 등이다. 이들 전시물은 그저 신기하기만 한 호기심의 대상이 아니라 머잖아 일상생활에 보편화될, 소비자의 손길을 유혹하는 기술 문명의 이기였다. 특히 RCA 전시관의 텔레비전은 누구나 갖고 싶어 한 꿈의 기기이

자 뉴욕박람회의 최고 인기 품목이었다. 텔레비전은 브라운관 등 내부를 들여다볼 수 있도록 투명한 플라스틱 틀 안에 넣어 전시되었다. RCA의 텔레비전이 본격적으로 팔린 건 2차 세계대전 직후인 1945년 말부터였다. IBM 전시관은 펀치 카드를 사용하는 전자계산기와 전동 타이프라이터를 선보였다.

뉴욕박람회의 최고 인기 코스였던 RCA 전시관의 텔레비전을 관람객들이 둘러싸고 있다.

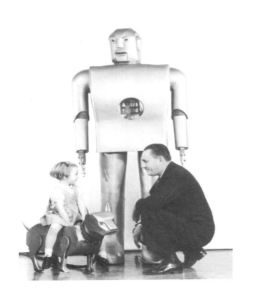

일렉트로를 만든 웨스
팅하우스의 엔지니어
조셉 바넷이 애완견
로봇 스파코를 타고
있는 자신의 딸과 함께
무대에 등장했다.
일렉트로는 담배를
피우고 색깔을 구별하는
등 서른 여섯 가지
작업을 수행할 줄
알았다.

오른쪽.
초현실주의 화가
살바도르 달리가 바닷속
세계를 주제로 만든
'비너스의 꿈' 전시관의
입구. 관람객들은
물고기 모양 티켓
부스에서 입장권을
구입한 후 들어갔다.

웨스팅하우스가 제작한 '일렉트로(Elektro)'란 이름의 로봇도 화젯거리였다. 이 로봇은 관람객과 악수하고 대화까지 나눠 인기를 끌었다. 로봇은 1933년 시카고박람회에 원시적 형태로 처음 등장한 이후로 성큼 진화했다. 키 2.1미터인 이 로봇은 걷고 움직이는 것은 물론 담배를 피우고 색깔을 구별하고 손가락으로 숫자를 헤아리고 명령을 수행하는 등 36가지 작업을 수행할 줄 알았다. 일렉트로는 스파코(Sparko)라는 이름의 로봇 애완견도 데리고 다녔다.

참가국 전시관(Hall of Nations) 또한 흥미로운 볼거리였다. 영국은 한꺼번에 1만 3000명이 관람할 수 있는 대규모 전시관을 세웠다. 영국 의회 정치의 기틀이 된 대헌장(Magna Carta) 원본과 왕실 기물, 9000종에 이르는 영국 전함 모형 등이 주요 전시물이었다. 미국 각 주와 연방 정부가 세운 26개 전시관에는 독립 선언문이 채택되었던 건물의 모형 등 다양한 미국 역사물이 전시되었다. 소련 전시관은 55미터 높이의 대리석 기둥 위에 붉은 별을 오른손에 든 24미터짜리 노동자 상을 세워 사회주의 분위기를 한껏 고조했다. 1937년 파리박람회 소련관 설계자인 보리스 이오판(Boris Iofan, 1891~1976)의 작품이었다. 벨기에관은 식민지 콩고에서 채굴한 휘황찬란한 다이아몬드를 선보였다.

오락 구역에는 롤러코스터 등 역대 박람회에서 개발된 온갖 놀이 시설이 들

어섰다. 그중 두드러진 건물은 초현실주의 화가 살바도르 달리(Salvador Dali, 1904~1989)가 바닷속 세계를 주제로 만든 '비너스의 꿈(Dream of Venus)' 전시관이었다. 물고기 모양의 티켓 부스에서 입장권을 끊고 들어가면 거대한 물탱크 안에서 거들과 그물 스타킹을 입은 인어들이 헤엄치고 가슴을 드러낸 비너스가 빨간 새틴 침대에 누워 있는 에로틱한 장면을 볼 수 있었다.

개발업자에게 '대박' 안겨준 낙하산 점프

뉴욕박람회 오락 구역에서 가장 인기 있는 놀이기구는 80미터 상공에서 낙하산을 타고 떨어지는 스릴 만점의 '패러슈트 점프(Parachute Jump)'였다. 엘리베이터를 타고 낙하대까지 올라가는 데 1분, 2인 1조로 낙하산을 타고 내려오는 데 20초가량 걸렸다. 좌우로 흔들리거나 이탈하는 것을 막기 위해 유도철선을 장착했다. 낙하산은 늘 펼쳐진 상태의 모습이었고 2명이 타는 낙하산 '좌석'에는 완충기가 장착되어 착륙할 때 충격을 흡수했다. 12개 고공 낙하대 중 11개를 운영하고 1개는 균형 유지를 위해 비워두었다.

이 놀이기구는 낙하산 개발 초기 미군이 실제로 사용했던 훈련 장비를 본떠 만든 것이었다. 이용료는 어른 40센트, 어린이 25센트였는데, 낙하산을 타보려는 관람객들의 긴 줄이 끊이지 않았다. 운영 업자는 곧바로 돈방석에 앉는 듯했지만 곧 위기가 닥쳤다. 운행 중 낙하산 줄이 꼬이는 바람에 탑승했던 중년 부부가 5시간 동안 공중에 매달려 있는 사고가 발생한 것이다. 이 부부는 운영 업체의 보상과 간곡한 부탁을 받고 다음날 다시 낙하산을 탔다. 놀이기구의 안전성을 홍보하려는 운영 업체의 '위기 관리 대책'이었다.

낙하산 점프 개발·운영 업자는 라이프 세이버(Life Savers)라는 업체였다. 이들은 아이디어도 기발했지만 사업 수완 또한 뛰어났다. 하루는 놀이기구 꼭대기에서 '낙하산 결혼식'을 펼쳐 눈길을 끌었다. 신혼부부는 80미터 상공에서 혼인 서약을 한 뒤 20초간의 낙하산 강하로 신혼여행을 대신했다. 낙하산 탑은 박람회 이후 코니 아일랜드 놀이공원에 팔렸다. 라이프 세이버는 이 놀이기구를 만드는 데 1만 5000달러를 들였지만 코니 아일랜드 측에 15만 달러를 받고 팔아넘겨 장비 값으로만 10배의 이익을 챙겼다.

코니 아일랜드로 이전한 낙하산 점프는 '브루클린(Brooklyn)의 에펠탑'이라 불리며 놀이공원의 명물이 됐다. 코니 아일랜드 운영사는 낙하산(parachute)과 탑승자 2명(pair)이란 말을 조합하여 페어로슈트(Pair-O-Chutes)란 이름을 붙였다. 낙하산 점프는 수많은 영화와 대중 소설의 무대로 등장하면서 1968년까지 운행되었다.

2차 세계대전 발발로 급속히 냉각된 축제의 열기

뉴욕박람회는 흥행 성공으로 연장 개최했던 시카고박람회는 달리 처음부터 1939년과 1940년 두 시즌으로 계획되었다. 첫 시즌이 한창이던 1939년 9월 독일이 폴란드를 침공하자 2차 세계대전이 본격화되었다. 이에 따라 소련과 덴마크 등 많은 유럽 나라들이 자국 전시관을 철수했다. 독일은 애초 뉴욕박람회에 불참했다. 박람회공사는 전쟁을 무릅쓰고 1940년 시즌 개최를 강행했다. 소련 전시관은 '평화와 자유'를 강조한 미국 문화 전시관으로 탈바꿈했다. 그러나 박람회 열기는 급속히 냉각되었다. 500만 달러의 수익을 낸 1939년 시즌과는 달리 1940년 시즌은 무리한 진행으로 1870만 달러라는 엄청난 적자를 기록한 채 막을 내렸다.

1939년 뉴욕박람회 개요

공식 명칭	1939~1940년 뉴욕 세계박람회(New York World′s Fair 1939-1940)
주제	미래 세계의 건설
장소	뉴욕 주 뉴욕 플러싱 메도 공원
기간	1939년 4월 30일~10월 31일, 1940년 5월 11일~10월 27일
참가국	54개국 (전시관 설치 22개국)
관람객	4500만 명(1939년 2580만 명, 1940년 1914만 명)

3부
미래 세계를 내다보고
창조하다

전후 첫 세계박람회가 프랑스나 영국, 더욱이 미국도 아닌 브뤼셀에서 열린 것은 뜻밖의 일이라 할 수 있다. 벨기에가 세계대전을 좌우한 슈퍼 파워가 아니라는 점을 고려하면 그렇다는 말이다. 하지만 한편으로는 자연스러운 일이었다. 2차 세계대전의 여파로 기념비적 박람회를 여러 차례 개최한 프랑스는 물론이고 20세기 들어 세계박람회의 주도권을 쥔 미국조차도 엄두를 내지못했다.

EXPO
1947~1988

01 벨기에

핵 공포 너머
평화적 공존을 찾아서

1 9 5 8 년 브 뤼 셀 박 람 회

2차 세계대전은 세계박람회를 오랫동안 침체에 빠뜨렸다. 1939~1940년 뉴욕박람회 동안에 전쟁이 발발해 인류의 대축제는 20년 가까이 휴면에 들어갔다. 그동안 박람회가 아예 열리지 않았던 것은 아니다. 1947년부터 1957년까지 아이티 포르토프랭스 건설 200주년 기념 박람회(1949년), 스웨덴 스톡홀름 스포츠 박람회(1949년), 프랑스 릴 옷감 박람회(1951년), 이탈리아 나폴리 항해술 박람회(1954년), 독일 베를린 한자지역 재건 박람회(1957년) 등 10여 차례 군소 박람회가 열렸다. 이들 박람회는 BIE 공인 엑스포 목록에 포함되었지만, 규모와 영향력, 역사적 의미에서 역대 주요 박람회와는 비교할 수 없을 정도로 미흡했다. 이름만 국제 박람회였지 사실상 국가나 지역 차원 박람회 수준에서 벗어나지 못했다. 영국도 1951년 런던 템스 강 남쪽에서 수정궁 박람회 100주년 기념 박람회를 열었지만 이 역시 국제 박람회라기보다는 축제에 가까운 행사에 그쳤다.

존폐 기로에 선 엑스포 어디로 가나

전후에 국제 박람회 면모를 제대로 갖춘 첫 엑스포는 1958년 브뤼셀박람회였다. 폐허와 혼란의 침체 속에 세계는 새로운 질서를 모색했고, 박람회도 긴 잠에서 깨어나 부활을 꿈꾸고 있었다. 브뤼셀박람회는 규모와 외양, 내용 면에서는 전쟁 이전과 다를 게 없었지만 성격과 분위기는 사뭇 달랐다.

2차 세계대전은 사실 1세기의 연륜을 쌓아온 세계박람회의 존폐를 위협하는 근본적인 의문을 제기했다. 인류가 일찍이 겪어보지 못한 대량 살상의 전쟁이 세계박람회의 근본 이념인 '평화와 진보'의 가치를 결정적으로 훼손시킨 탓이었다. 극한의 파괴와 살육 앞에서 '평화'는 무기력한 구호에 불과했다. 세계박람회의 존립 기반이던 과학 기술의 '진보'가 결국 핵무기 같은 가공의 대량 살상 무기 개발이라는 부메랑으로 돌아왔다는 의식이 팽배했다. 세계박람회가 그토록 찬양했던 과학 기술이 도리어 인류에게 총부리를 겨누는 결과로 나타났다는 자괴감이었다. 게다가 신문·라디오·텔레비전 등 대중 매체가 급속히 발전하면서 박람회의 교육·홍보 기능이 그만큼 퇴색한 상황이었다. 브뤼셀박람회는 이런 회의론과 무력감을 떨치고 과거 박람회의 영광을 되살려보고 시도했다.

전후 첫 세계박람회가 프랑스나 영국, 더욱이 미국도 아닌 브뤼셀에서 열린 것은 뜻밖의 일이라 할 수 있다. 벨기에가 세계대전을 좌우한 슈퍼 파워가 아니라는 점을 고려하면 그렇다는 말이다. 하지만 한편으로는 자연스러운 일이었다. 2차 세계대전의 여파로 기념비적 박람회를 여러 차례 개최한 프랑스는 물론이고 20세기 들어 세계박람회의 주도권을 쥔 미국조차도 엄두를 내지 못했다. 벨기에는 주요 박람회는 없었지만 그동안 BIE 공인 목록에 포함된 박람회만 여섯 차례나 열 정도로 박람회 기반 시설과 노하우를 갖고 있었다. 또한 한때 제국주의를 맹렬히 추종하긴 했지만 나름 평화적인 이미지를 지닌 나라라고 알려져 있어 전후 첫 세계박람회를 열 수 있는 대내외적인 여건을 고루 갖추고 있었다.

　브뤼셀박람회는 1948년 브뤼셀 시장의 제안에서 비롯되었다. 벨기에 정부는 세계 평화의 기운을 북돋는 역할을 하겠다는 목표의식 아래 세계박람회 개최를 추진했다. 그런데 한국전쟁이 발발하는 바람에 당초 계획보다 개최가 늦어졌다. 벨기에는 애초 1955년 개최를 계획했지만 미국 등 주요국이 한국전쟁에 참전하는 바람에 3년 뒤로 미뤄졌다. 브뤼셀박람회는 꼬박 10년의 준비 끝에 열린 벨기에 사상 최대의 박람회로 기록되었다. 또한 벨기에가 개최한 7번째 세계박람회이자 마지막 세계박람회가 되었다. 벨기에는 이후 박람회 목록에 더 이상 이름을 올리지 않았다.

'양날의 칼' 원자력의 평화적 이용 제시

"인류는 이제 새로운 시대로 들어섰습니다. 과학이 문명에 끼치는 영향이 그 어느 때보다 높아진 시대입니다. 사반세기 전에는 누구도 상상하지 못했던 과학의 힘이 인류의 손에 맡겨졌습니다. 여기 우리에게 두 가지 길이 있습니다. 하나는 대결의 길입니다. 그것은 점점 더 위험성이 커져가는 군비 경쟁을 의미합니다. 천재적 두뇌에서 나온 과학적 발견이 인류가 서로를 적으로 돌리는 데 사용되는 것입니다. 다른 하나는 평화의 길입니다. 사회·정치·정신적 가치의 차이에도 불구하고 상호 이해를 위해 노력하는 것입니다. 그 길만이 진정한 평화를 이룩할 수 있는 유일한 방법입니다. 이 박람회의 목적은 평화와 협력의 분위기를 일깨우는 것입니다. 서구와 동구, 모든 인종과 민족의 위대한 힘이 여기 다 모였습니다……. 과학 기술 자체만으로는 문명을 창조할 수 없습니다. 기술이 진보의 한 요소가 되려면 우리의 도덕 기준과 의지력이 동반 성장하여 건설적 노력으로 결합되어야 합니다. 전 세계가 이 박람회에서 화합을 이룰 수 있도록 우리 벨기에 국민들이 초청한 것은 위대한 구상이었습니다. 이런 원대한 희망을 품고 세계박람회 개막을 선언합니다."

1958년 4월 17일 브뤼셀박람회의 개막을 선언한 벨기에 국왕 보두앵 1세(Baudouin I, 1930~1993)의 연설이다. 레오폴드 3세의 뒤를 이어 즉위한 그는 당시 28세의 젊은 군주였다. 개막사는 박람회의 역사적 맥락을 명확하게 전달했다. 과학 기술은 핵 개발과 우주 탐험으로 치닫고, 이념으로 갈라선 동서 양진영은 군비 경쟁에 혈안이 되어 있던 시대였다. 과학이 인류를 멸망으로 이끌지 않도록 하는 유일한 길은 '인간성 회복'임이 분명했다.

브뤼셀박람회가 '인도적인 세계와 이를 위한 균형 감각, 인류에 봉사하는 과학 기술, 현대 세계의 인간성 회복'을 주제로 내세운 것은 시의적절했다. 보두앵 1세가 프랑스어와 영어, 벨기에어인 플라망어로 언어를 바꿔가며 개막 선언을 하고 나자 벨기에 공군기 50대가 개막식장에 모인 16만 명의 관람객 머리 위에서 축하 비행을 했다.

박람회장 중앙에 세워진 상징물 '아토미움(Atomium)'은 이 박람회의 주제

박람회장 중앙에 자리 잡은 상징물인 아토미움을 배경으로 한 박람회장 전경.

를 압축해서 구현했다. 원자 구조를 1500억 배로 확대한 이 조형물은 원자력 시대와 핵 에너지의 평화적 사용을 상징했다. 원자핵과 전자를 표현한 지름 18미터의 원구 8개가 두께 3.3미터, 길이 22~29미터짜리 관으로 연결된 구조였다. 원구 내부는 2개 층으로 나뉘어 전시 공간으로 쓰였고, 연결관에는 각 전시실을 오갈 수 있도록 한 에스컬레이터가 설치되었다. 외부는 모두 반짝이는 알루미늄 합금으로 제작되어 낮에는 햇빛과 주변 풍경을 반사하고 밤에는 화사한 조명 아래 원자의 전자 궤도처럼 빛났다.

원구 형태의 전시실 다섯 곳에는 원자력이 악의적으로 사용될 경우 대량 파괴의 수단이 되지만 평화적으로 사용되면 동력원이 되는 '양날의 칼'임을 알리는 홍보물이 전시되었다. 가장 위쪽인 102미터 높이의 원자핵에는 레스토랑이 들어서 관람객들이 식사를 즐기며 박람회장 전경을 감상할 수 있었다. 아토미움 설계자 바터케인(André Waterkeyn)은 애초 2만 4000톤 무게의 구조물을 중앙 기둥 하나에 의지해 세우려고 계획했다. 그러나 구조물의 안전성 문제로 인근 건물 옥상에 2개의 지지대를 추가로 설치했다. 박람회장을 압도한 이 조형물은 관람객들에게 원자력의 이미지를 강렬하게 심어주었다. 아토미움은 에펠탑 이후에 등장한 가장 인상적인 엑스포 상징물의 하나로 오늘날까지 남아 있다.

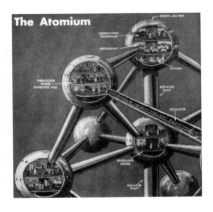

원구 내부는 2개 층으로 나뉘어 전시 공간으로 쓰였고 연결관에는 각 전시실을 오갈 수 있도록 에스컬레이터가 설치되었다.

우주선과 아이스크림의 대결

1958년 브뤼셀박람회장은 이전에 여러 차례 박람회장으로 사용되었던 하이젤 공원 부지를 넓혀 조성했다. 박람회장은 크게 벨기에, 벨기에 식민지, 외국의 전시 공간으로 나뉘었다. 벨기에 전시관은 과거 1900년까지의 벨기에와 다가올 2000년대 벨기에의 미래상을 보여주는 데 주력했다. 하지만 여전히 콩고, 르완다, 부룬디 등 벨기에의 아프리카 식민지 산물 및 풍습 전시로 박람회장 한쪽을 꾸며놓아 또다시 '시대착오적'이라는 비판을 받았다.

참가국 전시관 중 관람객들의 발길이 가장 잦았던 곳은 우주선을 공개한 소련관이었다. 소련은 브뤼셀박람회 직전인 1957년 10월 4일 무인 우주선 스푸트니크 1호(Sputnik I)를 쏘아 올려 세계를 놀라게 했다. 이어 11월 3일에는 개를 태운 스푸트니크 2호를 발사해 생명체가 탑승한 첫 우주 비행에 성공했다. 우주 탐험 경쟁을 벌이던 미국에 대한 완벽한 승리였다. 소련 전시관은 레닌의 동상을 중앙에 두고 두 우주선 모형을 전시했다. 또한 첨단 과학 제품 전시뿐 아니라 발레와 뮤지컬 공연, 미술품 전시까지 곁들여 자국 문화의 우수성을 한껏 과시했다.

관람객들이 소련관에 전시된 우주 위성을 구경하고 있다.

미국 전시관 전경.

소련관 맞은편에는 미국관이 들어섰다. 미국은 텔레비전에서 아이스크림콘에 이르는 풍부한 소비재와 패션쇼 등으로 소련에 맞섰다. 박람회 주제에 걸맞게 원자력으로 작동되는 시계, 원자력 발전소 설비 등 핵의 평화적인 사용과 연관된 전시물에 주력했다. 미국의 대의민주주의를 상징하는 투표 기계도 선보였다. 월트 디즈니(Walt E. Disney)가 제작한 원형 극장 시네라마(Cinerama)에서는 미국의 역사와 풍경을 담은 50분짜리 홍보물 등 미국 대중문화의 꽃인 각종 영화를 상영했다.

박람회 조직위원회는 세계박람회의 평화 구현 정신을 되살리기 위해 국제연합(UN), 적십자 국제위원회, 로마의 가톨릭교회 등 8개 국제기구를 초청해 따로 전시관을 꾸렸다. 이렇게 인도주의와 평화주의를 강조했지만 미국과 소련의 대결 구도가 박람회 전체의 분위기를 압도한 건 부인할 수 없는 사실이었다.

공사 중인 필립스 사의 기업 전시관. 당대 최고의 건축가로 손꼽히던 르 코르뷔지에가 설계했다.

원자 폭탄을 뒤로 감추고 마주 웃는 얼굴

박람회장에서 가장 돋보인 건축물은 당대 최고의 건축가로 손꼽히던 르 코르뷔지에가 설계한 필립스(Philips) 기업 전시관이었다. 3개 꼭짓점을 케이블로 연결한 텐트 모양의 역동적인 쌍곡 포물면의 건축물이었다. 더욱 획기적인 것은 전시관 내부였다. 전시관에 들어선 관람객들은 아무 전시물도 없는 공간에서 빛과 색과 이미지, 그리고 리듬과 소리만으로 표현된 '전자

시(electronic poem)'를 감상할 수 있었다. 전자 기기 시대의 도래를 감각적으로 경험할 수 있는 전위적인 작품이었다.

브뤼셀박람회는 인류가 직면한 문제에 정면으로 맞서 해결 방향을 설득력 있게 제시하는 데에는 성공했다. 하지만 동서 이념의 대립과 군비 경쟁 등 세계가 안고 있는 여러 문제가 한 차례의 국제 행사로 해결될 수는 없었다. 유화적인 말과 제스처 뒤에 냉전 체제의 칼날이 숨겨져 있는 사실 또한 시대의 엄연한 현실이었다.

박람회 기간 중 영국의 한 잡지에 실린 평론은 1958년 브뤼셀박람회의 분위기와 성과를 잘 요약해준다.

"참가국들은 원자폭탄을 뒤로 감추고 서로 웃는 얼굴을 보이기로 합의한 듯했다. 그들은 '군사력(armament)'이란 말은 들어본 적도 없는 것처럼 행동했다. 지구 전체를 휩쓴 '죽음의 산업' 중 이 박람회에 모습을 드러낸 건 소련이 전시한 몇 자루의 사냥용 새총뿐이었다. 브뤼셀박람회는 '핵'에 대한 사람들의 공포를 제거하기 위해 정신분석가들이 정교하게 만들어낸 프로그램 같았다. 이 박람회는 인류 역사에 '핵의 즐거움'이 시작된 기억으로 남을 것이다. 그러나 사람들은 핵의 의미를 잘 기억하고 있다. 그들은 스푸트니크가 왜 우주로 발사되었는지도 안다. 사람들은 순수 과학의 세계에 살고 있는 것이 아니다. 브뤼셀박람회가 열렸음에도 불구하고 핵 개발과 우주 탐험의 대결 동기는 묵시록으로 남아 있다."

통신 기술과 커뮤니케이션 수단이 고도로 발달한 현대 사회에서 한계의 벽을 넘어 발전하는 인류 문명을 재래식 박람회 형태로 담아내는 데 한계가 있다는 사실도 명확히 드러났다. 세계박람회라는 그릇 자체를 혁신할 미래 비전이 절실한 시점이었다.

1958년 브뤼셀박람회 개요

공식 명칭	1958년 브뤼셀 국제 박람회(Exposition Universelle et Internationale de Bruxelles 1958)
주제	인도적인 세계와 이를 위한 균형 감각, 인류에 봉사하는 과학 기술, 현대 세계의 인간성 회복
장소	브뤼셀, 헤이젤 공원
기간	1958년 4월 17일~10월 19일
참가국	51개국, 7개 국제기구
관람객	610만 명

02 미국

냉전의 먹구름 뚫고
우주로!

1962년 시애틀 박람회

1957년 10월 4일 소련의 스푸트니크 1호 발사는 미국과 소련 사이의 우주 탐험 경쟁의 도화선이 되었다. 소련의 첫 인공위성 발사 성공에 놀란 미국 국방부와 국립 과학재단 소속 과학자들은 일련의 대책회의를 열었다. 그 결과 미국항공우주국(NASA) 창설이 제안되었고, 미국 과학 기술의 우수성을 홍보하고 우주에 관한 대중 의식을 높이는 데 엑스포가 유용할 것이라는 의견이 대두되었다. 그렇게 해서 한창 준비 작업이 진행되던 시애틀박람회가 주목을 받게 됐다.

미-소 우주 경쟁의 각축장

시애틀박람회는 애초 알래스카 유콘 퍼시픽 박람회(1909년) 50주년을 기념하는 소박한 지역 행사로 추진되었다. 그러다 미-소 우주 경쟁이 초미의 관심사로 떠오르면서 갑자기 국제사회를 의식한 '첨단' 주제의 옷을 입게 됐다. 물론 행사 규모도 국가 주도의 세계박람회로 확대됐다. 아이젠하워(Dwight

David Eisenhower, 1890~1969) 정부는 1959년 7월 시애틀박람회 개최를 공식화했다.

곧이어 '우주 시대의 인간(Man in the Space Age)'이라는 주제가 대두되면서 미래 세계를 강조하는 뜻에서 박람회 공식 명칭을 아예 '21세기 박람회(Century 21 Exposition)'로 정했다. 21세기를 강조하기 위해 개막일과 폐막일을 각각 4월 21일과 10월 21일로 정했다. 시애틀 시 당국과 박람회 조직위원회는 1961~1962년 두 시즌 개최 계획을 세웠지만 BIE의 '6개월 이내 1회' 규정에 부딪혀 1962년에만 개최하는 것으로 일정을 재조정했다.

BIE는 1960년 6월에 시애틀박람회를 공인했고, BIE의 권유로 전 세계 49개국과 국제기구 네 곳이 박람회에 참가했다. 그러나 이념이 진영을 이뤄 대립하던 시대였다. 시애틀박람회공사 측은 모스크바를 방문해 소련의 참가를 요청했지만 거절당했다. 이에 따라 발트 제국과 동구권 국가, 중국, 베트남 등 공산권 국가 대부분이 불참했다. 결국 전체 참가국 수는 적지 않았지만 서방 자본주의 진영만 모인 절반의 잔치가 될 수밖에 없었다.

냉전의 먹구름은 여기서 그치지 않았다. 1961년 대통령에 취임한 존 F. 케네디(John F. Kennedy, 1917~1963)는 참석 예정이던 폐막식을 불과 며칠 앞두고 갑작스레 일정을 취소했다. '심한 감기' 때문이라고 박람회공사 측에 이유를 밝혔지만 결국 10월 14일 미국 첩보기가 쿠바에 건설 중이던 소련 미사일 기지를 탐지하면서 촉발된 '쿠바 미사일 사태' 때문이었음이 나중에 밝혀졌다. 박람회 말미에 냉전의 주인공인 미국과 소련 사이에 3차 세계대전을 불사할 정도의 일촉즉발 위기가 벌어진 것이다.

박람회 예산 절반이 투입된 '스페이스 니들'

1962년 4월 21일 정오, 시애틀박람회 개막식이 열렸다. 케네디 대통령은 미국 북서쪽 시애틀의 대각선 맞은편인 플로리다 주에서 전신기를 통해 축하 메시지를 보냈다. 전시 영역은 우주 시대의 인간 세계, 과학 세계, 정보 통신, 각 나라와 미국의 주별 전시로 나뉘었다.

당시 한창 공사 중이던 스페이스 니들과 모노레일.

우주 탐험과 미래 세계 주제의 상징물은 '스페이스 니들(Space Needle)'이었다. 존 그레이엄(John Graham)이 설계한 185미터 높이의 철근 골조 구조물인 이 기념탑 건설에 전체 박람회 예산의 절반에 가까운 900만 달러가 투입되었다. 우주선 발사대를 연상케 하는 날렵한 철탑 중앙에 전망 엘리베이터 두 대가 설치되었다. 타워 꼭대기에는 우주선 캡슐 모양의 레스토랑과 회전 전망대가 들어섰다. 300명이 앉을 수 있는 레스토랑에서는 황금색 우주복을 입은 웨이트리스들이 손님을 맞았다. 한층 위 전망대에 오르면 시간당 한 바퀴씩 돌아가는 바닥에 서서 박람회장은 물론 산과 바다가 어우러진 태평양 연안의 멋진 자연 경관을 관망할 수 있었다. 스페이스 니들은 오늘날까지 시애틀의 랜드마크이자 관광 명소로 남아 있다.

박람회장은 교외의 널찍한 공원이나 공터가 아닌 도심에서 불과 1.5킬로미터 떨어진 시내 한복판에 조성되었다. 시애틀 시 당국이 엑스포 개최를 도시 재개발의 호기로 삼았기 때문이다. 이에 시설물 75퍼센트 이상이 박람회 이후에도 계속 사용할 수 있도록 항구 건축물로 지어졌다. 박람회장 구성 전반과 환경 설계는 디즈니 사가 맡았다. 박람회장은 주제별로 주요 전시관을 한 곳씩 두고 이를 중심으로 과학의 세계, 21세기의 세계, 상업과 산업의 세계, 예술과 오락의 세계 등 5개 구획으로 구성됐다.

시애틀 다운타운과 박람회장 사이에는 네 량짜리 전동차가 다니는 1.9킬로미터의 모노레일(monorail)이 깔렸다. 모노레일 전동차는 시속 100킬로미터 속도로 달려 시내에서 박람회장까지 96초에 주파했다. 모노레일은 이후 박람회장과 디즈니 월드 등 대형 놀이공원에서 관람객들에게 교통 편의를 제공하는 전형적인 운송 수단으로 자리 잡았다.

박람회장에서 두드러진 건축물로는 미국 과학관(U. S. Science Pavilion)이 첫 손가락에 꼽혔다. 일본의 세계적 건축가 야마사키 미노루(山崎實, 1912~1986)가 설계한 이 전시관은 흰 상자 모양의 5개 전시장에 '사이언스 아치'라 불린 신고딕(neo-Gothic) 아치, 분수와 정원으로 꾸민 광장을 거느린 건축물이었다. 전시관 안에서는 거대한 곡면 스크린에 7개 영사기로 투사한 15분짜리 영화 '과학의 집(The House of Science)'이 상영되었다. 이어 수학·물리학·천문학

월드 트레이드 센터 설계한 야마사키 미노루

시애틀 박람회장에서 가장 돋보이는 건물이었던 미국 과학관 설계자는 일본계 미국인 야마사키 미노루였다. 야마사키는 이후 9·11 테러로 무너진 뉴욕 월드 트레이드 센터를 설계해 20세기 최고의 건축가로 이름을 날렸다.

1912년 12월 1일 시애틀에서 일본인 이민 2세로 태어난 그는 연어 통조림 공장에서 시간당 17센트씩 받는 힘든 노동을 하며 고학으로 워싱턴 주립대를 졸업했다. 당시 건축가였던 삼촌이 미국 방문길에 도쿄 미국 대사관 건물 설계안을 보여준 것이 그가 건축가의 뜻을 세운 계기가 되었다고 한다. 그는 뉴욕 대학교에서 건축학을 공부한 뒤 엠파이어 스테이트 빌딩을 설계한 슈립·람·하먼 건축사무소 등 최고의 건축회사에서 일했다.

야마사키는 1941년 일본의 진주만 폭격으로 태평양 전쟁이 발발하자 가족과 함께 수용소에 끌려가는 수난을 겪었다. 미국 역사의 오점으로 남아 있는 전시 일본계 이민자 학대의 희생자가 됐던 것이다. 그러나 그는 피해 의식에 주저앉지 않고 건축가로서 발군의 실력을 발휘하며 성공 가도를 달렸다. 1949년 디트로이트에서 자신의 건축회사를 차린 그는 대학·정부 건물, 도시 계획, 행사장 등 많은 공공시설 설계를 맡았다. 코베 미국영사관(1955년), 세인트루이스 공항 터미널(1956년), 프린스턴 대학 우드로 윌슨 대학원(1965년), 워싱턴 연방준비은행 건물(1978년) 등이 그의 작품이다.

1973년에는 시애틀 IBM 건물(1964년)의 현대적 미니멀리즘을 확장한 월드 트레이드 센터를 설계하여 세계의 이목을 받았다. 단순한 형태의 110층짜리 쌍둥이 타워는 세계 최고층 건물로 맨해튼의 스카이라인을 바꾼 것은 물론 미국을 상징하는 새로운 랜드마크가 되었다. 그는 완공 당시 언론 인터뷰에서 "인간의 존엄성과 창의력, 협동 정신을 상징하는 세계 평화의 기념비가 되기를 바란다"고 말했다. 야마사키는 자신이 세운 '평화의 기념비'가 가공할 테러로 파괴되기 15년 전인 1986년 2월 7일, 73세를 일기로 사망했다. 그는 1941년 일본인 아내와 결혼한 뒤 1961년에 이혼하고 백인 여성 등과 두 차례 재혼했다가 1969년 첫 부인과 재결합하는 특이한 개인사를 남겼다.

야마사키 미노루가 설계한 미국 과학관은 사이언스 아치라는 이름의 신고딕 구조물과 분수와 정원을 거느리고 있었다.

부터 유전공학까지 온갖 과학 분야를 망라한 전시물이 펼쳐졌다. '과학의 한계', '인간의 주변 환경 정복', '과학과 세계의 인구 문제' 등이 세부 주제였다.

안드로메다 성운으로 날아간 세계박람회

앞서 언급했듯 시애틀박람회는 '우주 탐험'이란 주제를 내세웠다. 1958년에 발족한 NASA는 미국 과학관 안에 별도 전시실을 마련해 당시 개발된 갖가지 인공위성의 실물 크기 모형을 전시했다. 토성을 향한 우주선 발사 장면을 조명과 소리로 표현한 우주 영상 쇼도 펼쳤다. 이와 함께 미국 최초의 유인 우주선인 '머큐리' 캡슐을 선보여 눈길을 끌었다. 머큐리 3호는 높이 3.5미터, 하단 지름 1.9미터, 발사 시 무게 1935킬로그램인 소형 우주선으로 1년 전인 1961년 5월 5일 미국 우주인 앨런 셰퍼드(Alan Shepard, 1923~1998)가 타고 16분간 탄도 비행을 했던 실물이었다.

그 무렵 미국과 소련 양국은 유인 우주선 발사를 놓고 치열한 순위 경쟁을 벌였다. 하지만 1961년 4월 12일 소련의 유리 가가린(Yurii Alekseevich Gagarin, 1934~1968)이 인류 최초로 유인 지구 궤도 비행에 성공함으로써 미국이 한발 뒤처진 상황이었다. 미국의 지구 궤도 비행은 소련보다 10개월 늦은 1962년 2월 20일 존 글렌(John Glenn, 1921~)이 탑승한 프렌드십 7호에 의해 이뤄졌다. NASA는 당시 계획 중이던 회심의 '달 착륙 프로젝트'에 들어갈 '천문학적' 액수의 예산에 대해 대중과 워싱턴 정가의 지지를 얻어야 했다. 세계박람회는 이를 위한 유력한 발판이 되었다.

'스페이서리움(Spacerium)'이라 불린 첨단 영상 관람실도 인기 관람 코스였다. 750명이 동시에 입장할 수 있었던 이곳에서 관람객들은 태양계에서 은하수를 지나 200만 광년 떨어진 안드

박람회장에서 관람객들의 이동 편의를 돕던 일명 버블레이터는 한 번에 150명까지 실어 나를 수 있었다.

로메다 성운까지 신비의 외계 여행을 체험할 수 있었다. 대형 투사 렌즈와 스크린으로 구현된 가상 우주여행은 너무나 실감나 관람객들은 상영시간 20분 내내 의자 손잡이를 꼭 잡고 있어야 했다. 스페이서리움은 시애틀에 본사를 둔 비행기 제조업체 보잉(Boeing)의 작품이었다.

늘 인파로 붐비던 미국 과학관은 박람회 기간 동안 총 입장객 수 674만 8000명을 기록했다. 미국이 내보인 현란한 과학과 미래의 세계는 우주선 발사에서 소련에 뒤진 충격을 달래주고도 남았다. 미국 과학관은 박람회 이후 퍼시픽 사이언스 센터(Pacific Science Center)라는 이름으로 계속 활용되고 있다.

21세기 엿보기…인터넷 검색기능 예측

1962년에 바라본 21세기의 세계는 워싱턴 주가 마련한 콜리시움(Coliseum)에서 펼쳐졌다. 전시관은 박람회 수석 건축가 폴 서리(Paul Thiry)가 설계한 알루미늄 지붕의 텐트형 건물이었다. 이곳에선 '21세기, 그 한계와 위협'이라는 제목의 21분짜리 영상 쇼가 펼쳐졌다. 영상 쇼는 원자폭탄 투하로 인한 버섯구름과 낙진, 대피소의 모습과 동시대 대중문화를 상징하는 관능적 여배우 마릴린 먼로(Marilyn Monroe, 1926~1962), 아크로폴리스(Acropolis)가 중첩된 이미지로 시작되었고, 이어 여러 상자에서 미래 도시의 모습을 하나씩 꺼내 보여주었다.

시애틀을 모델로 한 미래 도시는 안락한 숲속 주택에서 출발했다. 미래 주택은 태양열을 에너지로 사용하고 나무나 콘크리트가 아닌 차단용 공기로 벽을 만들었다. 이어 출근용 1인승 간이 헬리콥터(gyrocopter), 전기 자동차, 장애물을 감지해 자동 운행하는 자동차, 전자 제어 고속도로, 벽면 컬러텔레비전, 기후 통제 농산물 생산 공장, 플랑크톤을 생산하는 바다 농장, 전자 지식 창고형 학교 등이 미래 도시의 모습으로 제시되었다. 미래의 도서관은 책이 컴퓨터에 집적되어 이용자가 어떤 주제를 입력하면 해당 단락을 곧바로 찾아내는 방식이었다. 오늘날의 인터넷 환경을 생각하면 아주 그럴듯한 미래 예측이었다.

'상업과 산업의 세계' 구역은 미국과 참가국들의 전시 공간을 나눠놓았다. 미국 전시 공간은 GM, 포드, RCA, 스탠더드 오일 등 대기업과 각 주의 전시물로 채워졌다. 참가국 전시관

GM 전시관에 선보인 파이어버드 3의 모습.

에서 영국은 18세기에 출간된 브리태니커 백과사전(Encyclopædia Britannica) 원본을 내놓았다. 일본은 손으로 만든 인형 1000개를 전시했고, 스웨덴은 17세기 무사의 이야기를, 브라질은 최상급 커피를 선보였다.

BIE 승인 없이 강행된 1964년 뉴욕박람회

1964~1965년 뉴욕박람회는 애초 시애틀박람회와 한 묶음으로 추진되었다. 우주 경쟁에서 소련에 한발 뒤진 것을 국제 홍보전으로 만회하겠다는 의도였다. 미 대륙 동서에서 동시에 진행된 박람회 준비는 BIE의 승인을 얻는 과정에서 행로가 엇갈렸다. 문제는 세계박람회 개최 기간을 1년에 1회, 6개월 이내로 제한한 BIE 규정이었다. 시애틀은 이에 순응하여 BIE 공인을 받았지만 뉴욕은 2년 연속 개최를 고집하면서 결국 BIE 승인 없이 박람회 개최를 강행했다.

2년간 2개 시즌에 걸쳐 개최하는 박람회는 유럽에선 전례가 없던 미국식 관행이었다. 1915년 샌프란시스코박람회가 이듬해 샌디에이고에서 연장 개최된 데 이어 1933~1934년에 시카고에서, 1939~1940년 뉴욕에서 두 시즌에 걸쳐 박람회가 열렸다. 국가가 박람회를 주도한 유럽과 달리 미국은 상업주의의 영향력이 절대적이었기 때문이다. 1939~1940년 박람회까지는 BIE도 연장 개최를 승인했지만 1964년 박람회에서는 마침내 갈등이 표면화되었다. 뉴욕박람회는 결국 엑스포 사상 BIE가 승인을 거부하고 회원국에 불참을 요청한 유일한 박람회가 되었다.

BIE의 비공인에도 불구하고 뉴욕박람회는 외형상 어느 세계박람회 못지않은 성황을 누렸다. 관람객 수만 하더라도 시애틀박람회의 다섯 배가 넘는 5100만 명을 기록했다. 미국 거대 기업들이 대거 등장했고, BIE 비회원국과 회원국 기업 등 해외 참가국들도 적지 않았다. 그러나 박람회 내용은 대부분 1939년 박람회의 재탕이었고 지나치게 상업적이라는 비판을 받았다. 뉴욕박람회에는 교황 바오로 6세와 많은 외국 귀빈들이 방문했고, 당시 한국의 박정희 대통령도 미국 방문 중 참관하여 방명록에 이름을 남겼다.

시애틀 박람회장은 당시 인기 절정이던 스타 엘비스 프레슬리(Elvis Presley)가 열연한 뮤지컬 영화 〈세계박람회에서 일어난 일(It Happened at the World's Fair)〉의 주 무대가 되었다. 1963년에 개봉한 이 영화에서 엘비스는 스페이스 니들, 사이언스 센터, 모노레일 등 박람회장의 주요 시설을 배경으로 도피와 애정 행각을 벌이는 바람둥이 역을 맡았다. 인기 배우 커트 러셀(Kurt Russel)이 아역으로 데뷔한 영화이기도 하다.

시애틀 박람회장의 오락 구역은 '게이웨이(Gayway)'라 불렸다. 20여 개 놀이기구와 케이블카, 게임장, 쇼 스트리트가 들어섰고, 인형극과 서커스 등 공연이 이어졌다. 성인 전용인 쇼 스트리트에 들어서면 유명인사의 밀납 인형 전시장을 비롯하여 〈백스테이지(Backstage) USA〉라는 화려한 뮤지컬과 파리 물랭루주에서 온 스펙타큘라, 우주인 복장을 한 토플리스 쇼 등 환락적인 볼거리가 넘쳤다.

1962년 시애틀박람회 개요

공식 명칭	21세기 박람회(Century 21 Exposition)
주제	우주 시대의 인류
장소	워싱턴 주 시애틀 시내
기간	1962년 4월 21일~10월 21일
참가국	50개국, 4개 국제기구
관람객	961만 명

03 캐나다

'인간의 대지'에서
휴머니즘을 외치다

1967년 몬트리올 박람회

고독과 유대감. 상반된 뜻을 가진 이 두 추상어가 1967년 몬트리올박람회의
실마리가 되었다. 〈어린 왕자〉로 유명한 프랑스 작가이자 비행사인 생텍쥐페
리(Antoine de Saint-Exupéry, 1900~1944)의 또 다른 대표작 〈인간의 대지〉에서 비
롯된 말이다. 몬트리올박람회는 생텍쥐페리의 농축된 인도주의(humanism)적
메시지에서 출발했다. 냉전과 대결에 찌든 세상을 향해 생텍쥐페리를 한 줄
기 새로운 정신으로 내세운 까닭은 이렇다.

"자신의 절대적 고독을 인식할 때에야 비로소 타인의 고독에 대한 통찰력
을 갖게 된다. 필연적 고독 없이는 인간 사이의 상냥함도, 애정도, 융합도
기대하기 어렵다. 생텍쥐페리는 존재의 고독과 유대의 필요성을 의식함으
로써 마침내 자신의 고통과 희망을 표현할 언어를 찾았다. 〈인간의 대지〉
는 미래에 대한 꿈과 희망으로 가득 찬 그의 절규이다. 이 단순하고도 함축
적인 문구를 '엑스포 67'의 주제로 삼는 것은 서로 다른 삶을 살아온 이 세
상 모든 사람들이 모여 '고독과 유대감'의 의미를 성찰하고 그것이 어떤 실

체적 모습을 띨 수 있을지 알아보기 위해서다."

몬트리올박람회 주제를 제안한 캐나다 작가 가브리엘 루아(Gabrielle Roy, 1909~1983)의 설명이다. 그녀가 해석한 〈인간의 대지〉는 생텍쥐페리가 아르헨티나에서 첫 야간 비행에 나섰던 경험을 그린 소설이다. 생텍쥐페리는 땅 위에 점점이 켜진 불빛을 내려다보며 삶의 절대 고독 속에서 인간은 결국 사랑과 유대감으로 연결되어야 함을 호소했다. 그는 "인간됨의 진정한 의미는 우리가 살아가는 세상을 만들어가는 데 어떻게 기여하느냐에 달렸다"며 공동체적 책임의식을 강조했다.

인간을 우주의 중심에 놓다

몬트리올박람회는 캐나다 지성인들의 제안으로 실존적이고 사변적이지만 한편으로는 절실한 주제를 내세웠다. 박람회 명칭은 프랑스어로는 생텍쥐페리의 소설 제목을 그대로 살려 '인간의 대지(Terre des Hommes)'로, 영어로는 '인간과 세계(Man and His World)'로 표기되었다.

박람회 주제가 논의된 것은 1963년 5월 몬트리올에서 열린 자문회의에서였다. 학자·예술가 등 캐나다 최고의 지식인들은 이 자리에서 제안된 '인간 중심'의 주제에 흔쾌히 동의했다. 인간의 본성과 책임감에 초점을 맞추고자 한 주제 의식은 인간성 회복을 통한 세계 평화를 추구했던 1958년 브뤼셀박람회 정신과도 상통했다. 세계박람회는 서서히 과학 기술과 산업의 진보를 과시하는 이벤트에서 사회적 책무와 환경 의식 등 인류의 공통 과제를 논의하는 장으로 변모해갔다.

이런 주제 의식은 1967년 4월 27일 박람회 개막을 선언한 레스터 피어슨 (Lester B. Pearson, 1897~1972) 캐나다 총리의 연설에 그대로 반영됐다.

"박람회 주제에 대한 국제적 지원은 각국의 기록적인 참여로 확인되었습니다. 이처럼 많은 나라가 참여한 것은 인간성과 세계에 대한 신뢰를 보여주는 고무적 현상입니다. 그것은 우리가 진보와 개선의 능력을 지녔으며 세계의 과제를 극복할 힘이 있음을 믿는다는 뜻입니다. 이제 엑스포에서 펼쳐질 경이로운 현실은 모든 나라가 협력을 통해 얼마나 많은 것을 얻을 수 있는지, 갈등을 통해 얼마나 많은 것을 잃을 수 있는지를 똑똑히 보여줄 것입니다."

몬트리올박람회는 20세기 초반 이후 엑스포의 흐름을 주도해온 미국의 박람회와는 사뭇 분위기가 달랐다. 동서의 냉전적 대결이나 과시적인 건축물, 지나친 상업주의와 향락 문화 대신에 평화주의와 인본주의를 표방한 차분하고 짜임새 있는 박람회가 시도되었다. 캐나다는 경제·문화적으로는 미국의 의존도가 높지만 정치·사회적으로는 유럽식 제도와 의식에 가까운 현실을 박람회 계획과 운영에 반영한 것이다.

인간을 우주의 중심에 놓은 주제 의식은 박람회 공식 로고와 기념 조각으로 형상화되었다. 줄리엔 허버트(Julien Hébert, 1917~1994)가 디자인한 로고는 단순 형상화한 사람을 2명씩 8조로 짝지어 원을 이룬 모양이었다. '인간(The Man)'이란 타이틀이 붙은 기념 조각은 20미터 높이의 스테인리스 소재로 서로 맞잡은 인간 군상을 추상적으로 표현했다.

모스크바에서 되돌아온 개최권

몬트리올박람회 구상은 마크 드루인(Mark Drouin) 캐나다 상원 의원이 1958년 브뤼셀박람회를 관람한 뒤 캐나다 건국 100주년 기념 박람회 개최를 제안하면서 시작되었다. 그는 몬트리올 시장과 함께 BIE를 방문해 신청서를 제출했다. 그러나 여느 세계박람회와 마찬가지로 몬트리올박람회도 추진 과정에서 상당한 우여곡절을 겪었다.

1967년 엑스포는 BIE 승인을 얻기 위해 여러 도시가 경합을 벌인 첫 박람회였다. BIE는 미국이 마찰 끝에 1964~1965년 뉴욕박람회를 미승인 상태에서 강행한 것을 계기로 엑스포 개최 승인 절차를 강화했다. 1959년 말 몬트리올에 이어 오스트리아의 빈과 소련의 모스크바가 잇따라 승인을 신청했다. 1960년 5월 5일에 열린 총회에서 BIE 위원들은 5차에 걸친 치열한 투표 끝에 빈과 몬트리올을 탈락시키고 모스크바를 다음 엑스포 개최지로 승인했다. 소련은 러시아 혁명 50주년 기념 박람회를 열 계획이었다.

그러나 엑스포는 막대한 자금과 준비가 필요한 대규모 국제 행사다. 미국은 대기업의 자본력과 상업주의가 뒷받침되고 유럽 국가들은 국력을 총동원했기에 가능했다. 소련은 2년 가까이 준비 작업을 진행하다 결국 1962년 4월 BIE에 개최 포기를 통보했다. 소련은 그 이유를 밝히지 않았지만 국제사회에는 재정난 때문일 것이라는 관측이 유력하게 나돌았다. 자본주의 문명이 모스크바 한복판에 진입하는 것을 우려한 것 아니냐는 추측도 있었다. 소련의 개최 포기로 몬트리올은 1962년 11월 마침내 엑스포 개최 승인을 얻어냈다.

엑스포 사상 최초로 섬에 지은 박람회장

이때 세계박람회 재추진을 강력히 주창한 사람이 몬트리올 시장 장 드라포 (Jean Drapeau, 1916~1999)였다. 그의 추진력이 없었다면 1967년 박람회 개최는 성사되기 어려웠다. 드라포 시장은 박람회장 조성에도 결정적인 아이디어를 제공했다. 세계박람회 사상 최초로 강 가운데 위치한 섬에 박람회장을 짓자는 구상이었다.

그는 몬트리올을 관통하는 너비 1700미터의 세인트 로렌스 강에 위치한 세

인트 헬렌 섬을 넓혀 박람회장으로 활용하자고 제안했다. 이에 대해 반대론자들도 많았지만 드라포 시장은 신념을 갖고 밀어붙였다. 결국 자연 공원인 세인트 헬렌 섬 남쪽에 2500만 톤의 흙을 메워 노트르담 인공 섬을 조성함으로써 두 섬은 매력적인 박람회장으로 변신했다. 정지 작업과 함께 자트 카르티에교와 콘코디아교 2개 다리가 건설되었다.

세인트 로렌스 강은 캐나다에 진입하는 대서양의 관문이자 유럽을 잇는 무역로다. 캐나다는 이 강을 통해 개척되고 형성되었다. 지금의 온타리오 지역인 강 상류는 개척 시대에는 어퍼 캐나다(Upper Canada)로, 하류 퀘벡 지역은 로어 캐나다(Lower Canada)로 불렸다. 캐나다가 세인트 로렌스 강 한복판에 박람회장을 지어 세계를 초대한 것은 나라를 세운 지 100년 만에 국제사회의 일원으로 제 몫을 담당하게 되었음을 알리는 셈이었다.

박람회장은 휴머니즘 주제를 구현한 9개 전시관을 중심으로 구성되었다. 인간의 모든 활동 영역을 17개 테마로 나눠 각 주제별로 사회적 책임과 국제적 이해를 강조하는 콘셉트를 표현했다. 테마 전시관은 포물선 형태의 텐트 모양 구조물로 지어 기둥 없는 넓은 내부 공간을 확보했다. 건축재는 반투명 플라스틱과 알루미늄 등 현대적 소재가 활용되었다.

박람회장에서 단연 돋보인 건축물은 미국 전시관이었다. 미국관은 천재 발명가이자 건축가, 미래학자인 리처드 버크민스터 풀러(Richard Buckminster Fuller, 1895~1983)가 설계한 세계 최대 측지선(測地線) 돔 외양이었다. 금속 막대기를 5900개 매듭에 연결한 다각형 격자로 짜 맞춘 4분의 3 원구 형태였다. 높이 61미터, 원구 지름 76.3미터짜리의 이 돔은 19만 세제곱미터의 공간을 만들어냈다. 외부 구조물 역학은 컴퓨터로 계산되었고 다섯 달 만에 시공이 끝났다. 전시실 맨 위층에는 당시 미국이 심혈을 기울이던 달 착륙 프로젝트 등 우주 개발 전시물이 자리 잡았다.

미국 전시관 맞은편에 들어선 소련 전시관도 인상적이었다. 날아갈 듯한 곡선의 알루미늄 판 지붕을 거대한 V자 모양의 기둥이 양쪽에서 떠받치는 모양이었다. 건물 너비보다 훨씬 길게 뻗어나간 지붕 면적만 90만 제곱미터에 달했다. 3개 층으로 이루어진 내부 전시실은 갤러리와 열린 공간을 통해 서로 마주 볼 수 있게 지어졌다. 3층에는 최초의 우주인 유리 가가린이 타고 지구 궤도를 돌았던 우주선 실물이 전시되었다. 소련 전시관은 박람회장에서 가장 많은 1050만 명의 관람객 수를 기록했다.

텔레비전 중계로 전 세계 '미니스커트' 선풍

몬트리올박람회는 개막식을 일반인에게 공개하지 않고 박람회장 개방 하루 전날 따로 치렀다. 53개국의 정상을 포함한 각국 대표들과 각계 귀빈, 보도진 등 7000여 명이 참석 대상이었다. 컬러텔레비전으로 중계된 개막식 장면은 전 세계 7억 명이 지켜보았다. 그리고 개막식 이튿날 아침, 우주선 발사 때와 같은 카운트다운과 함께 33만 명이 박람회장에 입장했다.

텔레비전을 통해 온 세상에 노출된
박람회장 모습 중에 유독 눈길을 끈 것
은 영국 전시관의 여성 안내요원이 입
은 유니폼이었다. 영국 디자이너 메리
퀀트(Mary Quant, 1934~)가 1965년 처
음 선보인 미니스커트였다. 영국 여성
들의 이 '과감한' 옷차림은 얼마 지나

영국 디자이너 메리
퀀트(사진 맨 오른쪽)가
디자인한 짧은 길이의
유니폼을 입고 있는
모델들.

지 않아 모든 참가국 전시관에서 안내요원 유니폼을 미니스커트로 바꿀 만큼
파급력이 대단했다. 많은 여성 관람객들도 이 자유로운 패션 스타일을 좋아
했다. 몬트리올박람회는 미니스커트를 세상에 유행시키는 데 큰 몫을 했다.

몬트리올박람회에서는 주목받을 만한 구조물이나 전시물은 없었지만 전
반적으로 다채로운 박람회장 구성과 멀티미디어를 적극 활용한 전시 방식
이 호평을 받았다. 그 배경에는 캐나다의 저명한 미디어 학자이자 문명 비
평가인 마셜 매클루언(Marshall McLuhan, 1911~1980)의 "미디어가 메시지다

11개 입방체로 구성된
대형 모자이크 화면에
인간 진화에 관한
역동적인 이미지를
투사한 체코슬로바키아
전시관의 멀티미디어
쇼.

폭발적 인기를
얻은 놀이기구였던
자이로트론은
관람객들에게 실감 나는
우주여행을 선사했다.

(the medium is the message)"라는 명제의 영향이 컸다. 미디어 자체가 인간 의식의 확장이라는 개념 아래 다감각적(multi-sensory) 매체가 대거 동원된 것이다. 전시관마다 영상 매체를 적극적으로 활용하여 박람회가 열리는 여섯 달 내내 영화만 보더라도 다 보지 못할 정도라는 말이 나왔다. 특히 체코슬로바키아 전시관은 회전 원주에 투사한 파노라마 영화 기법을 극대화한 전시물로 인기가 높았다. 112개 입방체로 구성된 가로 9.6미터, 세로 6.1미터짜리 대형 모자이크 화면에 인간 진화에 관한 역동적인 이미지가 투사되었다.

세인트 헬렌 섬 동쪽 절반을 차지한 오락 구역에는 각종 놀이기구와 레스토랑, 맥주 홀, 요트 계선장, 돌고래 쇼 수족관 등이 들어서 관람객들을 즐겁게 했다. 폭발적인 인기를 끌었던 놀이기구는 가상 우주여행을 제공한 '자이로트론(Gyrotron)'이었다. 좌석에 앉아 입구에 들어서면 영상과 음향 효과 속에 6분간 우주를 돌아다닐 수 있었고 마지막에는 실감나는 화산 활동 장면을 감상했다.

박람회장에서는 여섯 달 내내 문화 행사가 끊이지 않았다. 음악·연극·발레 등 각종 공연이 1782회나 열려 213만 명의 관람객이 문화의 향취를 만끽할 수 있었다. 박람회장에는 엘리자베스 2세 영국 여왕, 샤를 드골 프랑스 대통령, 그레이스 공주, 재클린 케네디 등 세계적 명사들의 방문이 이어졌다.

대결에 목매던 강대국의 허를 찌른 메시지

몬트리올박람회는 대성공을 거둔 것으로 평가되었다. 참가국 62개국, 관람객 5030만 명 등 규모에서 이전 세계박람회 기록을 갱신했다. 당시 캐나다 인구가 2000만 명 남짓이었던 점을 감안하면 더욱 돋보이는 성과였다. 캐나다 신문 〈몬트리올 스타〉는 "캐나다 역사상 대륙 횡단 철도 개통 이래 가장 큰 성취이며 세계적으로도 20세기 최고·최대의 행사였다"고 칭송했다. 외형적 성공보다 더 중요한 것은 동서 양대 블록의 냉전 상황에서 대결보다 화합과 인도

'절반의 성공' 벌집형 공동 주택 실험

몬트리올 박람회장 건너편 세인트 로렌스 강변에는 무정형 벌집 모양의 실험적인 공동 주택 158채가 들어서 눈길을 끌었다. '해비타트 (Habitat) 67'이라 명명된 주택 프로젝트였다. 조립식 콘크리트 박스를 이용해 값싸고 기능적인 아파트의 대량 공급 가능성을 실험한 것이었다. 높이 3미터, 길이 11미터의 박스를 서로 맞물리며 쌓아 올린 듯이 설계한 형태로, 최고 12층 높이까지 쌓은 독특한 외양의 공동 주택이었다. 마치 장난감 블록을 엇갈리게 쌓아 올린 모양새였다.

설계자는 당시 29세의 젊은 건축가 모셔 사프디(Moshe Safdie)였다. 애초 설계안은 별도 제작된 박스 1350개를 거대한 V자 형태로 쌓는 것이었지만 예산과 기술적 한계 때문에 박스 345개를 무정형 벌집 형태로 배치하는 방식으로 바뀌었다. 그 결과 방 1개짜리 소형부터 복층형 고급 아파트까지 15개 형태의 공동 주택이 완성되었다. 중앙 통제식 난방과 옥상 테라스 정원, 지상 주차 공간, 놀이터 등을 갖춘 현대식 주택이었다. 정원에 조성된 3700제곱미터 호수의 물을 이용하는 냉방 시설도 설치되었다.

'해비타트 67'은 개성적인 외양과 콘크리트 조립식 공동 주택 설계·시공의 한계를 실험했다는 관점에서 높이 평가되었다. 조립 공정을 적극 활용했다는 점에서 엑스포의 효시인 1951년 런던 수정궁 건축의 맥을 이었다는 해석도 있었다. 반면 프라이버시 유지에 다소 문제가 있고 경제성이 없다는 점에서 비판을 받았다. 별도 제작해 현장에 옮겨진 콘크리트 박스를 쌓아 올리는 시공 비용이 현장에서 콘크리트 틀을 뜨는 기존 방식에 비해 실용적이지도 저렴하지도 않다는 지적이었다. 비용을 최소화한 현대적 공동 주택 실험은 결국 '절반의 성공'에 그쳤다.

공동 주택 중 일부는 관람객들에게 공개되고 일부는 박람회를 찾은 귀빈들의 숙소로 이용되다가 박람회가 끝난 뒤 시민들에게 분양되었다. 독특한 디자인과 유명세 탓에 경매 방식으로 분양했지만 집값은 인근 아파트 시세보다 훨씬 높은 값에 낙찰됐다. 저렴한 주택 공급이라는 본래의 취지를 무색하게 한 셈이다. 이 아파트는 50여 년이 지난 지금도 전망 좋은 강변 주거지로 인기가 높으며, 현재 700여 명이 살고 있다.

주의가 중요하다는 메시지를 성공적으로 전달했다는 점이었다.

시사 주간지 〈타임스〉는 몬트리올엑스포에 대해 1967년 11월 3일자 기사에서 이렇게 논평했다.

"엑스포는 놀라운 성공에도 불구하고 2억 5000만 달러의 적자를 기록했다. 그러나 캐나다로서는 충분히 그만한 가치가 있었다. 박람회는 국제사회의 호혜 정신과 국가적 자부심이라는 눈부신 유산을 남겼기 때문이다. 대결에 골몰해온 부자 강대국들을 당황케 한 것도 빼놓을 수 없는 성과다."

몬트리올 박람회장은 1976년 하계 올림픽 경기장으로 활용되었다. 한국의 양정모 선수가 레슬링 자유형에서 독립 이후 첫 올림픽 금메달을 따낸 바로 그 무대다.

몬트리올박람회는 북미 프로야구 메이저리그에 이름을 남겼다. 박람회 이듬해인 1969년 몬트리올을 근거지로 한 야구팀이 창단되었는데 팀 이름을 '몬트리올 엑스포스(Montreal Expos)'라 붙였다. 몬트리올 엑스포스는 한두 시즌 좋은 성적을 냈으나 대체로 하위권을 맴돌다 2004년 시즌을 마지막으로 미국 워싱턴 DC에 팔려 '워싱턴 내셔널스(Washington Nationals)'로 이름이 바뀌었다.

1967년 몬트리올박람회 개요

공식 명칭	1967년 몬트리올 세계박람회(Exposition Universelle et Internationale Montreal 1967, 약칭 Expo '67)
주제	인간과 세계
기간	1967년 4월 27일~11월 27일
장소	몬트리올, 세인트 로렌스 강 세인트 헬렌 섬, 노트르담 섬
참가국	62개국
관람객	5030만 6648명

중남미 국가 겨냥한
친선 행사

1968년 샌안토니오 박람회

미국의 세계박람회 개최 역사는 1964~1965년 뉴욕박람회에서 절정을 이뤘다. BIE와의 불화로 공인 엑스포 목록에서 빠지긴 했지만, 뉴욕박람회는 외형적 규모에서 역대 최고였다. 관람객 수가 5000만 명을 넘었고 대중 인지도도 어느 박람회보다 높았다. 그러나 국제 환경과 시대 변화에 발맞춘 엑스포의 새로운 위상을 제시하지는 못했다. 대기업 중심의 상업주의에 기반을 둔 신기한 볼거리와 오락은 더 이상 세계박람회의 전유물이 아니었다. 텔레비전, 광고, 영화 등 보고 즐길 대상이 넘쳐나는 세상이 된 것이다. 매스미디어의 비약적 발전으로 박람회의 질적 변화가 요구되는 상황이었다.

20세기 들어 세계박람회의 흐름을 주도해온 미국은 떠들썩했던 뉴욕박람회 이후 엑스포 무대에서 급속히 퇴장했다. BIE 공인 엑스포에 포함된 박람회만 다섯 차례 더 열렸지만 세계박람회란 이름이 무색할 정도로 규모와 영향력이 제한적인 군소 박람회에 머물렀다. 1968년 텍사스 주 샌안토니오에서 열린 엑스포는 그런 박람회 가운데 하나였다.

냉전의 다른 전략, 중남미를 포용하다

샌안토니오박람회는 처음부터 전 세계를 아우를 생각이 없었다. 지역성을 기반으로 하여 텍사스 주와 가까운 중남미 나라들 간의 친선을 주목적으로 삼았기 때문에 주제도 '아메리카 대륙의 문명 융합'으로 설정하였다. 박람회 명칭은 지구의 절반을 의미하는 '반구(hemisphere)'와 '박람회(fair)'를 결합해 '헤미스페어 68(HemisFair 68)'로 정했다.

샌안토니오 박람회장 전경.

박람회장 중앙에는 북미와 중남미의 친화를 상징하는 190미터 높이의 '아메리카 대륙의 탑(Tower of the Americas)'을 세웠다. 시애틀의 스페이스 니들을 본떴으나 그보다 5미터 더 높게 만든 철근 콘크리트 탑이었다. 탑 건설에 시 예산 550만 달러가 들어갔다. 상징탑 옆에는 컨벤션 센터와 미국 전시관이 들어섰다.

멕시코, 파나마, 콜롬비아, 볼리비아, 베네수엘라 등 라틴 아메리카 나라들이 각기 자국 전시관을 지었고, 브라질, 아르헨티나, 페루, 니카라과, 온두라스, 과테말라, 엘살바도르, 코스타리카 등은 공동 전시관을 활용했다. 이스트만 코닥, 포드, GM, 제너럴 일렉트릭, 걸프 오일, IBM, RCA, 펩시콜라 등 미국의 대표 기업 열 곳이 참가해 신제품을 선보였다. 이와 함께 우주 탐험 쇼, 인형극, 라틴 아메리카 공예품 전시, 스페인 프라도 박물관 소장품 전시, 멕시코와 러시아의 발레단 공연 등 다채로운 문화 행사가 열렸다.

박람회장 맞은편에는 세계 최초로 모듈 공법을 이용해 시공한 21층짜리 힐튼 호텔이 들어서서 화제가 되었다. 지상 4층까지만 기초 공사를 한 뒤 별도로 제작한 496개 고급 객실 모듈을 하나씩 쌓아 올리는 시공법이었다. 객실 모듈은 가로 10미터, 세로 4미터, 높이 3미터로 침대와 카펫, 컬러텔레비전, 라

디오, 커피메이커 등 모든 가구와 가전제품을 갖춘 상태로 조립되었다. 무게 35톤인 객실은 박람회장에서 13킬로미터 떨어진 공장에서 제작되어 옮겨졌다. 건축회사 재크리(Zachry)가 설계와 시공을 맡아 202일 만에 공사를 마쳤다. 당시로서는 획기적인 완공 기록이었다. 특히 객실 모듈 시공 기간은 46일에 불과했다. 하루 평균 10개 이상의 모듈을 붙여나간 것이다. 개막식 사흘 전에 완공된 이 호텔은 박람회 1년 전부터 사전 예약한 투숙객들에게 각별한 인기를 누렸다.

축제에 찬물 끼얹은 킹 목사 암살 사건

냉전 시대에 강경 반공주의 일변도였던 미국의 중남미 외교 정책은 1960년대 들어 호혜적 무역 관계를 내세운 유화 정책으로 방향을 틀었다. 존 F. 케네디 대통령이 주도해 결성한 진보동맹(Alliance for Progress)이 그 대표적 사례였다. 미국은 1961년 우루과이에서 체결된 협정에 따라 중남미 각국에 대한 경제 지원을 대폭 늘렸다. 샌안토니오박람회는 미국의 이러한 외교 정책 기조 아래서 라틴 아메리카를 포용하는 문화적 다양성의 축제로 계획되었다.

그러나 샌안토니오박람회는 온전한 축제가 되기에는 시기적으로 불운했다. 예상치 못한 사건이 박람회를 기다리고 있었다. 개막식을 불과 이틀 앞두고 흑인 민권 운동 지도자인 마틴 루서 킹(Martin Luther King Jr., 1929~1968) 목사의 암살 사건이 발생했다. 미국 전역이 인종 갈등으로 일촉즉발의 상황으로 돌입했고, 흑인 민권 운동 사상 최고조에 이른 긴장이 내내 박람회장에 감돌았다. 1968년 4월 6일 개막식에 린든 존슨(Lyndon B. Johnson, 1908~1973) 대통령을 대신해 참석한 영부인 존슨 여사와 존 코널리(John Connally) 텍사스 주지사는 암살의 위협을 감수해야 했다.

엎친 데 덮친 격으로 박람회 기간 중이던 6월 5일에는 존 F. 케네디 전 대통령의 동생이자 민주당 상원 의원인 로버트 F. 케네디(Robert F. Kennedy, 1925~1968)가 암살되었다. 유력한 민주당 대통령 후보였던 그는 로스앤젤레스 앰배서더 호텔에서 지지자들에게 연설한 뒤 주방 통로를 이용해 막 호텔을 떠나는 순간 여덟 발의 총격을 받고 숨졌다. 이스라엘 지지에 분노한 한 팔레스타인 학생이 범인이었다. 연이은 두 암살 사건은 미국 사회를 엄청난 충격과 혼란에 빠뜨렸다.

전 세계의 이목을 집중시킨 1967년 몬트리올박람회도 샌안토니오박람회 홍보에 큰 걸림돌이 되었다. 당시 BIE 규정상 앞선 공인 박람회가 열리고 있는 동안에는 다음 박람회 광고와 홍보 활동이 금지되어 있었던 터라 준비 기간이 짧을 수밖에 없었다.

박람회장은 헤미스페어 공원으로 탈바꿈해 오늘날까지 이용되고 있다.

샌안토니오박람회는 여러 제약에도 불구하고 미국이 중남미 국가들과의 결속을 강화하고 텍사스 제2의 도시인 샌안토니오 도시 개발을 촉진하는 소기의 성과를 거뒀다. 박람회장은 인공 폭포, 분수대, 어린이 놀이터 등을 추가로 세워 공원(헤미스페어 공원)으로 활용되고 있다.

1968년 샌안토니오박람회

공식 명칭	헤미스페어 68(HemisFair 68)
주제	아메리카 대륙의 문명 융합
장소	샌안토니오 남동부 부지
기간	1968년 4월 6일~10월 6일
참가국	30개국
관람객	640만 명

동아시아 시대의 개막

1970년 오사카 박람회

"20세기는 위대한 성취의 시대입니다. '인류의 진보와 조화'라는 주제 아래 다채롭게 펼쳐진 이 경이로운 성과는 인간 지혜의 무한한 가능성을 보여준다는 점에서 인상적입니다. 인간 사회의 진정한 진보는 조화가 있는 곳에서만 성취가 가능하다고 나는 믿습니다. '엑스포 70'이라는 자극을 통해 세계의 모든 인종이 서로 더 깊이 이해하고 진정한 평화와 진보를 이루기를 바랍니다."

1970년 3월 14일 오전 11시, 오사카 근교 센리 언덕에 히로히토(裕仁, 1901 ~1989) 일본 쇼와 천황의 엑스포 개막 선언이 울려 퍼졌다. 곧이어 팡파르와 축포가 요란한 가운데 풍선과 색종이가 날리면서 전광판에 '인류의 진보와 조화(Progress and Harmony for Mankind)'라는 주제가 새겨졌다. 일본의 국화인 벚꽃이 꽃망울을 터뜨린 오사카 박람회장에는 수십만 명의 군중이 몰려 아시아에서 처음 열린 엑스포 개막을 축하했다.

세계박람회 역사가 새로운 장으로 넘어가는 순간이었다. 일본으로서는 태평양전쟁 패전 25년 만에 경제 대국으로 부활했음을 세계 만방에 알리는 기회였다. 오사카박람회는 1964년 도쿄올림픽에 이어 국제무대에 일본을 선진국으로 자리매김하는 결정적 계기가 되었다. 공식 명칭은 '일본만국박람회(Japan World Exposition, 약칭 EXPO '70)'였다.

패전국 일본, 경제 대국으로의 부활을 자축하다

개막식은 히로히토 천황에 이어 참가국의 깃발을 든 대표자들의 입장으로 시작되었다. 이어 엑스포 심벌 마크가 뒤따랐고 유엔 전시관에서 평화의 종이 울리면서 다섯 발의 축포가 터졌다. 사토 일본 총리가 연설을 마치자 아키히토(明仁) 황태자가 축제 광장에 마련된 스위치를 눌렀다. 오색 테이프와 수많은 종이학이 일제히 날리며 어린이 예술단의 노래와 춤이 축제 분위기를 한껏 돋우었다.

히로히토 천황의 짧막한 연설은 세계박람회의 서막을 연 120년 전 런던박람회 당시 앨버트 공의 목소리를 이어받은 듯했다. 가깝게는 1958년 브뤼셀박람회와 1967년 몬트리올박람회의 상생 정신을 계승했다. '평화'가 '조화'라는 동양적 가치를 담은 말로 대체되었을 뿐이다. 화합과 조화는 무엇보다 전쟁을 일으켰던 당사국인 일본에게 절실히 요구되는 역사 의식이었다.

일본 국내적으로는 문화적 정체성을 유지한 채 경제 대국으로 발돋움했다는 자부심을 한껏 과시할 수 있는 기회였다. 민족주의적 동기와 국제주의적 필요성의 양면을 가졌다는 점에서 초기 세계박람회의 목적의식과 닮은꼴이었다. 그러나 박람회 내용은 시대의 요구에 맞춰 진일보한 개념을 도입했다. 19세기 박람회가 일방적이고 교훈적이었던 데 비해 20세기에 들어서는 다양한 시각적 전시 기법이 도입되면서 교류의 폭이 크게 넓어졌다. 20세기 후반에 이르러서는 인류 공통의 문제의식을 공유하고 체험을 나누는 소통의 장으로 변모했다. 오사카박람회는 일본 전통의 마을 축제 방식에 현대 커뮤니케이션 기법을 총동원하여 결합시킴으로써 총체적 체험의 마당을 지향했다.

박람회 조직위원회는 진보와 조화의 개념을 세분화해 체계적으로 제시했다. 특히 과학 기술의 진보만으로는 인류의 행복을 성취할 수 없다는 메시지를 분명히 했다. 세분화된 네 가지 주제 중 핵심은 '인생의 더 큰 즐거움을 위하여(Towards greater joy of life)'라는 소주제였다. 과학과 예술, 교육, 레저, 스포츠 등을 통해 개인의 삶의 질을 높이는 데 중점을 두어야 한다는 개념이었다. 인류와 자연의 조화로운 관계를 규정한 '보다 나은 자연의 이용을 위하여(Towards better use of nature)'란 소주제는 막 싹트기 시작한 환경 보호 의식을 강조했다. 세 번째 소주제는 도시·교통·기계·의류·식품 등 기술 발전이

식민 통치 수단으로 열린 조선물산공진회

일본은 1912년 세계박람회 개최 계획이 무산되자 합병을 통해 집어삼킨 조선에서 소규모 박람회를 열었다. 식민지 통치 수단의 하나로 조선의 정궁인 경복궁에서 열린 시정(始政) 5년 한일 병합 5주년 기념 조선물산공진회(Chosun Products Exhibition)가 그것이다.

일제는 경복궁 정문인 광화문을 옮기고 근정전으로 출입하는 홍례문을 헐어버린 뒤 그 자리에서 1915년 9월 11일부터 10월 30일까지 50일 동안 전람회를 열었다. 조선의 각종 산물과 고적 조사를 통한 매장 유물과 공예품, 국고 귀속물 등을 전시했다. 일본이 조선의 발전을 위해 일한다는 사실을 강변하고 식민 통치의 정당성을 홍보하기 위한 행사였다. 부지 7만 8000평, 전시 면적 5300평에 전시물 4만 2000점을 전시했다고 한다. 조선총독부 기록에 따르면 당시 조선 인구의 10퍼센트에 가까운 160만 명이 전람회를 참관했다. 일제는 이 행사를 명목으로 경복궁의 많은 전각을 허물고 궁 본래의 모습을 훼손했다. 이후에도 비슷한 성격의 전람회와 연회, 기념식 등이 경복궁에서 열렸다. 총독이 근정전 용상에 올라 행사를 지휘하기도 했다고 한다. 일제는 조선물산공진회가 끝난 뒤 그 자리에 10년여에 걸쳐 조선총독부 청사를 지었다.

삶의 질에 직접적인 영향을 미친다는 의미의 '보다 나은 생활의 구성을 위하여(Towards better organization of life)'였고, 마지막 소주제는 매스미디어와 사회적 관계, 국제 협력과 문화 교류 등에 관한 '상호 이해 개선을 위하여(Towards enhanced mutual understanding)'였다.

벚꽃으로 피어난 5대륙과 '태양의 탑'

박람회 주제로 강조된 '조화'는 지구의 다섯 대륙을 나타내는 다섯 장의 벚꽃 꽃잎 모양으로 도안한 로고로 표현되었다. 박람회장 배치와 전시관 설치에도 주제가 반영되었다. 당대 최고의 건축가 단게 겐조(丹下健三, 1913~2005)가 설계한 박람회장은 완전히 새로운 하나의 도시를 창조하는 개념으로 구성되었다. 크게는 북쪽의 전시 구역과 남쪽의 오락 구역으로 나뉘었다.

두 구역 사이에는 길이 1킬로미터, 너비 150미터의 공동 구역인 상징 구역(Symbol Zone)이 조성되었다. 길이 292미터, 너비 103미터짜리의 거대한 지붕으로 덮인 상징 구역은 다층적 전시장, 공연장, 페스티벌 광장, 편의시설 등이 들어선 열린 공간이었다. 30미터 높이의 폴리에스터 지붕을 오로지 6개의 기둥이 떠받치는 구조였다. 이렇게 조성된 드넓은 공간은 120년 전 런던박람회 당시 수정궁을 연상케 했다. 그러나 실제 면적은 수정궁보다 약간 작았다.

단게가 구상한 이상적 도시 구조는 꽃이 만개한 나무 같은 형태였다. 지상에는 줄기에 해당하는 중앙로를 중심으로 모든 도로가 연결되는 도로망이 있고 고가 도시 모양의 상층에는 냉난방이 갖춰진 이동 보도가 요일 이름을 각기 붙인 일곱 개의 광장으로 사람들을 실어 날랐다. 상징 구역 외곽에 위치한 인공 호숫가의 전시관들이 꽃에 해당됐다. 박람회장 전체의 일관된 구성을 위해 개별 전시관 건축에 엄격한 기준을 적용했던 몬트리올박람회와는 달리 오사카박람회에서는 참가국과 기업이 개성을 살려 각자 전시관을 설치하도

태양의 탑을 배경으로
하모니 플라자에
관람객들이 모여 있다.

록 장려했다.

상징 구역 중앙에는 70미터 높이의 '태양의 탑(Tower of the Sun)'이 지붕을 뚫고 치솟았다. '일본의 피카소'라 불리는 오카모토 다로(岡本太郎, 1911~1996)가 설계한 상징탑이었다. 관람객들은 탑 내부에 설치된 에스컬레이터를 타고 꼭대기까지 오르면서 주제 전시물을 볼 수 있었다. 주제 전시물은 3단계로 나눠졌다. 지하 전시 공간에는 인간 진화의 역사와 과거의 인류 발전상이, 지상 전시 공간에는 현재 인류 문명의 성취가, 그리고 옥상에는 미래 세계의 모습이 제시되었다. 히로시마와 나가사키에 투하된 원자 폭탄 이미지를 통해 과학 기술의 파괴적 사용을 경고하는 메시지도 전달되었다. 태양의 탑 옥상은 현대 미술 전시관과 남쪽 오락 구역에 위치한 국제도시의 거리, 박람회장 전경을 바라볼 수 있는 120미터 높이의 엑스포 탑과 연결되었다.

전시 구역 인공 호숫가에 위치한 참가국 전시관들은 저마다 색다른 개성을

20세기 도시 설계의 거장 단게 겐조

오사카 박람회장 마스터플랜은 도시 설계의 대가 단게 겐조의 손을 빌렸다. 그는 일본의 전통미와 모더니즘을 결합한 당대 최고의 건축가였다. 1913년 9월 4일 오사카에서 태어난 단게는 은행가였던 부친을 따라 상하이와 런던 등지에서 유년 시절을 보냈다. 고등학생 때 유럽의 거장 르 코르뷔지에의 책을 접한 것이 건축가로서 꿈을 키운 계기였다고 한다.

도쿄 대학에서 건축학을 공부한 뒤 설계 사무소 실무를 거쳐 도쿄 대학 도시공학과 교수가 되었다. 그가 건축가로 두각을 나타내기 시작한 것은 1949년 히로시마 평화 추모 공원 설계 공모에 당선되면서부터였다. 이후 자신의 회사를 차리고 도쿄 도청사 설계를 맡는 등 특유의 구조주의 개념을 형성해갔다. 1960년에는 도쿄 지상 40미터 높이에 인공 도시를 만들고 지하 공간을 대대적으로 개발하자는 도시 공간 확장 계획을 내놓아 주목받았다. 실현되지는 않았지만 도시를 인체의 순환계처럼 서로 이어진 유기체로 파악한 획기적인 도시 계획안이었다. 단게는 1964년 도쿄올림픽 주 경기장과 1970년 오사카 박람회장 설계를 맡음으로써 명실공히 세계적인 건축가로 부상했다. 1971년에는 도쿄-오사카-나고야를 하나의 도시로 연결하는 '도카이도 거대 도시(Tokaido Megalopolis)' 구상안을 발표했다. 1987년 '건축의 노벨상'으로 불리는 프리츠커 상(Pritzker Prize)을 받았다.

뽐냈다. 캐나다 전시관은 전면에 거울 유리를 교묘하게 사용하여 각도에 따라 건물 자체가 일시에 사라지는 시각 효과를 주었고, 스위스 전시관은 알루미늄 소재의 나무 형태로 지어졌다.

최고 히트작은 '달에서 온 돌'

오사카박람회에서 가장 화제를 불러일으킨 전시물은 미국관에 진열된 월석(moon rock)이었다. 미국관은 특이하게도 지하 구조물로 지어졌다. 지상에는 유리 섬유로 제작된 차양이 덮여 천장 구실을 했다. 지상 덮개는 공기 압력과 케이블로 지지했다. 월석은 우주선 모형과 함께 이 지하 전시관 한복

달에서 온 돌은 오사카박람회에서 화제를 불러일으켰다.

판을 당당히 차지했다. 1969년 7월 16일 인류 최초로 달에 착륙한 아폴로 11호가 가져온 것이었다. 암석의 외양은 지구상의 그것과 별반 다르지 않았지만 경이롭고 역사적인 달 착륙 장면을 텔레비전 생중계로 지켜본 사람들에겐 호기심의 대상이 되기에 충분했다.

달에서 온 돌은 미국과 소련이 10여 년간 국운을 걸고 벌여온 치열한 우주 개발 경쟁의 성패를 가른 성과물이었다. 소련도 자국 전시관에 달 탐사용 우주선 '루나 계획'을 전시했지만 우주 경쟁의 승부는 사실상 미국의 승리로 일단락됐다. 1970년대 후반 이후 두 나라는 우주 탐사 계획을 대폭 축소했다.

달에서 온 돌을 가까이 찍은 모습.

냉전 시대 미소 대결 양상은 오사카박람회에서도 여전했다. 미국은 축구장 2개를 합친 것보다 더 큰 규모의 전시관을 지어 앞선 과학 기술을 뽐냈고, 소련관은 해머와 낫으로 뚜껑을 덮은 비행기 모양

으로 레닌의 사상과 사회주의 생활상 등을 소개했다. 쿠바, 체코슬로바키아, 베트남 등 공산권 국가들도 이념 홍보에 주력했다.

　오사카박람회가 남긴 또 하나의 히트작은 아이맥스(IMAX) 영화였다. 영상 매체를 극대화한 아이맥스는 1967년 몬트리올박람회에서 그 원형을 선보인 바 있었다. 당시 여러 대의 프로젝터를 동원해 대형 화면을 구현한 그래엄 퍼거슨(Graeme Ferguson, 1929~) 등 4명의 캐나다 기술진은 일본 기업 후지(Fuji)와 손잡고 새로운 포맷의 대형 화면을 완성했다. 이번에는 프로젝터 1대를 가로 22미터, 세로 16미터짜리 대형 스크린에 투사했다. 영화 〈타이거 차일드(Tiger Child)〉가 이 포맷으로 만들어진 첫 작품이었다. 후지 전시관에 설치된 아이맥스는 폭발적인 인기를 끌었다. 관람객들은 대형 플랫폼 화면 앞을 돌면서 무한대 시각을 제공하는 아이맥스 영상을 즐길 수 있었다.

　펩시콜라 전시관은 210도 각도의 대형 구면(球面) 거울을 천장에 설치해 관람객 자신이 전시물의 일부가 되는 기이한 체험을 제공했다. 바닥에는 장소에 따라 다른 소리가 나도록 해 관람객들이 영상과 소리를 직접 만들어낼 수 있었다.

　마쓰시타 전기(Panasonic)는 1939년 뉴욕박람회를 본떠 타임캡슐을 만들어 묻었다. 캡슐 개봉일도 웨스팅하우스가 제작한 뉴욕박람회의 타임캡슐처럼 5000년 뒤인 6970년으로 설정했다. 대신 똑같은 타임캡슐을 2개 제작해 1개는 6970년에, 1개는 2000년부터 100년 간격으로 조금씩 개봉하도록 했다. 5000년 뒤에 개봉하도록 한 캡슐은 14미터 땅 밑에, 다른 하나는 9미터 지하에 묻었다. 스테인리스 강철로 만든 이 캡슐에는 29개 용기에 시계, 전자

아래.
펩시콜라(Pepsi Cola) 전시관 내부. 210도 각도의 대형 구면(球面) 거울을 천장에 설치하여 관람객 자신이 전시물의 일부가 되는 기이한 체험을 하도록 했다.

맨 아래.
산요(Sanyo)에서 선보인 초음파 목욕 기계.

기기, 옷, 예술품 등 당대의 물품과 기록물 2098점을 담았다. 타임캡슐은 마쓰시타 전시관에 진열된 뒤 관광 명소인 오사카 성 공원에 매장되었다.

역대 최대 규모의 박람회로 슈퍼 파워 과시

일본은 오사카박람회 이전에도 여러 차례 국제 박람회 개최를 시도했다. 일찌감치 서양 문물을 받아들인 일본은 20세기 초부터 국제 박람회를 열겠다는 의욕을 갖기 시작했다. 일본이 세계박람회에 처음 참가한 것은 1867년 파리 박람회였다. 당시 전통 가옥 등을 통해 동양 문화를 선보인 이래 세계박람회에 빠짐없이 참가했다.

20세기 들어 세계박람회의 흐름이 유럽에서 신대륙 미국으로 기울어지자 일본은 자국에서 대규모 국제 박람회를 열 계획을 세웠다. 목표는 1912년이었다. 그러나 박람회 준비 과정이 흔히 그렇듯 여러 가지 이유로 추진이 늦어졌고, 그러던 중 메이지 천황이 1912년 7월 30일 사망하면서 세계박람회 개최는 무산됐다.

일본이 또 다시 세계박람회 개최를 계획한 것은 대동아 공영을 외치던 1940년이었다. 이 계획은 물론 2차 세계대전 발발로 백지화됐다. 일본은 1940년에 올림픽 개최권도 얻었지만 이 역시 전쟁으로 인해 불발됐다. 세 번째로 시도된 세계박람회 계획은 도쿄올림픽 준비가 한창이던 1963년에 공식화된 뒤 1965년 5월 마침내 BIE로부터 승인을 받아냈다. 1964년 아시아 최초로 성공리에 치른 올림픽이 유리한 요인으로 작용했음은 물론이다.

뉴욕박람회의 타임캡슐을 본떠 마쓰시타 전기 (파나소닉)가 만든 타임캡슐. 마쓰시타 전시관에 진열되었다가 오사카 성 공원에 매장되었다.

일본은 오사카박람회를 세계 최고의 국제 행사로 치르기 위해 총력을 기울였다. 아시아적 가치와 전통문화, 인류 공통의 과제와 첨단기술이 조화를 이루는 박람회를 목표로 삼았다. 일본 정부는 대대적인 박람회 추진 기구를 꾸리고 막대한 예산을 투입했다. 1963~1969년 오사카 시내와 이로부터 50킬로미터 떨어진 박람회장 사이에 수이타(吹田) 위성 도시를 조성해 도로·철도·통신망·전산 장비 등 기반 시설을 갖추었다. 이 인프라 조성 사업에만 미화 23억 달러가 들어갔다.

일본은 오사카 박람회장을 단순한 행사장이 아닌 환경 공해와 슬럼화 등 현대 문명의 폐해를 극복할 수 있는 이상적인 미래 도시의 모델로 삼았다. 도시 문제는 '신일본'이라는 기치 아래 고속 성장을 지속해온 일본의 당면 과제였다. 오사카는 도시 구조 개혁을 통해 시민의 삶의 질을 높이는 모델이 되었다. 공장 이전과 공원·가로수 조성, 공기 정화 및 식수 처리 시설 설치, 연료 파이프라인, 지하철망 등 대중교통 강화에 집중적인 투자가 이뤄지면서 오사

박람회를 무대로 한 인기 만화 '20세기 소년'

오사카박람회는 영화·소설·노래의 소재가 되는 등 일본 대중문화에 큰 영향을 미쳤다. 특히 일본이 강세를 띠던 만화 영역에서도 박람회가 중요한 소재로 등장했다. 우라사와 나오키의 〈20세기 소년〉이 그 대표적인 예다.

주인공 엔도 켄지와 그의 친구들이 지구의 멸망을 막는다는 줄거리의 이 만화는 오사카박람회와 그 상징물 '태양의 탑'을 내용 전개의 중요한 배경으로 삼았다. 어른이 된 켄지가 지구 파괴 음모를 감지하고 과거 자신의 친구들과 겪었던 일들을 연결시키는 회상 장면에서 오사카박람회가 시대의 상징으로 반복해서 나타난다.

1969~2017년을 시대 배경으로 한 〈20세기 소년〉은 1999년부터 만화 주간지 〈빅 코믹 스피릿〉에 연재되다가 단행본으로 출간되어 2000여만 부가 팔렸다. 고단샤 만화상, 쇼가쿠칸 만화상, 일본 만화가협회장 대상 등 일본 국내외에서 수많은 상을 받은 명작 만화다. 2008년에는 쓰쓰미 유키히코 감독에 의해 3부작 영화로 제작됐다.

카는 새로운 광역 도시로 거듭났다.

일본 열도를 뜨겁게 달군 엑스포 열기와 170만 명에 이른 대대적인 해외 관광객 유치에 힘입어 오사카박람회는 큰 성공을 거뒀다. 77개 참가국과 6422만 명이라는 관람객 수는 세계박람회 사상 단연 최고 기록이었다. 관람객 연인원 기록은 40년 뒤인 2010년 상하이엑스포에 와서야 깨졌다. 일본은 오사카박람회를 통해 2차 세계대전 패전국의 명에를 벗고 세계 경제의 슈퍼파워로 올라섰다. 오사카박람회는 또한 현대 엑스포의 새로운 지평을 제시하는 동시에 동아시아의 시대가 개막될 것임을 예고하는 전주곡이 됐다.

오사카박람회만 한 규모와 중요성을 지닌 세계박람회는 이후 30년 가까이 열리지 못했다. 1970~1990년대에 공식 엑스포만 10여 차례 더 열렸지만 오사카박람회에 버금가는 박람회는 1992년 세비야박람회, 2000년 하노버박람회에야 비로소 실현됐다는 게 엑스포 사가들의 공통된 시각이다.

1970년 오사카박람회 개요

공식 명칭	일본 만국 박람회(Japan World Exposition, 약칭 EXPO '70)
주제	인류의 진보와 조화
장소	오사카 근교 센리 언덕
기간	1970년 3월 14일~10월 13일
참가국	77개국, 4개 국제기구
관람객	6421만 8770명(일본인 6251만 명, 외국인 170만 명)

06 미국

명목에 그친 '환경' 박람회

1974년 스포캔 박람회

1974년 스포캔박람회는 환경 문제를 내세운 첫 번째 세계박람회였다. 박람회 주제는 '전혀 새로운 내일의 환경을 기리며(Celebrating Tomorrow's Fresh New Environment)'였다. 그러나 명목상 환경을 모토로 삼았을 뿐 그에 걸맞은 연구나 전시 내용은 찾아보기 어려웠다. 민간 환경 단체들의 참여도 전무했다.

에너지 전시관은 석유·석탄·전기 회사가 스폰서로 참여해 오히려 에너지 소비를 부추기는 역설을 빚었다. 농업 전시관도 대량 식품 가공 과정과 화학약품을 소개했을 뿐 환경 보전과는 거리가 멀었다. 포드 자동차 전시관이 에너지 절약에 관한 메시지를 전달했지만 당시 세계를 강타한 오일 쇼크 극복 대책에 그친 수준이었다. 환경 주제를 살린 이벤트로는 개막식에서 개최 연도와 같은 숫자의 무지개 송어 1974마리를 스포캔 강에 방류한 것 정도였다.

스포캔박람회 개막식을 위해 8만 5000명의 인파가 스포캔 강에 모였다.

개막식에 참석한 리처드 닉슨(Richard Nixon, 1913~1994) 대통령은 환경 보전을 통한 세계 평화와 번영을 강조했다. 이에 대해 비판론자들은 고용 증대와 에너지 개발을 의미하는 번영이 어떻게 환경 개선책이 되느냐며 반박했다. 더구나 닉슨은 당시 워터게이트 도청 파문으로 쫓겨날 위기에 몰려 있었다. 개막식장에는 "닉슨을 탄핵해 환경을 청소하자(Clean up our environment - Impeach Nixon)"라는 냉소적인 내용의 피켓을 든 시위대까지 등장했다. 닉슨은 그해 8월 9일 사임했다.

그래도 개막식에는 8만 5000명이 참석해 성황을 이뤘다. 5월 4일 오전 10시 참가국 대표가 원주민이 호위하는 배를 타고 오페라 하우스 부근 식장에 도착하면서 비둘기 1000마리가 하늘로 날아올랐다. 닉슨 대통령의 연설에 이어 5만 개 헬륨 풍선 띄우기, 점등식, 참가국 국기를 단 모형 로켓 발사와 같은 행사가 펼쳐졌다.

마침내 흑인도 박람회의 일원으로

박람회장은 1967년 몬트리올 박람회장처럼 강 중간의 2개 섬에 조성되었다. 이렇다 할 기념물을 설치하지 않아 컬럼비아 강 지류인 활기찬 스포캔(Spokane) 강 자체가 박람회의 상징적 배경이 되었다. 가장 인기 있는 전시관은 오사카박람회에서 선보인 아이맥스 영화관을 갖춘 미국관이었다. 가로

스포캔 강 중간에 위치한 섬 두 곳에 조성된 박람회장의 전경.

90미터, 세로 65미터의 세계 최대 스크린은 인간의 시각이 감당할 수 있는 한계치를 체험하게 했다. 화면이 너무 커서 어지럼증과 멀미를 호소하는 관람객들도 적지 않았다. 아이맥스 영화관은 엑스포 방문자의 대다수인 500만 명의 관람객 수를 기록했다.

미국 다음으로 큰 전시관은 레닌의 흉상을 전면에 설치한 소련관이었다.

소련관에 전시된 추상의 숲은 지구의 생물학적 관계를 설명하는 전시물이었다.

중국관은 오늘날까지 남아 커뮤니티 칼리지의 극장으로 활용되고 있다. '유니버사(Universa)'라 불린 오락 구역에서는 포말이 부서지는 스포캔 폭포 위로 지나가는 스릴 만점의 놀이기구가 인기를 독차지했다.

주목할 만한 곳은 1960년대 치열한 흑인 민권 운동의 성과로 설치된 흑인 전시관이었다. 이곳에선 흑인 예술가와 작가들의 작품 전시와 음악 공연 등이 벌어졌다. 20세기 초까지 인종 전시 대상이었던 흑인이 오랜 투쟁과 갈등을 거쳐 비로소 세계박람회의 일원으로 인정받게 된 것이다.

스포캔박람회는 환경에 대한 인식이 겨우 싹트긴 했지만 아직 갈 길이 멀다는 현실을 보여준 채 막을 내렸다. 특기할 만한 사실이라면 역대 세계박람회 개최지 중 가운데 가장 작은 도시에서 열렸다는 점이다. 미국 북서부 워싱턴주 내륙에 위치한 스포캔은 인구 18만 명에 불과한 소도시였다.

그럼에도 560만 명의 관람객이 몰린 것은 이 지역에서 전무후무한 사건으

리버프런트 공원의 현재 모습. 공원의 상징물인 시계탑 옆으로 1974년에 세워진 미국관이 보인다.

로 스포캔 도시 개발의 기틀이 되었다. 환경 보전을 내세웠지만 그보다는 오히려 지역 경제 개발의 필요성을 일깨우는 계기가 되어 도로 및 교량 건설 등의 개발 사업이 활성화되었다. 박람회장은 이후 리버프런트 공원으로 조성되었고, 워싱턴 주 전시관이나 오페라 하우스 등이 유산으로 남아 오늘날까지 컨벤션 센터 등으로 활용되고 있다.

1974년 스포캔박람회 개요

공식 명칭	스포캔 엑스포 '74(Spokane Expo '74)
주제	전혀 새로운 내일의 환경을 기리며
장소	워싱턴 주 스포캔 강변 해이버매일 섬
기간	1974년 5월 4일~11월 3일
관람객	560만 명

우리가 보고 싶은 바다

1975년 오키나와 박람회

일본은 국가 이미지를 격상시킨 오사카박람회 이후 5년 만에 특정 주제에 초점을 맞춘 또 하나의 세계박람회를 기획했다. 1975년 7월부터 이듬해 1월까지 오키나와에서 열린 국제 해양 엑스포가 그것이다. 오키나와 지역은 2차 세계대전 종전 이후 27년간 이어진 미군정 통치를 끝내고 1972년 마침내 일본에 반환된 것을 기념하면서 본토 수준의 정치·경제적 자립을 꾀하려는 시도로 세계박람회를 추진했다.

오키나와박람회의 공식 포스터.

매혹의 해변에서 펼쳐진 해양 엑스포

오키나와박람회는 오사카박람회처럼 떠들썩하지는 않았지만 집중도 높은 테마 박람회의 전형을 제시했다. 박람회 모토는 '우리가 보고 싶은 바다(The sea we would like to see)'로 잡았다. 개막식은 7월 17일, 아키히토(明仁,

1933~) 황태자 부처와 미키 다케오 총리(三木武夫, 1907~1988) 등이 참석한 가운데 열렸다.

  오키나와는 비극의 역사를 지닌 섬이다. 태평양전쟁 때 치열한 전쟁터였고 종전 직후 엄청난 참극의 현장이었다. 전쟁 당시 일본군은 오키나와 주민들에게 '잔혹한 미군' 인식을 과도하게 주입했다. 패전 후 미군이 진주하게 되자 세뇌 당한 주민들은 두려움에 몰려 서로를 죽이거나 자결하는 집단적 병리 현상을 보였다. 아키히토가 오키나와박람회 개막식에 참석한 것은 일본군의 강압에서 비롯된 과거의 비극을 청산하겠다는 의미가 있었다.

  박람회장은 오키나와 섬 북부 모토부(本部) 반도 해변과 맞닿은 바다 111헥타르에 조성되었다. 일본 남단 오키나와는 연평균 섭씨 22.2도의 아열대 기후로 아름다운 코발트블루 빛깔 해변을 자랑했다. 해변 길이가 4킬로미터이던 박람회장은 4개 클러스터로 나뉘었다. 그중 가장 큰 전시관은 붉은 타일 지붕을 인 오키나와관이었다.

  핵심 전시물은 인간이 바다에서 살아갈 수 있을지를 실험한 아쿠아폴리스(Aquapolis)였다. 일본 정부가 130억 엔을 들여 히로시마 조선소에서 건조한 뒤 오키나와로 예인해온 높이 32미터, 연면적 3000제곱미터의 작은 수중 도시였다.

  아쿠아폴리스가 속한 '과학 기술 클러스터'에는 고래 모양의 극장, 바다 로

일본 건축가 기요노리
기쿠다케가 설계한
수중도시로 당시
큰 인기를 끌었던
아쿠아폴리스와
개념도.

봇 등 첨단 해양 장비 전시관 등이 들어섰다. '해양 생물 클러스터'는 돌고래 등을 볼 수 있는 바다 포유류 공원, 어린이들이 물고기나 갑각류와 함께 물놀이를 할 수 있는 해수 수영장, 온갖 열대어가 헤엄치는 세계 최대 수족관으로 구성되었다. 미국, 소련, 캐나다, 이탈리아, 오스트레일리아 등 주요 선진국 전시관이 이곳에 자리 잡았다.

'민족 역사 클러스터'에는 세계 각국의 해양 관련 예술 작품이 전시되었다. 미쓰비시 전시관에서는 관람객들을 환상적인 바다 세계로 안내하는 잠수정 탑승이 인기를 끌었다. '선박 클러스터'에서는 각종 선박 모형과 함께 1만 2000년 된 빙하를 전시한 빙하 모양의 미도리 전시관이 관람객들을 맞았다.

박람회장 곳곳에는 해산물 식당, 해변 바자, 선셋 플라자 전망대, 해수욕장, 해변 산책로 등 다양한 휴양 시설이 마련되어 관람객들이 바다 풍광을 한껏 즐길 수 있게 했다. 일본 정부는 박람회장 건설에 320억 엔, 운영에 140억 엔

등 총 460억 엔을 투입했다. 운영 수입도 비슷한 규모여서 수지 균형을 맞출 수 있었다. 참가국은 36개국, 관람객은 348만 명에 달했다.

오키나와 박람회장은 '오션 엑스포 파크' 국립공원으로 지정되어 이후에 도 계속해서 관광지로 활용되었다. 그러나 방문자가 기대만큼 많지 않아 만 성 적자에 시달리다 1996년 시설 개축 명목으로 문을 닫았다. 이후 엑스포 관 련 전시품 2000여 점은 오키나와 현 박물관으로 옮겨졌다.

1975년 오키나와박람회 개요

공식 명칭	오키나와 국제 해양 박람회 (Okinawa International Ocean Expo, 약칭 Expo '75)
주제	해양
장소	오키나와 현 모토부 반도
기간	1975년 7월 20일~1976년 1월 18일
참가국	37개국
관람객	348만 5750명

에너지가 세상을 움직인다

1982년 녹스빌 박람회

미국 테네시 주 녹스빌의 기업인들은 1974년 스포캔박람회에 크게 고무되었다. 작은 도시도 세계박람회를 개최할 수 있다는 자신감을 얻게 된 것이다. 마침 오일 쇼크가 전 세계를 강타했던 터라 에너지를 박람회 주제로 삼았다. 이로써 스포캔박람회에 이은 또 하나의 소도시 엑스포가 탄생했다.

녹스빌(Knoxville)은 인구 17만의 작은 도시였지만 인근 오크리지에 핵에너지 발전 실험 및 생산 공장이 있고 테네시 계곡에 에너지 회사가 밀집해 있어서 '에너지'라는 테마를 살리기에 적합했다. 박람회 주제는 '세상을 움직이는 에너지(Energy Turns the World)'로 정했다.

오른쪽.
녹스빌 박람회장은
도심 부근의 슬럼화된
철도 부지를 재개발해
조성되었다. 사진은
박람회장 주차장
표지판의 모습.

핵에너지보다 인기 좋았던 '루빅큐브'

박람회장은 다운타운과 테네시 대학 사이의 28헥타르 강변 부지를 재개발해 조성했다. 슬럼화된 철도 부지여서 재개발에 따른 경제적 파급 효과가

클 것으로 기대했기 때문이다.

　박람회장 중앙에는 높이 81미터의 상징탑 '선스피어(Sunsphere)'를 세웠다. 오각면의 철재 구조물이 5층 높이의 유리 원구를 떠받치는 형태였다. 원구에 청동 코팅한 황금색 유리를 장식한 이 탑은 오늘날에도 녹스빌의 상징물이다.

　1982년 5월 1일에 열린 녹스빌박람회 개막식은 텔레비전으로 생중계되는 가운데 로널드 레이건(Ronald Reagan, 1911~2004) 대통령이 참석해 연설을 했다.

　녹스빌박람회는 작은 도시에서 열린 소규모 박람회였지만 중요한 유산을 남겼는데, 바로 과거 박람회에선 볼 수 없던 '공식(official) 후원 제도'의 도입이었다. 재정 조달이 엑스포 운영의 핵심 요소라는 판단 아래 기업의 후원을 좀 더 적극적으로 받아내는 방식을 고안해낸 것이다.

　이에 따라 코카콜라가 '공식 음료'로, 뽀빠이 팝콘이 '공식 팝콘'으로, 거버가 '공식 이유식'으로 지정되었다. 이처럼 철저히 비즈니스적인 방식 덕분에 1100만 명이라는 관람객을 유치할 수 있었고 박람회 수지균형을 맞추는 일도 가능했다. 녹스빌박람회는 터치스크린 디스플레이 화면, 코카콜라의 체리코크 등을 처음으로 선보였다.

　녹스빌박람회가 유행시킨 최고의 히트작은 루빅큐브 (Rubik's Cube)였다. 각 면의 색상이 다른 하나의 정육면체를 이루고 있는 27개 정육면체 조각들을 이리저리 돌려가면서 흩어진 각 면의 색깔을 맞추는 큐브 퍼즐이다. 루빅큐브는

헝가리의 발명가이자
수학자인 에르노 루빅.

헝가리 전시관 앞에
설치된 대형 루빅큐브
조형물.

헝가리의 발명가이자 수학자, 디자이너인 에르노 루빅(Erno Rubik, 1944~)이 개발했다. 헝가리는 자국 전시관 앞에 대형 회전식 큐브 조형물을 세우고 퍼즐 경연 대회를 여는 등 대대적인 루빅큐브 홍보에 나섰다. 루빅이 직접 박람회장에 나와 설명회를 열기도 했다.

매직 큐브라고도 불리는 이 퍼즐은 각 조각이 돌아가면서 생기는 조합이 무려 4325경 2003조 2744억 8985만 6000가지이며, 여섯 면의 색깔이 다 맞는 경우는 단 한 번뿐이다. 루빅큐브는 녹스빌박람회를 계기로 전 세계에 보급되었고, 정육면체가 아닌 피라미드 형태 등 다양한 모습으로 응용 개발되었다. 에르노 루빅은 2009년부터 계명대학교 건축학부 특임교수로 일하면서 한국과도 인연을 맺고 있다.

1982년 녹스빌박람회 개요

공식 명칭	녹스빌 국제 에너지 박람회 (Knoxville International Energy Exposition)
주제	세상을 움직이는 에너지
장소	테네시 주 녹스빌 도심, 테네시 대학
기간	1982년 5월 1일~10월 31일
참가국	24개국
관람객	1100만 명

세계박람회의 '굴욕'

1984년 뉴올리언스 박람회

미국이 개최한 마지막 세계박람회는 루이지애
나 주 뉴올리언스 미시시피 강변에서 펼쳐졌
다. 주제는 '강의 세계—생명의 원천인 민물'이
었다. 미국 대륙 한복판을 가로지르는 젖줄이
자 숱한 역사의 현장인 미시시피 강과 잘 어울
리는 주제였다. 그러나 박람회는 처음부터 끝
까지 재앙에 가까운 실패로 기록되었다.

박람회장 입구에 세워진
동상의 모습.

재정난에 허덕이다 끝내 파산

박람회장은 낡은 창고가 들어섰던 다운타운 인근 강변
부지에 조성되었다. 800미터 길이의 포스트모더니즘 건
축물 '원더 월(The WonderWall)'이 박람회장의 랜드마크
구실을 했다. 이를 중심으로 6개 전시 구역이 들어섰다.

원더 월을 따라 걷고
있는 관람객들의 모습.
800미터 길이에 달하는
환상적 이미지의
구조물이었던
원더 월에는 노점상과
선물가게, 휴식 공간
등이 들어섰다.
원더월은 박람회가 끝난
후 해체되었고. 그중
여러 구조물은 경매로
팔려나갔다.

위.
33미터가 넘는 길이의
파노라마식 스크린에
다양한 영상이
펼쳐지고 있다.

아래.
곤돌라형 수송
시스템인
MART(Mississippi
Aerial River
Transit)의 모습.

그중 '강'이라는 주제가 가장 잘 구현된 곳은 미국 전시관이었다. 물의 순환에 관한 70밀리미터 스펙터클 입체 영상이 상영되었고, 각종 수자원 활용 장비와 수상 생물의 생태, 하천 준설 모습 등이 전시 또는 재현되었다. 미시시피 강을 가로지르는 곤돌라가 설치되어 관람객들에게 볼거리를 제공했다.

그러나 뉴올리언스박람회는 처음부터 조짐이 좋지 않았다. 기업 후원이 기대에 크게 미치지 못했고 입장권 판매도 부진했다. 박람회장 공사가 늦어져 언론에서는 연일 부정적인 기사가 쏟아져 나왔다. 개막식은 5월 12일 예정대로 강행되었다. 그런데 개막식에 참석하기로 돼 있던 로널드 레이건 대통령이 막판에 불참을 통보했고 결국 맥 빠진 출발이 되고 말았다.

어쨌든 박람회는 문을 열었다. 관람객 수도 720만 명에 달했다. 그러나 이는 애초 예상의 절반에도 못 미치는 수치였다. 개최 경비로 3억 5000만 달러를 투입했지만 재정은 갈수록 악화되었다. 박람회공사 측은 폐막을 한 주 남긴 11월 초, 1억 2100만 달러의 부채 상환이 어렵다며 법원에 파산을 신청했다. 세계박람회 사상 최초로 재정난으로 인해 개최 기간 중에 박람회장 문을 닫아야 할 지경에 이른 것이다.

에드윈 에드워즈(Edwin Edwards) 루이지애나 주지사는 "만약 이 일을 정부가 했다면 감옥에 가야 할 사람이 여럿 있다"면서 박람회공사를 비난했다. 결

국 연방 정부가 개입하여
예정된 기간까지 박람회
장 문을 여는 쪽으로 마무
리되었다. 그 후 법원은
박람회장의 모든 시설을
차압하고 이듬해 초 경매
에 붙였다. 미국의 마지
막 세계박람회는 이렇게

뉴올리언스박람회에
관한 기사가 실린
매체들.

쓸쓸한 패자의 모습으로 무대에서 내려왔다.

잘못된 시기, 잘못된 장소가 화근

어쩌다가 이 같은 최악의 상황을 맞게 된 걸까. 우선 1982년 세계박람회가 열
린 녹스빌에서 2개 주밖에 떨어지지 않은 도시에서 2년 만에 무리하게 박람
회를 강행한 것이 지적되었다. 특히 1984년 7월 열린 로스앤젤레스올림픽에
대중의 관심과 대기업의 후원이 몰린 것이 치명타였다. 어느 박람회 기획자
는 "엑스포는 일생에 단 한 번뿐인 특별한 체험을 제공해야 하는데 뉴올리언
스는 잘못된 시기에, 잘못된 장소에서 일을 너무 크게 벌렸다"고 진단했다.

그 무렵 시카고에서는 '영광의 과거'로 기록된 1893년 세계 컬럼비아박람
회(World's Columbian Exposition) 개최 100주년 기념 박람회가 추진되고 있었다.
뉴올리언스박람회는 반면교사가 되었다. 뉴올리언스에서 파산 사태가 터지
자 일리노이 주 정부는 추진 계획을 원점으로 돌리고 타당성 조사를 다시 시
작했다. 조사 결과 막대한 적자가 예상된다는 진단을 받은 정부는 결국 재정
지원을 철회했다. 이로써 시카고박람회 개최 계획은 무산되었다. 미국 언론
에서는 "뉴올리언스박람회가 남긴 가장 중요한 유산은 시카고박람회를 눌러

앉힌 일"이라고 비아냥거렸다.

1984년 뉴올리언스박람회 개요

공식 명칭	1984 루이지애나 세계 박람회(1984 Louisiana World Exposition)
주제	강의 세계 – 생명의 원천인 민물
장소	루이지애나 주 뉴올리언스 도심 미시시피 강변
기간	1984년 5월 12일~11월 11일
참가국	26개국
관람객	720만 명

로봇들의 행진

1985년 쓰쿠바 박람회

일본은 1975년 오키나와박람회 이후 10년 만에 다시 특정 주제를 내건 박람회를 개최했다. 이번에는 '일상생활 속의 과학 기술'이 주제였다. 박람회장은 도쿄 동북쪽 60킬로미터 쓰쿠바 연구학원도시에 조성되었다.

쓰쿠바 연구학원도시는 일본 정부가 수도 기능 분산과 지식 산업 집중화를 위해 1966년부터 조성한 과학기술단지다. 미국의 실리콘 밸리, 영국의 케임브리지 과학기술단지 등이 모델이 되었다. 한국의 대덕 연구단지도 비슷한 개념으로 조성되었다. 엑스포 개최 당시 16년에 걸친 단지 조성을 끝낸 이곳에는 고 에너지 물리학 연구소, 쓰쿠바 우주 센터, 쓰쿠바 대학 등 46개 국립 연구소와 교육기관, 200여 개 기업 연구소가 들어서 있었다. 과학 기술 특성화 기반 위에 개최된 엑스포로 인해 쓰쿠바 연구학원도시는 일약 세계적 명성을 얻었다.

일본 산업 구조의 재편에 박차

쓰쿠바박람회는 '로봇 박람회'라 불릴 만큼 다양한 로봇이 등장해 세계를 흥분시켰다. 로봇 선진국 일본은 온갖 형태와 용도의 로봇을 선보였다. 엑스포 마스코트도 로봇 모델이었다. 푸요 로봇 극장(Fuyo Robot Theater)에서는 로봇이 축구를 하고 로봇 치어리더가 응원을 펼치며 관람객들의 인기를 끌었다. 와세다 대학팀이 개발한 오르간을 연주하는 로봇과 그림 그리는 로봇도 큰 화제가 됐다.

맨위.
관람객들의 발길을 끈 푸요 로봇 극장. 극장의 외관이 마치 열린 껍질 사이에 조개를 품은 형태였다.

왼쪽 아래.
음성 인식 및 합성 기능을 지니고 있던 로봇들은 무대를 활보하며 관람객들과 실제로 대화를 주고받을 수 있었다.

오른쪽 아래.
오르간을 연주하는 로봇.

오른쪽.
소니가 선보인 가로 36미터, 세로 22미터 크기의 대형 스크린 점보트론.

가전제품 등 생활 과학 기술이 전시장의 넓은 구역을 차지했다. 세계 최고 수준으로 발돋움한 일본의 가전 기업과 브랜드가 큰 활약을 했다. 소니, NEC, 히타치, 마쓰시타 등은 저마다 대형 전시관을 세우고 브랜드를 앞세운 다양한 신제품들을 선보였다. 점보트론(Jumbotron)이라는 가로 36미터, 세로 22미터 크기의 대형 스크린은 소니의 작품이었다. 일본 자동차 제조 협회의 전시관에서는 현란한 빛으로 구현한 고속도로 구조물과 미래 교통의 모습을 보여주었다.

관람객들의 발길이 가장 잦았던 곳은 건강 및 스포츠 전시관이었다. 809만 명의 관람객을 끌어들인 이 전시관에서는 지구의 탄

생과 생명 현상에 관한 34분짜리 다감각적 영상 쇼가 펼쳐졌다. '셀 유니버스(Cell Universe)'라는 제목의 이 영상 쇼는 중앙에 지구 모형이 떠 있는 가운데 사운드트랙에 맞춰 움직이는 29개 멀티비전이 과학 기술과 의학의 신비를 펼쳐 보였다.

박람회장에는 과학 기술 전시관뿐 아니라 오락 시설도 들어섰다. 특히 당시 세계에서 가장 큰 85미터 높이의 페리스 휠이 설치되어 랜드마크 구실을 했다. 여덟 명 정원인 48개 곤돌라가 15분마다 한 바퀴씩 돌았다. 곤돌라는 태양열 집적판을 통해 에어컨이 작동되는 최신식 관람차였다. 테크노코스모스(Technocosmos)라 불린 휠은 박람회 기간 중 탑승 인원 300만 명을 기록했다.

쓰쿠바박람회는 일본의 산업 구조가 제조업에서 과학 기술·지식 기반 산업으로 중심축을 이동하는 데 중요한 모멘텀 역할을 했다. 일본 정부는 쓰쿠바엑스포 개최에 1조 1579억 엔을 투입했다. 일본의 한 연구 기관은 쓰쿠바엑스포가 2조 3163억 엔의 산업 생산 유발 효과를 낸 것으로 추산했다.

높이 85미터로 당시 세계 최대 규모를 자랑했던 테크노코스모스. 태양열 집적판을 통해 에어컨이 작동되는 최신식 구조물로 당시 300만 명이 탑승했다.

1985년 쓰쿠바박람회 개요

공식 명칭	1985년 쓰쿠바 국제 박람회 (The International Exposition, Tsukuba, 1985 약칭 Expo '85)
주제	주거와 환경-가정 생활을 위한 과학과 기술
장소	이바라키 현 쓰쿠바 연구학원도시
기간	1985년 3월 17일~10월 16일
참가국	111개국
관람객	2000만 명

11 캐나다

엑스포가 선사한 국제도시

1986년 밴쿠버 박람회

1967년 몬트리올박람회 이후 19년 만에 캐나다는 두 번째 엑스포를 준비했다. 이번에는 태평양 연안이 무대가 되었다. 주제는 '사람을 움직이고 이어주는 교통과 통신'이었다. 박람회 추진 단계에서 교통을 강조한 '트랜스포 86(Transpo 86)'으로 공식 명칭을 정했지만 세계박람회 이미지가 약하다는 지적에 따라 'Expo 86'으로 변경했다. 밴쿠버엑스포는 특정 주제를 내걸기는 했지만 내용 자체는 종합적인 성격을 띠었다.

박람회장 조성은 미국 시애틀, 녹스빌, 뉴올리언스가 그랬던 것처럼 도심 주변에서 개발이 낙후된 지역을 재개발하는 방식으로 이뤄졌다. 바다로 둘러싸인 밴쿠버 다운타운 남쪽 펄스 크릭(False Creek) 해변이 부지로 선정되었다. 1983년 10월에 열린 박람회장 기공식에는 엘리자베스 2세 영국 여왕이 참석해 캐나다 전시관 시공 버튼을 눌렀다.

다이애나 왕세자비 참석으로 인기몰이

개막식 연설은 찰스 왕세자(Prince Charles)가 맡았다. 서부 캐나다 지역은 영국이 지난 세기 미국과의 치열한 대결과 협상을 통해 지켜낸 영토였다. 영국 왕실의 박람회 참석은 캐나다와 영국의 끈끈한 유대를 상징했다. 이 엑스포는 밴쿠버 시 탄생 100주년 기념의 성격도 지니고 있었다. 찰스 왕세자는 개막 연설을 마친 뒤 브라이언 멀로니(Brian Mulroney) 캐나다 총리와 함께 왕세자

개막식에 참석한 찰스 왕세자와 다이애나 왕세자비를 향해 관람객들이 환호하고 있다.

비를 소개했다. '20세기 동화의 히로인'이라 불린 다이애나 왕세자비(Princess Diana)였다. 언론의 관심을 몰고 다닌 다이애나의 등장은 전 세계 대중의 뜨거운 관심을 불러일으키며 박람회 흥행에 큰 도움이 되었다.

밴쿠버엑스포 추진 과정에서 가장 주목받은 사람은 박람회공사 회장을 맡은 짐 패티슨(Jim Pattison, 1928~)이었다. 자동차 딜러에서 출발해 브리티시컬럼비아(BC) 주 최대 거부로 성장한 패티슨이 과연 공공사업인 엑스포에서도 수완을 발휘할 수 있을지에 많은 사람들의 관심이 쏠렸다. 패티슨은 연봉 1달러를 받는 조건으로 엑스포 일에 뛰어들었다.

박람회장 건설은 첫 삽을 뜬 지 얼마 지나지 않아 노동자들의 파업으로 위기를 맞았다. 패티슨은 노조가 조직되지 않은 회사로 대체하는 등 대책을 강구했지만 공사는 5개월간 중단됐다. 우여곡절 끝에 건설 공기는 가까스로 맞출 수 있었으나 재정은 3억 1100만 달러 적자를 기록했다. 적자라는 이유로 문을 닫을 수 없는 공공 프로젝트의 특성상 사업의 귀재인 패티슨도 어쩔 수 없었던 셈이다. 재정 적자는 연방 정부의 보조금과 패티슨을 포함한 기업의 후원금으로 충당되었다. 패티슨은 지금도 자산 50억 7000만 달러를 가진 브

엑스포의 중심
건물이었던
미래 전시관의 전경.
엑스포가 끝난 뒤
사이언스 월드라는
이름의 과학 전시관으로
재구성되었다.

리티시컬럼비아 주 1위, 전국 4위 부자이며, 다방면의 사업 활동으로 화제를 낳고 있다.

박람회장은 6개 구역으로 나뉘어 서로 다른 색깔로 표시되었다. 중심 건물은 '미래 전시관(Futures Pavilion)'이라 불린 17층 높이의 원구형 돔 엑스포 센터였다. 내부에는 500석짜리 아이맥스 극장과 미래형 탈것, 전자 투표기 등의 전시 공간이 마련되었다. 이 건물은 엑스포 이후 사이언스 월드라는 과학 전시관으로 탈바꿈해 계속 사용되고 있다.

박람회장에서 가장 큰 건물은 개막식이 열렸던 4만 5000제곱미터의 다목적 스타디움 'BC 플레이스'였다. BC 플레이스는 엑스포가 끝난 뒤 축구 경기장으로 활용되다가 2010년 2월에 열린 밴쿠버 동계 올림픽 개막식과 폐막식

당시 인기를 끌었던
노스웨스트 준주
전시관. 미세한 유리
입자를 박아 넣은
연청색 막을 합판
위에 덧입혀 마치
눈처럼 은은히 빛나는
외관을 연출했다.

의 무대로 다시 세계인의 주목을 받았다. 스페인 바르셀로나에 이어 박람회장이 올림픽 명소로 이어진 또 하나의 사례였다.

캐나다 전시관 중 노스웨스트 준주(Northwest Territory) 전시관은 외관을 빙하 모양으로 꾸며 인기를 끌었다. 전시물은 북극권 동토에서 교통과 통신이 갖는 각별한 의미를 전달하는 내용이었다. 야외 전시물 중에는 뉴욕의 디자인 회사가 제작한

오른쪽.
217미터짜리 4차선
고속도로에 자동차,
오토바이, 모터자전거
등 온갖 교통수단이
달리는 모습을
실감나게 형상화한
설치예술작품인
'하이웨이 86'.

'하이웨이 86'이 눈에 띠었는데, 217미터짜리 4차선 고속도로에 자동차, 오토바이, 모터 자전거 등 온갖 교통수단이 달리는 모습을 실감나게 형상화한 설치 예술 작품이었다.

박람회장에는 5.4킬로미터 길이의 모노
레일과 두 대의 곤돌라가 관람객들의 이동
편의를 도왔다. 모두 무료로 이용할 수 있었
다. 박람회장 입구에는 세계에서 가장 높은
86미터 높이의 국기 게양대(flagpole)를 세웠
다. 게양대에는 가로 24미터, 세로 12미터짜
리의 대형 캐나다 국기가 펄럭였다. 이 게양
대는 엑스포가 끝난 후 자동차 딜러에게 팔

당시 스카이트레인
팸플릿. 스카이트레인
트랜스포머라는 로봇이
아이들에게 탑승 방법을
소개하고 있다.

려 밴쿠버 근교 서리(Surrey)의 한 자동차 판매장으로 옮겨졌다. 게양대는 맞
은편의 21층짜리 쉐라톤 호텔보다도 훨씬 높아 지역 명물이 되었다.

밴쿠버는 엑스포를 계기로 대중교통의 근간을 갖추게 되었다. 광역 밴
쿠버를 가로질러 다운타운 박람회장까지 이르는 경전철 스카이트레인
(SkyTrain) 28.9킬로미터짜리 노선이 바로 그것이다. 스카이트레인은 기관사
없이 중앙 통제실에서 운전하는 무인 시스템으로 운영되었다. 역에서도 상주

북적이는 엑스포 인파
위로 스카이트레인이
지나가고 있다.

직원 없이 승차권 발매 등이 모두 기계화 되었다. '엑스포 라인(Expo Line)'이라는 이름의 이 노선은 1985년 개통된 이래 밴쿠버 시민의 편리한 발이 되었다. 스카이트레인은 2010년 동계 올림픽을 앞두고 1개 노선이 증설되면서 총 68.7킬로미터의 3개 노선망으로 확장되었다.

엑스포는 북미 서북부의 조용한 항구 도시이던 밴쿠버를 국제적 관광지이자 대도시로 변모시켰다. 도심에 건설된 밴쿠버 박람회장은 캐나다에서 가장 성공적인 재개발 사례로 꼽힌다. 사이언스 월드, 캐나다 플레이스 등 박람회장의 부속 시설물 대부분이 오늘날까지도 관광 명소로 남아 있다. 엑스포 이후 1980년대 말부터 1990년대 초까지 영국의 홍콩 반환을 앞두고 홍콩의 부동산 자본이 밴쿠버로 대거 몰리면서 '홍쿠버'라는 별명이 생기기도 했다.

1986년 밴쿠버박람회 개요

공식 명칭	1986 교통·통신 세계박람회 (1986 World Exposition on Transportation and Communication)
주제	교통과 통신 움직이는 세계-만나는 세계
장소	밴쿠버 펄스 크릭 해변
기간	1986년 5월 2일~11월 13일
참가국	54개국
관람객	2211만 명

엑스포 오즈, 인터넷, HDTV의 등장

1988년 브리즈번 박람회

브리즈번박람회는 처음부터 지역 개발에 활력을 불어넣기 위한 사업으로 추진되었다. 브리즈번이 속한 오스트레일리아 퀸즈랜드(Queensland) 주는 시드니나 멜버른 같은 대도시를 가진 뉴사우스웨일스나 빅토리아 주보다 개발이 뒤처졌다. 퀸즈랜드 주는 관광 산업 개발을 목표로 세우고 엑스포 주제도 '과학 기술 시대의 레저'로 설정했다.

사실 비슷한 시기에 시드니와 멜버른도 엑스포나 올림픽 같은 대형 국제 행사를 유치하려고 했지만 재정 계획에서 연방 정부를 설득하지 못해 공전만 거듭하는 상태였다. 반면 퀸즈랜드 주와 브리즈번 시는 정부 재정 지원 없이 독자적으로 사업비를 마련해 엑스포를 열겠다는 계획안을 제출했고, 결국 연방 정부의 동의를 얻어냈다. 1983년 12월에는 BIE의 승인도 받았다.

낙후된 퀸즈랜드, 국제적 관광지로 거듭나다

박람회장은 브리즈번 강가 부지에 마련되었다. 뜨거운 햇볕을 막기 위해 돛

브리즈번 강가에 마련된
박람회장의 전경.

모양의 대형 차양을 줄지어 세웠다. 선 세일(Sun Sails)이라 불린 이들 차양은 박람회의 공식 로고 이미지로 사용되는 등 브리즈번엑스포의 심볼이 되었다. 중심 상징 타워는 38미터 높이의 '스카이니들(Skyneedle)'이었다. 꼭대기에 돔 형태의 구리 첨탑을 올린 이 타워는 야간에 60킬로미터 거리까지 크세논(xenon) 레이저 빔을 쏘았다. 밤마다 눈에 띄는 빛을 발해 '밤의 동반자(The Night Companion)'란 별명을 얻었다. 스카이니들은 엑스포 이후 도쿄 디즈니랜드에 팔려 일본으로 옮겨갔다.

강변 야외 무대에서 열린 개막식에는 엘리자베스 2세 영국 여왕이 참석해 팡파르와 함께 개막을 선언했다. 참가국 전시관 중 가장 화려했던 곳은 일본 전시관이었다. 일본은 2600만 호주 달러를 투입해 전통 방식의 정원과 연못을 짓는가 하면 첨단 전자 제품도 대거 출품했다. 특히 고화질 HDTV가 처음으로 세상에 모습을 드러냈다.

오른쪽.
뜨거운 햇볕을 막기
위해 세워진 돛 모양
대형 차양인 '선 세일'.

스위스도 자국 전시관 꾸미기에 공을 들였다. 스위스관에는 실내 인공 스키 슬로프와 리프트가 설치되었다. 아울러 문자 기반의 초기 인터넷 컴퓨터가 전시되어 관람객들의 호기심을 자극했다. 이 밖에 이탈리아의 돔형 집, 스페인의 컬러 슬라이드, 일본의 3인치 크기 인간상, 남태평양

일본이 처음으로 세상에 선보인 고화질 HDTV. 중앙에 위치한 석 대의 텔레비전이 고화질 HDTV이다.

군도의 토속춤 등이 흥미로운 구경거리였다.

브리즈번엑스포는 레저가 주제였던 만큼 오락거리가 풍부했다. 디즈니가 제작한 엑스포 마스코트가 박람회장 곳곳에 그려져 축제 분위기를 자아냈다. '엑스포 오즈(Expo Oz)'라고 불린 마법사 복장의 마스코트는 오스트레일리아 오리너구리였다. 오락 구역에는 850개 좌석을 갖춘 서커스 광장을 중심으로 밴드 행진, 곡예, 마술, 팬터마임, 음악회 등 각종 공연이 끊이지 않았다. 매일 밤 10시면 음악에 맞춰 불꽃놀이가 열렸고, 레이저 쇼가 강물과 하늘을 아름답게 수놓았다.

엑스포 오즈가 1987년 브리즈번에 방문한 미국 팝스타 마이클 잭슨을 맞이하고 있다.

브리즈번엑스포는 추진 과정에서 예상했던 관람객 수 780만 명의 두 배에 달하는

네팔 왕국의 건축물을 그대로 재현한 탑으로 당시 큰 인기를 끌었다. 네팔 정글에서 직접 공수해온 목재로 장인들이 쌓아올린 탑이다. 엑스포가 끝날 무렵 건축물을 그대로 보존하자는 서명 운동이 일어났다. 사진은 브리즈번에 있는 공원인 파크랜드에 잡은 모습.

1576만 명이라는 관람 기록을 세웠다. 오스트레일리아 동북부 낙후 지역이
던 퀸즐랜드의 지역 개발과 관광 산업에 촉매제가 되기에 충분했다.

1988년 브리즈번박람회 개요

공식 명칭	세계 엑스포 88(World Expo 88)
주제	과학 기술 시대의 레저
장소	퀸즐랜드 주 브리즈번 강변
기간	1988년 4월 30일~10월 30일
참가국	36개국
관람객	610만 명

4부
인류 공통 과제와
국가 브랜드화

"세계박람회의 목적은 방문자들에게 서로 다른 문화의 풍요로움과 다양성, 인간의 창조성, 그리고 국제적 유대감에 대한 존중을 일깨워주는 데 있습니다. 카르투하 섬과 세비야 시내를 연결하는 이 다리는 스페인이 세계에 보여주고자 하는 바를 잘 상징하고 있습니다. 그것은 과거와 미래, 예술과 과학, 우리가 만나는 장소들, 그리고 무엇보다 소통하고 우의를 나눌 사람들 사이의 연결입니다."

EXPO

1992-2025

500년 전 콜럼버스의
영광을 되살리다

1992년 세비야 박람회

"세계박람회의 목적은 방문자들에게 서로 다른 문화의 풍요로움과 다양성, 인간의 창조성, 그리고 국제적 유대감에 대한 존중을 일깨워주는 데 있습니다. 카르투하 섬과 세비야 시내를 연결하는 이 다리는 스페인이 세계에 보여주고자 하는 바를 잘 상징하고 있습니다. 그것은 과거와 미래, 예술과 과학, 우리가 만나는 장소들, 그리고 무엇보다 소통하고 우의를 나눌 사람들 사이의 연결입니다."

카르투하 섬과 세비야 시내를 연결하는 알라미요 다리.

1992년 4월 20일 정오, 후안 카를로스(Juan Carlos) 스페인 국왕의 개막 선언과 함께 세비야박람회의 문이 열렸다. 스페인으로서는 1929년 바르셀로나박람회 이후 63년 만에 올린 세계박람회 무대였다. 콜럼버스의 아메리카 대륙 발견 500주년을 기념하는 박람회였다. 크리스토퍼 콜럼버스는 이곳 카르투하 수도원에서 생활하면서 항해를 준비한 뒤 대양을 가로지르는 대장정에 올랐다. 세비야는 이후 16·17세기 신대륙 무역의 독점 항구로 경제적 번영을 구가했다. 대서양을 내해로 삼아 세계를 호령하던 해양 제국의 요충지였다. 스페인은 그 영광의 부활을 꿈꾸며 엑스포를 준비했다. 엑스포를 통해 유럽의 낙후 지역이라는 오명을 벗고 재도약의 발판을 마련하고자 했다.

사상 첫 '공동 주최'될 뻔했던 엑스포

세비야는 로시니의 〈세비야의 이발사〉와 모차르트의 〈피가로의 결혼〉의 무대로 유명한 예술의 고장이다. 엑스포 개막일은 스페인 3대 축제의 하나인 '세비야 봄 축제'가 시작되는 날에 맞췄다. 박람회장은 울긋불긋 강렬한 원색 의상과 함께 기타와 캐스터네츠 소리가 어우러진 흥겨운 플라멩코 음악이 흘러넘쳤다.

　추진 과정에서 독특한 사연을 남긴 것은 세비야박람회도 예외가 아니었다. 아메리카 대륙 발견 500주년을 기념하는 세계박람회 개최는 카를로스 국왕의 아이디어였다. 스페인은 박람회 추진을 1976년에 일찌감치 공표했다. 문제는 미국 시카고가 1970년대 말부터 같은 주제의 엑스포 개최를 준비하고 있었다는 것이다. 시카고는 1893년에 아메리카 대륙 발견 400주년 기념 박람회를 열었던 연고를 강력히 주장했다. 두 도시는 1980년대에 들어 각각 BIE에 엑스포 개최를 신청했다. BIE는 고심 끝에 1982년 12월 총회를 열어 세비야와 시카고 두 도시에서 동시에 엑스포를 개최하도록 했다. 공식 승인된 엑스포가 두 곳에서 동시에 열리는 것은 세계박람회 사상 처음 있는 일이었다. 치열한 유치 경합 끝에 2002년 월드컵 대회가 한국과 일본의 공동 개최로 귀결된 것과 비슷한 상황이었다.

　스페인과 미국 대표단은 1983년 6월 첫 회의를 열어 엑스포의 콘셉트 정리에 들어갔다. 세비야는 역사성을 강조하고, 시카고는 문화와 과학의 진보를 주제로 내세우겠다는 입장이었다. 그렇게 공동 주최 계획이 순조롭게 진행되는가 싶었는데 미국 쪽에서 문제가 발생했다. 1984년에 열린 뉴올리언스박람회가 파산하면서 시카고박람회 추진에 비상이 걸린 것이다. 세계박람회에 대해 철저히 상업주의적 관점에서 접근해온 미국으로서는 수지 타산을 맞추는 일이 도시 개발 효과나 국가 브랜드 가치 등을 따지는 다른 나라에 비해 훨씬 심각한 문제였다. 거센 반대 여론에 미국은 1987년 12월 박람회 개최 취소를 BIE에 통보했다. 미국의 공식 철회 사유는 "시카고 시와 일리노이 주 사이의 행정 처리 어려움과 미시간 호반 박람회장 개발을 반대하는 환경 단체 결성 탓에 박람회 추진이 어렵다"는 것이었다.

같은 해 엑스포와 올림픽 동시에 치러

과달키비르 강 가운데 카르투하 섬 박람회장은 전체적으로 콜럼버스의 배 모양으로 설계되었다. 콜럼버스가 머물던 이 섬 중앙의 수도원이 복원되어 엑스포의 센터 구실을 했다. 섬 안에 인공 호수 세 곳을 만들어 수상 도시와 같

콜럼버스가 항해에 나서기 전에 머물렀던 산타마리아 데 라스 쿠에바스 수도원. 카르투하 수도원으로도 통하는 이곳에는 1997년에 안달루시아 현대미술센터가 이전했다.

발견 전시관의 내부 모습.

은 분위기를 조성했다. 여름 햇볕이 뜨거운 지중해성 기후에 대비해 박람회장 실내외 전체에 마이크로 필터로 찬물을 순환시키는 냉방 장치와 대규모 차양이 설치되었다.

박람회 주제인 '발견의 시대'는 발견, 15세기, 항해, 미래 등의 소주제로 나뉘어 각각 전시관을 형성했다. 발견 전시관은 신대륙과의 만남, 위대한 탐험가들의 업적, 산업혁명, 인류와 지구가 공동 운명체임을

상징하는 토템상 등으로 구성되었다. 15세기 전시관은 인류의 문명을 바꾼 지리상 발견과 과학 탐험 등을 보여주었고, 미래 전시관은 장차 인류가 직면하게 될 문제와 에너지·통신·우주·환경 분야의 해결 방안을 제시했다.

국제 전시 구역에서는 세계 최대의 목조건물로 지어진 일본 전시관이 가장 두드러졌다. 안도 타다오가 설계한 일본관은 중앙에 탑 모양을 갖춘 4층 목조건물로 소니가 설치한 대형 텔레비전 스크린과 에스컬레이터만 빼고는 일본의 전통 생활 문화를 완벽하게 재현했다. 유럽공동체 구역에는 50미터 높이의 원추형 탑과 유럽 통합을 상징하는 조각품이 세워졌다.

세비야엑스포는 2차 세계대전 이후 BIE의 세계박람회 분류상 다섯 번째 종합 박람회였다. 오늘날 통용되는 등록 박람회(Registered Exhibitions)와 인정 박람회(Recognized Exhibitions) 구분으로 보면 등록 박람회로서 다섯 번째였다는 뜻이다. 세계박람회는 2차 세계대전 이전에도 카테고리 1, 2로 나뉘긴 했지만 사실상 무의미한 분류였다. 박람회 성격과 규모, 주제 등에 관한 BIE의 통제력이 그만큼 미약했음을 의미한다. 전후 첫 종합 박람회는 1958년 브뤼셀박람회였고, 이어 1962년 시애틀, 1967년 몬트리올, 1970년 오사카에서 열린 박람회가 종합 박람회로 인정받았다. 그 외 15차례 열린 박람회는 요즘 기준으로 치면 인정 박람회였다.

스페인은 1992년 한 해에 세비야박람회와 바르셀로나올림픽을 한꺼번에 치렀다. 1929년 바르셀로나박람회가 열리던 당시에 중남미박람회(Ibero-American Exhibition)가 부속 행사로 세비야에서 개최된 것을 감안하면 두 도시는 묘한 인연이 있었다. 올림픽이 세계박람회 부속 행사로 열렸던 20세기 초 몇 차례의 경우를 제외한다면 같은 해에 한 나라에서 올림픽과 엑스포가 동시에 열린 것은 1984년 미국에 이어 스페인이 두 번째였다. 미국은 당시 로스앤젤레스올림픽과 뉴올리언스박람회를 동시에 개최했다. 뉴올리언스박람회가 재정적으로 실패한 미국의 마지막 엑스포가 된 데 반해 세비야박람회는 참가국 110개, 방문자 연인원 4100만 명을 기록하면서 스페인 경제 재건의 발판이 된 성공적인 엑스포로 평가됐다.

1992년 세비야박람회 개요

공식 명칭	1992년 세비야 세계박람회(The Seville World Exposition 1992)
주제	발견의 시대
장소	세비야 과달키비르 강 카르투하 섬
기간	1992년 4월 20일~10월 12일
참가국	110개국
관람객	4181만 4500만 명(스페인인 66.5퍼센트)

테크노피아로 거듭난
코리아

1993년 대전 박람회

대전 엑스포는 1960년대 이후 눈부신 경제 성장을 이룩한 한국이 전쟁의 암울한 이미지를 벗고 산업 강국으로 거듭났음을 국제사회에 선포한 무대였다. 한국은 일본에 이어 아시아에서 두 번째로 BIE 공인 박람회를 개최한 나라가

대전 대덕 연구단지
내 도룡지구
90헥타르(27만 3000평)
부지에 조성된 대전
박람회장의 전경.

되었다. 1964년 도쿄올림픽과 1970년 오사카박람회가 각각 아시아 최초였던 데 이어, 1988년 서울올림픽과 1993년 대전박람회는 나란히 아시아 두 번째였다.

1993년은 한국이 세계박람회에 참가한 지 정확히 100년이 되는 해였다. 대한제국은 1893년 시카고 컬럼비아박람회에 악사들을 보내어 국악 연주를 선보임으로써 세계박람회 무대에 처음 모습을 드러냈다. 대전엑스포는 '은둔 왕국(Hermit Kingdom)'으로 불리던 한국이 1세기 만에 세계 각국을 초청하는 박람회 주역이 되었음을 의미했다.

고도 성장의 후유증 해법을 모색하다

대전엑스포의 주제는 '새로운 도약의 길', 부제는 '전통 기술과 현대 과학의 조화'와 '자원의 효율적 이용과 재활'이었다. 급속한 산업화를 통해 경제기반을 일구었지만 계층·지역 간의 불균형과 환경 파괴 등 고도성장에 따른 후유증도 만만치 않은 한국의 현실이 반영된 주제였다.

박람회장 중앙에 세워진 93미터 높이의 전망대인 한빛탑.

박람회장은 대전 대덕 연구단지 내 도룡 지구 90헥타르(27만 3000평) 부지에 조성되었다. 외계인 형상으로 과학 기술 이미지를 살린 공식 마스코트 '꿈돌이'가 곳곳에 새겨졌다. 박람회장은 국제 전시 구역과 주제 및 기업 전시 구역, 놀이공원 등 크게 3개 영역으로 나뉘었다. 중앙에는 93미터 높이의 전망대인 '한빛탑'과 대한민국 정부관이 자리를 잡았다.

특정 주제에 관한 인정 박람회의 경우 개최국이 참가국 전시관을 제공한다는 BIE 규정에 따라 국제 전시 구역 내의 모든 전시관을 한국이 지었다. 대부분 조립식 임시 구조물로 지어진 이곳 전시관에는 47개 국가 전시관 외에도 지역별로 여러 나라가 함께 사용하도록 한 아프리카·중남미·

독립국가연합(CIS)·발틱·남태평양·아시아 등의 공동 전시관이 마련되었다.

주제 및 기업 전시 구역은 미래의 기술, 인간과 통신, 탐험, 환경과 자원 등 4개의 소주제로 나뉘어 테크노피아관, 미래 항공관, 우주 탐험관, 정보 통신 관, 주거 환경관, 재생 조형관, 자원 활용관 등 주제 전시관을 형성했다. 특히 자기 부상 열차와 태양열 자동차 등 미래의 교통수단이 눈길을 끌었다. 기업 전시관으로는 한국 IBM과 한국 후지쓰가 자체 전시관을 세웠고, 삼성, 대우 등 대기업이 첨단 영상 제품 등을 대거 출품했다.

주제 전시 구역 외곽에는 '꿈돌이 동산'이라는 이름의 놀이공원과 재활용 온실, 대공연장, 엑스포 극장, 북한 물산관, 전통 공예실, 롯데 환타지 월드 등 오락 및 문화 시설이 들어서 각종 행사가 열렸다.

한·중·일 동아시아 시대의 개막

대전엑스포는 93일이라는 짧은 개최 기간 동안 관람객 연인원 1450만 명을 기록하면서 한국의 국가 이미지와 국민적 자부심을 격상시키는 성과를 이루 었다. 아시아의 '떠오르는 용'으로 불리던 한국이 그런 수사에 걸맞은 저력을 갖췄음을 여실히 보여주었다. 올림픽과 엑스포라는 대형 국제 행사를 통해 경제 개발 성취를 확인받는 과정은 일본의 선례를 밟은 것이었다. 동시에 개 혁 개방의 포문을 연 중국의 장차 행로를 예고하는 듯했다. 세계 경제의 저울

대전엑스포 개막일이었던 1993년 8월 7일 남문 광장을 출발해 엑스포 다리를 건너 행사장으로 들어가는 관람객들이 인산인해를 이루고 있다.

추는 바야흐로 동아시아로 기울고 있었다.

엑스포 개최 기간 중 큰 사고는 없었지만 개막 초기 태풍으로 인한 일부 전시관 침수와 모노레일 고장, 관람객 및 자원봉사자 집단 식중독, 암표 극성, 인기 전시관과 비인기 전시관의 지나친 불균형 같은 문제를 드러내기도 했다. 대전 박람회장은 엑스포 폐막 이후 주제 전시관 등을 남겨 과학 공원으로 운영했다. 2000년대 들어서는 경영난이 가중되면서 동쪽 부지를 떼어 호텔과 주상 복합 건물 등을 지었다. 2010년부터 엑스포 과학 공원 재창조 사업이라는 이름 아래 공원 용지를 줄여 고층 아파트를 짓는 등 개발 계획이 추진되고 있다.

1993년 대전박람회 개요

공식 명칭	대전엑스포 '93(Taejon Expo '93)
주제	새로운 도약의 길
장소	대전광역시 대덕 연구단지
기간	1993년 8월 7일~11월 7일
참가국	108개국, 33개·국제기구
관람객	1450만 명

03 포르투갈

해양제국의 부활

1998년 리스본 박람회

스페인과 더불어 한때 해양 제국으로서 위세를 떨치던 포르투갈은 이웃 나라
의 전례를 좇아 엑스포 개최의 시동을 걸었다. 리스본박람회는 그 동기와 목
적, 운영 면에서 1992년 세비야박람회와 흡사했다. 엑스포를 재도약의 동력으
로 삼아 낙후된 경제를 일으키고 도시 개발에 활력을 불어넣겠다는 의도부터
닮은꼴이었다. 스페인이 콜럼버스의 신대륙 발견 500주년을 내세웠듯이 포르
투갈은 바스코 다 가마(Vasco da Gama)의 인도 발견 500주년을 계기로 삼았다.

바스코 다 가마는 리스본에서 출항하여 1498년 인도에 도달한 최초의 유럽
인이었다. 그의 인도 항해는 16~17세기에 맹위를 떨치던 포르투갈의 대양 제
패의 시발점이었다. 포르투갈과 인도 정부는 본래 바스코 다 가마의 인도 항
해 500주년 행사를 공동으로 계획했지만 인도 시민 사회의 강력한 반대로 성
사되지 않았다. 유럽 탐험가들이 흔히 그렇듯 바스코 다 가마 역시 인도 캘리
컷(Calicut, 현재 이름은 코지코드) 지역 원주민들을 토벌의 대상으로 여겼다. 인
도 입장에서는 궁극적으로 서구의 식민 지배 체제를 가져온 장본인이라는 비
판론이 거셌다.

'리본 계발 계획'으로 다시 활기를 띤 항구 도시

포르투갈은 1992년 캐나다 토론토와 경합을 벌인 끝에 1998년 엑스포 개최권을 따냈다. 포르투갈 정부는 국영 박람회공사를 구성하여 재정 자립적인 엑스포 개최를 꾀했다. 입장료와 사업권, 부동산 매각 수입만으로 엑스포 재정을 충당하겠다는 계획이었다.

　세비야 박람회장이 도시 재개발 차원에서 건설되었듯이 리스본 박람회장도 구상 단계부터 철저히 도심 지역 확장을 염두에 두고 개발되었다. 수백 년간 번영을 누린 포구였지만 오랫동안 낙후되었던 리스본 도심 북동쪽 타호(Tajo) 강변 부지가 개발 대상이었다. 리스본은 1755년 대지진과 쓰나미로 황폐화된 뒤 산업화와 내륙 지역 개발, 식민지 상실 등으로 항구 도시로서의 활력을 잃은 상태였다. 박람회장 예정지는 낡은 정유소와 도살장, 쓰레기 하치

리스본 박람회장의 전경. 멀리 바스코 다 가마 타워와 다리가 보인다.

장 등 혐오 시설이 널린 곳
이었다. 먼저 타호 강 하구
를 가로지르는 다리를 놓
았다. '바스코 다 가마 다
리'로 명명된 이 교량은 엑
스포 개막에 맞춰 1998년

3월에 개통했다. 17.2킬로미터에 이르는 대교로 완공 당시 유럽 최장, 세계
에서 9번째로 긴 다리였다. 박람회장 부지는 타호 강을 따라 너비 600~800미
터, 길이 5킬로미터의 긴 띠와 같은 형태로 조성되었다. 긴 모양 탓에 '리본
(ribbon) 개발 계획'이라는 별칭이 붙기도 했다. 지하철을 연장 건설해 7개 역
을 증설함으로써 박람회장 자체를 도심의 일부로 편입시켰다. 도심을 아예
이곳으로 옮겨놓은 것처럼 느껴질 정도로 계획적으로 조성되었다.

현실과 가상의 바다를 넘나들다

리스본박람회는 본격적인 해양 엑스포였다. 주제에 걸맞게 박람회장 중앙에
세계 최대 수족관을 갖춘 해양 전시관이 자리 잡았다. 저수 용량 500만 리터
의 이 수족관은 6000제곱미터짜리 대형 중앙 수조를 중심으로 4개 수조가 이
어진 형태였다. 그 안에 200여 종의 어류 1만 5000마리가 유유히 헤엄쳐 다녔
다. 세계적인 수족관 전문가인 미국의 피터 셔마이예프(Peter Shermayeff)가 설
계·시공했다. 셔마이예프 회사가 이전에 지은 오사카 가이유칸(海遊館) 수족
관보다 더 큰 규모였다. 관람객들은 바다 위에 뜬 배에 오르듯 도보 다리를 건
너 거대한 원통형 수족관에 들어섰다. 다섯 개의 수조는 각각 대서양·태평양
·인도양·북극해의 해양 생태계를 실감나게 재현했다. 어둡고 서늘한 복도
를 따라 수조에 접근하면 빛과 소리로 바닷속 환경을 조성해놓은 분위기에

세계 최대의 수족관인
오셔너리움은 엑스포
이후에도 리스본의
명물로 남았다.

서 온갖 해양 생물을 지켜볼 수 있었다. 수족관은 엑스포가 막을 내린 뒤 오션 (Ocean)과 아쿠아리움(Aquarium)을 합성한 '오셔너리움(Oceanarium)'이라는 이름으로 관광객들에게 공개되고 있다.

해양 세계를 다룬 곳은 해양 전시관만이 아니었다. 유토피아 전시관은 생명의 탄생부터 오늘날까지 바다의 전모를 담은 멀티미디어 스펙터클로 인기를 끌었다. 스타디움 형태의 이 전시관은 첨단 특수 효과를 동원한 멀티미디어 쇼를 500회 상영하면서 관람 인원 300만 명을 기록했다. 가장 큰 전시장이었던 대양 가상 현실관은 깊은 바다 속에 잠긴 잃어버린 문명을 찾아가는 30분짜리 가상 잠수함 여행을 선보였다. 관람객들은 심해를 누비면서 해저 괴물과 마주쳐 싸우다 바다 수면 위 텔레포트로 도피하는 과정을 실감 나게 즐길 수 있었다.

리스본엑스포의 특징은 참가국 전시관까지 대부분 해양 주제에 초점을 맞추었다는 점이다. 주제 집중도가 높은 전문 박람회의 전형이라 할 만했다.

유토피아 전시관에서
펼친 라이브 쇼의 모습.

독일관의 경우 1620제곱미터 전시 공간 전체가 수심 100미터 해저의 해양 연구 기지를 여행하는 테마로 꾸며졌다. 관람객들은 갈매기와 파도 소리가 들리는 수면에서 출발하여 둔탁한 엔진 소리와 함께 온갖 물고기를 구경하면서 점점 심해로 내려갔다. 해저에서 각종 생태 연구를 끝마치고 돌아온 수면 위 세계는 차기 엑스포인 2000년 독일 하노버 박람회장으로 이어졌다.

러시아는 타호 강 하구에 북극 빙하를 옮겨 띄울 것을 제안했지만 재정 문제로 무산되었다. 엑스포 기간 중 유럽 각국 대표가 참석한 가운데 열린 해양 회담은 2002년 해양 사고와 환경 문제를 다루는 유럽해양안전청(European Maritime Safety Agency, EMSA) 설립의 밑거름이 되었다.

리스본엑스포는 155개 나라가 참여하여 참가국 규모에서 역대 최고 기록을 세웠다. 박람회장은 엑스포 폐막 이후 업무 시설과 공원, 각종 편의시설을 갖춘 인구 2만 5000명의 현대적 도심으로 거듭났다. 수족관 등 엑스포 핵심 전시 시설은 해마다 관광객 1800만 명을 불러들이는 앵커 구실을 톡톡히 해내고 있다. 리스본 박람회장은 오랜 역사에서 축적된 문화적 자양분과 박람회 건축의 상징성을 활용하여 주거와 비즈니스, 관광·문화·휴식을 모두 아우르는 새로운 도시를 창출해내는 데 성공했다.

1998년 리스본박람회 개요

공식 명칭	리스본 세계박람회(Exposicao Mundial de Lisboa, 약칭 Expo '98)
주제	대양, 미래를 위한 유산
장소	리스본 북동쪽 타호 강변
기간	1998년 5월 22일~10월 30일
참가국	155개국
관람객	1100만 명

독일

100년을 기다린 독일의 첫 엑스포

2000년 하노버 박람회

세계박람회는 새로운 밀레니엄을 맞아 각별한 무대를 마련했다. 150년 세계박람회 역사상 처음으로 개최국이 된 독일이 그 주역이었다. 독일은 1990년 6월에 열린 BIE 총회에서 엑스포 유치에 재도전한 캐나다 토론토를 누르고 2000년 엑스포 개최국으로 선정되었다. 세계박람회와 독일의 인연은 한 세기를 거슬러 올라간다. 독일은 19세기를 마감한 1900년에 박람회 개최를 추진했다가 박람회 강국 프랑스에게 빼앗긴 바 있었다. 20세기에 들어서는 2차례 세계대전을 일으킨 장본인으로 낙인찍히면서 좀처럼 서방 선진국들 사이를 비집고 들어갈 수 없었다. 그런 독일이 한 세기를 마감하고 새로운 세기를 맞는 2000년에 엑스포를 개최한 것은 시대의 매듭을 짓겠다는 의미였다. 독일로서는 통일 10주년을 맞는 뜻 깊은 해이기도 했다.

전시장 틀 과감히 벗은 '글로벌 프로젝트'

하노버엑스포는 역사적 상징성이 큰 만큼 누구도 하지 못한 새로운 운영 방

하노버박람회를
상징하는 나무로 만든
지붕 스타일의 구조물.

식을 시도했다. 인류 공통의 과제를 제시하고 참가국이 함께 풀어나가자는 '글로벌 프로젝트'와 이를 가시화한 '주제 구역' 설치가 그것이었다. 세계박람회 사상 처음으로 특정 전시가 박람회장에 국한되지 않고 세계 곳곳에서 진행되었다. 예컨대 친환경적 건축 자재의 경우 독일 내에서 280개 프로젝트를, 전 세계로는 700여 개 프로젝트를 펼치면서 곳곳에서 동시에 문제 해결에 나섰다.

하노버엑스포의 주제는 인류의 미래를 내다본다는 대전제 아래 기술 진보에 따른 개발과 환경 보전 사이에 나타나는 제반 문제를 포괄했다. 주제로 설정된 '인류-자연-기술-떠오르는 새 세상'은 인간이 발전시킨 과학 기술을 통해 자연과의 새로운 공존을 모색한다는 의미를 담았다. 새 천년을 앞둔 인류가 풀어가야 할 이 과제는 건강과 영양, 주거와 일, 환경과 개발, 통신과 정보, 레저와 교통, 교육과 문화 등 6개 영역의 다양한 하위 주제로 나뉘었다.

박람회 조직위원회는 과학 기술의 진보를 전시하는 단순한 산업 박람회나 재미만 추구하는 놀이공원을 지양하고 새로운 박람회 문화를 만들겠다는 목

관람객의 신체 전부를 인터페이스로 활용하여 바닥에 디지털 후광의 형태로 움직임을 감지해 보여주는 인터액티브 멀티 유저 설치물 바디무버.

표를 정했다. 풍부한 정보와 유용한 홍밋거리를 관람객들이 직접 체험하는 방식으로 구성한다는 계획이었다. 10헥타르(3만 평)에 이르는 주제 구역은 주제별로 관람객들이 보고, 듣고, 맛보고, 냄새 맡고, 느끼는 공감각적 체험이 가능하도록 꾸며졌다. 관람객들은 11개 전시관에서 장차 인류가 맞닥뜨릴 문제에 대해 해결 방안을 찾고 미래를 설계하는 작업에 동참할 수 있었다.

재활용 종이로 지은 일본 전시관

개발과 자연환경이 균형점을 찾지 못한다면 장차 온전한 인간 생활이 유지될 수 없다는 주제 의식은 박람회장 조성부터 전시 운영까지 일관된 원칙으로 작용했다. 새로 짓는 건축물을 최소화하고 가능한 한 친환경적 재료를 사용했으며 교통이나 전시장 운영 등에서 에너지가 적게 드는 방식을 채택했다. 이에 따라 박람회장도 새로운 부지를 개발했던 과거 엑스포와 달리 기존 시설을 증설하여 활용했다.

니더작센(Niedersachsen) 주 하노버 박람회장은 2차 세계대전 이후 독일 경제 재건을 돕기 위해 영국과 미국 자본의 투자로 지어진 상설 산업 박람회장이었다. 1947년부터 시작된 산업 박람회는 전후 독일의 수출 증대에 큰 공헌을 했다. 1987년부터는 전자·정보 통신 분야에서 세계적 명성을 얻은 세빗쇼(CeBIT, 독일에서 매년 개최되는 정보 통신 기술 전시회)박람회가 열려 미국 라스베이거스 국제전자제품박람회(The International Consumer Electronics Show, CES)와 함께 첨단 전자 산업의 메카로 떠올랐다.

박람회장은 100헥타르(30만 2500평)의 기존 전시 공간에 60헥타르(18만 1500평)을 확장하여 마련되었다. 추가 부지에는 50여 개 전시관이 새로 지어졌다. 전체 공간은 개최국인 독일이 조성한 주제 구역, 참가국과 국제기구가 지은 전시관, 행사 및 문화 시설 등으로 채워졌다. 주제 구역은 기존 전시 시설을 활용해 인류가 직면한 사회·문화·생태적 문제를 제시하는 데 할애되었다. 참가국 전시관들도 기술과 환경의 공존이라는 주제를 살리도록 유도했다.

특히 화제와 논란을 부른 전시관은 일본관이었다. 일본은 재활용 종이 튜브만을 이용하여 벌집과 같은 격자 모양의 대형 전시관을 지을 계획이었다. 일본 건축가 반 시게루(坂茂)가 뮌헨올림픽 스타디움을 설계한 프라이 오토 (Frei Otto) 등 세계적 건축가들의 자문을

받아 설계한 건축물이었다. 그러나 엑스포 주최 측이 구조물의 안전성을 문제 삼아 건축허가를 내주지 않았다. 결국 길이 72미터, 너비 35미터, 높이 15.5미터로 규모를 축소하고 목재 보강 구조를 덧대는 조건으로 건축이 이뤄졌고 관람객 수를 제한했다. 일본관 외에도 아랍에미리트, 포르투갈 등 많은 참가국이 '지속 가능한' 재활용 자재로 전시관을 지었다.

36미터로 전시관 중 가장 높았던 네덜란드 전시관은 옥상에 작은 연못과 풍차를 만들어 인기를 끌었다. 풍차는 실제로 전시관에서 이용하는 전력을 생산했다. 관람객들은 옥상에서 아래로 내려오면서 네덜란드가 비록 국토가 작기는 해도 모래 언

재활용 종이 튜브를 활용하여 건축한 일본관. 일본 건축가 반 시게루가 뮌헨올림픽 스타디움을 설계한 프라이 오토 등 세계적 건축가들의 자문을 거쳐 설계했다.

옥상에 작은 연못과 풍차를 만들어 인기를 끌었던 네덜란드 전시관. 풍차는 전시관에서 사용한 전력을 사용했다.

덕과 농지, 삼림, 바다 등 다양한 자연을 자원 효율적이고 환경친화적으로 관리하고 있음을 실감 나게 살펴볼 수 있었다.

하노버엑스포는 새 천년을 맞는 지구촌 축제의 의미도 살렸다. 공연장에서는 날마다 각국의 전통 춤 공연이 열렸고, 크고 작은 음악회와 야간 조명쇼, 세계 청소년 오케스트라 공연과 같은 다채로운 문화 행사가 펼쳐졌다. 이와 함께 1851년 영국 수정궁 박람회에서부터 1세기 반에 걸친 세계박람회의 역사를 입체적인 전시물로 보여주었다.

하노버박람회는 전후 여섯 번째, 1992년 세비야박람회에 이어 8년 만에 열린 종합 세계박람회였다. 155개국이 참가해 참가국 수로는 역대 최대 규모를 기록했다. 그러나 관람객 연인원은 2521만 명으로 주최 측이 애초 예상했던 4000만 명에 크게 못 미쳤다. 기업 후원과 참여도 저조해 6억 달러에 이르는 재정 적자를 보았다. 재정뿐 아니라 주제 구현에서도 부분적인 성공에 그쳤다는 평가를 받았다. 지나치게 많은 소주제로 분류함으로써 오히려 주제의 집중도와 일관성이 떨어지고 구성이 산만했다는 지적이었다.

새로운 프로젝트 개념과 국제적 이벤트가 시도되었지만 세계인의 뜨거운 관심을 유발하는 데는 한계가 있었다. 시사 주간지 〈타임스〉 유럽판은 특집 기사에서 "하노버박람회는 자연 보호 구역인지 대규모 박물관인지 놀이공원인지 대중에게 확실한 이미지를 주는 데 실패했다"고 논평했다. 환경 문제를 강조했음에도 투자 비용과 개발에 대한 환경 단체들의 반발이 개막 당일까지 이어진 점도 아쉬움으로 남았다.

2000년 하노버박람회 개요

공식 명칭	하노버엑스포 2000 (Expo 2000 Hanover)
주제	인류-자연-과학 기술-떠오르는 새 세상
장소	니더작센 주, 하노버
기간	2000년 6월 1일~10월 31일
참가국	155개국
관람객	2521만 명

지구사랑 박람회
'아이치큐하쿠'

2005년 아이치 박람회

세계박람회는 21세기에 들어서야 비로소 명확한 주기성을 갖게 됐다. 150년 간 연륜을 쌓아오는 동안 들쑥날쑥 제멋대로였던 개최 주기가 2000년 하노버 엑스포를 기점으로 등록 엑스포 5년 주기로 확립되었다. 이에 따라 2005년 아이치, 2010년 상하이엑스포가 개최되었고, 2015년 밀라노엑스포 개최가 예정되었다. 인정 엑스포는 등록 엑스포 5년 주기 사이에 열리고 있다.

　일본은 엑스포 개최에서 독특한 궤적을 그려왔다. 1970년 오사카엑스포를 계기로 세계무대에 우뚝 선 일본은 정확히 2배씩 주기를 늘려가며 잇따라 엑스포를 개최했다. 오사카 이후 5년 만인 1975년 오키나와엑스포, 그로부터 10년 만인 1985년 쓰쿠바엑스포, 그로부터 20년 만인 2005년 아이치엑스포를 열었다. 일본은 세계박람회를 가장 잘 활용한 국가 중 하나다. 적절한 시기에 엑스포를 국가 운영 전략의 자양분으로 삼았다. 아이치엑스포를 계획한 2000년대 초에 일본은 '잃어버린 10년'이라 불린 장기 침체로 사그라든 사회 활력을 되살리는 일이 절실하였다.

다시 환경 문제에 눈 돌린 지구 사랑 박람회

아이치박람회는 다시 한번 환경 문제를 지구촌의 관심사로 부각시켰다. 인간 활동이 자연의 허용 한계치를 넘어버린 대량 생산·대량 소비 시대의 인류에게 환경 문제는 그만큼 절박한 공통 과제였다. 박람회 주제는 자연의 경이와 생태적 공존, 재활용 기술을 강조한 '자연의 예지'라는 문구로 표현되었다. 일본어로는 '아이치큐하쿠(愛地球博)', 즉 '지구 사랑 박람회'라 불렸다. 박람회 개최 지명인 아이치(愛知)와 '지구 사랑(愛地)'이 동음어인 것을 이용한 재치 넘치는 애칭이었다.

아이치엑스포는 종합 박람회였지만 전문 박람회 이상으로 주제에 대한 집중도가 높았다. 환경 주제는 자연의 정보 회로(Nature's Matrix), 삶의 기술(Art of Life), 생태 공동체 개발(Development of Eco-Communities) 등 3개 부제로 나뉘었다. 우주와 생명체의 원형을 탐구하고, 환경친화적 생활 방식을 모색하고, 기후 변화·자원 고갈 등 당면 문제의 해법을 찾기 위해 세계인의 경험을 공유한다는 취지였다. 박람회장 조성부터 전시물 제작·구성, 각종 행사 등 일체의 엑스포 사업이 철저히 '3R(Reduce, Reuse, Recycle)', 즉 절약·재사용·재활용 원칙에 따라 진행됐다.

환경 주제를 잘 살린 전시물은 고생물 매머드 실물 표본이었다. 2004년 11월 시베리아 우스티얀스키에서 발굴된 이 매머드는 1만 8000여 년 전 신생대 홍적세(Diluvium) 빙하기에 냉동 상태로 땅에 묻혔다가 지구 온난화로 인해 동토가 녹으면서 모습을 드러냈다. 상아와 골격 등으로 추정할 때 신장 2.8미터, 몸무게 5톤의 몸집으로 추정되는 '동토의 선물'이었다. 박람회를 위해 러시아에서 공수된 매머드는 주제 전시관에 전시되면서 큰 화젯거리가 됐다. 매머드는 그 자체로 경이로운 자연의 산물인 데다

1만 8000년 전 신생대 홍적세 빙하기에 땅에 묻혔다가 지구 온난화로 동토가 녹으면서 2004년 11월 시베리아 우스티얀스키에서 냉동 상태로 발굴된 매머드.

기후 변화라는 환경 이슈를 단적으로 웅변했다.

쓰고 버리지 않는 '순환형' 박람회장

박람회장은 아이치 현의 중심 도시인 나고야에서 동북쪽으로 20킬로미터 떨어진 나가쿠테 정과 세토 시 자연 공원에 조성되었다. 아이치 현은 예로부터 오와리 평야의 농산물과 태평양의 해산물 등 자연의 먹을거리가 풍부한 고장이었다. 노리다케 도자기 등 명품을 탄생시킨 장인의 고향으로도 유명하다. 나고야 근교에 자리 잡은 도요타 자동차가 그 전통의 맥을 잇는 대표적인 기업이었다. 이런 인연으로 쇼이치로 도요타 명예 회장이 엑스포 운영 주체인 일본 국제 박람회협회 회장을 맡았다.

박람회장은 공원 숲과 연못을 훼손하지 않고 야구장, 테니스장 등 기존에 개발된 장소를 재활용하여 전시 시설을 지었다. 건축은 철저히 순환형 재활용 자재를 사용했다. 박람회장 내 교통수단은 연료 전지로 가동되는 하이브리드 버스와 선로에서 7밀리미터 위에 떠서 달리는 자기 부상식 고속 전기자동차 '리니모(Linimo)', 전용 도로를 무인 주행하는 차세대 자동차 등 신에너지 기술로 구축되었다. 부지 전체 면적은 넓었지만 자연과의 공생이라는 키워드 아래 개발을 최소화하여 전시 시설은 2000년 하노버박람회나 1993년 대전박람회보다도 훨씬 적었다.

박람회장 구성은 주제 전시관이 들어선 센트럴 존을 중심으로 6개 '글로벌 커먼(Global Common)'과, 길이 2.6킬로미터 일주형 공중 보도인 '글로벌 루프 (Global Loop)'로 구성되었다. 글로벌 루프는 나무를 자르거나 연못을 메우지 않고 부채꼴 철선 구조로 기둥을 세워 관람객들이 자연을 즐기며 편하게 이동할 수 있게 한 보행로였다. 글로벌

나무를 자르거나 연못을 메우지 않고 부채꼴 철선 구조로 기둥을 세워 관람객들이 편하게 이동할 수 있게 한 길이 2.6 킬로미터의 일주형 공중보도 '글로벌 루프'. 기둥에서 분사되는 수증기는 관람객들의 더위를 식혀주는 역할을 했다.

커먼에는 121개 참가국과 5개 기구의 전시관이 아시아·유럽·남북아메리카·아프리카·오세아니아 등 지역별로 나뉘어 자리 잡았다.

동쪽에는 박람회장의 폐 구실을 하는 '바이오 렁(Bio Lung)'이 들어섰다. 온갖 나무와 꽃을 빼곡히 심어 오염된 대기를 정화시키는 높이 15미터, 길이 150미터의 녹음 벽이었다. 주 전시장과 별도로 일본 자연환경의 원형을 그대로 보여준 15헥타르의 세토 자연 전시장도 마련되었다. 이곳 시민 단체관에서는 환경을 주제로 다양한 포럼과 워크숍이 열렸다.

아이치엑스포는 자연을 해치지 않고 쾌적한 생활을 가능하게 해주는 최첨단 미래 기술을 대거 선보였다. 특히 친환경 기술과 함께 일본의 역대 엑스포 단골 메뉴였던 로봇이 볼거리로 등장했다. 도요타 전시관에서는 청소하고 아기를 돌보는 로봇, 외국어 통역 로봇, 악기를 연주하는 로봇, 사람과 거의 비슷한 손놀림이 가능한 파트너 로봇 등 다양한 기능의 로봇이 총출동했다. 미

도요타 전시관에서
악기를 연주하는
로봇이 퍼포먼스를
펼치고 있다.

미쓰비시 전시관에서
선보인 미래형 1인승
자동차 아이 유닛.

쓰비시는 아예 전시관 도우미로 말하고 행동하는 가정용 로봇인 '와카마루'를 내세웠다. 인간과 기계의 융합을 주제로 설계된 미래형 1인승 자동차 '아이 유닛'도 눈길을 끌었다.

일본 전시관에서는 세계 최대의 2005인치(가로 50미터, 세로 10미터) 초광폭 스크린을 활용한 영상 쇼가 펼쳐졌다. 지름 12.7미터의 360도 투사식 원형 시스템, 차세대 IFX 영화, 선명도와 입체감이 뛰어난 '슈퍼 하이비전' 등의 생동감 넘치는 영상 기술이

관람객들의 눈길을 사로잡았다. JR 도카이관에서는 초전도체를 활용하여 세계 최고 속도인 시속 518킬로미터를 주파하는 리니어 모터카를 직접 시승할 수 있었다. 미쓰이·도시바관은 관람객 전원의 얼굴을 스캔한 뒤 컴퓨터 그래픽으로 재생시켜 가상 우주여행으로 초대했다.

오락 및 문화 행사도 빠지지 않았다. 엑스포 홀과 지구 사랑 광장 등 박람회장 곳곳에서 일본이 자랑하는 첼리스트 요요마, 뮤지컬 가수 사라 브라이트먼, 에릭 크랩튼, 달리아 등 세계적인 뮤지션들의 콘서트가 펼쳐졌다. 관객 참가형 인형 뮤지컬과 퍼포먼스 서키트, 각국 음식 경연 같은 각종 이벤트도 끊이지 않았다. 센트럴 존의 코이 폰드에서는 저녁마다 물과 빛을 매개체로 한 환상적인 '잉어 연못의 밤' 영상 쇼가 펼쳐졌다.

아이치엑스포는 애초 주최 측이 예상했던 1500만 명보다 훨씬 많은 2205만 명의 관람객 수를 기록했다. 박람회는 일본 사회가 당면한 시대적 문제의식을 세계인의 공통 과제로 확대시키는 성과를 거두었다. 교통과 에너지 등 주제와 결부된 분야에서 최첨단 기술이 효과적으로 활용됨으로써 경제적으로도 성공을 거둔 것으로 평가되었다. 일본 국제 박람회협회가 엑스포 이후 발간한 보고서에 따르면 고용 창출 효과 45만 명, 간선도로 등 대형 공공사업을 제외한 엑스포 직접 사업으로 인한 경제 파급 효과만 2조 8000억 엔에 이른 것으로 보고됐다.

2005년 아이치박람회 개요

공식 명칭	2005년 일본 아이치 세계 박람회(The 2005 World Exposition, Aichi, Japan)
주제	자연의 예지
장소	아이치 현 나고야 시 근교 나가쿠테 정 공원
기간	2005년 3월 25일~10월 25일
참가국	121개국
관람객	2205만 명

06 스페인

세계의 강을 한자리에

2008년 사라고사 박람회

물(水)은 1975년 오키나와 해양 엑스포 이래 세계박람회의 단골 주제가 되었다. 친환경 주제를 살리기 적합한 데다 역대 박람회장이 대체로 바다나 강을 끼고 조성되었던 탓에 입지적 연관성이 깊었기 때문이다. 사라고사엑스포는 물 중에서도 특히 민물(fresh water)을 주제로 삼았다.

사라고사가 속한 스페인 아라곤(Aragon) 주는 내륙 지역으로 산업이 취약하고 낙후된 곳이었다. 아라곤 주는 1992년 세비야엑스포가 안달루시아 지역의 경제 부흥을 일으킨 사례를 본받아 엑스포 개최를 추진했다. 특히 200여 년 전 나폴레옹의 침략으로 폐허가 된 점을 감안하여 도시 재건을 주제로 검토했다. 그러나 '개발'을 내세울 경우 시대정신에 맞지 않는다는 이유로 참가국들이 거부감을 가질 수 있음을 고려해 공감대가 넓은 환경 주제로 선회했다. 사라고사는 2004년 12월에 열린 BIE 총회에서 그리스의 테살로니키(Thessaloniki)와 이탈리아의 트리스티(Trieste)를 제치고 엑스포 개최지로 선정되었다.

박람회장은 에브로(Ebro) 강변 부지에 조성되었다. '물과 지속 가능한 발전'이라는 주제는 박람회장으로 들어서는 다리에서부터 구현되었다. 글라디올러스 꽃 모양을 본뜬 독특한 외양을 지닌 진입 교량은 단순한 다리가 아니라 2개 층으로 이뤄진 전시관이었다. 내부에는 천연자원으로서의 물의 특성과 물 관리, 수질 보전 등에 관한 내용이 주류를 이뤘다.

다리 전시관을 지나면 높이 76미터의 랜드마크 빌딩인 '워터 타워'가 관람객들을 맞았다. 건물 로비에는 지구 생명의 기원이 된 첫 물보라를 형상화한 높이 23미터짜리의 거대한 조각이 세워졌다. 박람회장 내 지역별 공동 전시관과 참가국 개별 전시관은 단일 지붕과 공중 보도로 연결되었다.

에브로 강 위에 세워진 다리 전시관. 여성 최초로 프리츠커 건축상을 받은 이라크 건축가 자하 하디드가 설계한 이 전시관은 엑스포 입구의 역할은 물론 보행자 전용다리이자 전시 공간이라는 3가지 기능으로 사용되었다.

물 주제를 살린 또 하나의 전시관은 유럽 최대의 민물 수족관이었다. 60개 수조에 나일 강, 아마존 강, 메콩 강 등 세계 주요 강의 동식물 생태가 재현되었다. '세계 강'이라는 이름의 수조는 지구상 대륙이 한 덩어리로 붙어 있던 고생대를 표현했다. 수족관은 엑스포 이후에도 계속 운영되고 있다.

왼쪽.
76미터 높이의 랜드마크 빌딩이었던 '워터 타워'.

친환경 엑스포를 표방한 사라고사는 박람회 기간 중에 사용하는 에너지를 태양광과 풍력 발전 등 신재생 에너지로 충당했다. 스페인 전시관에서는 진흙 기둥 750개를 빽빽하게 세워

60개 수조에 나일 강, 아마존 강, 메콩 강 등 세계 주요 강의 동식물 생태를 재현한 유럽 최대의 민물수족관.

기온을 4~7도 낮추는 냉방 효과를 냈다. 박람회장 내 교통수단으로 바이오디젤을 연료로 하는 '에코버스'가 운행되었고, 일회용품 사용이 일체 금지되었다. 대신 썩는 바이오 플라스틱으로 만든 식기류와 나무 수저 및 포크, 감자전분으로 만들어진 쇼핑백을 사용했다.

'사라고사 헌장' 채택…2012년 여수에서 만나요

9월 14일 후안 카를로스 스페인 국왕이 참석한 가운데 열린 폐막식에서는 물 관리를 지원하고 공공·민간 협력을 촉진하기 위한 국제 물 기구 창설과 올바른 수자원 이용을 내용으로 한 '사라고사 헌장'이 채택되었다.

사라고사엑스포는 2005년 아이치와 2010년 상하이 두 등록 엑스포 사이에 열린 인정 엑스포로, 2010년 상하이와 2015년 밀라노엑스포 사이에 열리는 2012년 여수엑스포 이전에 열린 인정 엑스포였다. 이에 따라 한국은 사라고사엑스포에서 한국관 운영과 '한국의 날' 행사에 각별한 공을 들였다. 이어 폐막식에 여수세계박람회 조직위원회장과 여수 시장이 차기 개최국 대표로 참석해 빈센테 곤살레스 로세르탈레스 BIE 사무총장으로부터 BIE 기(旗)를 넘겨받았다.

2008년 사라고사박람회 개요

공식 명칭	2008년 사라고사엑스포(Expo Zaragoza 2008)
주제	물과 지속 가능한 개발
장소	아라곤 주 사라고사 에브로 강변
기간	2008년 6월 14일~9월 14일
참가국	104개국
관람객	600만 명

'잠에서 깬 용' 중국의 포효

2 0 1 0 년 상 하 이 박 람 회

> "중국이 나아갈 미래를 알고 싶다면 엑스포 중국관 앞에 서보라……. 당신
> 이 전시관을 돌아보며 느낀 것이 당신의 미래를 좌우할 수도 있다."

상하이엑스포를 소개한 한 중국 언론의 자부심 넘치는 제안이다. 개최 기
간 내내 밤낮없이 많은 인파로 붐빈 중국전시관은 경제대국으로 우뚝 선 중
국의 자부심만큼이나 웅대한 스케일이었다. 건물 모양은 위로 올라갈수록 넓
어지는 지붕이 곧 하늘로 치솟을 듯한 위용을 자랑했다. 붉은색 목조 기둥과
지붕은 조명에 힘입어 강렬한 색채감을 내뿜었다. 바로 중국을 상징하는 붉
은색 '중국홍(中国红)'이다. 지붕 중앙에서는 '빛기둥'이 하늘을 향해 솟아올
랐다. 목조건물의 처마를 단순화한 여섯 겹 지붕은 가분수 형상인데도 불안
하기보다 오히려 하늘을 지탱하고 선 느낌이었다.

중국의 미래로 통하는 '동방의 관'

상하이박람회 중국관은 '동양의 왕관(东方之冠)' 모습을 본떴다. 2년의 건축 기간을 들여 지은 영구보존용 건물이다. 풍요를 상징하는 웅장한 역사다리꼴 지붕은 지상에서 30~69미터 높이 56개 내쌓기(bracket) 구조물로 중국의 56개 민족을 나타냈다. 중국 전통 목조건축의 두공(斗拱) 기법을 응용한 양식이다. 이 지붕 아래 6만 8000제곱미터의 거대한 전시장이 꾸며졌다.

공사 중인 중국 국가관. 전 세계에 흩어져 사는 중국계 건축가를 대상으로 실시한 공모전에서 당선된 허징당 교수가 설계를 맡았다.

중국의 역사와 문화, 도시변천 과정을 보여주는 2만 제곱미터의 국가관, 4만 5000제곱미터에 달하는 성·직할시·자치구 지역관, 3000제곱미터의 홍콩·마카오·대만관이 각각 들어섰다. 전시공간 배치는 전통 도시건축 질서를 원용했다. 전 세계 중국계 건축가 대상 공모에서 당선된 중국 공정원의 허징당 교수가 설계를 맡았다.

중국은 엑스포를 통해 세계인에게 전하고자 한 메시지를 이 전시관에 집약했다. 개혁개방 30년의 성과를 답지한 부국강성의 언표라 할 수 있다. 외부 벽면에는 34개 왕조와 34개 성·시·구 명칭을 새겨 중화역사의 유구성과 지역적 광활함, 단합을 과시했다. 일본이 1964년 도쿄올림픽과 1970년 오사카엑스포로 국운을 일으켰듯이 중국은 2008년 베이징올림픽과 2010년 상하이엑스포를 통해 세계를 향해 포효했다.

오른쪽.
기둥과 대들보를 연결하는 깔때기 모양의 구조물로 완성된 중국관은 대들보의 하중을 분산시켜 기둥 간격을 최대화함으로써 넓은 실내 공간을 확보했다. 목조건물의 친환경성과 현대 건축 기술의 창조적 성과가 결합해 탄생시킨 건물이다.

굳이 'G2'를 들먹이지 않더라도 슈퍼파워임을 입증하려는 듯한 기세였다. 일각에선 중국이 '강대국관'을 너무 노골적으로 드러내는 것 아니냐는 경계론이 제기될 정도였다. 상하이박람회는

중국의 전통문화와 경제·산업 역량, 중국의 역사와 현재가 응집된, 그 자체로 '전시된 중국'이었다. 그런 만큼 중국이 장차 어느 방향으로 뻗어 나갈지를 보여주는 시연회이기도 했다.

불꽃쇼로 막 오른 184일 대장정

상하이엑스포는 베이징올림픽 때 세계인을 놀라게 한 중국 특유의 화려한 불꽃쇼와 함께 막이 올랐다. 박람회 주제는 '더 나은 도시-더 나은 삶(Better City-Better Life)'으로 설정되었다. 2010년 4월 30일 저녁 8시 상하이 황푸(黃浦) 강변 박람회장에 은빛 비행접시 모양으로 세워진 엑스포센터에서 개막식이 열렸다.

개막행사는 중국의 유명 소프라노 쑹주잉과 홍콩 배우 청룽이 함께 부른 '화합의 노래'로 시작됐다. 조선족을 포함한 56개 소수민족 전통복장을 한 무용수들이 민족화합을 형상화한 춤을 선보였다. 이어 후진타오 중국 국가주석이 엑스포 개막을 선언했다. 개막식에는 이명박 대통령, 김영남 북한 최고인민회의 상임위원장, 니콜라 사르코지 프랑스 대통령 등 20여 개국 정상이 참석했다.

축하공연으로 피아니스트 랑랑 등 중국 음악인과 이탈리아의 팝페라 가수 안드레아 보첼리, 일본 가수 다니무라 신지, 뉴질랜드와 아프리카 전통공연단 등이 세계의 화합과 우정을 노래했다. 개막식을 지켜본 각국 언론은 중국 특색 중심이었던 베이징올림픽 개막행사와 달리 세계인의 화합과 조화, 우정이 돋보였다고 평했다.

이어 개막행사의 절정인 불꽃놀이가 포문을 열었다. 황푸 강변에 폭죽이 터지면서 조

개막식 불꽃쇼 모습. 푸둥의 고층빌딩과 황푸 강 위에서 대기 중이던 15척 선박에서 무려 10만여 발의 폭죽이 초당 약 70발씩 30분간 계속 발사되면서 축제의 열기를 한껏 고조시켰다.

명, 연막, 분수, 거대 발광다이오드(LED) 벽 등이 일제히 가동됐다. 거리로 쏟아져 나온 수십만 명의 시민과 관광객들은 밤하늘을 수놓은 빛의 향연에 환성을 터트렸다. 푸둥(浦东)의 고층빌딩과 황푸 강 위 배 15척에서 10만여 발의 폭죽이 초당 70발씩 30분간 발사되면서 축제 열기를 달궜다. 'EXPO' 영문 글자와 오각형 별을 포함한 300여 종의 불꽃무늬가 밤하늘에 새겨졌다. 상하이의 상징인 468미터 높이 둥팡밍주(东方明珠) 탑에서 황푸 강에 이르는 3.3킬로미터 구간의 하늘은 환상적인 빛으로 가득 찼다. 불빛은 서구 열강의 각축장이었던 와이탄(外滩)의 서양식 고건물과 50층 이상 고층건물만 3000개가 넘는다는 푸둥 마천루 숲까지 파란만장한 상하이의 어제와 오늘을 훤히 비췄다.

상하이는 도시 전체가 온통 축제장이었다. 화이하이루(淮海路) 등 도심 거리엔 오성홍기가 형형색색의 네온사인에 빛났고, 고가도로와 육교마다 엑스포 장식과 환영 문구가 내걸렸다. 엑스포 엠블럼과 인(人) 자를 형상화한 다양한 모습의 마스코트 하이바오(海宝)가 거리를 뒤덮었다.

"모든 것은 엑스포로 통한다"

상하이엑스포는 2002년 12월 3일 모나코 몬테카를로에서 열린 BIE 총회에서 한국 여수를 제치고 개최가 확정되었다. 이후 약 7년간 중국 정부는 엑스포 준비에 심혈을 기울였다. "모든 것은 엑스포로 통한다(一切始于世博)"는 구호 아래 상하이를 엑스포의 도시로 만들어 나갔다.

박람회장은 규모의 방대함부터 '중국적'이란 수사에 걸맞았다. 상하이를 남북으로 가로지르는 황푸 강 난푸대교와 루푸대교 사이 동서 양안에 주 전시 구역인 푸둥 393만 제곱미터, 보조 전시 구역인 푸시(浦西) 130만 제곱미터 등 총 523만 제곱미터에 이르렀다. 상하이 시 전체의 1퍼센트, 서울 여의도의

3분의 2 면적으로 역대 박람회장 중 최대 규모였다. 지붕이 있는 실내공간만 328만 제곱미터에 달했다. 최근 등록 박람회와 견줘보면 2005년 아이치 박람회장보다 3배, 2000년 하노버 박람회장보다 3.3배 넓었다.

박람회장 부지는 철공소와 조선소, 방직공장 등이 있던 공업지역이었다. 엑스포 개최가 결정되자 상하이 시 당국은 공장 270여 곳과 주민들을 이주시키고 대대적인 개발사업을 벌였다. 박람회장은 관람객 동선과 접근성을 고려해 5개 구역으로 조성됐다. 그중 A·B·C 3개 구역은 푸둥에, D·E구역은 강 건너 푸시에 속했다. 중앙진입로인 엑스포대로 주변 A구역은 중국·한국·북한·일본관과 서아시아 전시관으로 구성되었다. B구역에는 엑스포센터와 문화센터, 주제전시관, 동남아시아와 오세아니아 국가관이 들어섰다. 엑스포대로 동쪽 문화센터 공연장은 수용 인원 1만 8000명, 연면적 12만 6000제곱미터 규모로 360도 가변형 무대 등 최첨단 시설을 갖췄다.

중국관과 엑스포센터, 문화센터, 주제전시관 등 5개 건물은 엑스포 이후에도 남아 활용될 수 있도록 지었다. 루푸대교 서쪽 C구역에는 유럽과 미주, 아프리카 전시관과 10만 제곱미터에 이르는 놀이공원이 들어섰다. 루푸대교 건너 D구역과 E구역은 도시개발 등을 다룬 주제전시관과 코카콜라, GM, 시스코, 중국석유공사, 한국·일본 기업 공동전시관 등 기업전시관에 할애되었다.

상하이 시는 엑스포를 앞두고 교통 기반시설로 199킬로미터에 이르는 지하철 노선을 증설했다. 이로써 1982년에 처음 건설된 상하이 지하철은 총연장 420킬로미터로 늘어나 세계에서 가장 긴 지하철을 가진 도시 중 하나가 되었다. 홍차오 신공항과 푸둥국제공항 증설, 쑤퉁대교·창장쑤이교 건설 등에도 많은 예산이 투입되었다.

참가국 국기가 게양된 박람회장 남문. 안쪽에 중국관이 보인다.

친환경 도시를 모토로 내세운 상하이엑스포는 '탄소배출 제로'를 목표로 내걸고 태양광, 풍력, 지열 등 신재생에너지 사용을 극대화했다. 박람회장 교통수단도 수소·전기·하이브리드 자동차를 활용했다. 엑스포대로에는 높이 42미터의 거대한 태양열 집열관 6개를 설치해 낮에 에너지를 축적했다가 밤에 LED로 빛을 냈다.

상하이엑스포는 영상기술과 인터넷 활용성을 크게 높였다. 박람회장 전체를 3D 입체 영상물로 선보이는 온라인 가상 엑스포를 구축했다. 증강현실(AR) 앱을 통해 스마트폰 카메라를 전시관으로 향하면 화면에 해당 전시관 정보를 얻을 수 있도록 했다.

전통미와 첨단기술에 찬사 쏟아진 한국관

A구역에 조성된 한국관은 연면적 7683제곱미터로 국가전시관 중 중국 다음으로 큰 규모였다. 황푸 강 선착장과 가까워 접근성도 좋았다. 건물의 형태 자체가 'ㄱ', 'ㄷ' 등 한글 자모음을 입체적으로 형상화한 모습으로 외벽에 여러 모양의 한글 문장을 새긴 세련된 감각의 건물이었다. 재미건축가 조민석이 설계하고, 강익중의 설치예술 픽셀아트로 외부를 장식했다. 건물 전체를 감싼 3만 8000개의 작은 픽셀은 마치 천 조각에 바느질 수를 놓은 것처럼 아름다워 보는 이들의 탄성을 자아냈다.

전시공간 연결통로에 설치된 터치스크린과 옛 동전을 모아 만든 금란지교 나무, 3D 애니메이션과 퍼포먼스를 결합한 뮤지컬 멀티미디어 '코러스 시티' 등을 통해 관람객들은 한국 전통문화와 현대 도시문화, 첨단기술에 흠뻑 빠졌다. 전시관 1층에는 2012년 여수엑스포 홍보관이 마련됐다.

푸시지구의 한국기업연합관과 서울시관에서도 한국을 만날 수 있었다. 공동 기업관은 삼성, 현대차, LG, 롯데, 포스코, 두산, 금호아시아나, 신세계이

마트, 한국전력, 효성 등 한국의 대표 기업들이
대거 참여했다. 한국이 세계박람회에서 기업
전시관을 세운 것은 개최국이던 1993년 대전엑
스포 이후 처음이었다. 전시관은 농악대 상모
돌리기의 역동적 이미지를 형상화한 모습으로
지어졌다. 핵심 전시물은 LCD 모니터 192개로
높이 6미터, 길이 14미터 원통형 화면을 설치해
한국 기업의 우수성을 보여준 멀티미디어 쇼
였다.

한국관을 찾은 관람객은 총 725만 명으로
52개 국가관 중 중국관 다음으로 많았다. 유력
인사들의 방문도 줄을 이었다. 이명박 대통령
내외가 한국관 개막식에 참석한 데 이어 리커
창 중국 상무부 총리 등 중국 고위인사, 이브 레
테름 벨기에 총리, 존 필립 키 뉴질랜드 총리, 도미니크 스트로스 칸 국제통화

한국관은 외면을
감싼 3만 8000개
픽셀아트가 마치 천
조각에 수를 놓은
것처럼 아름다워
보는 이들의 탄성을
자아냈다.

기금(IMF) 총재 등 요인들이 한국관을 찾았다.

한국관이 폭발적인 인기를 끌자 한 중국 언론에 "한국관 입장하기가 한국
가기보다 더 어렵다"는 기사가 나오기도 했다. 상하이에서 비행기로 두 시간
이면 한국에 가지만 한국관을 관람하려면 보통 서너 시간은 줄을 서야 했던
것에 빗댄 말이다. 평균 대기 인원 4000명으로 조직위가 집계한 국가관별 관
람 대기시간 순위에서 100퍼센트 예약제로 운영된 중국관을 제외하고는 한
국관과 일본관이 항상 앞섰다.

세계 여러 언론이 한국관의 아름다움과 우수성에 찬사를 보냈다. 영국
BBC방송은 박람회장에서 가장 인상적인 장면 첫 번째로 한국관 모습을 소
개했다. 중국 언론과 인터넷 매체들도 '사진으로 남겨야 할 10대 엑스포 명소'

등으로 한국관 특집을 앞다퉈 다뤘다. 매시간 관람객의 발길을 사로잡은 부채춤, 북 연주, 비보이 공연 등 볼거리와 체험형 전시물, 세련되고 친절한 홍보도우미 등이 인기 요인으로 꼽혔다.

엑스포 기간 중 한국의 날(5월 26일)과 한중 수교기념일(8월 24일), 한국민속주간(9월 19~23일)에는 국악, 태권도, 패션쇼 등을 주제로 한 특별행사가 열렸다. 한국관은 2200회에 달하는 각종 공연과 시식행사, 전통문화 및 첨단기술 전시물 등을 통해 중국에 새로운 한류 바람을 일으켰다는 평가를 받았다.

북한, 엑스포 첫 참가…'번영하는 평양' 전시

상하이엑스포에는 북한이 세계박람회 사상 처음으로 참가했다. 북한은 2007년 7월 엑스포 참가를 결정한 이래 조선상공회의소를 주축으로 대표단을 파견해 중국 측과 협의를 벌였다. 결국 중국 정부의 적극적인 협력 속에 '번영하는 평양'이란 주제로 1000제곱미터의 소규모 전시관을 짓고 '조선인민의 강성대국 건설'을 선전했다.

공식 명칭이 '조선관'인 북한 전시관은 한국관에서 100미터 떨어진 곳에 자리 잡았다. 단순하고 소박한 건물로 국기 도안과 비마(飛馬) 상으로 외벽을 장식했다. 푸른 하늘과 흰 구름을 담은 사진이 건물 중앙에 걸렸고, 국호인 '조선' 안내판과 인공기를 나란히 게시했다.

단순하고 소박한 건물로 국기 도안과 날개를 단 비마상으로 외벽을 장식한 북한관. 내부에는 4.5미터 높이의 주체사상탑이 정중앙에 위치했다.

내부에는 4.5미터 높이의 주체사상탑이 중앙을 차지했다. 평양 대동강 기슭에 세워진 세계에서 가장 높은 석탑인 주체사상탑(탑신 150미터, 봉화 20미터 포함 전체 높이 170미터) 모형이었다. 그 옆에는 대동강을 표현한 실내 물길이 조성되었다.

주요 전시물은 전통 기와 정자, 유네스코 세계문화유

산으로 등재된 평남 강서군 고구려 고분벽화 복사본과 고분 모형, 로켓추진체 모형 등이었다. 이 밖에 평양의 역사문물, 현대적 도시 건축물, 민속문화 등을 선보였다. 북한은 엑스포 기간 중인 9월 6일 '조선관의 날' 행사를 열고 고위 대표단을 파견했다.

52개 국가관, 다양성과 화합의 향연

일본은 한국관보다 5배가량 많은 1억 4000만 달러를 투자해 전시관을 지었다. '마음의 화합, 화합의 기술'을 주제로 외형은 보라색 누에고치 모양을 형상화했다. 외벽은 첨단 환경기술을 동원해 태양열 집적 기능을 가진 비닐 소재로 만들었다. 전시 내용은 기술과 문화, 인간과 자연이 어우러진 2020년 미래도시 모습 등이었다. 과거사로 인한 반일감정을 고려해 일장기 등 중국인에게 반감을 살 만한 내용은 철저히 배제했

영국관은 6만 개 촉수를 달아 낮에는 햇빛을 받아들여 내부를 밝히고 밤에는 내부의 빛이 밖으로 확산되도록 설계했다. 내부까지 연결된 각 촉수에는 다양한 식물 씨를 담아놓아 '씨앗의 성전'이라 불렸다.

다. 1구역은 중국으로부터 전파된 일본 문화의 발전과정 영상, 2구역은 자연과 함께해온 일본인의 전통 생활문화와 바닷물을 담수로 만드는 장비 등 환경기술을 담았다. 3구역에는 초정밀, 초망원 기술로 캐논이 개발한 세계 최초의 '원더 카메라', 복지지원 로봇, 벽과 일체화된 세계 최대 152인치 텔레비전 등 미래기술이 펼쳐졌다.

미국은 주요국 가운데 가장 늦게 참가를 통보해 조직위의 애를 태웠다. 참가 경비 문제로 인한 논란 때문이었다. 미국은 네트워크 판매회사인 암웨이를 재정후원사로 정한

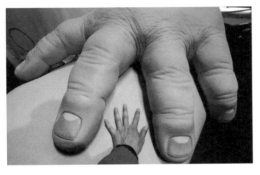

스페인관의 움직이는
초대형 아기 인형.
우리의 미래는
어린이들에게 달려 있고
그 미래는 어린아이의
웃음처럼 아름답다는
메시지를 담고 있다.

뒤에야 참가를 결정했다. 미국관은 외벽에 설치된 폭포형 미디어월과 지붕에 마련된 친환경 정원이 특징이었다. 전시 내용 중 언어가 배제된 음악과 효과음, 바람, 냄새, 물방울 등 오감을 자극하는 4D 영상물이 관람객들의 눈길을 끌었다.

이 밖에도 각 국가관은 다양한 모티브로 건립·운영됐다. 영국관은 외벽의 6만 개 촉수마다 식물 씨의 형상을 담은 '씨앗의 성전'으로 지어졌다. 독일관은 '조화로운 도시', 프랑스관은 '감성 이미지', 이탈리아관은 '사람과 꿈의 도시', 캐나다관은 '자연환경과 도심 속 안식처', 사우디아라비아관은 '사막의 오아시스', 아프리카 연합관은 '다양하고 오랜 문명'을 각각 주제로 삼았다.

박람회장에서는 개최 기간 내내 세계 각국의 전통과 현대를 보여주는 다채로운 문화행사가 펼쳐졌다. 거의 매일 각 참가국의 날 이벤트가 이어졌다. 각종 퍼레이드만 900회, 크고 작은 문화행사 2만여 건이 관람객들의 눈과 귀를 사로잡았다. 대부분의 행사는 30분 이내로 짧게 진행해 관람객들이 많은 행사를 즐길 수 있도록 했다.

많은 관람객이 몰린 프로그램은 영화음악의 거장 엔니오 모리코네 음악회, 전 세계 합창 명곡을 모은 합창제, 여러 나라 거리공연을 한데 묶은 도시 광장 예술제, 브루나이 전통 혼례식, 아르헨티나 탱고 등이었다. 중국의 대표적 문화 수출상품인 우슈 공연, 꼭두각시극 서유기, 삼국지 그림자극, 쿵푸 아카데미 무술 등도 인기 있는 행사로 꼽혔다.

국제 현안을 논의하는 회의도 여러 차례 열렸다. 폐막에 앞서 열린 상하이 엑스포 포럼은 이들 회의를 총정리하는 자리였다. 유엔 사무총장과 각국 고위급, 재계·학계 인사 등 참석자들은 이 자리에서 지속가능한 도시 개발에 관한 참가국의 공통 의견을 담은 '상하이 선언'을 채택했다.

코펜하겐 인어공주상, 지구 반 바퀴 나들이

덴마크 코펜하겐 해변의 세계적 명물인 인어공주상(像)이 상하이 박람회장에 등장했다. 덴마크가 자국 전시관 인기몰이를 위해 옮긴 높이 1.25미터, 무게 175킬로그램의 원본 동상이다. 1913년 세워진 이후 97년 만에 처음으로 자리를 옮겨 전시된 것이다. 덴마크 시민단체들은 "정부가 문화유물을 선전도구로 쓰려고 지구 반 바퀴를 날아가게 하는 것은 불명예"라며 모조품을 보낼 것을 주장했다. 그러나 덴마크 엑스포 조직위는 "모형을 전시하면 효과가 반감된다"며 운송 작전을 강행했다. 2010년 3월 25일 동상이 기단에서 떼어져 크레인으로 트럭에 오르는 순간 많은 시민들이 덴마크 국기를 흔들며 8개월간의 긴 이별을 아쉬워했다고 현지 언론은 전했다. 인어공주상이 떠난 동안 그 자리는 비디오 영상 설치물이 대신했다.

덴마크관에 전시된 인어공주상은 기대대로 큰 인기를 끌었다. 일부 관람객은 가까이 사진을 찍기 위해 만지거나 심지어 동상 위로 기어 올라가곤 해 전시관 관계자들이 골치를 앓았다. 안데르센의 동화 〈인어공주〉가 모티브인 인어공주상은 그 자체로 대단한 유물은 아니지만 브뤼셀의 오줌싸개 동상, 독일의 로렐라이상 등과 함께 '이야기가 있는 명소'로 전 세계에서 수많은 관광객을 끌어들이고 있다. 유명세 탓에 여러 차례 두상, 팔 등이 잘렸다가 복원되는 수난을 겪기도 했다. 인어공주상 외에도 상하이엑스포에는 시가 4억 유로에 달하는 프랑스 루브르박물관 회화·조각 작품 등 유럽의 예술품이 대거 공수됐다.

중국인의 자존심 용틀임하다

10월 31일 저녁 8시 상하이엑스포는 원자바오 중국 총리 등 4000여 명이 참석한 가운데 대단원의 막을 내렸다. 폐막식에서 반기문 유엔 사무총장은 "도시화 과정에서 나타나는 문제를 해소하려는 노력을 보여준 역사적 이벤트였다"고 평가했다. 이어 영화배우 류더화 등 중국의 유명 연예인 200여 명이 출연한 공연이 대미를 장식했다. 마지막 날 입장한 관람객 30만 명은 엑스포광장에 설치된 대형 LED 전광판을 통해 생중계되는 폐막식을 지켜봤다.

상하이 세계박람회는 규모와 관람객 등 여러 면에서 종전 기록을 갈아치웠다. 방문자는 총 7308만 명으로 역대 최다였던 1970년 오사카엑스포의 6421만 명을 넘어섰다. 이중 외국인 방문자는 전체의 4.8퍼센트인 350만 명으로 집계됐다. 하루 입장객 수도 10월 16일 103만 명을 기록해 엑스포 사상 처음으로 100만 명을 넘겼다. 190개국, 56개 국제기구가 참가해 155개국, 22개 국제기구가 참가한 2000년 하노버엑스포 기록을 능가했다. 북한과 대만이 사상 처음으로 국제박람회에 참가했다는 점도 특기할 만하다.

상하이엑스포는 개혁·개방 30년을 맞은 중국이 올림픽과 건국 60돌 기념식에 이어 공들여 준비해온 '중화민족 부흥' 3대 행사의 완결판이었다. 중국 정부는 엑스포를 경제성장의 기폭제이자 국민통합 기제로 최대한 활용했다.

중국 당국 발표에 따르면 엑스포에 투입된 예산은 박람회장 건설과 운영 분야를 모두 합쳐 약 300억 위안에 이른다. 이는 국무원 비준 예산을 기준으로 한 공식 수치다. 하지만 교통망 등 사회간접자본 확충에 쏟아부은 투자까지 따지면 수천 억 위안에 이른다는 게 통설이다. 이에 비해 입장권 판매와 식당 등 부대시설, 상품판매, 협찬 등 운영수입은 200억 위안에 불과했다.

직간접 경제효과까지 따지더라도 상하이엑스포는 '밑진 장사'였음이 분명해 보인다. 서구 국가 같았으면 언론과 여론의 호된 질책이 쏟아졌을 것이 뻔하다. 어쩌면 준비 단계에서 개최 자체가 위태로웠을지도 모른다. 그러나 중국을 서구의 잣대로만 보아서는 안 된다. 중국은 엑스포를 통해 선진국 대열에 진입하겠다는 의지를 다졌다. 30년 전 개혁·개방에 시동을 건 상하이가 그 용틀임의 선봉에 섰다. 한 세기 전 무력과 경제력을 앞세운 서구 열강의 침탈 현장이었던 상하이는 이제 세계무대의 강자로 거듭났음을 선포했다. 온 국민이 그 포효에 환호하는 가운데 방만한 예산 지출이나 서방 나라들이 줄곧 제기해온 인권문제 등은 뒷전일 수밖에 없었다.

강과 바다가 합류하는 상하이는 오랜 무역항이자 비즈니스 도시, 아시아 최고의 금융 허브였다. 20세기 들어 미국·영국 등 열강에 조차지로 내줘야 했고, 1930년대엔 일제에 점령당하는 비운의 역사를 겪었다. 중국은 그런 상하이를 세계 '부(富)'의 허브'로 만들고 있다. 저장성, 장쑤성과 함께 창강(長江)

세계 유일 공인 '엑스포박물관' 세워

상하이 시는 엑스포 폐막 뒤 박람회장 문화전시지구에 '엑스포박물관'을 세워 항구적인 랜드마크로 만들었다. BIE와 협약을 맺고 문을 연 세계 최초, 유일의 엑스포 주제 박물관이다. 박물관은 BIE 문서보관소 역할도 겸하고 있다.

엑스포박물관은 외형부터 상당한 규모를 갖췄다. 4만 6550제곱미터 부지에 연면적 9만 580제곱미터, 높이 34.8미터, 지하 1층, 지상 6층 건물로 상하이엑스포 개막 7주년인 2017년 5월 1일 개관했다. 8개 상설전시실, 3개 특별전시실, 문서 보관·연구센터, 수장고 등을 갖췄다.

엑스포박물관은 역대 엑스포 포스터, 책자, 문서, 영상, 각종 전시물·수집품·기념물 등 자료 2만 8000여 점을 소장하고 있다. 상설전시실은 관람 동선에 따라 '세계가 한자리에 모이다: 역대 박람회 디렉토리', '이동수단의 진보, 도시의 변모, 과학기술 혁신', '현대성: 새로운 질서, 미래세계 엿보기', '세계의 과제: 환경문제와 첨단기술, 대중문화', '세기적 이벤트: 상하이엑스포 기획·건설·운영', '세계 문명: 상하이엑스포 참가 146개 국가관', '중국의 지혜: 상하이엑스포 중국관', '미래 비전: 새로운 역사를 써나갈 엑스포의 미래' 등으로 구성돼 있다.

삼각주 일대를 글로벌 경제지구로 키우는 전략의 일환이다. 상하이엑스포는 중국 최대 물류·금융·해운·서비스 중심지인 상하이 경제권에 계량조차 어려운 막대한 개발 연료를 주입했다.

2010년 상하이박람회 개요

공식 명칭	2010 중국 상하이엑스포(Expo 2010 Shanghai, China)
주제	더 나은 도시-더 나은 삶
장소	중국 상하이 황푸 강변 부지
기간	2010년 5월 1일~10월 31일
참가국	190개국, 56개 국제기구
관람객	7308만 명

여수에서 만나는
'하나의 바다'

2 0 1 2 년   여 수 박 람 회

2007년 11월 27일 오전 5시 50분(한국 시각) 프랑스 파리에서 반가운 소식이 날아왔다. 140개 회원국이 참석한 BIE 총회에서 여수가 2012년 세계박람회 개최지로 선정된 것이다. 밤새워 결과를 기다리던 유치위원회 관계자들은 환호성을 터트렸다. 정부와 민간이 손잡은 10년여의 노력이 결실을 거두는 순간이었다.

총회가 열린 파리에서도 감격의 함성이 울려 퍼졌다. 회의장 옆 대기실에서 결과를 기다리던 유치참가단과 국민응원단 등 600여 명이 일제히 태극기를 흔들며 만세를 불렀다. 표결 과정은 아슬아슬했다. 모로코 탕헤르, 폴란드 브로츠와프와 겨룬 1차 투표에서 3분의 2 이상 득표국이 나오지 않아 2차까지 간 결과 77 대 63으로 탕헤르를 젖혔다.

지역개발 의지로 이뤄낸 엑스포 유치

여수엑스포 유치가 추진된 것은 대전엑스포 3년 뒤인 1996년부터였다. 전라

남도가 건의한 엑스포 개최안이 채택돼 정부 차원의 유치 활동에 들어갔다. 애초 목표는 2010년 등록 박람회였다. 한국은 1993년 인정 박람회인 대전엑스포를 치른 바 있다. 그래서 이번에는 국제사회 인지도가 높고 규모가 큰 등록 박람회 개최를 원했다. 한국은 1988년 서울올림픽 이래 1993년 대전엑스포, 2002년 월드컵 등 세계인의 축제를 국력 결집과 도약의 계기로 삼아왔다. 여수엑스포는 두 차례 실패한 바 있는 평창동계올림픽 유치와 함께 한국의 다음 목표였다.

그러나 1980년대 이후 엑스포가 인류의 공통 과제 해결을 모색하는 유력한 국제 이벤트로 새롭게 인식되면서 엑스포 개최를 통해 국가 브랜드 가치를 높이려는 경쟁 분위기가 점차 고조되었다. 특히 2000년 하노버엑스포부터 등록 박람회 개최 주기가 5년으로 정착되면서 유치 경쟁은 더욱 치열해졌다. 여수는 러시아 모스크바, 중국 상하이, 폴란드 바르샤바, 멕시코 멕시코시티 등과 경합을 벌였다. 2002년 12월 3일 모나코에서 열린 132차 총회에서 2010년 등록 엑스포 개최지는 상하이로 결정됐다. 4차 투표까지 가는 치열한 접전 결과였다. 여수는 표결에서 2위로 고배를 들어야 했다.

한국 정부는 등록 박람회 대신 특정 분야에 집중하는 인정 박람회 개최 쪽으로 방향을 돌렸다. 2006년 5월 다시 여수세계박람회 유치기획단을 구성하는 동시에 BIE에 유치신청서를 냈다. 2007년 4월 BIE 현지 실사 때 수만 명의 여수 시민들이 해양공원 환영행사에 나와 엑스포 개최 열망을 보여주었다. 카르맹 실뱅 BIE 집행위원장을 포함한 실사단은 한국인의 열렬한 환영에 감격했다고 밝혔다.

한반도 남해안 중앙에 자리 잡은 여수는 일찍이 무역과 해운, 어업 중심지로 번성했다. 그러나 고속성장 과정에서 뒤처져 상대적으로 지역개발이 낙후된 상태였다. 인근에 국가산업단지와 대형 사업장이 여럿 있는데도 번듯한 고속도로 하나 없었던 것이 단적인 예다. 여수 시민들은 엑스포 개최가 지역개발의 촉진제가 되기를 바랐다. 여수엑스포는 이런 주민들의 염원과 정부 차원의 전략이 합쳐져 추진 동력을 얻었다.

'해양 강국'의 꿈 실은 박람회장

여수엑스포는 2012년 5월 11일 저녁 이명박 대통령의 개막선언과 함께 막이 올랐다. 박람회 주제는 해양자원의 다양성과 지속가능한 인간 활동을 담은 '살아 있는 바다, 숨 쉬는 연안(The Living Ocean and Coast: Diversity of Resources and Sustainable Activities)'이었다. 부제는 지속가능한 해양환경, 현명한 해양의 이용, 바다와 인간의 창조적 만남으로 설정되었다. 남해안 청정해역 입지 조건과 환경 문제에 관한 세계적 관심을 고려한 주제였다.

해양과 환경, 강과 물은 역대 엑스포에서 여러 차례 주제로 채택된 바 있다. 1975년 오키나와엑스포, 1998년 리스본엑스포, 2008년 사라고사엑스포 등이 항구도시에서 해양을 주제로 열린 대표적인 박람회다. 여수엑스포는 해양 주제 중에서도 자연과 인간 활동의 조화를 찾는 지속가능한 '신해양 녹색성장' 모델 제시에 초점을 맞췄다.

여수 박람회장은 오동도 인근 여수신항 일대에 터를 잡았다. 기존 여수역을 북쪽으로 600미터 옮기고 여수신항을 재개발한 부지였다. 여수엑스포역으로 개칭한 새 역사는 박람회장 북문과 바로 연결돼 철도교통 접근성이 좋았다. BIE 규정상 인정 박람회는 박람회장 면적이 25만 제곱미터 이내로 돼 있다. 여수 박람회장은 이 규정

'빅오' 앞 바다
불꽃쇼가 펼쳐진
개막식.

스카이타워에서
바라본 여수 박람회장
전경.

을 따르면서 외부에 지원시설을 대거 배치했다. 행정, 운영, 숙박 등 배후시설까지 합치면 174만 제곱미터 부지가 엑스포에 활용됐다.

박람회장은 바다, 연안, 도시 등 3대 공간개념으로 나눠 해양과 육지, 인류와 자연, 과거와 미래의 조화를 구현했다. 중앙 해변에는 '빅오(Big-O)'존이 자리 잡았다. 축구장 13배 면적의 박람회장 앞바다 정원에 오션타워, 바닷길(Sea Walk), 해양생물관 등이 조성됐다. 방파제와 섬을 활용한 알파벳 'O'자 형태로 기후환경관, 해양산업기술관 등 주제 및 부제 전시관이 수변 데크로 연결됐다.

수직으로 선 지름 35미터 O형 구조물 '디오(The O)'에서는 저녁마다 바다를 배경으로 '꽃피는 바다' 레이저 쇼가 펼쳐져 큰 인기를 끌었다. 저수용량 6030세제곱미터의 대형 수조를 갖춘 해양생물관 아쿠아리움(aquarium)은 5대양 해양 생태계를 한눈에 볼 수 있도록 꾸며졌다.

'하나의 바다(One Ocean)'로 명명된 주제관은 31개국 136개 팀이 디자인 공모에 응모해 치열한 경합 끝에 선정됐다. 바다 위에 세워진 건축물로 육지에서 보면 고래가 물 위로 솟구치는 모습, 바다에서 보면 섬과 아름다운 해안 형상을 띠었다. 내부에는 20미터 길이의 벽면 스크린과 반구형 스크린을 통해 생동감 넘치는 오대양의 모습을 구현했다. 관람객들은 실제로 바다 속에 들어온 듯한 몰입감을 느낄 수 있었다.

주제관의 마스코트인 귀여운 바다 포유류 '듀공'은 인기스타가 됐다. 듀공과 소년 주인공이 바다를 되찾은 모험을 연출하는 미디어 쇼는 주제관의 하이라이트였다. 기후환경관에서는 한여름에 남극 눈보라와 북극 빙하를 체험할 수 있었다. 인류가 당면한 기후변화 위기를 직접 느낄 수 있도록 영하 3도의 눈보라와 빙하 체험실이 마련되었다.

주제관으로 이어지는 메인 게이트. 바다 위에 지어진 주제관은 실제 바다의 느낌을 생동감 있게 표출했다.

바다 전시장과 육상 전시관 사이의 다도해공원(Coastal Triangle)은 남해안 특유의 리아스식 해안과 지형, 경관을 1000분의 1로 축소한 체험공간으로 모래사장, 갯벌, 습지 등 바다와 육지가 만나는 연안이 삼각형 모양으로 재현되었다.

박람회장의 중심축은 첨단 IT기술과 미래적 디자인이 융합된 디지털갤러리였다. 국제관과 공연장 등 대형 전시시설 사이 길이 415미터, 폭 30미터 공간을 주요 이동로이자 거대한 디지털 스크린으로 활용한 것이다. 지붕과 외벽을 세계 최초 무정형 디지털 가상 전시공간으로 꾸몄다. 밤하늘에 고래가

'하늘에 떠 있는 바다'란 설명이 붙은 엑스포 디지털갤러리. 첨단 ICT와 미래 디자인이 빚어낸 미디어 아트가 관람객들의 눈길을 사로잡았다.

떠다니는 디지털 아쿠아리움 등 환상적인 미디어아트가 관람객들의 시선을 사로잡았다.

참가국 전시관은 별도 전시관을 지은 한국관 외에는 모두 엑스포 디지털갤러리 좌우 국제관에

디지털갤러리 입구. 참가국 전시관이 들어선 국제관 입구엔 '비행기 타지 않고 떠나는 세계여행'이란 플래카드가 걸렸다.

배치되었다. 인정 박람회의 경우 주최국이 전시관을 마련하는 BIE 규정에 따른 것이다. 한국관은 박람회장의 상징 건물로 한국 해양산업의 과거·현재·미래 기술을 시각화했다. 한국이 개발한 첨단 해양 교통수단, 차세대 해양관광, 해양 바이오산업, 이산화탄소 처리기술 등을 널리 알려 해양 이용의 새로운 패러다임을 제시하고자 했다.

"모든 것은 엑스포에서 시작됐다"

"Everything begins with EXPO." 여수 박람회장 내 BIE관 입구에 새겨진 문구다. 여수엑스포 참가 국제기구 중 유엔과 BIE가 독자 전시관을 마련했다. BIE관은 인류 문명의 쇼케이스가 되어온 엑스포 역사를 한눈에 살펴볼 수 있었다. 전시를 관통하는 키워드는 진보와 평화, 교류였다. 엑스포의 효시인 1851년 런던박람회 개막 연설에서 알버트공이 천명한 세계박람회의 세 기둥, 바로 그 정신이다.

BIE는 5년 주기 등록 박람회가 정착되자 박람회 등급을 월드엑스포(world expo)와 전문엑스포(specialized expo)로 재정립했다. 기존의 등록 박람회, 인정 박람회를 알기 쉽고 직감적인 월드엑스포, 전문엑스포란 용어로 바꿔 부르게 된 것이다. 그러면서 일부 구분이 없던 역대 박람회 전체를 두 카테고리로 분류했다. 1851년 런던박람회부터 2025년 개최 예정인 오사카·간사이박람회까지 36개 박람회가 월드엑스포로 인정됐다.

이 가운데 22개는 1928년 BIE 창설 이전이거나 협약 발효 직후여서 BIE가 관장하지 않았지만 중요성을 인정해 월드엑스포로 추인됐다. BIE가 직접 관장한 1936년 이후 월드엑스포는 1937년 파리, 1939년 뉴욕, 1958년 브뤼셀, 1962년 시애틀, 1967년 몬트리올, 1970년 오사카, 1992년 세비야, 2000년 하노버, 2005년 아이치, 2010년 상하이, 2015년 밀라노, 2020년 두바이, 2025년 오사카·간사이 등 14개 박람회다. 전문엑스포는 1936년 스톡홀름박람회부터 2017년 아스타나박람회까지 34개로 정리됐다. 한국이 개최한 1993년 대전박람회와 2012년 여수박람회도 전문엑스포에 포함됐다.

첨단 디지털 오감으로 바다를 느끼다

박람회장 북단 여수엑스포역 옆에는 '스카이타워'가 조성됐다. 박람회장 전경과 아름다운 다도해 풍광을 둘러볼 수 있는 높이 67미터의 전망대로 늘 입장 대기 줄이 길었다. 수명을 다한 원통형 시멘트 저장 사일로를 재활용한 구조물이다. 외형은 하프 모양으로 장식했고, 내부에 뱃고동 음색을 내는 대형 파이프오르간을 들였다.

이 초대형 악기는 연주 소리가 반경 6킬로미터까지 울려 퍼져 '세계에서 가장 큰 소리를 내는 파이프오르간'으로 기네스 인증을 받기도 했다. 스카이타워 1층에는 해수 담수화 시설이 설치돼 바닷물을 마실 수 있는 물로 처리하는 과정을 보여주고 기념 유리컵에 1잔씩 제공해 관람객들이 직접 시음할 수 있었다.

엑스포 마스코트는 '여수' 지명에서 따온 '여니'와 '수니'였다. 각각 물방울과 플랑크톤을 모티브로 삼아 바다의 아름다운 빛깔과 심해의 무한한 자원을 표현한 캐릭터다. 박람회장 곳곳에선 참가국의 날, 국제 포럼, 심포지엄, 문화·예술공연 등 각종 이벤트가 끊이지 않았다. '문화 박람회'란 말이 나올 정도로 다양하고 질 높은 퍼포먼스가 펼쳐졌다.

2만 석 규모 특설무대에선 소녀시대, 아이유, 싸이 등 K-팝 스타들이 총출동해 57회 릴레이 공연을 벌였다. 94개 참가국 전통·대중문화 공연만 269회 열려 박람회장을 축제 마당으로 만들었다. 수시로 벌어지는 거리공연도 하루 평균 130회, 총 1만여 회 풍성한 볼거리를 제공했다.

시멘트 사일로를 재활용한 스카이타워. 세계 최대 파이프오르간이 설치돼 특유의 깊은 음색으로 다양한 음악을 들려줬다.

여수엑스포는 한국이 자랑하는 최첨단 IT기술을 총동원해 관람객이 직접 참여하고 오감으로 경험하는 전시 환경을 제공했다. 남극을 체험하게 하는 이글루 터널, LED 전광판 벽을 유영하는 해양동물을 볼 수 있는 워터 플래닛, 로봇 팔로 광물을 채취해보는 심해 탐사선, 고래잡이배를 따라 가상현실로 떠나는 터치스크린 시뮬레이션 등이 그것이다. 사진, 그래픽아트, 조각, 설치물, 증강현실, 홀로그램, 멀티프로젝터 등 전시연출에 가용한 모든 매체가 관람객들과 소통하고 정보를 나누는 데 활용되었다.

박람회장은 디자인과 건축 자재, 에너지 공급까지 친환경, 저탄소 개념으로 설계되었다. 박람회장 내 교통 시스템도 무가선 저상트램, 환경친화형 셔틀, 자전거도로, 산책로 등 그린 네트워크를 구축했다.

동북아 녹색경제권 허브를 향해

동북아 해양의 중심 한국 남해안은 여수엑스포를 통해 해양 보존과 지속가능한 이용을 위한 녹색성장(green growth)의 새 물결을 일으켰다. 그 기운은 폐막과 함께 채택된 '여수 선언'에 담겼다. 참가국 대표 토론을 통해 마련된 여수 선언은 해양을 통한 기후변화 등 지구환경과 지속가능한 개발에 관한 국제협력 비전을 제시했다. 기존의 다자 협의가 환경보존에 치중했다면 여수 선언은 한국이 주창해온 녹색성장 이니셔티브에 방점을 찍었다. 해양 에너지, 해수 담수화, 해양오염 제거, 생태자원 다양성, 기후변화 대응, 연안 통합관리 등의 분야에서 미래기술로 인류사회의 공존 번영을 꾀하자는 구상이다.

여수엑스포는 한국경제에 적잖은 직간접 경제 파급효과를 미친 것으로 분석됐다. 여수세계박람회 조직위는 엑스포 개최로 인한 경제효과를 생산유발 10조 6000억 원, 부가가치 3조 7000억 원, 고용창출 6만 명 등으로 추산했다. 남해안권 선벨트(Sun-Belt)는 엑스포를 도약의 발판으로 삼아 동북아 생태산업, 항만물류, 휴양레저 거점으로 발돋움하게 됐다.

엑스포를 계기로 교통 기반시설도 획기적으로 개선됐다. 도로, 철도, 항만 건설에 9조 5000억 원이 투입돼 기간교통망을 확충했다. 익산~순천 전라선을 복선전철화해 KTX가 다니고, 전주~광양 고속국도가 신설됨으로써 수도권에서 3시간대, 부산에서 2시간대, 목포에서 1시간 30분대로 가까워졌다. 해상 무대시설 빅오와 아쿠아리움, 스카이타워, 디지털갤러리 등은 엑스포 이후에도 남아 관광자원으로 활용되고 있다.

2012년 여수박람회 개요

공식 명칭	2012 여수세계박람회(International Exposition Yeosu Korea 2012, 약칭 EXPO 2012 YEOSU KOREA)
주제	살아 있는 바다, 숨 쉬는 연안
장소	전남 여수시 여수신항 일대
기간	2012년 5월 12일~8월 12일
참가국	104개국, 10개 국제기구
관람객	820만 명

디자인 강국 면모 빛난
식문화 축제

2015년 밀라노박람회

역대 최대 규모였던 상하이엑스포 이후 등록 박람회 바통은 이탈리아 밀라노로 넘어갔다. 이탈리아는 2008년 3월 31일 BIE 총회에서 유일한 경쟁 도시였던 터키 이즈미르를 누르고 2015년 엑스포 개최권을 따냈다.

2015년 밀라노엑스포는 이탈리아가 개최한 일곱 번째 세계박람회였다. 이탈리아는 세계박람회와 연고가 깊다. BIE 창립 협약에 서명한 31개국 가운데 하나로 BIE 활동에 적극 동조해왔다. 랜드마크가 될 만한 큰 박람회는 없었지만 세계박람회도 여섯 차례나 열었다. 그중 유일하게 월드엑스포로 인정된 박람회는 1906년 밀라노박람회다. 2차 세계대전 이후에도 1953년 로마, 1954년 나폴리, 1955년과 1961년 토리노, 1992년 제노바에서 잇따라 박람회를 열었다. 하지만 모두 농업, 항해술, 스포츠 등을 주제로 한 전문 박람회 성격이었다.

1906년 밀라노박람회는 스위스 마터호른과 이탈리아 북부를 잇는 유서 깊은 셈피오네(Sempione) 터널 개통을 기념해 열렸다. 그래서 주제도 '운송'이었다. 길이 19.8킬로미터의 셈피오네 터널은 박람회와 함께 이탈리아를 유럽 주류 경제권에 편입시키고 밀라노를 이탈리아의 '경제수도'로 만드는 데 결정적인 역할을 했다. 박람회는 유럽에서 세 번째로 세워진 수족관을 유산으로 남겼다. 전면을 바다의 신 넵튠 조각으로 장식한 아르누보 양식의 석조건물로 박람회장이었던 셈피오네 공원에 오늘날까지 남아 있는 유일한 박람회 유물이다.

고대 로마 도시설계 본뜬 박람회장

2015년 밀라노엑스포는 '지구에 식량과 생명 에너지를(Feeding the Planet, Energy for Life)'을 주제로 5월 1일 막을 올렸다. 식량 문제는 가속되는 인구증가, 환경오염 속에서 지구를 지키는 데 핵심 현안이라는 인식 아래 식량 생산, 건강한 식문화, 지속가능한 자원 활용을 주제로 채택했다. 부제로는 식품의 질과 안전성을 높이는 과학, 농업-식량 공급체인 혁신, 농업·생태 다양성 기술, 식생활 교육, 식량에 관한 협력 및 연대, 보다 나은 삶을 위한 음식, 세계 문화·인종그룹의 음식 등 7가지가 선정되었다.

박람회장은 밀라노 중심의 셈피오네 공원이 아닌 북서쪽 산업지구에 조성되었다. 도심에서 15킬로미터가량 떨어진 쇠락한 공단 지역이다. 주로 창고로 쓰이던 이곳에 2005년 34만 5000제곱미터의 대규모 피에라 밀라노 전시장이 들어선 것을 계기로 일대 110만 제곱미터의 부지를 엑스포장으로 재개발했다. 이 전시장은 엑스포 이후 2020년 코로나19 팬데믹 상황에서 임시 야전병원으로 사용되기도 했다.

박람회장은 고대 로마 도시 또는 군영 설계에 사용되던 동서-남북 직각 축을 기본 구조로 삼았다. 1.5킬로미터 동서 도로와 350미터 남북 도로가 교차하는 구조다. 로마 용어로 남북축을 데쿠마누스(decumanus), 동서축을 카르도(cardo)라 한다. 정중앙에서 약간 동쪽에 있는 두 축의 교차점이 박람회장 중

박람회장은 고대 로마 도시설계 기본 구조를 본떴다. 사진은 '생명의 나무'로 향하는 남북축 통행로 '데쿠마누스'.

밀라노엑스포 상징물 '생명의 나무'. 조명을 설치해 밤에는 하늘 위 꽃잎처럼 빛났다. 뒤편 흰 건물은 바스켓 재질감의 외벽이 돋보인 이탈리아관.

심을 이뤘다.

남북축 북단에는 박람회 상징물 '생명의 나무(Tree of Life)'를 세웠다. 이 구역은 미켈란젤로가 설계한 유명한 로마 카피톨린 언덕의 캄피도글리오 광장(Piazza del Campidoglio)을 본떠 만들었다. 이탈리아가 자랑하는 디자인의 원형이 총동원된 셈이다. 목재와 철재로 만들어진 생명의 나무에서는 저녁마다 조명과 음향이 어우러진 쇼가 펼쳐졌다.

이곳뿐 아니라 박람회장 곳곳에서 디자인 강국 이탈리아의 면모가 돋보였다. 7500제곱미터의 테마관 '제로 파빌리온'은 나무뿌리에서 자라난 형상에 인간과 식량 확보, 각종 곡식과 가축 등을 통해 먹을거리의 의미를 다시 돌아보게 하는 전시물로 구성됐다. 반응형 슈퍼마켓과 첨단 주방을 선보인 미래식량구역, 정원과 온실로 이뤄진 생태 다양성 공원, 식량의 의미를 놀이로 배울 수 있는 어린이 공원 등도 주제에 충실한 전시 구성으로 평가받았다.

엑스포의 효시인 1851년 런던박람회 이

래 식량과 예술의 관계를 다룬 전시도 관람객들의 눈길을 끌었다. '예술과 식량'을 주제로 한 이 전시물은 '밀라노 트리엔날레(Triennale di Milano)'의 일환으로 기획되었다. 밀라노 트리엔날레는 BIE 관장 아래 셈피오네 공원 내 밀라노 트리에날레 박물관에서 3년 주기로 열리는 국제 장식·디자인 미술전이다.

전시 콘텐츠, 주제 집중도 높아

밀라노엑스포는 전반적으로 '식량'이란 주제에 대한 집중도가 높았다. 참가국가관들은 쌀, 코코아·초콜릿, 커피, 과일·콩류, 양념류, 시리얼·뿌리식품 등 6가지 농산물 종류와 건조지역, 지중해성기후, 섬·해양성기후 등 3개 기후권별 클러스터에 배치됐다. 별도 전시관을 꾸민 54개 나라 국가관도 각자 혁신적인 디자인과 전시 콘텐츠로 주제를 구현했다.

영국관의 경우 17미터 높이의 벌집형 알루미늄 격자 구조로 지어 지구상 식량 생산에서 벌의 수분 역할의 중요성을 강조했다. 스위스관에서는 시간대별로 간소한 음식을 제한적으로 제공하면서 세계 식량 결핍 상황을 체험토록 했다. 오스트리아관은 숲의 수분 증발산이 기온저하 효과를 내는 과정을

박람회장 곳곳에 이벤트 공간이 마련돼 각종 행사가 열리고 있다.

눈으로 보여주는 전시물을 선보였다. 미국관은 '지구를 먹여 살리는 협력'이란 주제 아래 미래 식품 대안을 제시했다. 세계가 당면한 식량 공급, 안전성, 영양과 환경 문제를, 농업혁신을 주도해온 첨단과학의 관점에서 풀어내려 했다.

차기 엑스포 개최국들도 자국 전시관에 공을 들였다. 2017년 전문엑스포를 유치한 카자흐스탄은 15개 원형 홀에서 상호작용형 전시물을 통해 생태환경 과제를 제시하고 미래에너지를 주제로 정한 차기 엑스포를 홍보했다. 2020년 월드엑스포 개최 예정인 아랍에미리트(UAE)는 영국의 거장 건축가 노먼 포스터(Norman Foster)가 설계한 지속가능 에너지 자립형 전시관을 지었다. UAE는 엑스포 폐막 후 예술적 가치가 높은 이 전시관 건물을 해체해 자국으로 옮겼다.

악어·얼룩말고기 햄버거까지 등장

밀라노엑스포는 식량을 주제로 하다 보니 곳곳에서 '이색적인' 음식이 등장했다. 전 세계 문화권마다 음식 특성이 달라 생긴 해프닝도 많았다. 가장 화제가 됐던 곳은 악어고기로 만든 햄버거를 선보인 짐바브웨관이었다. 이곳에선 '악어버거(Crocoburger)'라 이름 붙인 햄버거를 맛볼 수 있었다. 이 햄버거는 관람객들에게 큰 인기를 끌어 개관 1주일 만에 1만 개나 팔려나갔다.

악어버거가 '대박'을 치자 짐바브웨는 얼룩말고기로 만든 '지브라버거(Zebraburger)'와 비단뱀고기로 만든 '사바나버거(Savanaburger)'를 추가로 내놓았다. 이를 위해 자국에서 얼룩말고기와 비단뱀고기 1톤씩을 긴급 공수했다. 이들 식품은 유럽연합 표준에 없는 것이어서 논란이 될 수밖에 없었다. 이에 음식을 기획한 게오르그 엘 바다우위 주이탈리아 짐바브웨 영사는 "문화가 다르면 음식도 다르다는 걸 보여주기 위해 마련했다. 고기들은 모두 야생에서 잡은 게 아니라 농장에서 육용으로 사육된 것"이라고 해명했다.

얼룩말고기의 경우 지방이 적고 단백질 함량이 높아 운동선수들이 근육을 키우기 위해 섭취한다고 알려져 있다. 이탈리아 보건당국은 반입되는 식품에 건별로 대응했는데, 대체로 박람회장 안에서만 유통하는 조건부 승인을 내줬다. 일본관에서 판매한 복어회, 동남아산 귀뚜라미·메뚜기·딱정벌레·번데기 같은 곤충요리도 유럽에서 허용되지 않는 식품이어서 특별승인을 받아야 했다.

한국관은 박람회장에서 아홉 번째로 큰 3880제곱미터 부지에 조선조 백자 '달항아리'를 모티브로 지어졌다. 달항아리는 관상용 겸 젓갈·간장 등 음식물 저장용 옹기다. 한국관은 '한식, 미래를 향한 제안: 음식이 곧 생명이다'를 주제로 영양학적 균형과 자연친화력을 갖춘 'K-푸드'가 인류의 건강한 미래 음식 대안임을 강조했다. 전시관 안에 360개 옹기를 전시해 관람객들이 한식의 특징인 발효 과정을 보고 듣고 냄새 맡고 만지는 체험이 가능하게 했다.

전시관 1층엔 한식당을 설치해 한식 대표선수로 자리 잡은 비빔밥을 비롯해 종갓집 음식, 사찰음식, 궁중음식 등을 직접 맛볼 수 있었다. 유명 한식 전문 셰프를 초청해 테마파티를 여는 등 다양한 행사도 열렸다. 한국관은 전 세계 한국문화 열풍 속에 한식의 세계화, 일상화를 한 단계 더 끌어올렸다는 평가를 받았다. 전체 엑스포 관람객의 10.7퍼센트인 230만 명이 한국관을 찾았다.

조선 백자 '달항아리'를 모티브로 지어진 한국관. 한식으로 세계인의 입맛을 사로잡았다는 평가를 받았다.

한식, 세계인의 입맛을 사로잡다

엑스포 마스코트로는 채소·과일·생선 등 각종 먹을거리를 주제 맞춤형 캐릭터로 만든 푸디(Foody)가 활약했다. 푸디는 11개 모습으로 낙천적 지혜와 인간 존중, 건강한 음식에 대한 감사, 식문화의 다양성을 나타냈다. 마늘, 오렌지, 바나나, 수박, 사과, 망고, 석류, 돼지, 옥수수, 청옥수수, 홍당무 등 식품마다 이름을 붙여 각자의 개성을 부여했는데, 전체적으로 행복한 가정을 이뤄

마늘·수박·돼지 등
식품을 주제로 만든
엑스포 마스코트 '푸디'.
11개 모습으로
낙천적 지혜와
인간 존중, 건강한
음식에 대한 감사,
식문화의 다양성을
나타낸다.

세계적 식량 과제에 한마음으로 대처해 시너지를 이룬다는 콘셉트를 담았다.

밀라노엑스포는 식량 문제에 관한 국제적 합의 도출 성과를 낳았다. 이탈리아 정부가 국제 비정부기구들과 함께 마련한 '밀라노 선언'이 채택됐다. 선언문에는 식량 확보에 대한 보편적 권리, 영양, 지속가능성의 원리와 목표가 담겼다. 엑스포 조직위는 2015년 10월 16일 엑스포장을 찾은 반기문 유엔 사무총장에게 선언문을 전달했다. 이와 함께 유엔 식량농업기구(FAO) 지원 아래 마련된 '밀라노 도시식량정책 협정'에 엑스포를 관람한 세계 100여 개 도시 시장이 서명했다. 협정은 건강하고 지속가능한 식량 수급 시스템 구축, 폐기물 축소, 생태 다양성 보존 등에 관한 협력을 결의했다.

엑스포 폐막 이후 박람회장은 '휴먼 테크노폴리스'란 이름의 혁신 과학기술파크로 재구성돼 2024년 문을 열 예정이다. 밀라노대학 이공학부가 이곳으로 이전하고 자율주행도로, 민간기업과 문화시설 등이 들어서게 된다.

2015년 밀라노박람회 개요

공식 명칭	2015 밀라노세계박람회(Esposizione Universale Milano 2015, Italia, Expo Milano 2015)
주제	지구에 식량과 생명 에너지를
장소	이탈리아 밀라노 북서부 지역
기간	2015년 5월 1일~10월 31일
참가국	117개국, 3개 국제기구, 18개 사회단체
관람객	2150만 명

지구의 미래, 에너지에 달렸다

2017년 아스타나박람회

소비에트 연방 국가였던 카자흐스탄은 '비핵화'와 '수도 이전'으로 성장 기반을 닦은 중앙아시아의 리더다. 옛 소련 때 공중·지상 핵실험을 했던 세미팔라틴스크 지역 핵실험장과 핵무기를 1991년 자진 폐기한 데 이어 1997년 수도를 알마티에서 아스타나(Astana)로 옮겼다. 두 가지 모두 최우선 국정과제였다. 이를 통해 중앙아시아 최고 수준의 경제기반을 구축했다. 국가의 지향이 뚜렷했던 만큼 소련에서 독립한 다민족국가 중 유일하게 20년간 체제 전환 과정에서 정치적 혼란을 겪지 않았다.

그런 카자흐스탄이 서방과 동아시아 지역 외 최초 엑스포 개최라는 새로운 도전에 나섰다. 대규모 국제 이벤트인 엑스포를 국가발전의 마중물로 삼겠다는 의도였다. 첫걸음은 수도 이전과 함께 시작되었다. 1997년 BIE에 가입한 카자흐스탄은 이듬해 리스본박람회에 처음 참가하며 엑스포에 열의를 보였다. 누르술탄 나자르바예프 대통령은 2008년 사라고사엑스포에 참관한 자리에서 2017년 아스타나엑스포 개최 추진을 선언했다.

국가 역량을 총동원한 준비 끝에 2012년 11월 22일 BIE 총회에서 벨기에

리에주를 제치고 개최를 확정지었다. 카자흐스탄은 수도 이전 직후 아크몰라에서 아스타나로 이름을 바꿨다가 2019년 나자르바예프 대통령 퇴임을 계기로 그의 이름을 딴 누르술탄(Nur-Sultan)으로 다시 개명했다.

세계 최대 지름 80미터 원구형 전시관

아스타나엑스포 주제는 '미래에너지(Future Energy)', 부제는 '이산화탄소 배출 감축, 효율적 에너지 이용, 모두를 위한 에너지'로 설정되었다. 세계 에너지 안보와 대체에너지 개발, 그린 경제로의 전환 등은 카자흐스탄의 발전 전략과도 맥을 같이하는 과제였다. 카자흐스탄은 영토가 넓고 부존자원이 풍부하다. 바다에 접하지 않은 내륙국 중 가장 큰 면적에, 석유 생산량 세계 9위, 천연가스 17위, 우라늄 2위에 이르는 자원대국이다. 에너지 문제는 개최국의 최대 관심사이자 환경·경제와 떼어 생각할 수 없는 세계 공통 과제였다.

박람회장은 계획도시 아스타나의 서쪽 나자르바예프대학 인근 25만 제곱미터 부지에 조성됐다. 최신식 고층빌딩이 들어선 도심, 공항과 가깝고 지방 도시와의 교통망도 잘 발달한 지역이다. 해외 저명 건축가와 49개 건설사가 박람회장 조성에 참여했다.

박람회장 랜드마크인 '누르알렘' 전시관. 3535개 유리창으로 만들어진 지름 80미터의 세계 최대 원구형 건축물이다.

박람회장 중앙엔 '누르알렘'이란 거대한 랜드마크 전시관이 자리 잡았다. 3535개 유리창으로 둘러싼 지름 80미터의 세계 최대 원구형 건축물이다. 이 건물은 태양광 모듈과 풍력발전 터빈 등 에너지 자립 능력을 갖췄다. 카자

누르알렘 전시관 입구.

호스탄 전시관인 이 건물에서 주제관, 국제 전시관, 에너지실천구역, 기업 전시관, 문화공연장 등이 방사형으로 배치되었다.

누르알렘 내 미래에너지박물관은 공간, 태양광, 풍력, 유기물, 운동역학, 수력 등 6개 동력원에서 에너지가 생성되는 과정을 360도 라이브쇼와 상호작용형 전시물로 보여주었다. 주제관, 에너지실천구역 등에서는 첨단 에너지기술이 실현할 미래도시의 모습을 구현했다. 보행자가 걸어가는 운동력으로 전력을 생산하는 도로포장 기술, 태양광에서 산소를 공급받는 폐렴 치료법 등이 그것이다. 에너지실천구역에서는 35개국이 제출한 136개 에너지 창출 프로젝트 중 선발된 17개 프로젝트가 실현되었다.

'에너지의 씨앗'을 주제로 한 한국관. 애니메이션과 실제 연기가 융합된 스토리텔링이 돋보였다.

참가국 전시관들도 다양한 방식으로 에너지 문제를 풀어냈다. 특히 직관적 전시기법을 살린 독일·영국·한국관 등이 관람객들의 호평을 받았다. 독일관은 물과 미생물로 채운 투명 벽면을 선보였다. 바이오에너지원이 햇빛을 받으면 메탄가스를 발생시켜 에너지를 만드는 과정

을 눈앞에서 보여주었다. 바이오매스는 실제로 독일 난방에너지의 13.2퍼센트를 차지하고 있다. 영국관은 60미터 대형 파노라마 스크린에 카자흐스탄 전통 텐트인 유르트를 유리막대로 설치했다. 각 유리막대를 만지면 환경이 변하며 "인간의 모든 행동이 에너지이고, 지구에 영향을 미친다"라는 메시지를 전했다.

한국관은 '에너지의 씨앗'을 주제로 한 스토리텔링에 주력했다. 애니메이션과 실제 연기로 화석연료를 고집하는 남성과 신재생에너지를 요구하는 여성의 갈등을 그렸다. 남자는 결국 화석연료를 버리고 여성을 따라 신재생에너지를 선택하게 된다. 애니메이션 중간에 남녀 주인공이 흥겨운 춤을 선보여 관람객들의 눈과 귀를 사로잡았다. '에너지 시티즌' 벽면은 관람객이 증강현실 모니터에 얼굴을 대면 미래에너지의 씨앗이 되면서 여러 얼굴이 나무둥지를 이루는 과정을 보여줬다.

엑스포로 국가 위상 '업그레이드'

아스타나엑스포는 추상적 볼거리보다 에너지 개발과 활용에 관한 실질적, 실용적 접근이 돋보였다. 단순 전시에 그치지 않고 출품된 프로젝트 중 133개를 카자흐스탄 전역에서 실행에 옮기는 성과를 냈다. 개최 기간 내내 에너지 관련 포럼, 문화공연 등 다양한 이벤트가 3500회 이상 열려 에너지에 관한 인식을 높였다. 국가 정상만도 28명이 방문해 여러 차례 정상회담이 열렸다.

카자흐스탄 정부의 기대대로 엑스포는 깊고 폭넓은 파급효과를 남겼다. 무엇보다 국제사회에서 국가 위상을 높였다. 엑스포 조직위는 "아스타나엑스포를 계기로 카자흐스탄이 세계 상위 30개국에 진입하게 됐다"고 자평했다.

신개발 수도 아스타나는 엑스포를 치르면서 국제도시로 거듭났다. 공항

터미널, 철도, 도로 증설은 물론 민간 부문에서도 호텔, 식당, 관광지, 주거단지 등이 크게 확충됐다. 인프라뿐 아니라 엑스포를 앞두고 40개국과 맺은 비자면제협정, 항공자유화 오픈스카이 협정 등 제도와 소프트웨어도 업그레이드되었다.

박람회장 시설들은 시내에 편입돼 금융·비즈니스 허브로 활용되고 있다. 아스타나국제금융센터를 비롯해 기업, 대학, 연구시설 등이 입주하였다. 미래에너지박물관은 그대로 남아 연 30만 명의 방문객이 찾고 있다. 누르알렘 일대는 누르술탄의 새로운 관광 중심지가 되었다.

2017년 아스타나박람회 개요

공식 명칭	2017 아스타나엑스포(Expo 2017 Astana)
주제	미래에너지
장소	카자흐스탄 아스타나 시내 부지
기간	2017년 6월 10일~9월 10일
참가국	115개국, 22개 국제기구
관람객	397만 명

코로나19로
더 절실해진 '연결'

2 0 2 0 년 두 바 이 박 람 회

21세기 엑스포의 특징 중 하나는 개최지 다변화다. 서유럽, 북미, 동아시아에 집중됐던 개최국, 개최신청국이 여러 지역으로 다양해졌다. 터키, 폴란드, 러시아, 멕시코, 아르헨티나 등 엑스포와 인연이 깊지 않았던 나라들이 유치신청서에 이름을 올렸다. 그 결과 중앙아시아 최초로 아스타나엑스포가 열린 데 이어 2020년 등록 박람회 개최국 선정에선 아랍에미리트(UAE)의 손이 올라갔다.

UAE는 2013년 11월 27일 BIE 총회에서 터키 이즈미르, 브라질 상파울루 등을 제치고 개최권을 확보했다. 중동·아프리카·남아시아(MEASA) 지역 최초 엑스포다. '오일달러' 토양 위에 풍요와 첨단의 도시를 꽃피운 걸프 지역에서 처음 열리는 만큼 세계인의 관심이 높을 수밖에 없다.

2000년대 말 세계 금융위기 이후 침체에 빠졌던 두바이는 시 전역을 엑스포장으로 삼겠다는 의욕으로 대규모 개발 프로젝트에 시동을 걸었다. 공항·철도·도로·항만 기반시설, 호텔·레저·상업시설 건설 등에 막대한 자금을 투입해 두바이 경제에 활기를 불어넣었다. 국영 항공사 에미레이트항공은 두바이엑스포 엠블럼을 동체에 특별 도장한 여객기를 전 세계에 보내 분위기를 띄웠다.

2021~2022년에 열린 2020 엑스포

두바이엑스포는 애초 2020년 10월 20일~2021년 4월 10일 개최 예정이었다. BIE는 규정상 엑스포를 두 해에 걸쳐 개최하는 것을 허용하지 않는다. 최장 6개월인 등록 박람회의 통상 개최기간은 5~10월이다. 하지만 여름 폭염이 심한 중동지역 기후를 감안해 10월부터 이듬해 4월 개최를 특례적으로 인정했다. 2022년 카타르 월드컵이 논란 끝에 사상 최초 11~12월 '겨울 대회'가 된 것과 비슷한 사정이다.

그런데 예기치 못한 상황이 발생했다. 2020년 들어 신종 코로나바이러스 감염증(COVID-19)이 전 세계를 덮친 것이다. 높은 전파력으로 인류를 위협한 코로나19는 세계인의 일상을 뿌리째 흔들었다. 격리, 차단, 봉쇄, 거리두기, 이동제한 같은 상황이 생활의 일부가 됐고 사람이 모이는 행사, 해외여행 등이 극도로 제한되었다. 크고 작은 국제 이벤트가 취소, 연기되거나 비대면 방식으로 치러졌다.

모든 게 사상 초유의 일이었다. 결국 2020년 도쿄올림픽이 2021년 7~8월로 1년 늦춰져 무관중 대회로 열렸다. 2020년 두바이엑스포도 연기가 불가피했다. BIE는 개막 4개월여를 앞둔 2020년 5월 29일 총회에서 두바이엑스포 개최 기간을 2021년 10월 1일~2022년 3월 31일로 연기하는 안건을 통과시켰다.

그러나 공식 명칭은 '2020 두바이엑스포'를 그대로 유지하도록 했다. 엠블럼 등 각종 제작물 비용 문제 등을 고려해서였다. 도쿄올림픽이 2020 명칭을 고수한 것과 같은 이유다.

박람회장 중심인
알 와슬 광장.
알 와슬은 '연결'이란
뜻을 가진 두바이의
옛 이름이다.

코로나19 팬데믹을 예견이라도 하듯 두바이엑스포는 인류의 공통 과제 해결, 더 나은 미래를 위한 협력과 혁신을 주제로 떠올렸다. 인간의 정보와 지식과 지혜의 '연결'이 핵심 콘셉트다. 국경을 넘나드는 감염병 사태로 인해 평화·번영의 파트너십, 다자간 연성 안보협력은 더욱 절실해졌다. '마음의 연결, 미래 창조(Connecting Minds, Creating the Future)'란 주제엔 이런 인식이 담겼다.

부제는 '기회(Opportunity)', '이동성(Mobility)', '지속가능성(Sustainability)' 3개 키워드로 제시되었다. '기회'는 금융·지적자본의 새로운 모델을 통한 새로운 발전의 길 모색, '이동성'은 좀 더 스마트한 인간·상품·아이디어의 유통, '지속가능성'은 책임 있는 자원 보존·관리를 통한 에너지·물 지속적 공급과 균형 잡힌 삶을 각각 의미한다.

박람회장은 두바이 남부 알 막톰 국제공항 인근 438만 제곱미터 부지에 조성됐다. 공간 배치는 주제와 부제를 그대로 반영했다. 지름 150미터의 알 와슬 광장(Al Wasl Plaza)을 중앙에 두고 꽃잎 모양의 3개 부제별로 전시권역을 이뤘다. 알 와슬은 '연결'이란 뜻을 지닌 두바이의 옛 이름이다. 광장은 거대한 무정형 격자 돔이 둘러싸 360도 회전하는 투사 벽면을 이뤘다. 광장은 중심가로와 매(falcon) 형태로 지어진 두바이전시센터로 이어졌다.

참가국들은 선택한 카테고리 전시권역에 배치되고 그에 맞춰 전시 콘텐츠를 기획했다. 이를테면 중국·일본·영국·이탈리아·사우디아라비아 등은 '기회', 한국·미국·프랑스·벨기에·러시아 등은 '이동성', 독일·스웨덴·캐나다·브라질·말레이시아 등은 '지속가능성' 카테고리에 속했다.

'기회', '이동성', '지속가능성' 꽃잎 3장

박람회장은 창의적이고 압도적인 구조물로 가득했다. 척박한 사막 위에 쌓은 현대적 도시 스카이라인에서 한층 더 나아가 인간 상상력의 한계를 넓힌 혁신 디자인의 전시관과 기념물들이 들어섰다.

그러면서도 '지속가능성' 정신을 놓지 않으려 애썼다. 박람회장에서 사용하는 에너지의 절반 이상을 현장에서 생산되는 재생에너지로 충당했다. 건축자재의 90퍼센트 이상을 재활용 가능한 것으로 사용했고, 용수와 냉방도 재활용 시스템을 갖췄다.

한국관은 '스마트 코리아, 한국이 선사하는 무한한 세상(Smart Korea, Moving the World to you)'이란 주제 아래 사구(砂丘), 즉 사막의 모래언덕을 연상케 하는 형태로 지어졌다. 외부에 1600개 회전 큐브를 설치해 특정 문양이나 메시지를 다양하게

하늘에서 바라본 박람회장. UAE는 두바이 전역을 엑스포장으로 삼겠다는 의욕 아래 대대적인 개발 프로젝트를 벌였다.

초현실적 구조물로 가득 찬 박람회장. 기회, 이동성, 지속가능성 3개 부제별로 꽃잎 모양을 이루고 있다.

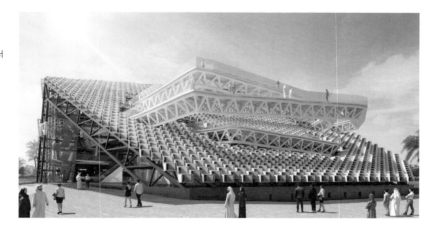

1600개 회전 큐브가 메시지를 표출하는 한국관. 이동의 개념을 장소에서 정보, 시공으로 확장해 현실과 가상현실이 공존하는 개방적 소통 공간을 창출했다.

표출했다. 7600제곱미터의 전시장 내부는 이동수단 미래산업과 첨단 IT기술, 한국으로의 가상 여행 등으로 구성되었다. 이동의 개념을 장소에서 정보, 시공으로 확장해 현실과 가상현실이 공존하는 개방적 소통 공간을 창출했다.

코로나19 사태는 온라인 기반의 비대면 문화를 '뉴노멀'로 만들었다. 디지털 라이프스타일 진화에 발맞춰 엑스포 조직위는 '엑스포 라이브(Expo Live)' 유튜브방송을 적극 활용했다. 주제 실천 프로그램 모금 캠페인과 각종 회의, 토론회, 전시시설 안내 등이 온라인으로 전해졌다. 팬데믹 여파가 채 가시지 않은 상태에서 처러진 두바이엑스포는 기존의 대규모 집합 방식과 가상현실·온라인 소통 방식이 어떤 조화를 이룰지 가늠하는 실험장이 되었다.

2020년 두바이박람회 개요

공식 명칭	2020 두바이엑스포(Expo 2020 Dubai)
주제	마음의 연결, 미래 창조
장소	아랍에미리트 두바이 남부
기간	2021년 10월 1일~2022년 3월 31일
참가국	200여 개국 및 국제기구(예상)
관람객	2500만 명(예상)

'반세기 만의 외출' 일본의 새 출발

2025년 오사카·간사이박람회

올림픽, 엑스포 같은 초대형 국제 이벤트를 일본만큼 국가발전에 잘 활용한 나라가 또 있을까. 1964년 도쿄올림픽과 1970년 오사카박람회는 일본이 2차 세계대전 패전국에서 선진강국으로 재부상했음을 전 세계에 공표한 드라마틱한 무대였다.

그로부터 반세기 넘어 일본은 다시 한번 그 성공공식을 들고 나왔다. 2020년 도쿄올림픽과 2025년 오사카·간사이엑스포가 그것이다. 일본에선 1970년 오사카엑스포 당시 청소년층을 '만박(万博) 세대'라 한다. 만박은 엑스포의 일본식 번역어 '만국박람회'의 줄임말이다.

올림픽과 만박을 통해 청운의 꿈을 품었던 세대가 이제 장노년층이 됐다. 그 사이 일본은 '잃어버린 20년'이라 불리는 경기침체를 겪었다. 21세기 들어 다시 시도하는 올림픽-엑스포 세트는 이제 그 터널에서 빠져나와 재도약을 외치는 함성이다.

'꿈의 섬'에 세우는 소사이어티 5.0

일본은 세계박람회와 연고가 매우 깊다. 세계박람회의 효시인 1851년 런던박람회부터 초기 박람회에 참가하며 '동양의 대표선수' 역할을 했다. 이때부터 박람회를 유력한 서구 문물의 하나로 인식하고 노하우를 배웠다. 1910~1940년 두 차례 세계박람회 개최를 추진하기도 했다. 전후 주요 박람회에 빠짐없이 참가했을 뿐 아니라 엑스포를 다섯 차례나 성공적으로 개최했다.

일본의 2025 등록 박람회 개최 계획은 2017년 4월 유치신청서를 제출함으로써 공식화되었다. 경합 도시는 프랑스 파리, 러시아 예카테린부르크, 아제르바이잔 바쿠로 세 곳이었다. 파리는 재정 우려와 시민단체의 반대로 신청을 자진 철회했고, 2018년 11월 23일 BIE 총회 표결에서 오사카·간사이가 선정되었다. 명칭을 오사카·간사이엑스포로 한 것은 1970년 오사카엑스포와 구별하기 위해서다.

오사카·간사이엑스포 주제는 인간의 삶에 초점을 맞췄다. '우리의 삶을 위한 미래사회 설계(Designing Future Society for Our Lives)'가 주제, '삶의 구원(Saving Lives), 삶의 역량강화(Empowering Lives), 삶의 연결(Connecting Lives)'이 부제로 설정되었다. 인류의 성과인 경제성장, 스마트 기술이 낳은 부의 양극화, 사회적 갈등을 넘어서기 위해서는 삶과 일의 양식을 근본적으로 다시 설계해야 한다는 제안이다.

유엔이 설정한 지속가능발전목표(SDGs)에 발맞춰 글로벌 이슈 해결에 노력하면서 백신, 건강위생, 수명 연장, 지식 개선, 환경보존 등 세부 주제를 통해 신체적·정신적·사회적 웰빙을 도모하겠다는 것이다.

엑스포 자체를 '소사이어티 5.0' 실험의 장으로 설정했다. 소사이어티 5.0은 인공지능, 사물인터넷, 로봇, 드론, 빅데이터, 클라우드 컴퓨팅 같은 정보통신기술(ICT)이 개인의 잠재력 발현으로 이어지는 수렵-농업-산업-정보사회

다음의 미래사회를 말한다. 일본 정부는 ICT 분야 국가전략 수립·수행을 위해 내각에 디지털청을 설치했다.

20년 만에 빛 보게 된 해저터널

박람회장은 오사카 시 남서쪽 155만 제곱미터 넓이의 인공섬 유메시마(夢洲)에 조성된다. 오사카 시유지인 앞바다 3개 인공섬 가운데 하나다. 유메시마는 2008년 하계올림픽 후보지로서 유치 추진 단계에서 오사카 연결 해저터널을 건설하는 등 대대적 투자가 이뤄졌다. 하지만 올림픽이 베이징으로 낙착된 뒤 섬 일부에 항만시설이 들어섰을 뿐 대부분 미개발 상태로 간척사업이 진

오사카 앞바다 인공섬 유메시마에 조성되는 박람회장 조감도. 탈중앙 분산화를 지향해 전시관을 무작위 분산 배치하는 것이 특징이다.

핵심 전시구역 외곽에 옥상 보행이 가능한 링 형태 건축물을 세울 예정이다. 관람객들은 루프탑 보행로에서 바다와 박람회장을 조망하며 전시관에 접근할 수 있다.

행돼왔다.

엑스포 유치로 인해 20년간 방치됐던 해저터널이 드디어 빛을 보게 된 셈이다. 인근 2개 섬에는 대규모 상업 시설과 테마파크 유니버설 스튜디오 재팬 등이 들어서 엑스포 연계 관광지 역할을 하게 된다. 일본은 신규 건설 중인 4개 고속도로를 비롯해 항공, 해상, 육상 교통망, 숙박 등 인프라 시설을 구축하고 오사카-고베-교토를 엑스포 배후지로 활용할 계획이다.

박람회장 내 모든 시설은 새로 짓게 된다. 박람회장은 주제관과 참가국 전시관이 들어서는 파빌리온 월드, 녹지와 야외행사 플라자로 이뤄지는 그린 월드, 플로팅 호텔, 분수대 등의 워터 월드로 구성된다.

전시관 배치는 중앙 랜드마크 시설을 중심으로 펼쳐지는 통상 방식에서 벗어나 탈중앙 분산화를 지향하고 있다. 주제관도 하나의 큰 전시관 대신 11곳에 분산 배치된다. 세포분열, 벌집 등에서 발견되는 보로노이 다이어그램(Voronoi diagram)을 차용한 구상이다. 이렇게 무작위로 배치된 전시관은 지구촌 전역에 퍼진 80억 인구가 만들어갈 미래사회 콘셉트를 반영한다.

2025년 오사카·간사이박람회 개요

공식 명칭	2025 오사카·간사이엑스포(Expo 2025 Osaka Kansai)
주제	우리의 삶을 위한 미래사회 설계
장소	일본 오사카 유메시마 섬
기간	2025년 4월 13일~10월 13일
참가국	166개국 및 국제기구(예상)
관람객	2800만 명(예상)

5부

한국과 세계박람회

사절단은 제물포에서 배를 타고 요코하마 등을 거쳐 샌프란시스코에 상륙한 뒤 열차편으로 당시 미국의 수도 뉴욕으로 가서 체스터 아서 미국 대통령을 예방했다. 전권 대신인 민영익은 아서 대통령에게 큰절을 한 뒤 우리말로 인사를 아뢰었다. "사신 민영익 등은 …… 아뢰옵니다"로 시작하는 이 인사말은 구한말 한글 표기 그대로 현지 신문 〈뉴욕 헤럴드〉에 관련 기사와 함께 실렸다.

EXPO
1883-2030

첫 미국 방문길에 조우한 박람회

한 국 의 엑 스 포 참 가 역 사

1883년 미국을 방문한 우리나라 최초의 외교사절단인 보빙사. 뒤줄 왼쪽부터 무관 현흥택, 통역관 미야오카 츠네지로, 수행원 유길준, 무관 최경석, 수행원 고영철, 변수, 앞줄 왼쪽부터 퍼시벌 로웰, 홍영식, 민영익, 서광범, 중국인 통역 우리탕.

한국과 세계박람회의 인연은 세기를 훌쩍 넘어 구한말로 거슬러 올라간다. 우리나라가 공식적으로 참가한 첫 세계박람회는 1893년 시카고박람회였다. 하지만 그보다 10년 앞서 국제 박람회와의 조우가 있었다.

조선은 1870년대부터 개화의 물꼬를 트고 서양 문물을 받아들이기 시작했다. 당시 중요한 역할을 한 인물 가운데 하나가 명성황후의 조카인 민영익이다. 개화파의 일원인 그는 이조참의(吏曹參議) 등 조정의 중책을 맡으면서 일본과 중국, 미국을 두루 방문해 외국 문물을 습득했다.

민영익은 조미수호통상조약 체결(1882년)에 따라 1883년 5월 루시어스 푸트(Lucius H. Foote) 초대 주조선 미국공사가 부임하자 그 답례사절로 임명돼 미국을 방문했다. 이를 보빙사(報聘使)라 했는데, 조선이 미국 등 서방국가에 파견한 최초의 외교사절단이었다. 민영익·홍영식·유길준 등 사절단은 미국을 공식 방문한 최초의 조선인이었던 셈이다.

보빙사, 보스턴박람회를 관람하다

사절단은 제물포에서 배를 타고 요코하마 등을 거쳐 샌프란시스코에 상륙한 뒤 열차편으로 당시 미국의 수도 뉴욕으로 가서 체스터 아서(Chester A. Arthur) 미국 대통령을 예방했다. 전권대신인 민영익은 아서 대통령에게 큰절을 한 뒤 우리말로 인사를 아뢰었다. "사신 민영익 등은 …… 아뢰옵니다"로 시작하는 이 인사말은 구한말 한글 표기 그대로 현지 신문 〈뉴욕 헤럴드〉에 관련 기사와 함께 실렸다.

사절단은 미국의 각종 시설을 견학했는데 그중 하나가 당시 열리고 있던 보스턴박람회(Boston Exhibition)였다. 일행은 1883년 9월 18일 워싱턴에서 증기선을 타고 보스턴으로 가 박람회장을 방문했다. 이때 민영익은 조선에서 가져온 화병과 주전자 등의 특산품 몇 점을 전시물로 내놓았다고 한다.

보스턴박람회는 현재 기록조차 제대로 남지 않은 소규모 산업 전시회였다. BIE가 창설되기 훨씬 전이므로 공인 여부를 따질 형편도 아니지만 그 규모와 성격 자체가 국제 박람회가 되기에는 미흡한 행사였다. 그럼에도 민영익은 조선의 대표로 참석했다는 의식만큼은 분명히 갖고 있었던 것으로 보인다.

이것이 우리나라가 박람회와 맺은 첫 인연이다. 조선은 19세기 말 서구 문명의 한 축을 이룬 박람회를 이처럼 미국을 통해 관람자로 접했다. 보빙사의 미국 방문은 우정국 신설, 경복궁 전기시설 및 목축시험장 설치 등 서양 문물 이식의 중요한 계기가 되었다.

"미국의 접대가 어떻더냐?" 고종의 각별한 하문

"우리나라가 박람회에 출품한 물건은 생성자 및 인공소성자의 것을 모두 원내에 취합하였는데 모두 열두 건이었다. 대기하고 있는 박물을 분류 연구하였는데 예적(藝的)인 것을 비교하여 보면 어여쁘다는 소리가 들려왔다. 진물지(陳物地)는 이태리와 실론의 사이에 위치하고 있었다. 조선식 건물을 지었는데 기와를 구워 덮었으며 금·옥·주단·의복 등 달리 귀한 물건은 유리관에 담아두었다. 피물·목재·발과 돗자리 등은 담벼락 사이에 나열되어 있었으며 모든 위치는 정돈이 잘 되어 있었다. …… 우리나라의 물건은 도시 색다른 양식이 상대방 쪽에게 새로운 의견을 만들어내게 하는 고로 관람자들은 늘어서서 지필을 들고 기록한다든가 혹은 우리나라 사람들에게 물어본다든가 하여 간수자가 응대할 여가가 없었다. 이에 지편(紙片)을 이용하여 물명(物名) 및 소용(所用) 등 말을 기록하여 물건 위에 붙여 이것으로 대답을 대신하였다."

《개화기의 한국과 미국 관계》, 이민식, 2009, 〈박물회약기(博物會略記)〉 중에서

우리나라가 최초로 참가한 1893년 미국 시카고박람회의 조선전시실. 장식용 기와 지붕을 올리고 각종 민예품을 전시했다.

1893년 미국 시카고박람회장 내 조선 전시실을 설명한 글이다. 도자기·부채·갑옷 등 전시물을 신기하게 둘러보던 서양인들의 모습이 생생하게 묘사돼 있다. 글쓴이는 당시 참가단장 격인 정경원(鄭敬源, 1841~1898)이다. 그는 컬럼비아박람회 개최 결정 과정부터 모금, 운영 조직, 박람회장 구성, 건축물, 전시 방식, 관람자 현황 등에 이르기까지 상세한 기록을 남겼다.

이조참의를 지낸 정3품 참의내무부사 정경원은 1893년 3월 시카고박람회에 참석할 것을 명한 고종의 칙지(勅旨)를 받았다. 직책명은 미국전람회

출품사무대원(美國展覽會 出品事務大員)이었다. 정경원은 사무원과 통역원, 장악원(掌樂院) 소속 악공(樂工) 10명을 이끌고 미국으로 건너가 조선을 대표하는 박람회 사절로 활동했다. 이승수 대리공사 등 주미 조선공사관원들이 박람회 일을 도왔다.

조선 대표단원들은 공산품 전시관(Manufactures Building) 안에 할애된 20평 남짓 공간에 전시실을 마련했다. 전시실 전면과 측면에 장식용 기와를 쌓은 간이 한옥 모양이었다. 정경원과 대원들은 스티븐 클리블랜드(Stephen Grover Cleveland) 미국 대통령이 연설한 개막식에 참석하고 전시 업무를 주관했다. 특히 정경원과 이승수는 시카고 시내 한 호텔에서 각국 외교사절 100여 명을 초청해 연회를 여는 등 활발한 외교활동을 벌였다.

시카고박람회는 아메리카 대륙 발견 400주년을 기념한 성대한 행사였다. 각종 건축물 또한 보는 이를 압도할 만큼 웅장했다. 그 안 자리 잡은 조선 전시실은 비록 작은 규모였지만 이국적 풍모로 호기심에 찬 미국인들의 눈길을 끌었다. 전시관 앞면에 가마와 유리 진열장을 놓고 관복·갓·짚신 등 의복류와 생활용품, 조총 등 군용품을 전시했다.

장악원 악공들은 개막식 날 미국전시관 앞에서 클리블랜드 대통령이 지켜보는 가운데 조선 아악을 연주했다. 사상 최초로 우리 가락이 이역만리 서양 땅에 울려 퍼지는 순간이었다. 악사는 이창업(李昌業) 등 10명, 음악은 어전법악(御前法樂)이었다고 정경원은 적고 있다. 훗날 국악연구자 안확은 관련 자료 조사를 통해 당시 연주된 곡이 '황풍악(皇風樂)'으로 추정된다는 연구 결과를 발표했다. 황풍악은 고려조부터 이어져온 전통 궁중음악의 하나로 국왕의 행행(行幸) 때 연주되던 군악풍의 활달한 곡이다.

그해 12월 조선으로 돌아온 정경원은 고종에게 전람회 활동 내역을 복명했다. 그가 서양 문물 도입에 각별한 관심을 보여온 고종에게 보고하는 장면이 〈승정원일기〉에 이렇게 기록돼 있다.

"미국의 물색(物色)의 장관이 어떻더냐?"

"매우 은성(殷盛)하더이다."

"몇 번이나 대통령을 보았느냐?"

"시카고박람회에서 보고 4월 워싱턴에 가서 또 보았습니다."

"미국의 접대가 어떻더냐?"

"매우 관후(款厚)하더이다."

"미국이 아국을 고호(顧護)함이 매우 도저하지. 이번에 몇 나라가 내회하였으며, 일본 중국도 왔겠지?"

"내회자 47국에 일본은 대원이 있으되 중국은 대원이 없고 오직 상민이 전을 볼 뿐이었습니다."

"아국도 역시 일옥(一屋)을 세웠겠지?"

"박물총원 중에 조선식 가옥을 세우고 기와를 구워 덮었나이다."

"몇 미돌(미터)이나 되겠느냐?"

"몇 미돌인지 알 수 없으나 아국 간가로 논하면 7~8간 되겠더이다."

"아국 물품을 보고 어떻다고 하더냐?"

"각국인이 우리 물품을 처음 보는고로 관자가 모여들어 간수인이 미처 응접할 수 없사와 종이 조각에 물명과 용도를 적어서 물품 위에 붙였더이다."

"가장 좋은 물품은 무엇이더냐?"

"포필, 염석, 나전, 수병관물은 각국인이 모두 애상(愛賞)하여 상패를 준다고 하옵더니 자세히 알 수 없사오나 상패의 조성을 기다려 추후로 미국 공관 앨런에게 부송한다 하더이다."

"출품 물가가 미금으로 얼마나 되느냐?"

"1140여 원(달러)이옵니다."

"나머지 물품은 박물원에 기부했느냐?"

"각 박물원과 학교에 나누어주고 상완할 수 없는 것은 박용규에게 맡겨 후

편을 기다려 가져다가 정부에 환납하려 하나이다."

"박물원에 기부했으면 좋았을 것을 그리했구나."

〈경향신문〉, 1982년 1월 23일자 '한미수교 100년, 시카고 만국박람회 첫 참가' 중에서

국권침탈과 식민통치용 박람회

우리나라가 두 번째로 참가한 세계박람회는 1900년 파리박람회였다. 파리박람회 역시 명성황후의 척신인 민영찬이 참가단장 격인 박물 사무부원(博物事務部員)으로 파견되었다. 파리박람회는 19세기를 총결산하는 '한 세기의 평가'를 주제로 열린 화려한 국제행사였다. 프랑스의 초청을 받은 대한제국은 프랑스인 건축가가 지은 한옥 전시관을 할당받았다. 전시관 내부에는 중앙에

태극마크 달고 달리는 미국 열차

조선의 1893년 시카고박람회 참가는 뜻밖에도 미국 철도 역사에 발자취를 남겼다. 박람회 당시 조선 전시실 입구에 초기 형태의 태극기가 걸렸는데, 이렇게 미국 대중에 공개된 태극기 문양이 한 철도회사 마크로 차용된 것이다.

북태평양철도회사(Northern Pacific Railway)의 기술부장 에드윈 해리슨 맥헨리(Edwin Harrison McHenry)는 컬럼비아박람회장을 관람하던 중 조선 전시실에서 태극기를 보고 그 문양(monad)에 눈길이 꽂혔다. 그는 빨간색과 파란색이 물결무늬를 이룬 단순한 원형 디자인의 아름다우면서도 강렬한 인상에 매료됐다.

당시 이 철도회사는 적절한 트레이드마크를 찾고 있었다. 그는 본사로 돌아가 태극 문양을 제시했고, 그의 제안이 채택돼 중앙에 청·홍이 좌우로 배치되고 둘레에 회사 이름이 새겨진 철도회사 엠블럼이 탄생했다. 태극 문양 엠블럼은 미국인들 눈에 익숙한 철도 마크로 오늘날까지 사용되고 있다.

이 철도회사 웹사이트는 마크가 만들어진 사연과 함께 태극 문양의 유래와 음양론에 입각한 동양철학적 의미를 소개하고 있다. 철도회사는 태극 문양이 안전한 운송과 행운의 상징이라고 풀이했다.

경복궁 근정전을
본떠 지은 1900년
파리박람회 대한제국
전시관. 장신구, 의복,
생활용품 등 전시물과
함께 조선의 다양한
풍습이 프랑스 언론을
통해 소개되었다.

고종의 어진(御眞)을 걸고 각종 생활용품을 전시했다.

파리박람회 활동상은 최근 문헌 기록이 발굴되면서 새롭게 조명받고 있다. BIE 측이 소장하고 있다가 여수세계박람회 조직위에 전달한 당시 프랑스 신문 기사를 보면 대한제국 전시관은 화려한 색상의 단청과 하늘을 향해 솟은 처마로 관람객들의 눈길을 끌었다고 묘사돼 있다. 이어 조선의 풍습과 담뱃대·참빗·부채·한지·도자기·병풍·나전칠기·농경기구·서화작품 등 전시물을 소개했다.

대한제국은 1904년 세인트루이스박람회에도 초청되었으나 외세 침범으로 급박한 국내 사정상 참가하지 않았다. 이어 주권 침탈과 일제강점기, 전쟁 등 격랑의 시기를 거치면서 세계박람회에 나갈 엄두를 내지 못했다.

일제의 주권 침탈 이후 세계박람회 참가의 길이 막힌 조선에서는 조선총독부가 주관한 각종 박람회가 열렸다. 산업진흥, 물산장려를 명목으로 내세웠으나 속셈은 일본제품 소비와 자원 수탈에 있었던 박람회였다. 대중적 유흥거리 제공을 통한 식민통치 수단이기도 했다. 일제강점기에 열린 크고 작은 박람회는 173회에 이른다고 한다. 그중 사회적 영향이 컸던 대형 박람회는 1915년 조선물산공진회와 1929년 조선박람회, 1935년 조선산업박람회, 1940년 조선대박람회 등이었다.

파리에 거주하는
자료수집가가 폴 제르의
책 〈1900년〉에 나온
한국관 사진을 찾아
공개했다.

특히 조선물산공진회는 조선의 정궁 경복궁이 침탈돼 유흥행사장으로 전락한 뒤 조선총독부에 자리를 내주는 통한의 역사의 출발점이었다. 1929년 9월 12일~10월 30일 열린 조선박람회는 생산력이 앞선 일본제품들을 대중에게 보여줌으로써 소비시장을 넓히는 구실을 했다. 백화점이 고급 제품 상설 판매장이라면 박람회는 그 제품의 진입창구였던 셈이다.

이들 박람회는 조선과 일본의 기생을 동원해 대중적 향락 욕구를 충족시키기도 했다. 조선박람회를 기점으로 경성(서울)은 인구 100만 명의 대도시로 성장했다. 1935년 조선산업박람회와 1940년 조선대박람회는 아시아 침략전쟁 수행을 위한 '내선일체'와 '황국신민화' 선전장인 동시에 전쟁물자 수탈을 노골화한 행사였다.

신흥공업국, 엑스포의 문을 두드리다

대한민국 정부 수립 이후 처음 참가한 세계박람회는 1962년 시애틀박람회였다. 한국은 자력으로 326제곱미터 규모의 번듯한 전시관을 짓고 다른 참가국들과 어깨를 나란히 했다. 식민통치와 전쟁을 치른 한국으로서는 자부심을 가질 만했다. 그해는 박정희 정부가 제1차 경제개발 5개년 계획을 수립해 고도성장의 시동을 건 원년이었다. 한국은 시애틀박람회 참가를 통해 전쟁의 참화를 딛고 일어선 모습을 국제사회에 널리 알렸다.

'우주 시대의 인류'가 주제였던 시애틀박람회에서 한국은 재봉틀·라디오·타이어·철물제품·고무신·치약 등 공산품과 왕골·죽·유기제품·도자기 등 전통공예품 1608점을 선보였다. 특히 뛰어난 수공 솜씨로 제작된 피아노와 나전칠기가 서구 기업과 관람객들의 주목을 받았다. 박람회 기간 중 8월 13일부터 18일까지 한국 주간으로 설정돼 민속공연을 펼쳤다. 시애틀박람회는 신흥공업국의 출발선에 선 한국이 임금경쟁력을 기반으로 해외 수출을 타진하는 무역의 장이 되었다. 실제로 일부 품목은 미국·캐나다 기업과 수출계약을 맺었다.

대한민국 정부 수립 이후 최초로 참가한 국제 박람회인 1962년 시애틀박람회에서 한국은 번듯한 국가전시관을 짓고 다른 참가국들과 어깨를 나란히 했다.

한국은 1964~1965년 뉴욕박람회에도 전시관을 짓고 참가했다. 박정희 대통령이 취임 이듬해인 1964년 미국 방문 중 뉴욕 박람회장을 직접 관람한 것이 참가를 결정하는 계기가 되었다. 뉴욕

박람회는 당시 BIE와의 불화로 세계박람회로 공인받지 못했지만 규모만큼은 사상 최대였다.

1965년 4월 22일 2차년도 개막과 함께 문을 연 한국관은 건축가 김중업의 설계로 2160제곱미터 대지에 1040제곱미터 규모로 지어졌다. 전통양식 지붕의 휴게시설과 현대적 전시관 사이에 다보탑 모형을 세웠다. 한국관은 각종 공산물과 민속공예품 등 3000여 점을 전시했다. 시애틀박람회 때와 마찬가지로 상품 판매와 수출 상담이 진행되었다. 전시관 건설비를 포함한 한국의 박람회 참가 예산은 1억 4676만 원(108만 2000달러)이었던 것으로 기록돼 있다.

한국은 이후 열린 BIE 공인 박람회에 빠짐없이 참가했다. 1967년 몬트리올 박람회에서는 한옥 처마와 단청 등을 현대식 건물에 접목한 장방형 목재 전시관을 선보였다. 건축가 김수근이 설계한 이 전시관은 423제곱미터로 규모는 작았지만 한국의 어제와 오늘을 잘 구현한 아름다운 건축물로 꼽혔다. 전시물은 당시 수출품으로 성가를 높이던 직물, 의류, 신발 등 경공업 제품이 주류를 이뤘다. 또 자개류, 도자기, 놋 공예품 등 정교하고 아름다운 기념품 판매로 인기를 끌었다. 기념품 가격은 국내가보다 훨씬 비싼 5~7달러였지만 다른 나라 전시관보다는 싼 편이었다. 전통문화로는 거북선과 마애석불 모형, 신라 토기 등이 전시되었다.

몬트리올엑스포는 미니스커트를 전 세계로 유행시킨 박람회로 유명하다. 영국 전시관 여성 안내요원의 짧은 치마 유니폼이 화제가 되면서 선풍적 인기를 모았다. 'miniskirt'라는 신조어 자체가 그 무렵 만들어져 영어의 기준인 〈옥스퍼드 영어사전(OED)〉에 새 단어로 추가되었다. 영국의 미니스커트 안내원 등장과 함께 대부분의 전시관 안내요원 복장이 미니스커트로 바뀌었다. 그러나 한국관에서는 미니스커트 착용이 엄격히 금지되었다. 경찰이 남성의 장발과 여성의 미니스커트를 단속하던 군사정권의 권위주의적 면모가 박람회장이라고 해서 예외는 아니었다.

남의 잔치 들러리에서 국제무대 주역으로

1960년대 후반에 접어들면서 한국 지도층에서 세계박람회가 공산품 수출에 기반을 둔 고속성장의 견인차가 될 수 있다는 인식이 높아졌다. 엑스포의 중요성에 눈을 뜨면서 더 깊은 관심을 갖게 된 것이다. 이런 현실 인식은 아시아에서 최초로 열린 1970년 오사카엑스포에 적극 참여하는 밑거름이 되었다. 서방 선진국들의 잔치로만 여겨졌던 엑스포가 이웃 나라에서 열리자 적잖은 자극이 되었다. 신문과 방송에서도 비로소 엑스포를 중요한 행사로 크게 다루기 시작했다. 오사카엑스포는 한국 대중이 세계박람회에 눈을 돌리는 결정적인 계기가 되었다.

오사카박람회에서 한국은 '보다 깊은 이해와 우정'을 주제로 4150제곱미터의 역대 최대 전시관을 세웠다. 원통형 철 기둥 15개를 외면에 세운 현대적 디자인이었다. 김수근이 설계한 한국관은 박람회장 상징물인 태양의 탑 서쪽 요일별 7개 광장 중 화요광장에 들어섰다. 한국 정부는 박람회 개막식 이틀 전인 3월 13일 당시 권력 실세였던 이후락 주일대사 등 1300여 명이 참석한 가운데 개관식을 열었다.

전시관은 한국의 과거와 현재를 조명할 수 있는 사진과

1970년 오사카 박람회에서 한국은 '보다 깊은 이해와 우정'을 주제로 4150제곱미터의 역대 최대 전시관을 세웠다.

고려청자·분청사기 등 도자기, 갓·바가지·키·짚신 등 생활용품, 에밀레종 모형 등과 각종 공업제품을 전시했다. '한국의 날'로 지정된 5월 18일에는 재일교포들이 대거 참석한 가운데 민속공연과 만찬행사가 열렸다.

한국은 오사카엑스포 참가에 총 경비 1억 800만 원(40만 달러)을 들였다. 1970년 세입 기준 정부예산이 62억 원 남짓이었던 것에 견주면 엄청난 투자였음을 알 수 있다. 오사카엑스포가 수출전선의 격전지인 동시에 관광산업 등에도 획기적 전기가 될 것으로 기대했다. 정부는 위원회를 구성하고 5만 명 관광객 유치 계획을 실행에 옮겼다. 1964년 도쿄올림픽과 1970년 오사카엑스포를 지켜본 한국이 일본의 성장전략을 '롤모델'로 삼은 것은 자연스러운 일이었다.

오사카엑스포 이후 5년 만에 열린 1975년 오키나와 해양박람회에서 한국은 '바다를 통한 우호'를 주제로 전시관을 차렸다. 엑스포 최초의 본격적인 전문 박람회 성격에 맞춰 제주도의 자연을 부각시켰다. 특히 한국 근로자 1000여 명이 오키나와 박람회장 건설 공사에 작업자로 참여해 엑스포 해외 인력수출 사례로 기록되었다.

한국은 1960~1980년대 미국에서 열린 소규모 엑스포에도 모두 참가했다. 1968년 샌안토니오, 1974년 스포캔, 1982년 녹스빌, 1984년 뉴올리언스박람회가 그것이다. 연방 정부가 주도하지 않는 미국 상업주의의 특성상 이들 박람회는 규모가 작고 영향력이 제한적이었다. 그러나 미국과 군정·전쟁으로 맺어진 비대칭적 외교관계를 유지해온 한국으로서는 득실을 따질 겨를이 없었다.

특히 스포캔박람회는 한국 정부가 막판까지 참가를 주저했으나 미국 정부의 강력한 요청에 응해 나갔던 엑스포였다. 개막식 날에 겨우 맞춰 700제곱미터짜리 육각형 전시관을 마련한 한국은 '고요한 아침의 나라'를 주제로 비원, 해인사 경판고, 포석정 등 유적과 발전상을 슬라이드로 상영했다. 광복절인

8월 15일을 한국의 날로 정해 각종 행사를 계획하고 있었는데, 이날 서울에서 발생한 육영수 여사 피살 사건으로 인해 일부 행사가 취소되는 우여곡절을 겪었다.

에너지를 주제로 열린 녹스빌박람회에는 '한국의 새로운 지평'이라는 주제로 참가했다. 마침 조미수호통상조약 체결 100주년이어서 한미교류 행사가 많이 열렸다. 1555제곱미터 크기의 전시장 입구에는 육각정과 물레방아, 쌍사자 석등이 설치되었다. 양주별산대놀이 등 민속공연과 태권도 시범, 한국 우표전 행사 등도 미국인들의 흥미를 끌었다.

2년 뒤 열린 뉴올리언스박람회에서는 대동여지도, 미륵반가상, 포석정, 경회루 등 문화유산 모조품을 전시한 과거관, 전자제품과 선박, 수자원 시설 등을 전시물로 한 현재관, 1988년 서울올림픽을 집중 홍보한 미래관이 주요 내용이었다.

'로봇의 향연장'이 된 쓰쿠바엑스포에서는 세계 최고(最古)의 천문대인 첨성대를 심벌마크로 내세워 크게 성장한 한국의 과학기술을 과시했다. 전시관은 1665제곱미터로 자연환경, 문화유산, 한일교류, 전략산업 등의 테마를 두루 담았다. 특히 서울올림픽 주경기장 모형과 멀티스크린을 설치해 3년 앞으로 다가온 올림픽을 선전했다. 서울올림픽과 같은 해 열린 브리즈번박람회에서도 1445제곱미터의 한국 전시장 절반가량을 올림픽 홍보에 할애했다. 나머지는 현대자동차의 엑셀 승용차 등 산업제품과 관광 홍보가 차지했다.

1992년 세비야엑스포와 같은 해 이탈리아 최대 항구도시 제노바에서 열린 박람회는 대전박람회 개최 확정 이후 참가한 엑스포였다. 그런 만큼 전시관설계, 전시, 행사에 공을 들이는 한편 엑스포 개최 전반에 관한 연구가 진행되었다. 세비야 박람회장 한국관은 2400제곱미터 규모로 전통 한옥 지붕에 문화유물, 산업제품, 대전엑스포 홍보물이 전시 내용을 이뤘다.

산업 강국으로 우뚝 선 한국…'한류' 무대 활약

구한말 국악공연과 민예품 전시를 통해 세계박람회에 첫선을 보였던 한국은 그로부터 꼭 1세기 만인 1993년 대전엑스포를 개최함으로써 세계무대에 주인공으로 떠올랐다. 대전엑스포는 형식상 등록 박람회보다 규모가 작은 인정 박람회였지만, 한국이 국력을 집중해 성대하게 치른 명실공히 세계 수준의 박람회였다.

대전 박람회장 동북쪽 문예전시관에서는 '시카고박람회 참가 전시품 특별전'이란 색다른 전시회가 열렸다. 100년 전 시카고박람회에 출품했던 전시물 중 30점이 전시돼 우리나라의 세계박람회 참가 역사를 되새길 수 있었다. 이 진귀한 원본 전시물은 미국 시카고 필드자연사박물관(Field Museum of Natural History)이 소장 중인 것을 빌려온 것이었다. 전시 품목은 삼회장저고리·가슴싸개·누비속바지·대님·도포·망건·소창의·갓·토시·버선 등 조선 후기 복식류 18점과 여자채상 등 주거용품 4점, 투구덮개·감투·조총 등 군용품 8점 등이었다.

세기의 전환을 맞는 인류의 공통 과제를 탐구한 대전엑스포를 통해 한국은 첨단 생산기술과 풍부한 문화 역량을 보유한 산업 강국이자 소프트파워 국가로서 입지를 다질 수 있었다.

'해양' 주제에 집중한 1998년 리스본엑스포에서 한국은 '생동하는 바다를 삶의 터전으로'를 주제로 정해 1570제곱미터의 전시관 대부분을 해양 테마에 집중했다. 세계 1위에 오른 조선산업 기술과 남극 세종기지, 제주도 해녀와 바다 환경, 영종도 프로젝트, 장보고에 관한 영상물 등이 주요 전시 내용이었다.

20세기를 마감하는 2000년 하노버엑스포에는 '물, 생명의 원천'이란 주제로 참가했다. 전시관은 2371제곱미터 규모의 3층 건물로 새로운 밀레니엄을 향한 배의 이미지를 형상화했다. 전시공간을 하늘의 물, 땅의 물, 바다의 물로 나눠 산업기술과 문화홍보에 치중했다.

21세기 첫 등록 박람회였던 2005년 아이치엑스포는 한국의 엑스포 참가에 새로운 지평을 연 것으로 평가된다. 과감한 디자인을 통해 전통적 전시 방식의 틀에서 벗어나려는 시도가 돋보였다. 또 2000년대 들어 본격화한 '한류' 대중문화를 첨병으로 삼아 한국이 산업·문화 강국으로 도약하는 데 한몫을 담당했다.

'생명의 빛'을 주제로 한 한국관은 1620제곱미터로 규모가 크지는 않았지만 단청과 한지공예를 응용한 첨단 조명으로 관람자들의 탄성을 자아냈다. 영상실에서는 로봇과 소년이 황폐화한 지구환경을 되살린다는 내용의 3D 입체 애니메이션 영화 〈트리 로보(Tree Robo)〉가 상영돼 일본 관람객들의 큰 호응을 얻었다. 문화홍보 코너에서는 배용준, 최지우 등 대표적인 한류스타들의 실물모형 패널이 일본 팬들을 북적이게 했다. 기획전시실에서는 한류관광, 한지, 인삼, 도자명품, 백제문화에 관한 특별전시가 이어졌다.

여수엑스포 개최가 확정된 뒤 열린 2008년 사라고사엑스포에서 한국은 다시 한번 물을 주제로 전시관을 꾸몄다. '물과의 대화'를 주제로 한 한국관은 물에 대한 한민족의 정서가 잘 표현된 전시물로 평가받았다. 3D 애니메이션 〈물 거인의 하루〉와 전통 독을 소재로 한 〈투영하는 물〉, 300개 소형 디스플레이로 구현한 1억 4000만 년 역사의 자연습지, 우포늪 디지털갤러리, 여수엑스포 홍보실 등이 관람객을 맞았다.

사상 최대 규모였던 2010년 상하이엑스포에선 하루 평균 4만 명, 총 725만 명이 한국관을 찾았다. 박람회장에 입장한 10명 중 1명꼴로 한국관을 관람한 셈이다. 한국관 운영기관인 대한무역투자진흥공사(KOTRA)가 목표로 설정했던 600만 명을 초과 달성했을 뿐 아니라 역대 엑스포 한국관 관람객 최고 기록을 갈아치웠다. 이전에 관람객이 가장 많았던 한국관은 2005년 아이치엑스포의 350만 명이었다.

2012년 여수엑스포를 성공적으로 치러낸 한국은 '식량'을 주제로 열린 2015년 밀라노엑스포에서 한식으로 세계인의 입맛을 사로잡았다. 장류 저장 옹기, 김치 등을 주요 전시 소재로 삼았고, 전시관 안에 한식당을 차려 다양한 한식 요리를 맛볼 수 있게 했다. 한국관 관람객은 하루 평균 1만 2000명, 총 230만 명으로 중국·일본 외 지역에서 열린 엑스포 한국관 최대 방문자 수를 기록했다.

2017년 아스타나엑스포 한국관은 '미래에너지로 여는 스마트라이프' 주제를 드로잉쇼, 매핑영상과 퍼포먼스, 가상현실(AR) 등 첨단 전시기법으로 구현해 55만 명의 관람객을 매료시켰다. 한국관에선 인기 높은 K-팝 콘서트, 각종 문화 퍼포먼스가 430회나 열려 늘 입장 대기 줄이 길었다. 코트라는 폐막 후 전시 콘텐츠를 서울 삼성동 코엑스로 옮겨 다시 전시했다.

2020년 두바이엑스포 한국관은 '이동성' 전시구획에 자리 잡았다. 회전큐브 디스플레이, 내외부를 잇는 나선형 통로가 돋보이는 디자인으로 최첨단 ICT를 활용한 '이동성' 테마 전시를 선보였다.

양극화 넘어
공존의 미래로

2030년 부산엑스포

세계박람회와 우리나라의 인연은 근현대사의 굴곡을 그대로 반영했다. 일본의 압박과 청의 속방론, 러시아의 남하로 어지럽던 19세기 말 조선은 나라의 독립성을 확보하는 통로로 미국에 눈을 돌렸다. 1893년 시카고박람회 참가는 그런 움직임의 하나였다.

대한제국 성립 후 1900년 파리박람회에도 참가했으나 국권 상실로 인해 세계박람회를 매개로 한 문명 교류는 더 이상 이어질 수 없었다. 일제에 의해 근대문명 개화가 단절되기 전 두 차례 세계박람회 참가는 주체적 서양 물문 직도입이란 점에서 식민지 근대화론 극복에 새로운 관점을 제시한다.

해방 후 대한민국은 1962년 시애틀박람회에서 신흥공업국으로서 세계박람회 복귀를 알렸다. 경제개발 원년에 출발한 한국의 엑스포 참가는 무역 상담을 겸하는 등 '수출입국' 드라이브와 동행했다.

세계박람회는 한국이 제조업, 중화학공업 국가에서 첨단 ICT, 소프트파워 강국으로 성장하는 궤적을 오롯이 함께했다. 한국은 시애틀박람회 이후 개최된 등록 박람회(월드엑스포)와 인정 박람회(전문엑스포)에 빠짐없이 참가했다.

356 상상력의 전시장 엑스포

나아가 1993년 대전엑스포, 2012년 여수엑스포 등 두 차례 인정 박람회를 성공적으로 개최했다.

'월드엑스포'에 대한 갈망

하지만 월드엑스포에 대한 아쉬움은 여전히 남았다. 전문엑스포와 월드엑스포는 규모와 주목도, 영향력 면에서 상당한 차이가 있기 때문이다. 개최 기간만 해도 전문엑스포는 3개월 이내, 월드엑스포는 6개월 이내다.

전문엑스포는 박람회장 규모가 25만 제곱미터 이내로 규정돼 있는 반면 월드엑스포는 제한이 없다. 참가국 전시관도 전문엑스포는 개최국이 지어 제공하지만, 월드엑스포는 개최국이 제공하는 부지에 참가국이 자국 경비로 짓도록 돼 있다. 그런 만큼 참가국의 역량이 투입된 다양하고 창의적인 전시공간이 조성된다.

월드엑스포-전문엑스포 구분(BIE 규정)

	월드엑스포	전문엑스포
공식 등급명	국제 등록 박람회	국제 인정 박람회
주최	개최국	개최국
주제	광범위한 인류의 과제	특정 주제의 국제적 관심사
개최 기간	6개월 이내	3개월 이내
개최 주기	5년	두 월드엑스포 사이
박람회장 규모	무제한	25만 제곱미터 이내
참가국 전시관	참가국 경비로 건설 또는 임대	개최국이 지어 유·무상 임대
공식 참가자	국가, 국제기구	국가, 국제기구
비공식 참가자	도시, 지역, 기업, 민간단체, NGO	도시, 지역, 기업, 민간단체, NGO

한국은 월드컵, 동계올림픽 등 굵직한 국제 이벤트를 성황리에 치르면서 월드엑스포에 대한 갈망이 더욱 높아졌다. 그 염원을 한국 제2의 도시, 해양 관문 부산이 떠안았다. 부산은 여수엑스포 폐막 직후부터 월드엑스포 유치의 불씨를 지피기 시작했다.

부산은 무엇보다 세계박람회가 도시의 면모를 업그레이드하고 길이 남는 유산을 남겨온 점에 주목했다. 런던, 파리, 빈, 멜버른, 시카고 등 초기 박람회 개최 도시는 물론 근년의 오사카, 상하이, 밀라노, 두바이까지 세계박람회가 도시 개발·개조·재생에 미친 효과는 깊고도 넓다. 엑스포로 인해 기반시설 이 대폭 확충되었으며 랜드마크가 생겼다. 도시의 기본 축이 재정립되고 낙 후된 지역을 재생시켜 도시 전체에 활력을 불어넣었다.

전문엑스포가 열린 여수만 해도 고속도로, 고속철도(KTX) 등 교통 인프라 개선으로 "도시 발전을 30년 앞당겼다"는 세평을 받았다. 실제로 엑스포 개최 이후 연 1000만 명 이상의 관광객이 찾는 남해안 대표 해양관광휴양도시로 발돋움했다.

부산은 월드엑스포에 '북항시대'란 비전을 투사했다. 원도심과 인접한 부 산의 중심 항만 지역을 전면 개조하는 도시 발전 전략에 엑스포 개최란 강력

부산 박람회장 조감도.
북항에 엑스포장으로
열린 공간이 되면
서면-동천-
엑스포장-원도심으로
이어지는
도시 재생축이
완성된다.

한 추진동력을 얻겠다는 구상이다. 북항 재개발 프로젝트에 엑스포 엔진이 장착될 경우 시너지 효과가 폭발적일 것임은 자명했다.

부산시와 부산시민들은 2030부산등록엑스포 범시민추진위원회를 꾸려 엑스포 유치 필요성을 공론화해 나갔다. 위원회는 100만인 서명운동에 나서 부산시민의 3분의 1 이상인 139만 명이 참여하는 공감대를 이끌어냈다. 월드엑스포를 향한 지역사회의 열망은 엑스포 유치 국가사업화의 밑거름이 되었다.

세계 7번째 3대 이벤트 개최국

2019년 5월 부산세계박람회 유치 계획이 마침내 국가사업으로 확정되었다. 이에 따라 그해 12월 범정부 유치기획단이 출범해 정부 주도로 세계박람회 유치 마스터플랜 수립에 들어갔다.

부산엑스포 유치는 2021년 6월 23일 BIE에 유치신청서(letter of candidature)를 제출함으로써 국제적으로 공식화되었다. 유명희 2030부산세계박람회 유치기획단장과 박형준 부산광역시장은 프랑스 파리 BIE 사무국을 방문해 유치신청서를 전달하고, 디미트리 케르켄테스(Dimitri Kerkentzes) BIE 사무총장을 면담했다.

유 단장은 "세계박람회를 통해 전 세계가 지속가능하고 조화롭게 공존하는 미래 비전을 제시하고자 한다"며 한국 정부의 전폭적인 지원 의지를 밝혔다. 그는 부산이 BIE의 3대 핵심가치인 협력, 교육, 혁신을 충실히 실천해온 도시로서 월드엑스포 개최 최적지라는 점을 강조했다. 6·25전쟁 피란민을 포용하고 전쟁 중에도 교육을 멈추지 않았으며 전후 한국의 수출산업에 혁신을 불어넣은 곳이 바로 부산임을 설명했다.

이에 케르켄테스 사무총장은 "오랜 준비를 거친 한국의 공식 유치신청을 환영하며, 2030년 월드엑스포를 도시 대전환과 긍정적 변화로 나아가는 미래

동력으로 삼겠다는 명확한 뜻을 확인했다"고 화답했다.

BIE는 2022년 상반기 중 실행 마스터플랜을 담은 유치계획서(Candidature dossier)를 받아 심사할 계획이다. 이후 현지 실사를 거쳐 2023년 중 총회에서 회원국 표결로 2030년 월드엑스포 개최지를 선정하게 된다.

부산이 2030년 월드엑스포 유치에 성공하면 한국은 올림픽, 월드컵과 함께 3대 국제행사를 모두 개최한 세계 7번째 나라가 된다. 기존 3대 글로벌 메가 이벤트 개최국은 프랑스, 미국, 캐나다, 독일, 이탈리아, 일본이다.

부산의 유력 경합 도시는 러시아 모스크바다. 모스크바는 부산에 앞서 2021년 4월 BIE에 유치신청서를 냈다. 러시아는 170년 세계박람회 역사상 한 번도 박람회를 개최한 적이 없다. 그러다 21세기 들어 엑스포에 대한 열망을 부쩍 높여왔다. 러시아에서 네 번째로 큰 도시인 예카테린부르크가 2020년 월드엑스포와 2025년 월드엑스포에 각각 유치신청을 했으나 탈락했다. 이번엔 수도 모스크바가 직접 나섰으니 추진력이 한층 높을 것으로 보인다.

그런데 2020년 들어 전 세계를 뒤덮은 코로나19 먹구름이 돌발변수로 작용했다. 사람이 모이는 모든 이벤트가 타격을 받았고 엑스포도 예외일 수 없었다. 2020년 두바이엑스포가 1년 늦춰진 데 이어 5년 주기 월드엑스포 사이 열리는 전문엑스포는 아예 무산 위기에 처했다.

2020년 두바이엑스포와 2025년 오사카·간사이엑스포 사이 2023년 전문엑스포는 아르헨티나 부에노스아이레스가 유치에 성공했다. 부에노스아이레스는 2017년 11월 BIE 총회에서 치열한 경합 끝에 개최권을 확보했다. 아르헨티나 대표단은 부에노스아이레스가 개최지로 호명되는 순간 환호성을 올렸다. 자국 축구스타 리오넬 메시의 유니폼을 입은 채 얼싸안으며 기쁨을 나눴다. 중남미에서 처음 열리는 세계박람회여서 회원국들의 기대도 컸다. 하지만 준비 과정에서 지구촌을 휩쓴 코로나19 팬데믹 탓에 아르헨티나는 결국 개최를 포기하고 말았다.

2025년 오사카·간사이엑스포와 2030년 월드엑스포 사이 2027/28년 전문엑스포마저 개최가 불투명해졌다. 개최 의사를 가진 나라들이 유치신청을 꺼렸기 때문이다. 그런 상황에서 미국 미네소타 주가 2021년 7월 29일 유치신청서를 제출했다. 개최 시기는 2027년 5월 15일~8월 15일, 주제는 '건강한 인간, 건강한 지구: 모두를 위한 복지'로 제안했다. 미네소타 주는 2023년 엑스포도 유치신청을 한 바 있다. 개최지 선정 절차를 중단했던 BIE는 2022년 1월 말을 유치신청 마감일로 지정하고 심사 일정을 재개했다. 통상 절차상 월드엑스포는 7년 전, 전문엑스포는 5~6년 전 총회에서 개최지를 선정한다.

40년 만에 등장한 미국

부에노스아이레스가 반납한 2023년 엑스포는 2017년 11월 15일 BIE 총회에서 개최지가 결정됐다. 당시 마지막까지 경합을 벌인 도시는 뜻밖에도 미국 미네소타 주 미니애폴리스였다. 뜻밖이란 것은 미국이 40년 넘게 엑스포 개최국 명단에서 완전히 사라졌기 때문이다. 물론 참가국으로는 엑스포에 나왔지만 개최국과는 거리가 멀어 보였다.

미국은 전화기를 등장시킨 1876년 필라델피아박람회 이래 월드엑스포 7회, 전문엑스포 5회 등 12차례 세계박람회를 개최했다. 그중 페리스 휠을 유산으로 남긴 1893년 시카고박람회, 자동차와 비행기 실용화 발판이 된 1904년 세인트루이스박람회, 텔레비전으로 센세이션을 일으킨 1939년 뉴욕박람회 등 엑스포 역사에 획을 그은 기념비적 박람회를 여러 차례 열었다. 미국 박람회의 특징은 한마디로 '상업주의'였다. 영리와 흥행에 치우다 결국 1960~1980년대 4차례 볼품없는 엑스포로 막을 내리고 말았다. 유럽이 주도해온 BIE와의 관계도 순탄치 않았다. 1933년 시카고박람회 등 두 해에 걸쳐 2개 시즌 박람회를 여는 미국식 개최 방식이 같은 해 6개월 이내 개최로 제한한 BIE 규정과 번번이 갈등을 빚었다. 1964~1965년 뉴욕박람회는 당대 최대 규모였지만 아예 BIE 공인을 받지 못했다.

미국은 급기야 의회의 예산 삭감을 이유로 2001년 4월 BIE에서 탈퇴했다. BIE 회원국이 아니라도 엑스포 참가는 문제가 없다. 심지어 유치신청도 할 수 있다. 하지만 개최권 확보는 어렵다고 봐야 한다. 실제로 비회원국인 상태에서 미국 내 4개 주가 엑스포 개최를 모색했다고 한다. 미국은 결국 2017년 5월 BIE에 복귀했다.

그런데 2023년 엑스포 개최지 선정에서 탈락하는 '굴욕'을 당했다. '미국 우선주의(America first)' 구호 속에 글로벌 리더십이 약화된 사례 아니냐는 평가가 나올 만했다. 미니애폴리스는 2027년 엑스포에 재도전했다. 코로나19 팬데믹 탓에 유치신청이 저조한 상황이어서 이번에는 개최 가능성이 높아 보인다. 미국이 다시 자국에서 엑스포 깃발을 올리게 될지 주목된다.

유라시아-태평양 게이트웨이

한국 정부와 부산광역시는 민간유치위원회를 구성해 169개 BIE 회원국을 상대로 유치 활동에 들어갔다. 민간유치위에는 주요 대기업이 참여해 정부와 민간 네트워크를 총동원하고 있다. 2021년 10월 막을 올린 두바이엑스포도 좋은 활동 무대가 되었다. 코트라는 한국관에 부산세계박람회 홍보관을 설치해 부산의 특성과 가치를 널리 알렸다.

부산은 항구도시의 지정학적 이점과 엑스포에 대한 열의, 대형 이벤트 개최 역량을 비교우위로 내세웠다. 대륙-해양 접점인 부산이 인류 공통 과제 해법을 모색하고 미래 비전을 제시하는 세계박람회 개최에 적합한 입지임을 적극적으로 부각했다.

부산은 유라시아 대륙과 태평양이 만나는 관문 도시로서 개항기 근대문물 수용의 창구, 산업화 시기 수출입 거점이 돼왔다. 오늘날 세계 6위 물동량, 세계 2위 환적항, 첨단 ICT 기반 스마트포트 시스템을 구축한 글로벌 물류 허브로 뻗어 나가고 있다. 철도, 도로, 항만, 공항 등 편리한 교통 접근성도 갖췄다.

이런 여건 속에 2002년 월드컵과 아시안게임, 2005년 아시아태평양경제협력체(APEC) 정상회의, 2014·2019년 한·아세안 특별정상회의 등 대형 국제 행사를 치른 경험이 풍부하다. 부산국제영화제, 부산국제모터쇼, 게임전시회 G-STAR, 부산불꽃축제 등 다양한 행사·전시 역량을 보유한 것도 장점이다.

한국은 공적개발원조(ODA) 수여국에서 공여국이 된 세계 첫 사례, 반세기 만에 개도국에서 선진국으로 진입한 유일한 나라다. 그런 만큼 선진국과 개도국 각각의 눈높이에서 가교 역할을 하기에 적합하다. 6·25전쟁 중 시작된 식량 원조 등 긴급구호를 받아들인 곳이 바로 부산이다.

부산이 걸어온 길은 교류와 혁신에 방점을 둔 엑스포 정신과 맞닿아 있다. 일찍이 조선은 1407년 교린의 뜻으로 부산포와 내이포를 개방하고 왜관을 설치해 교역을 허용했다. 왜관은 정세에 따라 부침을 거듭했지만 조선 말까지 무역 · 외교 창구였다. 부산포는 일본에서 생산된 은을 중국으로 보내는 중계무역지이기도 했다. 두모포왜관, 초량왜관이 있었던 부산포가 지금의 북항이다.

부산은 6 · 25전쟁 때 2차례에 걸쳐 1023일간 권력 3부가 옮겨온 대한민국의 임시수도였다. 군사, 정치, 외교, 경제, 문화 등 모든 영역에서 더는 물러설 곳 없는 보루였다. 전국에서 밀려든 피란민을 용광로처럼 끌어안고 버텨냈다.

'가마솥' 부산의 산증인, 국제시장

부산 원도심의 국제시장은 부산의 개방성과 포용성, 국제성이 집약된 곳이다. '없는 게 없는' 물산의 집산지란 점에서 어쩌면 세계박람회와도 통하는 듯하다. 국제시장은 피란민과 귀국 동포들을 포용한 '가마솥' 부산의 산증인이다.

국제시장이 자리 잡은 신창동 일대는 일제강점기 일본인 거주지였다. 해방 뒤 일본인들이 물러간 자리에 그들이 남기고 간 물건, 일본에서 돌아온 이들이 가져온 물건을 사고파는 장터가 형성됐다. 처음엔 '도떼기시장'이라 불렸다. 미군이 들어온 뒤 미군용품이 흘러들어오면서 지금의 이름을 갖게 됐다.

이후 시장은 마굴이 되어갔다. 미군 군수물자, 구호물품, 밀수품, 해외양품, 중고품 등 온갖 상품과 암거래로 북새통을 이뤘다. 그 풍경은 정겨운 시골 오일장과는 거리가 멀었다. 시끌벅적한 흥정과 싸움, 사기, 야바위, 협잡, 소매치기가 난무했다.

'얌생이질'이란 말이 생긴 게 이때였다. 얌생이는 경상도 말로 염소다. 얌생이질은 미군부대 안에 염소를 슬쩍 들여보낸 뒤 염소 찾는다고 부대 안에 들어가 물품을 훔쳐 나오는 걸 말한다. 미군이 오죽 골치를 썩였으면 "싣고 온 원자폭탄을 한국인이 빼돌렸다"는 조크가 나왔을까. 당시 미군 하역물자의 10퍼센트가 빼돌려져 망실 처리됐다는 얘기까지 있다.

피란수도 시절 국제시장은 유통경제의 심장이자 주요 세금원이었다. 그 주역은 단연 피란민이었다. 1200개 상설점포 절반이 북한 피란민, 20퍼센트가 남대문 · 동대문시장 출신 서울 피란민 소유였으며, 노점과 행상은 90퍼센트 이상 피란민 차지였던 것으로 추정된다. 대중가요 '굳세어라 금순이' 속 '장사치기'가 그들이다.

국제시장은 전쟁과 빈곤의 시대를 치열하게 살아냈다. 2014년 나온 영화 〈국제시장〉이 그 단면을 잘 보여주었다. 국제시장은 잇단 화재 속에서도 산업화 물결을 타고 변모했다. '부산과 세계를 잇는 국제시장'이란 슬로건 아래 매력적인 상품이 넘치는 관광시장으로 거듭났다. 국제시장은 오늘도 역사의 경계를 허문 지점에 버티고 서 있다.

위난에서 민주주의와 한국의 운명을 지켜낸 부산은 부흥의 전진기지가 되었다. 그 이름(가마솥 산, 釜山)처럼 '들끓는 가마솥'이 된 부산을 불굴의 혁신 정신으로 피란민과 시민들이 재건했다. 한국이 전쟁의 폐허를 딛고 눈부신 경제성장을 이룬 데는 부산의 제조업과 해운산업이 큰 몫을 했다. 한국 경제 성장의 주역인 삼성, 현대, LG 같은 대기업들이 부산에서 기틀을 닦았다.

바다를 통해 다양한 사람이 모여들었고 그렇게 형성된 개방성과 포용성, 다양성이 부산을 글로벌 해양도시로 이끌었다. 부산이야말로 전 세계 국가와 시민들이 협력과 성공 경험을 나누고 체험하는 열린 마당을 펼치기에 최적의 도시라는 스토리가 설득력을 더했다.

부산의 얼굴을 다시 그리다

2030부산세계박람회(World EXPO 2030 Busan) 개최 기간은 2030년 5월 1일 ~10월 31일, 개최지는 부산 북항 일원으로 계획되었다.

박람회장은 육지 283만 제곱미터, 수역 61만 제곱미터를 합친 344만 제곱미터 부지다. 비슷한 해안 조건이었던 여수 엑스포장에 비하면 13배 이상 넓다. 물론 규정상 전문엑스포는 박람회장 면적이 제한된다.

다른 월드엑스포를 보면 2025년 오사카·간사이엑스포 155만 제곱미터, 2020년 두바이엑스포 438만 제곱미터, 2015년 밀라노엑스포 139만 제곱미터, 2010년 상하이엑스포 523만 제곱미터, 2005년 아이치엑스포 173만 제곱미터, 2000년 하노버엑스포 160만 제곱미터 등으로 저마다 다르다.

역대 최대 규모였던 상하이와 도시 전체를 엑스포장으로 삼겠다고 할 정도로 의욕이 컸던 두바이를 빼고는 부산이 가장 넓다. 특히 면 형태인 다른 박람회장과 달리 부산은 해안을 따라 긴 선형 구조다. 이동 거리가 다소 긴 반면 바다와 어우러진 개성 있고 매력적인 공간 창출이 가능하다. 마치 부산 시가

지가 해안을 따라 길게 형성
된 것과도 닮았다.

부산엑스포 예정지는 한
국이 세계와 만나는 길목
에 자리 잡고 있다. 오래전
부터 추진돼온 북항 재개발
1단계, 2단계 구역과 주변 부
지를 아우른다. 두바이, 밀라노, 상하이, 오사카처럼 도시 외곽 낙후 지역에
박람회장을 조성하는 것이 아니라 도심부 산업시설을 전면 개조하는 방식
이다.

북항은 항구도시 부산의 심장과도 같은 곳이다. 강화도조약에 따라 1876년
개항한 부산항은 150년 넘게 한국의 관문 역할을 해왔다. 1978년 국내 최초
컨테이너 터미널을 갖춘 제1의 무역항으로 수출 주도형 경제성장을 이끈 산
업화 최전선이다.

보통 부산항이라 하면 부산권역에 있는 모든 항만을 통칭한다. 북항은 부
산항의 원조이며 남포동·광복동 원도심을 꽃피운 부산역사의 뿌리다. 북항
은 중앙동 부산항연안여객터미널이 있는 제1부두에서 시작해 북동쪽 시계
방향으로 둥글게 형성돼 있다.

제2, 3, 4부두, 5·6부두에 해당하는 자성대부두, 우암부두라 불리는 7부두, 미군 전용 8부두까지 내항을 이룬다. 1902~1944년 7차례 매축으로 형성된 기본 구조에 1960~1980년대 항만시설을 크게 확충해 오늘에 이르렀다.

감만부두와 영도를 잇는 부산항대교, 길이 3331미터로 2014년 개통되었다.

외항 쪽에는 감만·신감만·신선대·동명부두, 해작사부두가 자리 잡고 있다. 감만부두와 영도를 잇는 부산항대교가 2014년 개통하면서 북항 앞바다는 더욱 안온한 느낌의 내해가 되었다. 부산대교와 옛 영도대교를 기점으로 자갈치시장 쪽 남항은 주로 어선들이 이용하는 연안 어항이다.

고도성장기 수출입 물동량이 늘어나면서 국제무역항 북항은 시설용량 포화 상태에 이르렀다. 처리능력 부족으로 화물 적체가 심해지자 정부는 대체 항만 건설 계획을 세웠다. 1997년 착공한 부산신항이 그것이다. 부산 서쪽 끝 강서구와 경상남도 창원시 진해구가 맞닿은 지역에 들어선 신항은 2006년부터 순차적으로 개장해 한국 최대 컨테이너 항만으로 자리 잡았다.

신항 건설과 함께 시설이 노후한 북항은 항만 기능이 점차 절반 이하로 줄어들었다. 북항 개조·재활용이 필연적 과제로 떠오른 것이다. 땅이 바다와 만나는 공간의 기능과 외관을 바꾸는 재개발은 부산의 얼굴을 다시 그리는 일이다. 부산항 개항 이래 가장 큰 변모로 후손에게 물려줄 도시의 미래상을 만들어 나가는 과업이다.

그래서 역사의 마디를 넘는 '북항시대 개막'이란 말이 자연스럽게 나왔다. 북항에서 펼쳐질 부산엑스포는 1407년 1차 개항, 1876년 2차 개항에 이어 새로운 개방의 시대로 접어드는 3차 개항에 해당한다고 엑스포 기획에 참여한 한 전문가는 의미를 부여했다.

바다 위에 짓는 푸른 꿈

유휴지가 아닌 도심권 항만 부지를 개조·활용하는 박람회장은 2012년 런던 올림픽의 도시재생 모델을 엑스포에서 구현하는 성격을 갖는다. 시민들이 접근하지 못했던 항만시설, 콘크리트 호안을 시민과 자연이 함께 숨 쉬는 회복의 공간으로 만들어내는 작업이다.

북항은 부산 특유의 경관을 배경으로 한 워터프론트다. 산과 바다 사이가

"오륙도 돌아가는~" 관부연락선

"꽃피는 동백섬에 봄이 왔건만/형제 떠난 부산항에 갈매기만 슬피 우네/오륙도 돌아가는 연락선마다/목메어 불러 봐도 대답 없는 내 형제여……"

부산을 대표하는 대중가요 '돌아와요 부산항에' 속 연락선은 바로 부산항과 일본 시모노세키 항을 잇는 '관부연락선'이다. 보통 여객선은 연락선이라 하지 않는다. 지금은 없어진 부산잔교역과 시모노세키역을 직통 연결했기에 '연락선'이라 부른 것이다. 그렇다고 배 위 궤도로 열차를 싣고 건너가 운행했던 것은 아니다. 조선 철도는 표준궤, 일본 철도는 협궤였기에 사람과 화물은 환승·환적이 불가피했다.

관부연락선은 1904년 경부선 철도가 완공된 뒤 이듬해 9월 일본 산요기선주식회사가 개설했다. 도항지인 시모노세키(下關)와 부산(釜山)에서 한 자씩 따 '관부(또는 부관)'를 붙였다. 이 항로는 일제강점기 조선에서 외부로 나가는 유력한 해운 통로였다. 1940년대엔 연간 수송인원이 200만 명을 넘었다고 한다.

관부연락선은 조선 물산 침탈, 징용자 수송로이자 만주로 이어지는 대륙 침략 중계항로였다. 유학, 사업, 노동, 온갖 돈벌이를 하러 현해탄을 건너는 조선인들의 숱한 애환을 싣고 오갔다. 조선 최초 여류성악가 윤심덕이 기혼자 연인 김우진과 쓰시마섬 앞바다에 몸을 던진 게 관부연락선 도쿠주마루였다. 이병주 소설 〈관부연락선〉을 비롯해 많은 예술작품의 소재이자 무대가 됐다.

관부연락선은 공습이 잦아진 태평양전쟁 말 운항이 중단된 뒤 한일 국교정상화 이후 5년 만인 1970년 6월 재개됐다. 실은 여기도 엑스포 역사가 묻혀 있다. 부관(관부)페리 재개 협상은 한일 각료회담에서 3년간 난항을 겪었다. 그러다 1970년 오사카박람회를 앞두고 일본 쪽이 강력히 밀어붙여 타결되었다. 이 항로엔 지금도 1만 2000톤급 카페리가 매일 운항하고 있다.

해방 이후 폐역이 된 관부연락선 출항지 부산잔교역은 부산역 남쪽 제1부두 연안여객터미널 자리에 있었다. 부산엑스포 예정지에 포함된 북항 재개발 1단계 구역 남단이다. 경부선의 종착역이었지만 일제강점기엔 도쿄역이 시발역이어서 부산잔교역에 경성역 방향이 '하행'으로 표시돼 있었다고 한다.

좁고 산비탈에 주택과 산복도로가 빽빽이 들어선 도시환경을 말한다. 땅이 가파르기 때문에 해안 수심 15미터가 쉽게 확보되는 천혜의 항구다.

바다 쪽에서 보면 복잡한 지형과 항만 시설물, 건축물이 어우러져 '카오스적 경관'이라 불리기도 한다. 가장 '부산다운' 모습인 이곳에 어떤 기능의 시설로, 어떤 스카이라인을 만들어 나갈지를 결정하는 데는 오랜 논의가 필요했다.

북항 재개발은 2030년까지 총 사업비 20조 원 이상이 투입되는 부산역사상 최대 개발 프로젝트다. 10년 넘게 전문가 용역, 공청회, 여론 수렴, 시민설명회 등을 거쳐 2007년 7개 특화 지역으로 나눈 부산항 통합개발 마스터플랜이 완성되었다.

항만 대체 시설로 랜드마크, 역사·문화 공간, 주거·상업 구역, 해양산업 클러스터, 교통 게이트웨이, 해양레저관광 거점, 수변 휴식공간 등 여러 기능과 가치의 선후경중이 가려졌다. 한국 정부는 2008년 1단계 사업에 착수하면서 '바다 위에 짓는 푸른 꿈'이란 슬로건을 내걸었다.

북항 재개발 1단계 대상 지역은 초량동·수정동 일대 1~4부두다. 기존 컨테이너 항만을 역사·문화 친수공간으로 바꿔 나가는 사업이다. 1부두는 역사성을 고려해 산업유물로 보존했다. 기존 부산항연안여객터미널과 부산세관, 부산세관박물관이 있는 곳에 부산항기념관, 경관녹지, 역사문화공원 등을 새로 지어 복합문화공간을 조성한다. 부산시는 피란수도 역사유물의 유네스코 세계문화유산 등재를 추진 중이다.

2, 3부두는 부두 사이를 매립해 대대적인 해안 선형 개조가 이뤄졌다. 매립으로 생긴 터에 오페라하우스와 친수공원, 마리나 시설 등이 들어선다. 2023년 완공 예정인 오페라하우스는 국제 공모를 통해 노르웨이 스노헤타가 설계를 맡았다. 대지 2만 9542제곱미터, 연면적 5만 1617제곱미터 규모로 1800석 대극장, 300석 소극장 등을 갖춘다.

외형은 진주를 품은 조개가 바다를 향해 입을 벌린 형상이다. 5층 건물 루프탑을 외부에서 접근할 수 있는 휴식공간으로 꾸며 바다를 조망할 수 있게 했다. 바닷가에 세워진 호주 시드니 오페라하우스, 노르웨이 오슬로 오페라하우스같이 부산의 새로운 랜드마크로 자리매김할 것이란 기대감이 높다.

오페라하우스와 이웃한 이벤트 문화마당에는 엑스포 상징 조형물을 세워 길이 남길 예정이다. 크루즈를 타고 바다에서 접근하거나 KTX 육로로 도착했을 때 처음 마주하는 부산의 경관 속에 '해양경제 수도, 세계 속의 부산' 이미지를 강렬히 느낄 수 있는 아이콘을 새겨 넣으려는 것이다.

중앙부두와 3부두엔 국제여객터미널이 들어섰다. 2015년 8월 재개발 사업 중 가장 먼저 완공됐다. 국제여객터미널은 새로 건설될 가덕신공항과 함께 박람회장에 접근하는 양대 국제 관문이다. 터미널 앞 부두는 대형 크루즈선 접안 선석을 갖췄다. 터미널은 부산역과 지하보도로 연결되고, 중간에 환승센터가 들어서 교통축 기능을 하게 된다.

국제여객터미널은 부산-시모노세키 간 부관페리를 비롯해 주로 부산-일본 항로 여객선이 취항하고 있다. 터미널 건물에는 컨퍼런스홀 20실을 갖춘 부산항국제전시컨벤션센터가 입주해 있다. 5층에는 북항재개발홍보관이 마련돼 부산항 일원을 조망하며 북항의 미래상 전시를 볼 수 있다. 1단계 구역 배후 부지는 업무·상업지구, IT·영상전시지구, 해양문화지구 등으로 민간에 분양돼 엑스포 지원 시설을 수용한다.

오른쪽.
크루즈선이 3부두 국제여객선터미널 앞 선착장에 입항하는 모습.

KTX, 크루즈에서 엑스포장 바로 진입

2022년 착수할 재개발 2단계 사업은 부산엑스포 개최 여부에 계획과 시행 시기가 연동된다. 기존 계획은 24시간 개방된 해양·물류·금융 특화 국제 비즈니스센터 개발이지만, 엑스포가 열리면 전시공간으로 쓴 뒤 문화플랫폼, 수변 상업시설, 컨벤션센터 등 존치 시설과 함께 차후 활용하게 된다.

4부두와 5부두 사이엔 회전개폐식 다리를 놓아 재개발 1단계 문화공연·이벤트·서비스 구역과 2단계 중앙 전시권역을 연결한다. 이 진입로는 박람회장 내 이동 동선이고, 외부에서 들어오는 주 진입로와 진입광장은 좌천동 쪽에서 자성대부두를 향해 배치된다.

5부두는 식량 해운 전용 '양곡부두'여서 거대한 곡물 저장 사일로 콤플렉스가 자리 잡고 있다. 이들 사일로와 크레인, 계선주 등은 항만유산으로 보존해 과거와 미래를 잇는 매개체로 삼기로 했다.

사일로 재활용은 여수엑스포에서 전망대, 파이프오르간, 해수 담수화 시설 등으로 되살린 선례가 있다. 중국 상하이 민생부두도 아시아 최대 곡물 사일로를 명품 브랜드 패션쇼가 열리는 문화·전시 공간으로 개조해 명소가 되었다.

북항 사일로는 수십 기가 덩어리를 이룬 복합체여서 대규모 문화플랫폼으로 재생이 가능하다. 내부에 문화공간을 조성하고, 지붕 구조물을 추가해 12층 높이 루프탑에 전망카페와 레스토랑 등을 설치할 예정이다.

박람회장 중심 전시공간은 자성대부두 컨테이너 선적 부지에 마련된다. 400~9000제곱미터 부지의 다양한 참가국 전시관들이 이곳에 들어선다. 주요 전시권역은 스마트 캐노피를 설치해 관람과 이동 편의를 높인다. 스마트 캐노피는 상부 태양광 패널로 전기를 생산하고, 조명·차양뿐 아니라 습도·온도 조절 장치를 설치해 여름철 폭염에 대비할 수 있다.

육지뿐 아니라 해상도 박람회장의 일부다. 박람회장 조성 계획상 수역

61만 제곱미터는 자성대부두로 둘러싸인 내해와 동천 하구다. 현재 홍콩 물류회사 허치슨 전용부두가 있어 허치슨포트라 불리는 항만 주변 수역이다. 이곳 수면 위에 다양한 플로팅 아일랜드를 만들어 풍성한 볼거리가 있는 수상 전시관으로 활용하게 된다.

7부두는 동천 하구 쪽을 매립해 전시 면적을 확보한 뒤 주제 전시관과 개별 전시관을 배치한다. 3개 부제별 전시관은 7부두 앞 수상 전시공간과 자성대부두 주 전시영역, 이벤트 문화마당에 각각 들어선다.

자성대부두와 7부두 사이는 동천이 바다와 만나는 하구다. 옛 지도상 동천 하구언은 부산포의 경계였다. 동천은 백양산에서 발원해 부산시민공원, 서면 일대, 범천철도기지창, 문현금융단지, 부산시민회관, 55보급창을 거쳐 자성대부두로 이어지는 부산의 대표 도심 하천이다.

왜관과 개항, 개발과 전쟁, 산업화에 이르는 역사의 현장이 어김없이 동천을 끼고 펼쳐졌다. 개발 과정에서 시민의 공간은 좁아지고 직강화·복개 등 훼손과 오염이 심했다. 그래서 군 시설, 철도·물류 부지 등으로 단절된 동천을 원래 모습으로 복원해야 한다는 운동이 지속돼왔다.

엑스포장 핵심 전시권역이 될 자성대부두. 하단에 재활용 예정인 곡물 저장용 사일로군이 보인다. 왼쪽 작은 내해 수역 일부도 박람회장에 포함된다. 자성대부두 위쪽 평평한 공간이 미군 55보급창이다.

동천 하구가 엑스포 예정지에 포함되자 이번에야말로 동천이 회복의 대전환을 맞기를 부산시민들은 바라고 있다. 동천이 살아나고 북항이 열린 공간으로 돌아오면 서면 도심에서 엑스포장을 거쳐 원도심으로 이어지는 도시 재생의 축이 완성된다.

가상세계 '메타버스'에서 만난다

박람회장은 재개발 계획상 해양레저산업 혁신지구로 지정된 7부두까지 크게 'ㄱ'자 형태를 띤다. 1부두부터 7부두까지 주 보행 동선 기준으로 약 5킬로미터에 이른다. 이동 거리가 긴 만큼 보행로 외 셔틀버스 운행로를 따로 확보하게 된다. 박람회장 전체 면적의 30퍼센트 이상을 공원·녹지에 할애해 쾌적한 환경을 만들어낼 예정이다.

외곽에는 도심형 트램을 놓아 15개 정거장에서 쉽게 박람회장에 진입할 수 있게 한다. 또 수륙양용 버스를 내부 순환노선에 투입해 독특한 볼거리와 경험을 제공한다. 현재 운행 중인 수상택시와 관광 유람선도 교통에 활용된다. 상하수도·전기·통신망 등 박람회장 지하 인프라는 북항 재개발 설계를 그대로 이용해 투자 효율성을 높인다.

부산시민들은 엑스포장 주변 도심부 연계교통망 개편에 관심이 높다. 그 핵심은 5부두, 자성대부두, 7부두를 둘러싼 충장대로 일대 고가도로 철거다. 항만 주변에 복잡하게 들어선 고가도로가 사라지면 도시 경관이 획기적으로 개선되는 반면 교통 흐름에 영향을 미치게 된다. 고가도로 철거를 포함한 연계교통망 개편은 화물 운송량과 직결되는 항만 기능 재배치가 전제되어야 할 과제다.

교통 인프라 분야에서는 경부선 직선화, 도심 철도시설 재배치, 동서 연결도로 확충 등이 속도감 있게 추진되고 있다. 특히 부산신항 남쪽 가덕신공항

자성대부두,
7부두 부근에는
화물 수송을 위해
건설된 고가도로가
복잡하게 연결돼
있다. 이들 부두가
엑스포장으로
탈바꿈하면 고가도로
철거를 포함한 획기적
교통망 개선이
이뤄질 수 있다.

건설 계획이 오랜 논란 끝에 확정돼 항공 · 항만 · 철도 트라이포트 완성 기대
를 높였다. 목표대로 2029년 개항하면 엑스포 관람객 수송에 큰 힘을 보태게
된다. 부산시민의 오랜 숙원사업인 가덕신공항은 24시간 운영되는 전 세계
직항 관문 공항이다. 동남권 거점 공항이 생기면 부산 · 울산 · 경남 지역을 하
나로 묶는 메가시티 실현에 한발 다가서게 된다.

부산시는 가덕신공항에서 북항을 거쳐 동부산에 이르는 신교통수단 어반
루프(Urban loop) 건설 계획도 추진 중이다. 어반루프는 해저심도 구간을 달
리는 도심형 초고속철도로 가덕신공항에서 박람회장까지 15분에 주파할 수
있다.

부산엑스포는 가상현실 속 박람회를 구축해 시공간 확장을 꾀한다. 현실
세계 같은 사회 · 경제 · 문화 활동이 이뤄지는 3차원 가상세계 '메타버스' 기
술을 활용해 온-오프라인 박람회장을 연계한다.

엑스포장 '뜨거운 감자' 55보급창

미군 수송항인 8부두와 미군기지 55보급창은 박람회장의 '뜨거운 감자'다. 엑스포 유치계획서엔 박람회장에 포함되지 않았지만, 부산시는 55보급창까지 박람회장으로 활용하기를 기대하고 있다.

55보급창은 서면 남쪽 동천 하구. 주 진입광장 예정지 옆에 자리 잡고 있다. 21만 7755제곱미터에 이르는 이 미군기지는 도심과 북항을 잇는 요지여서 엑스포가 아니라도 부산시와 시민들의 이전·반환 요구가 높았다.

부산시는 엑스포 유치 추진을 계기로 국방부에 55보급창 반환 협의를 요청하고 있다. 부산엑스포가 국가사업인 만큼 환수 추진력은 이전보다 높아졌다. 하지만 박람회장 조성 시점에 맞춰 이전이 이뤄질지는 불투명하다.

미군 군사시설 이전·반환은 오랜 시간과 절차, 큰 비용이 들기 때문이다. 주한미군지위협정(SOFA) 개정, 대체 부지 및 예산 확보, 환경영향평가 등 넘어야 할 산이 많다. 서울 용산기지의 경우 반환 합의 이후 완료까지 20여 년간 약 40조 원의 예산이 투입되었다. 부산도 미군기지 반환 경험이 있다. 연지동·범전동 일대 54만 제곱미터의 하야리아 부대(Camp Hialeah) 터를 2010년 넘겨받아 부산시민공원으로 조성했다.

부산엔 전쟁의 기억이 곳곳에 쌓여 있다. 전장은 아니었지만 피란수도로, 군사령부이자 병참 보급지로, 피란민 집결지로 고된 역사를 겪어냈다. 부산기지 사령부였던 하야리아 부대, 임시수도 정부청사와 대통령관저, 세계 유일의 유엔군 묘지인 유엔기념공원, 55보급창, 피란 생활의 터전이었던 국제시장, 거제포로수용소, 피란민 거주지 소막마을과 매축지마을 등이 당시 상황을 증언한다.

전시 유엔군 군수물자가 1~2부두로 들어와 전선에 수송되었다. 부산에 이만한 항만시설이 없었다면 낙동강 전선을 지키기 어려웠을 것이란 말이 나올 정도였다. 휴전 후까지 이어진 피란민 구호물품 반입 또한 부산항이 감당했다. 유엔군 전사자를 수용하기 위해 북항에서 3킬로미터 떨어진 용호만 해안 경사지에 묘지를 조성했다. 1965~1972년 수많은 국민의 환송·환영 속에 베트남전쟁 파병군이 출항하고 도착했던 곳도 3부두다.

부산엑스포 예정지 한복판의 55보급창은 미군이 6·25 때부터 군수품 병참 기지로 70년 넘게 사용해온 곳이다. 8부두에서 하역한 군수물자 보관·배급 기능을 맡고 있다. 일제강점기부터 태평양전쟁 수행용 군수품 기지로 사용됐다.

미군 8부두는 국군 항만운용단이 관리를 맡고 있다. 과거엔 미군 수송사령부가 이곳에 있었으나 하야리아 부대와 함께 대구로 이전했다. 55보급창 이전이 간단치 않은 것은 군 수송체계상 핵심 포스트이기 때문이다. 55보급창은 8부두와 2보급단·복지단 등 미군·한국군 지원시설과 연계돼 있어 이들 시설과 함께 움직여야 한다.

'오랑캐 물리치는 포구' 감만포(戡蠻浦)

부산엔 '감' 자 들어가는 지명이 많다. 감전동, 감천동, 감내포, 당감동, 감만동 등이 그렇다. 그런데 한 곳만 한자가 다르다. 감만동 외 다른 지명의 '감'은 모두 '달다'는 뜻의 '甘'이다. 반면에 감만동의 '감만'은 '무찔러 이기다' 감(戡)에 '오랑캐' 만(蠻)이다. 즉 '왜적을 물리친다'는 뜻이다. 오랑캐를 의미하는 또 다른 말 '夷'를 붙여 '감만이(戡蠻夷)'라는 지명도 썼다.

그 이름답게 감만은 대대로 군사 요충지였다. 감만동은 감만포(戡蠻浦)에서 유래했다. 감만포는 북항이 현대 항만으로 개발되기 전 매립 터에 있던 오랜 포구다. 조선조엔 경상 좌도 수군 절도사영이 있던 군영이었다. 부산은 임진왜란 때 적군의 상륙지이자 철군지여서 외침에 항전하는 최전선이었다. 이순신 장군이 왜선을 유인해 격파한 부산포해전 또한 인근 해역이다. 일제도 감만의 군사적 중요성을 인식해 대륙 전진 병참기지로 삼았다. 1920년대부터 매립 사업이 벌어져 해방 직전까지 약 70만 제곱미터의 바다를 메웠다. 또한 전쟁 수행을 위한 임항 철도, 항만시설을 지었다. 감만포 일대는 일제강점기에 '적기(赤基)'라 불렸는데, 아카츠키 부대라는 일본 육군 수송부대가 주둔해서 생긴 말이었다.

해방 후 일본군이 떠난 자리에 미군이 들어왔다. 미군은 8부두를 군수물자 보급항으로 지금껏 사용하고 있다. 6·25전쟁 때는 감만 매립지에 수만 명을 수용한 피란민 수용소가 들어섰다. 이렇게 군사적 명암이 짙었던 감만동 일대가 이제 엑스포 예정지와 연계한 북항 재개발로 새로운 미래를 꿈꾸고 있다.

전시작전계획상 미군 증원부대 유입지인 김해공항 공군기지와도 밀접한 관계가 있다. 김해공항과 부산항은 미국 본토에서 오는 증원군과 일본에서 해상 수송되는 장비가 전방으로 전개하는 양대 거점이다. 김해공항엔 현재 대한민국 공군 공중기동정찰사령부와 제5공중기동비행단이 주둔하고 있다. 55보급창과 8부두 이전은 공군기지, 항만·철도 시설, 배후 군 시설 등이 종합적으로 고려되어야 할 난제일 수밖에 없다.

점진적 변화 뛰어넘는 '대전환'

부산엑스포 주제는 '세계의 대전환, 더 나은 미래를 향한 항해(Transforming our world, Navigating toward a better future)'로 설정되었다. 3개 부제는 '자연과의 지속가능한 삶(Sustainable Living with Nature)', '인류를 위한 기술(Technology for Humanity)', '돌봄과 나눔의 장(Platform for Caring and Sharing)' 등이다.

주제의 키워드는 '대전환(transforming)'이다. 전 지구적 현안 해결의 길은 근본적 패러다임 전환에 있다는 제안이다. 주제 뒷부분은 항구도시의 특성을 살려 더 나은 미래로의 '항해(navigating)'라는 표현을 담았다.

주제 개발은 유치기획단 전문가 워킹그룹에서 글로벌 공감대와 시의성을 고려해 선정한 현안에 대응할 핵심 개념을 끌어내는 방식으로 이뤄졌다. 논의의 전제가 된 문제의식은 코로나19 같은 초국경 감염병 사태를 비롯해 기후·환경 위기, 4차 산업혁명에 따른 첨단기술 양극화와 디지털 불균형, 인구고령화 등 인류가 직면한 과제들이다.

오늘날 세계는 팬데믹, 기후변화, 초연결(hyper-connectivity)로 압축되는 전환시대를 맞고 있다. 코로나19 팬데믹으로 인해 전 세계 불균형은 더욱 깊어졌다. 부유층은 9개월 만에 코로나19 팬데믹 이전 부의 최고치를 회복한 반면 빈곤층은 경제회복에 10년 이상 걸릴 것이라는 보고서가 나오고 있다. 팬데믹 속에 비대면 문화가 일상화하면서 디지털기술 의존도가 높아졌고, 그만큼 기술·자본 격차에 따른 불균형이 심화하고 있다.

경제협력개발기구(OECD) 회원국은 비회원국보다 1인당 초고속 모바일 인터넷 가입자가 2배, 광대역 서비스 가입자가 3배 많은 것으로 조사되었다. 세계 인구의 절반인 36억 명은 여전히 오프라인에 머물고 있다. ICT 고도화에 따른 일자리 변화도 심각한 현안이다.

급격한 개발은 생물 다양성 손실, 기상이변, 기후변화 위기를 가속화하고 있다. 세계경제포럼(WEF)은 전 세계 국내총생산(GDP)의 절반 이상인 44조 달러가 기후변화 위험에 노출돼 있다고 경고했다. 지난 10년간 한 해 2000만 명이 기후변화로 인한 재해 난민이 되었으며, 피해는 역설적으로 온실가스 배출량이 적은 저소득 국가에 집중된 것으로 파악됐다.

유엔 보고서에 따르면 세계 인구는 2030년 85억 명, 2050년 93억 명을 거쳐 2100년 101억 명을 돌파할 전망이다. 저개발국의 인구 폭발과 수명 연장에 따른 고령화, 자원 고갈, 저성장 고착화 등도 양극화와 불균형을 초래하는 요인으로 꼽힌다.

주제 개발 워킹그룹은 이 같은 일련의 문제 해소를 위해서는 점진적 변화가 아닌 대전환이 필요하다는 인식을 도출했다. 인간과 자연, 인간과 기술, 인간과 사회의 상호관계를 재설정하는 대전환을 통해 개인의 잠재력이 발휘되고 소외되지 않는 사회를 구현하는 것이 목표다.

대전환은 위기 극복을 위한 글로벌거버넌스 변환, 산업질서 재편, 경제·사회를 구성하는 모든 분야의 기반 변화를 포괄한다. 탈세계화, 과학기술 혁신 등 전면적 변혁을 통해 공간·시간적 한계를 초월한 개인·국가·권역 간 소통을 강화하고 인류와 지구환경이 맺어야 할 새로운 공존 방식, 삶의 양식, 보편적 가치 정립을 모색하는 것이다.

대전환을 통해 구현할 미래상은 개인의 역량과 글로벌 연대가 강화되고,

환경적·물리적·세대적 한계를 넘어 전 지구적 균형을 이루는 협력과 조화, 공존의 삶이다. 각 개체의 지속가능한 공존을 위해서는 어느 하나가 무너지지 않게 알맞은 높낮이로 어울릴 수 있는 조율이 필요하다. 더 나은 미래를 위해 인류가 어떤 접근 자세와 방법으로 대전환을 이끌어내느냐가 관건이라 할 수 있다.

인간·기술·자연 간 새 패러다임

21세기 엑스포는 포괄적 주제를 제시하되 세부적 부제에 맞춰 전시 영역을 설정하는 추세를 보이고 있다. 3개 부제 키워드에 따라 전시 구역을 배치한 2020 두바이엑스포가 대표적인 예다. 부산엑스포도 부제를 통해 '대전환'이란 포괄적 주제를 구체화해 나가게 된다. 부제는 유엔 지속가능발전목표(SDGs) 구조에 맞춰 자연(Planet), 기술(Prosperity), 인간(People) '3P축'으로 구성되었다.

첫째 '자연과의 지속가능한 삶'은 인간과 환경이 이어지는 '자연축'이다. 기후위기 극복은 환경자원을 인간 중심으로 이용하는 고착적 사고에서 벗어남을 전제로 한다. 진정한 휴머니즘에 입각해 인간과 자연 모두에게 가치 있는 탈인간중심적 사고로의 전환을 촉구한다. 선진국과 개도국 간 포용적 녹색 파트너십을 통한 탄소중립 시대로의 전환이 목표다. 이에 따라 전시 영역은 그린 뉴딜을 통한 저탄소 사회, 친환경 에너지원 개발, 에코 엔지니어링 시스템, 자원 순환, 그린 모빌리티 확산, 지속가능 농업 등이 될 수 있다.

둘째 '인류를 위한 기술'은 현재에서 미래세대로 이어지는 '기술축'이다. 기술 발전 속도 차이로 인한 불균형, 인간이 기술에 압도되는 존엄성 갈등, 통신 인프라 접근성 차이로 인한 정보 격차 해법으로 기술과 인간의 발전 방향 재설정, 인간 중심 기술로의 전환을 제안한다. 기술진보의 혜택을 사회구성원 모두가 공평하게 누리고, 기술과 인간이 함께 성장하는 디지털 혁신시대로의 전환이 목표다. 인공지능(AI), 로봇기술 발전에 따른 일자리 감소 등 노동시장 대책, 사회안전망 구축도 포함된다. 디지털 초연결, 트랜스 휴먼을 통한 인간의 신체적·지적 능력 확장, 대체 신소재 개발, 탄력적 도시 네트워크 시스템, 지속가능한 도시와 주거환경 등이 전시 영역이 된다.

셋째 '돌봄과 나눔의 장'은 개인·공동체·국가로 이어지는 '사람축'이다. 사회·지역·국제적 불평등 심화를 위로부터의 일방적 개입이 아닌 쌍방향 소통으로 접근해 개인과 사회의 잠재력 발현 기회를 보장하는 총체적 혁신을 모색한다. 인류가 하나의 공동체라는 인식 아래 세대·계층·인종 간 갈등을 극복하고 협력·연대하는 포용적 사회로의 전환이 목표다. 전시 영역은 지속가능한 교육시스템 구축, 역량 강화 정책과 제도, 지역발전 플랫폼, ICT 활용 커뮤니티 통합, 초국가적 협정, 빈곤 종식, 건강 웰빙, 양성평등 등이다.

개방, 번영, 포용, 회복, 연결

부산엑스포 주제는 부산광역시의 미래 비전과 한방향을 바라본다. 부산시의 미래 핵심가치는 개방, 번영, 포용, 회복, 연결, 5개 키워드로 요약된다. 사람·문화·자본의 이동이 자유로운 해양도시, 풍요로운 삶의 활력이 넘치는 인간 존중 스마트 도시, 사람과 자연·공간이 조화를 이루는 라이프스타일 도시가 나아갈 방향이다.

엑스포는 늘 시대에 앞선 주제로 세계를 이끌어왔다. 21세기를 연 2000년 하노버엑스포가 과학기술과 개발, 자연환경의 균형을 화두로 내세워 4차 산업혁명의 발원지로 자리매김한 것이 그 한 예다. 해운·물류산업 현장 북항에서 열릴 부산엑스포는 창의적 공간과 전시 콘텐츠 창출을 통해 대전환의 시대정신을 발산하게 된다. 사람과 기술, 자연 간 패러다임 재정립이 그 지향점

북항 외항 쪽에서 바라본 부산의 야경. 컨테이너 야적장과 부산항대교 넘어 산기슭 불빛이 '부산다운' 경관의 전형이다.

이다.

부산엑스포는 인류가 직면한 과제를 다루는 동시에 개최 도시 공간 개조와 시민의식 혁신의 기폭제가 될 수 있다. 부산의 도시기반시설 하드웨어뿐 아니라 문화콘텐츠 소프트파워에도 '퀀텀 점프'가 기대된다.

붐업은 부산에 그치지 않고 '부울경'이라 불리는 인구 800만 부산-울산-경남권 미래산업으로 확산된다. 부산의 스마트 도시, 헬스케어, 블록체인, 영상·문화·게임, 창원의 스마트 팩토리 솔루션과 로봇, 거제의 조선 해양플랜트, 밀양의 나노융합, 울산의 3D 프린팅과 수소 기반 모빌리티, 진주·사천의 항공우주산업 등 미래형 제조 기반이 글로벌 무대에 본격 진출할 기회를 갖게 된다.

세계는 AI, 사물인터넷(IoT), 나노테크, 퀀텀 컴퓨팅, 첨단소재 등 지금껏 존재하지 않았던 분야로 달려가고 있다. 부울경이 이들 미래기술의 산실로 떠오르면 한국의 신성장동력이 될 수 있다.

부울경은 한국 인구의 15퍼센트, GDP의 17퍼센트를 차지한다. 수도권에 이은 제2의 성장축이다. 혁신도시 건설, 공공기관 지방 이전 중심의 기존 국토균형개발은 한계에 부닥친 것으로 평가된다. 부울경에 조성될 새로운 산업 생태계가 수도권 과밀을 완화할 유력한 돌파구일 수밖에 없다.

부산월드엑스포는 그 자체로 총사업비 4조 9000억 원의 메가 프로젝트다. 예상 관람객은 4500~5000만 명, 엑스포 개최로 인한 경제 유발효과는 생산 43조 원, 부가가치 창출 18조 원, 고용인원 50만 명에 이를 것으로 추산된다.

2030년 부산박람회 개요

공식 명칭	2030부산세계박람회(World EXPO 2030 Busan)
주제	세계의 대전환, 더 나은 미래를 향한 항해
장소	대한민국 부산 북항 일원
기간	2030년 5월 1일~10월 31일
참가국	200여 개국 및 국제기구(예상)
관람객	4500~5000만 명(예상)

참고문헌

Allwood, John, *The Great Exhibitions* (London: Studio Vista, 1977)
: 엑스포의 효시인 1951년 런던박람회부터 1975년 오키나와박람회까지 주요 박람회의 특징을 풍부한 삽화 및 사진을 곁들여 서술.

Antonelli, Paola and Kultermann, Udo, *Exit to Tomorrow: History of the Future, World's Fair Architecture, Design, Fashion* 1933-2005 (New York: Universe, 2007)
: 엑스포의 황금시대라고 일컬어지는 1930년대 이후 주요 세계박람회를 건축 및 디자인 역사 측면에서 서술. 풍부한 사진 이미지 수록.

Bennett, Tony, *The Birth of the Museum* (New York: Routledge, 1995)
: 세계박람회와 상설 박물관이 통치 수단의 하나로 대중 교육을 수행해왔음을 논증.

Bernstein, William J., *A Splendid Exchange; How Trade Shaped the World from Prehistory to the Present* (New York: Atlantic Monthly Press, 2008)
: 국제 교역이 문명에 미친 영향, 자유무역의 긍정적 측면과 부정적 측면에 관한 실증적 논술.

Chanda Nayan, *Bound Together: How Traders, Preachers, Adventurers, and Warriors Shaped Globalization* (Yale University Press, 2008)
: 고대 아프리카 카라반부터 오늘날 전자상거래까지 상품 교역을 통한 세계화 과정과 세계화의 동인 서술.

Finding, John E. ed., *Historical Dictionary of World's Fairs and Expositions, 1851~1988* (New York: Greenwood Press, 1990)
: 역대 주요 박람회에 관해 60명의 필자가 쓴 90개 에세이 수록.

Greenhalgh, Paul, *Fair World: A History of World's Fairs and Expositions from London to Shanghai, 1851-2010* (Winterbourne: Papadakis Dist A C, 2011)
: 빅토리아 앤드 앨버트 박물관 학예연구실장을 지낸 예술사가의 엑스포 역사 개괄서. 세계박람회 역사를 전시 기법, 정치·경제적 동기, 제국주의, 인종전시, 국가 정체성, 디자인 및 예술 사조 등 7개 주제별 관점에서 통사적으로 기술.

Jackson, Anna, *Expo: International Expositions* 1851-2010 (London: V&A Publishing, 2008)
: 런던 수정궁 박람회의 정통성을 이은 빅토리아 앤드 앨버트 박물관 출판부가 발간한 세계박람회사. 세계박람회 170년 역사를 개괄하고 주요 박람회의 핵심 사항을 정치사회적 배경, 박람회장 구성, 전시물, 미래 비전 등 주제별로 설명. 저자는 빅토리아 앤드 앨버트 박물관 학예연구원.

Mattie, Erik, *World's Fairs* (New York: Princeton Architectural Press, 1998)
: 2000년 하노버엑스포까지 30개 주요 박람회 주요 건물을 건축사적 측면에서 기술. 글보다 사진 분량이 훨씬 많은 이미지 중심 편집.

Roesch, Roberta Fleming, *World's Fairs: Yesterday, Today, Tomorrow* (New York: The John Day Company, 1964)
: 13개 주요 세계박람회의 특징을 흥미 위주로 간략히 서술.

Rydell, Robert W., *All the World's a Fair: Visions of Empire at American International Expositions*, 1876-1916 (Chicago: University of Chicago Press, 1987)
: 세계박람회가 미국 역사에 미친 영향을 고찰한 라이델 교수의 역작. 1876년 필라델피아박람회부터 1915년 샌프란시스코박람회까지 비공인 엑스포를 포함한 박람회의 사적 전개 상술. 로버트 라이델은 몬태나주립 대학 역사학 교수로서 미국에서 가장 활발한 엑스포 연구자 중 하나임.

Rydell, Robert W., *World of Fairs: The Century-of-Progress Expositions* (Chicago: University of Chicago Press, 1993)
: 미국 대중문화에 막대한 영향을 미친 1933년 시카고박람회의 전모를 상세히 탐구.

Rydell, Robert W., Findling, Johh E. and Pelle, Kimberly D., *Fair America: World's Fairs in the United States* (Washington: Smithsonian Institution Press, 2000)
: 1876년 필라델피아박람회부터 1984년 뉴올리언스박람회까지 미국에서 열린 세계박람회의 역사적 배경과 의미 기술.

Wilson, Robert, *Great Exhibitions: The World Fairs* 1851-1937 (Melbourne: National Gallery of Victoria, 2008)
: 1937년 파리박람회까지 세계박람회 전시물을 공예사적 측면에서 기술. 특히 주요 엑스포 기념 메달에 대해 상술.

이민식, 《개화기의 한국과 미국 관계》, 한국학술정보, 2009
: 4개 장에 걸쳐 세계박람회의 개관과 한국의 세계박람회 참가 역사 서술. 저자인 이민식 박사는 한미관계사를 전공한 사학자로서 국내에서 세계박람회의 역사에 대한 연구를 시도한 몇 안 되는 연구자 가운데 하나임.

이민식, 《세계박람회와 한국: 크리스틸궁에서 2012 유치관까지 출품 퍼레이드》, 전남대학교 출판부, 2004
: 1893년 컬럼비아박람회부터 2000년 하노버박람회까지 한국이 참가한 엑스포 개괄.

이각규, 《한국의 근대박람회》, 커뮤니케이션북스, 2010
: 일제강점기 식민통치 수단의 하나로 열린 크고 작은 박람회 상술.

〈국제박람회 현황〉, 국제무역산업박람회 조직위원회, 1990

〈역대 국제박람회 문화행사〉, 국제무역산업박람회 조직위원회, 1989

〈이미지위에 멈추기-엑스포 돌아보기〉, 엑스포과학공원, 2000

〈20세기 국제박람회와 국제박람회사무국〉, 엑스포과학공원, 1994

자료출처

1부.

Wikimedia Commons

http://djcadteam4.wordpress.com/2012/01/29/world-fair-events/

http://rosswolfe.wordpress.com/2011/09/09/industrialism-and-the-genesis-of-modern-architecture/

「런던 1851년 세계 산업박람회와 팍스톤의 건축」(이재익 저), 한국건축역사학회 발행에 수록된 이미지

http://www.unige.ch/lareh/index.cgi?http://www.unige.ch/lareh/Archives/Archives-images/Images/Histoire-populaire-France/archives-ima-1.htm

http://www.avenuedstereo.com/modern/images_week07.htm

http://www.gutenberg.org/files/32677/32677-h/32677-h.htm

들라쿠르아의 〈아틀리에의 구석〉 1830년경/유화/캔버스에 유채/ 43x51cm/루브르박물관 소장

토머스 게인스버러의 〈앤드루스 부부〉 1749년~1750년/유화/캔버스에 유채/119.4x69.8cm/ 런던내셔널갤러리 소장

http://aimable-faubourien.blogspot.com/2010_04_01_archive.html

http://www.endgame.nl/wfairs.htm

http://www.laguiago.com/barcelona/empresa/2373/mirador-colon/

L'histoire de la tour Eiffel et sa construction, vues par son architecte, un album publiéen 1900

http://thevictorianist.blogspot.com/2011/02/spending-penny-or-first-public-flushing.html

http://www.victorianweb.org/sculpture/albertmem/2.html

http://www.cr.nps.gov/history/online_books/hh/11/hh11c.htm

2부.

©2008, State Historical Society of Missouri

http://teaattrianon.forumotion.com/t31-king-leopold-ii-1835-1909-and-queen-marie-henriette-1836-1902

피카소의 〈게르니카〉 1937년/벽화/349x775cm/국립소피아왕비예술센터 소장

http://www.germanpostalhistory.com/php/viewitem.php?itemid=49543&germany%20cover=search&#itempic0

http://www.morrischia.com/david/portfolio/boozy/research/democracity.html

http://morrischia.com/david/portfolio/boozy/research/futurama.html

http://popartmachine.com/item/pop_art/LOC+1148034/[CROWD-SURROUNDS-TELEVISION-AT-RCA-EXHIBIT-AT-1939-WORLD

http://suggesteddonation.com/tag/books

3부.

Wikimedia Commons

http://www.worldsfaircommunity.org/topic/10449-french-film-news-brussels-expo-58/

http://www.moderndesigninterior.com/2009/03/modern-architecture-atomium.html

http://kcmeesha.com/2011/10/03/behind-the-iron-curtain-sputnik/

© Time Inc. Michael Rougier

http://southeast1954.com/images/Crusader/Knight_&_Ladies/Knights/Jones-S/AF-Life/usaf_life.htm

http://blog.seattlepi.com/thebigblog/2011/04/14/space-needle-as-tethered-balloon-that-was-one-of-the-sketches/spaceneedle62/

http://www.historylink.org/index.cfm?DisplayPage=output.cfm&file_id=9963

Photo by Chas R. Pearson, Courtesy MKA

http://seattletimes.nwsource.com/photogallery/gen/worldsfair/2.html

http://content.lib.washington.edu/cdm-mohai/item_viewer.php?CISOROOT=/imlsmohai&CISOPTR=3942&CISOBOX=1&REC=3

http://www.historylink.org/index.cfm?DisplayPage=output.cfm&file_id=10008

http://www.detail.de/artikel_foster-buckminster-fuller_28248_En.htm

The Estate of R. Buckminster Fuller

http://celialeung.wordpress.com/tag/mary-quant/

http://www.arch.mcgill.ca/prof/sijpkes/expo/composite.html

http://www.taylornoakes.com/2010/12/23/expo-daydreams-montreal-magazine-worth-reconsidering/

http://colourschool.co.uk/2008/08/habitat-67/

http://blog.chron.com/40yearsafter/2008/04/closing-the-book-on-april/

http://www.mysanantonio.com/slideshows/business/slideshow/Hilton-Palacio-Del-Rio-renovation-14479.php#photo-939284

Photo: Photo Courtesy Of H.B. Zachry Co / SA

http://www.theolinstudio.com/blog/hemisfair-park/

http://www.worldsfaircommunity.org/topic/7614-moon-rock-at-expo-70/

http://pinktentacle.com/2009/02/ultrasonic-bath-human-washing-machine/

http://weburbanist.com/2010/01/03/saving-time-ten-trippy-time-capsules/?ref=search

http://waterplanet.ws/transitions/tr0003/

http://www.expomuseum.com/1974/

http://www.washington.edu/uwired/outreach/cspn/Website/Classroom%20Materials/Pacific%20Northwest%20History/Lessons/Lesson%2026/26.html

http://pinktentacle.com/2010/11/posters-by-kazumasa-nagai/

http://www.japanfocus.org/-Vivian-Blaxell/3386

http://web.knoxnews.com/advertising/worldsfair/

http://ironcladfolly.com/2010/08/01/the-knoxville-wigsphere/

http://www.protouchblog.co.uk/tag/touch-screens/

http://web.knoxnews.com/advertising/worldsfair/

http://ontransmigration.blogspot.com/2012/01/1984-new-orleans-world-exposition.htmhttp://photos.nola.com/tpphotos/2011/12/175fair_12.html

http://commarts.net/exhibit_museum/project/mississippi_pavilion_1984_worlds_fair

http://photos.nola.com/tpphotos/2011/12/175fair_1.html

http://cyberneticzoo.com/?tag=fuyo-robot-theate

© Itsuo Sakane

ⓒ Professor Ichiro Kato of Wasedo University, and was built by Sumitomo Electronic Industries

http://www.worldsfairphotos.com/expo85/postcards-hubundo.htm

http://www.trois-rivieres-property-management-companies.info/blog/325/news/princess-diana-and-prince-charles-royal-visit-opened-vancouver-expo-86

http://buzzer.translink.ca/index.php/2010/01/skytrain-flashback-photos/

http://www.bingthomarchitects.com/mobile/project.php?id=65

http://alisonsky.com/html_files/web_album/web_album_finished/pages/highway86.htm

http://abmiv.com/post/4606925219/25th-anniversary-expo-86-party

ⓒ Russell Stokes

http://www.foundationexpo88.org/pavilions/international/japan-pageii.html

http://www.couriermail.com.au/news/sunday-mail/expo-a-tonic-after-sir-joh-bjelke-petersen/story-e6frep3f-1226000647856

Peter Ford/The Courier-Mail

http://www.foundationexpo88.org/20th/

http://colourschool.co.uk/2008/08/habitat-67/

http://www.museum.seoul.kr/exh2/gwanghwamun/html/content/con_sub05_17.html

http://www.kcomics.net/Magazine/column_view.asp?CateCode=3320003&Seq=274

4부.

http://architecture.about.com/od/greatbridges/ig/Great-Bridges/Alamillo-Bridge-.htm

http://www.eventoscentac.es/congreso_nacional_ii/donde.asp

http://www.confino.com/pavillon_decouvertes/a_dossier.html

http://en.wikiarquitectura.com/index.php/Japan_Pavilion_for_Expo'92

ⓒ대전엑스포기념재단

ⓒ대전일보

http://www.travel2lisbon.com/best-things-to-do-in-lisbon/

http://www.confino.com/oceans_utopies/a_dossier.html

http://www.humbert-online.de/html/eng/pic_exp.htm

http://spatialinteractions.wordpress.com/category/interactions/

http://www.designboom.com/history/ban_expo.html

http://www.architizer.com/en_us/projects/pictures/expo-2000-netherlands-pavilion/1720/10510/

http://www.expo2005.or.jp/en/index.html

http://shanghai.cultural-china.com/html/Latest-news-on-World-Expo/201007/08-6017.html

ⓒ2007-2010 cultural-china.com

http://www.nowpublic.com/crowds_love_the_toyota_i_unit_concept_vehicle_aichi_expo_2005

http://www.architects24.com/PrintPreview.aspx?news=389&category=0&type=projectnews1

http://www.worldchanging.com/archives/008815.html

http://szackablog.wordpress.com/2008/09/03/expo-zaragoza-2008/

http://www.worldchanging.com/archives/008815.html

http://expo2010shanghai.com/category/expo-2010-shanghai/

©2012 bigpicture.in.

http://www.bigpicture.in/fireworks-of-opening-ceremony-expo-2010/

http://expo2010shanghai.com/national-pavilions/republic-of-korea-pavilion/

http://www.expo2010china.hu/index.phtml?module=hir&ID=1800

http://tendtotravel.com/2010/10/made-in-london-shanghai/

http://www.popsci.com/taxonomy/term/55541/all

http://www.ebeijing.gov.cn/BeijingInformation/BeijingNewsUpdate/t1111979.htm

http://www.icom-cc.org/forums/viewtopic.php?f=24&t=153

©www.expo2010.cn

http://en.expo2010.cn/c/en_gj_tpl_21.htm

http://www.expo2012.kr/is/ps/unitybbs/bbs/selectBbsDetail.html

©2012 여수세계박람회

http://www.expo2012.kr/web/

©2012 여수세계박람회재단

5부.

http://www.hawaii.edu/

©2012 University of Hawai'i

http://english.chosun.com/site/data/html_dir/2008/01/10/2008011061023.html

http://content.lib.washington.edu/cdm4/item_viewer.php?CISOROOT=/imlsmohai&CISOPTR=501
    9&CISOBOX=1&REC=1

©University of Washington Libraries Photographer: Morley Studios

http://aqua-velvet.com/2011/03/expo-70-osaka-japan/

https://www.bie-paris.org/site/en#

©Bureau International des Exposition

찾 아 보 기